高等院校旅游专业系列教材

饭店管理原理

仇学琴　罗明义等　编著

南开大学出版社
天　津

图书在版编目(CIP)数据

饭店管理原理 / 仇学琴等编著. —天津:南开大学出版社,2013.8 (2019. 8重印)

高等院校旅游专业系列教材

ISBN 978-7-310-04264-7

Ⅰ.①饭… Ⅱ.①仇… Ⅲ.①饭店－企业管理－高等学校－教材 Ⅳ.①F719.2

中国版本图书馆 CIP 数据核字(2013)第 182365 号

南开大学出版社出版发行

出版人:刘运峰

地址:天津市南开区卫津路 94 号 邮政编码:300071

营销部电话:(022)23508339 23500755

营销部传真:(022)23508542 邮购部电话:(022)23502200

*

天津泰宇印务有限公司印刷

全国各地新华书店经销

*

2013 年 8 月第 1 版 2019 年 8 月第 2 次印刷

230×170 毫米 16 开本 21.25 印张 387 千字

定价: 48.00元

如遇图书印装质量问题,请与本社营销部联系调换,电话:(022)23507125

前　言

根据联合国世界旅游组织的数据，中国饭店市场规模到2025年将超过美国。随着我国饭店业的迅速发展，饭店业对饭店服务和管理人才的需求量越来越大，绝大多数旅游院校都开设了饭店管理专业。众多饭店管理方面的专家学者，从不同层次、不同侧面对我国的饭店管理问题进行了研究和总结，为饭店行业的繁荣和发展作出了贡献。但目前所出版的有关饭店管理概论的著作和教材大多关注于饭店业务的实践操作性描述，存在着“理论不系统”、“重实作而轻理论”的倾向，有的则是饭店各部门经营管理简介的整合。

本书在重视饭店管理实践性的同时，尤其强调对饭店管理理论体系的建立。本书沿用了罗明义、仇学琴以前编著的《旅游饭店经营管理》的理论框架，并在此基础上有所创新、发展，有利于提高饭店管理人员的理论素养和创造性思维能力，也能为高校和科研院所的专家、学者进行研究提供参考。

本书由云南大学仇学琴（撰写第一章、第六章）、罗明义（撰写第二章、第四章）、毛剑梅（撰写第五章、第八章）、邓小海（撰写第十一章）、云南民族大学陈燕（撰写第九章、第十章、第十三章）、云南广播电视大学杨丽娥（撰写第七章、第十二章）、中国地质大学杨睿宁（撰写第三章）共同编著。

本书在编著过程中参考了国内外有关专家的著作、论文，援引了一些观点和资料，特此致意，并将有关参考文献附录书后，以便于读者查阅。

编　者

2012年12月13日

目　录

第一章　饭店概述

饭店业与旅行社、旅游交通一起被称为旅游业的三大支柱，是旅游供给的基本构成因素，为旅游业经营活动必不可少的物质条件。饭店是旅游者在旅游目的地开展一切活动的基地，是旅游者的“家外之家”。饭店是创造旅游收入，尤其是外汇收入的重要部门。各地旅游业资料表明，饭店业的收入往往可占旅游业总收入的一半以上。因此，饭店业的发展水平标志着接待地区、接待国家旅游业的发展水平。

第一节　饭店的含义和作用

饭店是伴随着人类旅行活动的开展而出现的。它最初的基本功能是为在旅途中的人们提供过夜住宿服务。随着人类社会的发展和经济的发达，在现代社会中，饭店已发展成为具有向客人提供住宿、餐饮、购物、娱乐、健身、商务等诸多功能的综合性服务企业，并形成拥有各种不同等级、类型、规模、经营方式的众多饭店组成的饭店业。同时，饭店也成为一个城市、地区乃至一个国家的市政建设、社会公共设施中必不可少的组成部分，是当地对外交往、社会交际活动的中心。饭店业的发展为当地社会的政治、经济、文化等方面的发展带来重要影响，刺激和促进当地社会的对外交往、经济发展和文化交流，提高社会的文明程度。

一、饭店的含义

饭店（Hotel）一词源于法语，原意是指法国贵族在乡下招待贵宾的别墅。后来，英美国家沿用这一名称来指所有商业性的住宿设施。在中文里表示住宿设施的名词有很多，例如旅馆、宾馆和饭店等。我国国家旅游局将现代宾馆统称为饭店（Tourist Hotel）。

国外一些权威词典曾经对饭店下过如下定义。

《科利尔百科全书》这样定义饭店：饭店一般地说是为公众提供住宿、膳食和服务的建筑与机构。

《大不列颠百科全书》这样定义饭店：饭店是在商业性的基础上向公众提供住宿，也往往提供膳食的建筑物。

《美利坚百科全书》这样定义饭店：饭店是装备完好的公共住宿设施，它一般都提供膳食、酒类与饮料以及其他服务。

《牛津英语图解大词典》这样定义饭店：饭店是提供住宿、膳食等收费的住所。

从上述的定义可以看出，饭店一般都具备以下几个条件：

(1)它是由建筑物及装备完好的设施组成的接待场所；

(2)它必须提供住宿、餐饮及其他服务；

(3)它的服务对象是公众，主要是外地旅游者，同时也包括本地居民。既包括某些其他特殊身份或阶层的人，也包括广大的普通消费者；

(4)它是商业性的服务企业，以营利为目的，所以其使用者一定要支付一定的费用。

我国国家旅游局在《旅游饭店星级的划分与评定》中对饭店是这样定义的：能够以间(套)夜为时间单位出租，并配有相应服务的住宿设施，按不同习惯它也可能被称为宾馆、酒店、旅馆、旅社、宾舍、度假村、俱乐部、大厦、中心等。

饭店是一个以提供服务为主的综合性服务企业。饭店的产品是由满足客人物质享受的各类设施、物品等有形产品和满足客人精神享受的服务所形成的无形产品所组成。以物质形式出现的有形产品是饭店产品的基础，而体现为无形产品的服务是一种直接提供客人享受的活动。

二、饭店的作用

(一)饭店是旅游者进行旅游活动的基地

旅游者在旅游活动过程中，通常都包括食、住、行、游、购、娱等基本活动。其中，食和住是最基本、最重要的内容。饭店不仅为旅游者提供最基本的住宿、餐饮服务，而且还尽可能为旅游者提供交通、娱乐、商务、电信、金融汇兑等各项服务。因此，旅游者在目的地的一切旅游活动，基本上是以饭店为基地而进行的，因而人们称饭店是旅游者的“家外之家”，是旅游者进行旅游活动的基地。

(二)饭店业是创造旅游收入(尤其是外汇收入)的重要行业

由于饭店是旅游者进行旅游活动的基地，因而也是创造旅游收入的重要源泉。据国内外的统计资料表明，饭店业的收入一般要占到旅游总收入的一半以上。尤其是对于国外旅游者来讲，其在饭店住宿、餐饮、娱乐和购物等方面，可以直接使用外币支付，以减少汇兑的困难。这样，饭店业就成为重要的创汇行业，在为国家创汇中发挥着重要的作用。

(三)饭店业能为社会提供大量的就业机会

饭店业是以提供服务为主的行业,是一种劳动密集型行业。随着饭店业的发展,必然为社会提供大量的就业岗位,吸纳大量的劳动力。据国外有关研究表明,近几年来,在每年新增的劳动就业人口中,每25个人中就有1人就职于饭店业。同时,饭店业还带动相关行业的发展,如通信、水电、旅游用品、旅游商品等,从而又间接地提供了大量的就业机会。

(四)饭店业的发展状况标志着旅游业发展的规模和水平

饭店业是旅游业的支柱,因而饭店业发展的规模和水平,也就反映着一个国家或地区旅游业的发展状况和水平。通常,若一个国家或地区旅游业发达,则其饭店业也发达;而饭店业越发达,则旅游业也就发展越快。近几年,东亚地区旅游业发展迅速,与其饭店业发展也是密切相关的。据最近几年最佳饭店的评选看,世界上最佳饭店前十名中,有一半集中在东亚地区。因此,通过考察饭店的发展,就可以了解旅游业的发展状况和水平。

(五)饭店业的发展还反映了国民经济的发展状况

饭店业还是一个国家国民经济发展状况和水平的综合反映。因为现代旅游业是一个国际化的经济产业,饭店业则成为一国对外开放的"前沿"。饭店业越发达,则对外开放度越强,从而有利于促进一国对外的国际交流,扩大对外的影响。另外,富有特色的饭店本身就是具有吸引力的旅游景观。因而伴随着饭店设施的不断完善,饭店的建筑风格、服务质量、环境氛围,不仅影响着旅游者的旅游活动,而且反映了一个国家、一个地区的经济发展及社会文明的程度和水平。

第二节 饭店的特点及分类

一、饭店经营服务的特点

饭店作为以旅游服务为中心,通过借助有形设施而出售无形服务产品的经济单位,其服务设施和服务质量构成了饭店的生命线。倘若没有完备、齐全的饭店服务设施,没有高水平、高质量的服务,就不能形成合格的、有效满足旅游者和公众需要的饭店产品,也就无法吸引大量的旅游者光临。由于饭店产品既不同于一般的工农业生产的物质产品,也不同于其他的服务性产品,因而就必须很好地把握饭店产品的经营服务特点。

(一)饭店服务的无形性

从表面看,饭店所出售的似乎是客房、食品等有形产品,但实质上饭店所出售的产品是一种非量化的、无形的服务,即依托于客房、食品之上的服务产品。换句话说,顾客所购买的并非是“房间”,而是依托“房间”所提供的服务效用——安全、舒适和清洁的住宿环境和条件。同样,餐饮也并非单纯向顾客提供食品,而是包含着餐饮的方便、气氛、环境和其特殊的需求。由于饭店服务的无形性,因此饭店的经营管理人员应很好地把握消费者的心理与行为,从而采取有效的营销方法和策略,吸引顾客,树立饭店的声誉和形象,使饭店在竞争中立于不败之地。

(二)饭店服务的不可分性

一般工农业产品的生产、销售和消费过程是分离的和继起的过程,生产者和消费者不直接接触,而饭店服务产品的生产、销售和消费过程则是同时进行的,并且是不可分离的。也就是说,饭店服务产品不可能先生产出来,再通过销售渠道送往外地出售和消费。相反,饭店服务产品是边生产、边消费,生产与消费同时进行。由于饭店服务的不可分性,要求饭店不仅要有一个良好的服务环境和条件,以吸引顾客光临,同时还要提供高质量的服务,以满足宾客的消费需求。

(三)饭店服务的不可贮存性

饭店不可能像工厂、商店那样把销售的产品贮存起来,以满足将来的需求,当天不能出售的客房就意味着失去了这一天的客房收入,并且永远也不能得到补偿。同样,顾客也不可能在他需要饭店服务产品时而等待着以后再提供给他。因此,饭店服务产品是在顾客需要时,以合适的价格出售给他。由于饭店服务的不可贮存性,要求饭店的管理人员必须克服由此带来的被动和局限的困难,提高经营的灵活性,采用科学的管理方法、协调淡旺季矛盾,充分利用固定的饭店设施和接待能力,更好地满足顾客的需求。

(四)饭店服务的重复性

有许多人认为从事饭店服务是新鲜和刺激的,因为每天都会接触新的客人,迎接新的挑战,处于新的气氛之中。实际上,饭店的大多数服务是标准化的、重复的。例如,前台的服务人员每天可能面临若干顾客询问他同一个问题,一遍遍地重复同样的工作;餐厅服务员每天也是机械地重复着点菜、上菜、盯桌、结账等工作。这种重复性的工作,往往使服务人员易于疲劳,使服务人员的情绪容易发生波动,从而引起服务质量的不稳定性和经营管理中的困难。

(五)饭店服务的劳动密集性

饭店业是一种劳动密集性的行业,因为许多服务工作是无法实现机械化、自动化的。通常,物质产品(有形产品)的质量,可以通过制造的自动化和标准化来保证和不断提高，而饭店服务的质量则取决于服务人员与顾客之间的沟通和合作。因此，不仅饭店之间提供的服务存在着质量和水平的差异，即使是同一饭店甚至同一员工在不同时间、不同场合、不同服务对象中提供的服务也会有质量和水平的差异。这就要求饭店必须重视员工培训，不断提高员工的文化修养、业务素质和专业技能，努力克服饭店服务中的差异性，切实保证服务质量和水平的不断提高。

二、饭店的分类

饭店业是由各种不同的饭店所组成的行业，而不同饭店是针对不同的消费者设计的。因此，研究各种不同饭店的类型和特色，有利于加强对饭店的经营管理，提高饭店的经营服务水平和效率，满足不同层次、不同要求的消费者的需求。

(一)按饭店经营特色分类

按饭店经营特色分类是传统的分类方法，一般把饭店分为商务饭店、度假饭店、公寓饭店、会议饭店和汽车饭店等五种类型。

1. 商务饭店。商务饭店是指为从事商贸活动的旅游者提供住宿、餐饮及商务活动条件的饭店。这类饭店大多数位于城市中心或商业区，客人以商务旅游者为主，住宿时间一般为3～5天。为了适应商务旅游者的需要，商务饭店不仅要求设施富丽堂皇，设备先进、完备；而且要求服务水平高，服务质量好，特别是在商务活动的条件方面，要很好地满足商务旅游者的要求。

2. 度假饭店。度假饭店主要以接待休闲、度假及游乐的旅游者为主，其大多数位于海滨、温泉、森林、湖岸等地，即要求设在自然环境优美、诱人，气候适宜的地区。由于度假饭店的主题是为人们提供休闲、度假胜地，因而度假饭店还应因地制宜地开设各种娱乐项目、体育项目及拥有康乐设施等，并提供热情、周到、敏捷的服务，以吸引更多的旅游者入住。

3. 公寓饭店。公寓饭店主要为旅游者提供长住或经常性居住的服务。这类饭店多采取公寓式布局，配有完善的生活设施及各种服务设施项目。由于公寓饭店一般费用较低，价格合理，管理简便，因而对于学习、进修以及其他需较长时期住宿的旅游者来讲，是最合适的对象。

4. 会议饭店。会议饭店主要是为开展各种展销会、大型博览会、国际会议、经贸洽谈会等提供会议室、住宿及餐饮等综合服务的饭店。这类饭店不仅要求舒适方便，而且要有各种类型、规格的会议室、展览厅、陈列室、演讲厅及贸易洽谈室等，以方便开展各种各样的商贸活动、学术交流和举办展览会等。

5. 汽车饭店。汽车饭店主要是适应陆地交通发展而出现的旅游住宿设施，其通常设在城市边缘和公路干线旁边，一般都有停车场、住宿和餐饮，能满足过往旅行者的基本需求。目前，随着家庭旅游者增多，汽车饭店的经营项目不断增多，服务水平也不断改善和提高。

(二)按饭店的地理位置分类

按地理位置分类是饭店分类的另一重要方法，其对于界定消费者市场，确定经营服务对象具有重要意义。其一般将饭店分为中心城市饭店、城郊饭店、风景区饭店、公路饭店、机场饭店等。

1.中心城市饭店。中心城市饭店一般位于城市中心或商业区，地理位置优势适宜于发展以商务饭店为主的饭店。

2.城郊饭店。城郊饭店是指位于城市郊区或交通方便之处的饭店，如车站、码头、交叉路口等。城郊饭店主要以经济型饭店、汽车饭店为主。

3.风景区饭店。风景区饭店一般是指位于风景区、海滨、林地、湖岸的饭店，其特点与度假饭店相同，主要以度假饭店为主。

4.公路饭店。公路饭店主要指为适应汽车旅游需要而设置的各种经济、方便、舒适的饭店，因位于公路沿线而得名，主要以汽车饭店为主。

5.机场饭店。机场饭店是为乘坐飞机的乘客提供住宿、餐饮及各种服务的饭店，其通常位于机场附近，以方便乘客。

(三)按饭店客房价格分类

按照饭店客房价格或饭店建筑费用分类，一般可将饭店分为经济饭店、中价饭店和豪华饭店三大类。

1.经济饭店。经济饭店主要是指饭店建设成本低，从而以较低客房价格出售饭店产品和服务的饭店。

经济饭店的建筑造价，一般每个标准间大约在 2 万～3 万美元，标准总面积约为 25 平方米。若按建筑费用定价，平均房价低于 30 美元。

2.中价饭店。中价饭店介于经济饭店与豪华饭店之间，每个标准间的建筑造价大约在 4 万～6 万美元，标准间总面积约为 36 平方米，平均房价在 60 美元～80美元。

3.豪华饭店。豪华饭店一般建筑设施造价很高，每个标准间的建筑费用约在 8 万～10 万美元，建筑面积每个标准间约为 47 平方米，房间内设施高档、布置豪华，饭店内都配有较完善的综合设施，如餐饮、娱乐、健身、购物等等。平均每个标准间的房价在 120 美元～150 美元。有的豪华套房高达数千美元。

(四)按饭店规模分类

按照饭店规模大小，可将饭店划分为大型饭店、中型饭店和小型饭店三类。

1.大型饭店。大型饭店，一般是指饭店拥有 500 间以上标准客房，并且饭店设施和服务项目较齐全，设施比较豪华。通常大型饭店都是豪华级饭店，但随着世界旅游业的快速发展，许多中价饭店也不断扩大规模而成为大型饭店。

2.中型饭店。中型饭店，一般是指拥有300～500间标准客房的饭店。这类饭店设施齐备、精良，服务项目齐全，价格适中合理，是一般旅游者较喜欢选择的饭店。

3.小型饭店。小型饭店，通常指拥有标准客房数在300间以下的饭店。这类饭店设施和服务基本满足饭店的标准和要求，一般价格较为便宜，多为经济型饭店。

(五)按饭店经营方式分类

按照饭店的经营方式，可将饭店划分为独立经营饭店、集团经营饭店、联合经营饭店三大类。

1.独立经营饭店。独立经营饭店，是指由投资者独立经营的单个饭店企业。在实际经营中，绝大多数中小型饭店都属于独立经营饭店。独立经营饭店管理简单、协调容易，但市场竞争力弱。

2.集团经营饭店。集团经营饭店，是指由饭店集团以各种不同方式经营的饭店。一是由集团总公司直接经营的所属饭店；二是由集团公司按合同进行管理的联号饭店；三是由集团公司授权特许经营的饭店。集团经营饭店的优点是可以利用名牌饭店信誉，占领市场，争取客源；缺点是要受集团公司不同程度的控制。

3.联合经营饭店。联合经营饭店，是指由许多单个饭店企业联合起来的饭店，以对抗集团经营饭店的竞争。联合经营饭店在保持各饭店产权独立、自主经营基础上，实行统一订房系统、质量标准和公认的标志，并进行联合宣传、促销和互送客源。

(六)按星级评定制度分类

按照星级评定制度，可将饭店划分为一星级、二星级、三星级、四星级及五星级。

1. 一星级饭店。其建筑设施结构良好，环境适宜；有一个供宾客使用的大厅或起居室的公共房间，并至少有10个以上的房间等。

2. 二星级饭店。二星级饭店是比较好的、舒适的饭店。除具有一星级饭店所规定的各项标准和要求外，三层以上的楼面应配有电梯，部分客房配有直拨外线电话，饭店服务能达到一定的质量和水平，并且要明显优于一星级饭店的水平。

3. 三星级饭店。三星级饭店应该是很好的、很舒适的饭店。除了具有二星级饭店所规定的标准外，还应有装饰漂亮的大厅，拥有部分单独套房。饭店规范性服务项目齐全、服务质量和管理水平较二星级饭店有较大的提高。

4. 四星级饭店。四星级饭店是非常舒适的饭店。除具有三星级饭店的标准和要求外，有部分套房达到豪华标准，标准间客房宽大、设施高档豪华，各种电器设施均属高质量产品；具有高水平的接待服务和优秀的服务人员，高水平的饭店管理和良好的饭店形象。

5. 五星级饭店。五星级饭店大多数属于豪华型饭店，除具有四星级饭店的标准外，还拥有豪华的大厅、接待室和阅览室，拥有高级的公用房间，包括各种类型的会议室；有较多套房，且客房宽大、装饰豪华漂亮。有一流的服务人员和高质量的服务，高水平的饭店经营和管理等。

第三节　饭店业的发展历史

一、国外饭店业的发展历史

人类的旅游活动在古代就已存在，但那时还没有商业性的食宿设施存在，因而旅游者往往投宿于当地人家，而当地人家也把免费接待投宿的旅游者作为一种荣耀和习惯。之后，由于货币的出现，促进了贸易和商业活动的发展，使商业活动的范围不断扩大、延伸，甚至超越国界，于是出现了以通商为目的的远程商队。随着商队的出现和发展，开始出现了以牟利为目的的接待机构，于是被称为世界古老行业的饭店业就逐渐形成。根据国外对饭店业发展历史的研究，一般把饭店业的发展划分为客栈时期、大饭店时期、商业饭店时期、现代饭店时期四个发展阶段。

（一）客栈时期

客栈时期大约是从 11 世纪到 18 世纪之间的时期，其中以 15 世纪至 18 世纪客栈较为盛行，并以英国和法国的客栈最为发达，而且许多客栈所在地成为当地的社会、政治与商业活动的中心，有些演变成后来的大城市。

客栈，英国称为 Inn，美国称为 Tavern，一般是指位于乡间或路边的、主要供过往客人寄宿的小客店，是现代饭店产生的雏形。早期的客栈，从设施上看，规模小、设备简陋，一般是一幢大房子内设几间房间和床铺，旅客往往挤在一起睡；从服务上看，客栈仅仅提供过往旅客吃饭和睡觉的地点，并且价格也十分低廉；从经营上看，客栈都是单家独户经营，客人住宿的房舍往往就是家庭住宅的一部分，也无需专门的客栈管理人员。到 15 世纪以后，随着商业和贸易活动的兴旺和发展，人们对客栈的需求增加，对客栈的服务要求也有所提高，于是客栈的规模开始扩大。有的客栈已发展到拥有 30～40 间客房，同时客栈的设施也有所改善，备有专门的厨房、餐厅和酒窖；有带壁炉的宴会厅和舞厅；客栈的环境条件也有很大改善，有供客人休憩的花园草坪等；并且开始雇用专门的服务人员和管理人员，初步具备了现代饭店的雏形。

（二）大饭店时期

大饭店时期是从 18 世纪末到 19 世纪末。18 世纪后半期，随着工业革命的到来，西欧、北美等一些国家相继进入工业化国家，并形成了群众性的消费社会。于是，适应现代工业化发展和经济贸易发展的需要，饭店业的发展从客栈过渡到大饭店时期。

早在 18 世纪后期，美国的饭店业就有了较快的发展。以 1794 年在美国纽约建成的第一座饭店—— 都市饭店为标志进入了大饭店时期。都市饭店拥有 73 个房间，在当时可算是一个巨型企业，并且很快成为当时仅有 30 万人口的纽约市的社交中心。紧接着波士顿、费城、巴尔的摩等城市也不甘落后，很快建设和开办了类似的大饭店。1829 年，在波士顿落成了一座现代化的大饭店——特来门饭店（Tremont），其拥有 170 套客房，是美国有史以来建筑最大、造价最昂贵的大楼。该饭店设有前厅，负责登记入住宾客。为不愿受干扰的宾客开设了单人和双人房间，并加上门锁；免费提供脸盆、水壶和肥皂等；专门设置了一个拥有 200 个餐位的餐厅，并首次提供法式菜肴；对服务人员进行专门训练以提供礼貌、周到的服务，等等。特来门饭店的这些做法，开创了现代饭店业的先河，推动了美国乃至欧洲饭店业的蓬勃发展。之后相继出现了许多有名的饭店，如纽约的阿斯特饭店，芝加哥的太平洋饭店和希尔曼饭店，圣路易的普朗特斯饭店，奥马哈的帕克斯顿饭店，旧金山的宫殿饭店等，使美国饭店业在世界饭店业的发展历史中占有重要的地位。

在美国饭店业迅速发展的同时，欧洲国家的饭店业也不甘示弱，18 世纪末各国相继建成了一些豪华的大饭店。如 1874 年在柏林建成的恺撒大饭店，1876 年开业的法兰克福大饭店，1880 年建成的巴黎大饭店，1885 年建成的罗浮宫大饭店，1889 年开业的伦敦萨伏依饭店等，都是一些建筑规模宏大、设施豪华、装饰讲究、服务一流的饭店，许多饭店成为建筑艺术上的珍品。由于这些饭店都设置了单独的私人房间，配备了各种娱乐厅、餐厅、阅览室，附设了带游廊的花园、喷泉等，从而吸引了许多王室、贵族、官宦、巨富和社会名流前往住宿和娱乐。

（三）商业饭店时期

商业饭店时期大约从 20 世纪初期到 40 年代末，约五十年的发展时期。这一阶段是饭店业发展的重要阶段，其从各方面奠定了现代饭店业的基础，使饭店业发展成为一个重要的行业。

19世纪末是大饭店兴盛的时期，西方国家许多大城市中都出现了许多专门为王室、贵族、巨富和名流服务的大饭店。与此同时，在一些城填和乡村还存在着一些设备简陋、服务有限的客栈。随着这些国家经济的发展，经商旅游者大量增加，这些人已不满足客栈所提供的条件和服务，但又没有资格住进那些豪华的大饭店。于是，针对这种社会需求状况，美国一个名叫斯塔特勒(Eusworth M. Statler，1863—1928)的饭店业主，以自己多年从事饭店业的经验和对市场需求的了解，设计了为一般公众所能承受价格之内的商业性饭店，从而开创了商业饭店的事业。

同大饭店和客栈相比较，商业性饭店的服务对象主要是公众和从事商业活动的旅游者，因而其设施与服务摒弃追求豪华与奢侈的做法，讲求舒适、方便、清洁、安全和适用，并考虑到顾客的需求和承受能力，收费合理。同时，斯塔特勒还亲自制定了《斯塔特勒服务守则》，注意服务水平的提高，讲究经营艺术等，从而开创了现代饭店的先河。

之后，一批著名的饭店业主受斯塔特勒的启发，根据他提出的原则而创立了一批世界有名的饭店集团，如希尔顿(Hilton)、假日饭店(Holiday Inn)、喜来登(Sheraton)，等等，使商业饭店有了较大的发展。

汽车饭店是随着汽车工业的发展而产生的。1925年，在美国加利福尼亚州出现了一家叫“迈尔斯顿”的饭店。据说就是这家饭店最早正式使用了“汽车饭店”(Motel)这个名称。四年后，迈尔斯顿汽车饭店倒闭了，但更多的汽车饭店却在美国各地涌现。

纵观这一阶段商业饭店的发展，有以下几个突出的特点：一是确定了饭店为公众和旅游者服务的基调，使饭店业的发展与经济发展和人们生活水平提高相适应；二是促进了饭店业管理和服务的标准化和规范化，形成了行业规范和相应的管理机构，如饭店管理协会等；三是逐步实现了饭店的现代化经营和管理，促使所有者与经营者相分离，促进了饭店经营管理者阶层的产生和发展；四是出现了专门培养饭店经营管理人才的学校(院)，如康奈尔饭店学院、柏林的饭店管理学院等。上述这些，不仅为现代饭店业打下坚实的基础，而且为饭店业成为一个重要的行业部门创造了必备的条件。

(四)现代饭店时期

从20世纪50年代开始到现在，饭店业进入了现代新型饭店发展时期。第二次世界大战结束后，随着世界范围内的经济复苏和繁荣，随着人口的迅速增长，特别是现代科学技术的进步，交通条件大为改善，为外出旅游创造了条件；劳动生产率显著提高，又增加了人们的可支配收入，于是外出旅游和享受饭店服务的需求迅速扩大，从而相应推动了现代饭店业的大发展。纵观这一时期饭店业的发展，具有以下几方面的特点。

第一，饭店规模扩大，集团化管理占有日益重要的地位和作用。尤其是自20世纪50年代以来，一些大的饭店公司通过联号管理、特许经营等方式，逐渐形成了统一名称、统一标志、统一服务标准的饭店联号经营，促进了饭店的集团化发展。

第二，饭店服务的多样性和综合性，促进了各种类型饭店的产生，并提供特殊的服务。50年代以来，随着世界旅游业和饭店业的迅速发展，饭店业竞争日益加剧。为了在竞争的市场中占有一席之地，各饭店都十分重视发挥优势，通过提供多样性的服务、开发特殊的产品来吸引消费者，从而出现了各种提供特殊服务的饭店，如残疾人饭店、太空饭店、洞穴饭店等，并且力图为宾客提供综合性的、周到满意的服务。

第三，饭店业与相关行业的合作日益密切和加强。饭店业竞争的加剧和旅游活动范围的扩展，促使现代饭店业不仅加强内部的合作与联号管理，同时不断扩大与相关行业的合作与联合。饭店业与旅游交通业、旅行社业、金融业、商业的合作更密切，以形成强大的力量，联合促销，共同争取客源，提高联合体的市场竞争能力。

二、我国饭店业的发展历史

我国饭店业的发展，最早可追溯到春秋战国以前。但我国饭店业的产生还是从19世纪末期开始的，之后发展缓慢。直到20世纪70年代末期推行改革开放政策以后，我国现代饭店业才有了比较快速的发展。

（一）我国古代饭店业的发展

我国古代饭店业的发展主要以官办的驿站、迎宾馆和民间客栈（旅店）为主，形成我国几千年饭店业发展中的主要内容。

驿站是我国历史上最古老的一种官办的住宿设施。在古代交通条件不发达情况下，政府间的公文传递、书信往来主要靠骑马、乘车、乘船来传送。为了接待这些传送人员和提供车、马交通工具，就建立了驿站和相应的驿传服务制度，并世代沿袭，成为我国历史上最古老的饭店设施之一。尽管我国古代驿站在漫长的历史发展过程中名称、功能有不断的改变，但始终将其作为公差人员主要的接待和食宿住所，不仅保证了驿传制度的贯彻实施，而且还促进了古代民间旅店业的产生和发展。

迎宾馆是我国古代另一类官办的住宿设施，其主要是为京城使者或外国使者提供食宿接待服务。迎宾馆的称谓在不同朝代称呼各异，例如春秋战国时期称为“侯馆”和“传舍”；两汉时称为“蛮夷邸”；南北朝时又名“四夷馆”；唐宋时叫

“四方会馆”；元、明时又称为“会同馆”；到清末时才正式称为“迎宾馆”。迎宾馆作为我国古代饭店业的重要形式，是官方接待外国使者和交往人员的重要设施，不仅适应了我国古代对外交往的客观需要，而且对促进我国古代政治、经济和文化的交流起了十分重要的作用。

我国古代民间旅店业早在春秋战国时期就已产生，据文字记载，在商周时期就有专为人们提供休息和食宿的“逆旅”场所。秦汉时期，由于商业和贸易活动的兴旺发达，民间旅店业有了较快的发展，城镇郊区、集市和主要道路口都有各种各样的旅店存在。汉代以后，随着我国城市的形成和发展，在各个朝代中民间旅店广泛分布于城内繁华地带。除了一般提供食、住的饭店之外，为适应我国古代科举制度的要求，在京城和有些较大的城市还出现了各种接待科举应试人员的会馆，这些会馆成为当时饭店业的重要组成部分。

(二)我国近代饭店业的发展

我国近代饭店是随着19世纪初外国资本的侵入而逐渐发展起来的。这一时期，我国饭店大致可以划分为西式饭店、中西结合式饭店、民间旅店三种类型。

西式饭店是随着第一次鸦片战争以后，帝国主义列强侵入中国，划分势力范围，设立租界，并相应成立了许多工矿企业和西式饭店。据有关记载，到1939年，在北京、上海、南京、天津、广州、沈阳、汉口等23个城市中，已有外国资本建设并经营的西式饭店近80家。这些西式饭店把西方国家的饭店模式带进来，不论在建筑规模、式样、设备、装潢，还是在经营方法、服务要求等方面都与中国传统饭店有很大的区别。尤其是受19世纪初西方国家商业饭店发展的影响，这些西式饭店一般都规模宏大、装饰华丽，并且符合西方商业饭店要求，拥有客房、餐厅、舞厅、酒吧、会客室等，备有各种电话、暖气及卫生间，并采用标准的服务和规范的管理，以适应接待来华的外国人员及当时上流社会人物、达官贵人集会的需要。如广州的维多利亚饭店、济南的斯坦饭店、北京的三星饭店和宝珠饭店、天津的裕中饭店等都是由外国人建造和经营的西式饭店。西式饭店是帝国主义列强侵略中国的产物，从本质上讲是为帝国主义的政治、经济、文化侵略服务的。但是，西式饭店的进入也对我国近代饭店业的发展起了一定的促进作用，尤其是把西方商业饭店的建设、经营、服务及管理方法带到我国，使我国商业饭店也有了迅速的发展。

中西结合式饭店，就是指受西式饭店影响而发展起来的，由中国民族资本经营的饭店。从20世纪初期，受西式饭店的刺激，中国民族资本开始向饭店业投资，并相继建立了一大批中西结合式风格的饭店。如北京的长安春饭店、东方饭店、西山饭店、中国饭店、华安饭店；上海的中央饭店、大中华饭店、大上海饭店、扬子饭店、百乐门饭店；天津的国民饭店、惠中饭店、世界大楼等。中西结合式饭店摒弃了我国传统饭店的庭院或园林式建筑风格，在建筑设施上趋于西化，多为高大的楼房建筑；店内设备和装潢则中西结合；在经营项目和经营方式上受西方饭店影响，不仅实行了饭店、交通等行业的联营，而且在服务和管理方面也接受国外商业饭店的一套做法，从而使中国近代饭店业的发展接近或达到西方国家的水平。

在西式饭店和中西式结合饭店发展的同时，我国民间旅店也进一步发展、壮大。特别是随着近代交通工具的改善和发展，为我国传统的民间旅店的发展提供了新的机遇。有关记载表明，到 20 世纪 30 年代末期，全国各铁路沿线及车站的民间旅店或招商客栈已发展到 1000 多家。这些旅店在规模上有所扩大，客房也分为不同等级，并提供餐饮、住宿及其他杂项服务，在设施和装潢方面也较以往的旅店有较大的改善。

（三）我国现代饭店业的发展

新中国成立以后，由于部分西方国家对我国采取经济封锁等做法，我国饭店业的发展主要转为以事业性接待为主，主要服务对象是国内出差人员。除了少数接待国外贵宾的宾馆仍保持较高的服务设施和服务质量外，大多数饭店转向了招待所型的服务，使我国现代饭店业的发展长期滞后于西方发达国家饭店业的发展。

1978 年我国开始实行对外开放政策，随着与国外交流和商贸活动的发展，特别是我国旅游业的迅速发展，促进了我国饭店业的迅速发展。经过近三十年的发展，我国现代饭店无论是在行业规模、饭店建筑设施，还是服务项目、服务质量的管理水平等方面，都取得了长足的进展。至 2008 年末，全国共有星级饭店 14099 家，拥有客房 159.14 万间，拥有床位 293.48 万张，拥有固定资产原值 4353 亿元。截至 2011 年底，星级饭店统计管理系统中有 13513 家星级饭店，有 12221家经营情况数据通过省级旅游行政管理部门审核。在 12221 家星级饭店中，有 545 家饭店停业，在余下的 11676 家饭店中，五星级饭店有 615 家，四星级饭店有 2148 家，三星级饭店有 5473 家，二星级饭店有 3276 家，一星级饭店有 164 家；拥有客房数 147.49 万间/套；拥有床位 258.63 万张；拥有固定资产原值 4587.13 亿元。[①]

回顾改革开放三十年来我国饭店业的发展，具有以下几个方面的特点。

第一，饭店建设投资形式多样化。改革开放以来，我国在饭店业的发展中采取了多渠道集资建设的形式，积极利用国家资金、集体资金及外国资金，加快饭店的建设，新建和改、扩建了大批饭店。截至 2011 年底，星级饭店统计管理系统

---

① 资料来源：2011 年度全国星级饭店统计公报

中经过旅游管理部门审核的12221家星级饭店中，有545家饭店停业，在余下的11676家饭店中，国有性质的饭店有3647家，占饭店总数的31.24%；集体性质的饭店有475家，占4.07%；港澳台地区投资饭店有266家，占2.28%；外商投资饭店有226家，占1.94%；其他类型饭店有5650家，占48.39%。①

第二，饭店建设规模大，服务设施和服务项目日趋完善。为了适应现代旅游业发展的需要，更好地与国际饭店业接轨，改革开放以来饭店建筑规模有了扩大。2011年，全国五星级饭店615家，客房数21.76万间/套，床位数32.38万张，四星级饭店2 148家，客房数42.46万间/套，床位数73.48万张。见表1-1。

表1-1② 2011年全国星级饭店规模结构情况

指标	单位	五星级	四星级	三星级	二星级	一星级	合计
饭店数量	家	615	2148	5473	3276	164	11676
客房数	万间/套	21.76	42.46	61.06	21.44	0.77	147.49
床位数	万张	32.38	73.48	111.03	40.27	1.48	258.63

饭店设施也向多功能发展，不仅附设了先进的通信设施和商务服务设施，而且也配置了相应的康乐设施、购物设施及其他服务设施等。特别是这些饭店的建筑、装潢和服务功能，还美化了市容，丰富了当地社会的物质和文化生活。

第三，积极引进和借鉴国外管理模式，经营管理水平日益提高。由于我国现代饭店业起步较晚，为了适应改革和对外开放的需要，饭店业自改革开放之初，就率先引进外资和外方管理。从第一批引进外资建造和聘请外方管理的饭店开始，如广州白天鹅宾馆，北京长城饭店、丽都饭店，深圳的西丽湖度假村等，以后各地相继引进了大批外资和外方管理模式，使我国饭店业的服务和管理水平有了迅速的提高。许多饭店还在借鉴国外先进经验和科学管理的同时，结合我国实际，形成了独特的饭店经营风格和管理模式，如广州的白天鹅宾馆、北京的建国饭店和兆龙酒店、厦门的悦华酒店等。

另外，国际饭店管理集团相继进入中国市场，在增加了我国饭店业竞争态势的同时，也促进了我国饭店管理水品的提高。近年来，诸多著名的国际酒店集团从以沿海和中心城市为主转而开始大举进军内陆城市、中小城市和低星级酒店市场。据不完全统计，现有40多家国际饭店管理集团、70多个饭店品牌进入中国市场，管理着近千家饭店，目前世界排名前10位的国际饭店集团均已进入中国市场。

第四，服务质量的规范化。为了使我国饭店业尽早与国际 水平接轨，国家

① 资料来源：2011年度全国星级饭店统计公报

② 资料来源：2011年度全国星级饭店统计公报

旅游局经过广泛调查研究，于1988年颁发了《中华人民共和国评定旅游涉外饭店星级的规定和标准》，1993年上升为国家标准，1997年第一次修订，减少必备项目，增加选择项目；2003年第二次修订，强调"饭店氛围的整体性、饭店产品的舒适性、饭店管理的专业性"，增加有效期。每一次修订都较好地适应了我国饭店发展的需要，促进了我国饭店服务质量的标准化和规范化发展，使我国饭店服务水平尽快达到国际要求。

同时，一系列饭店服务标准相继出台，对规范饭店服务起到了积极的推动作用。2004年，由中国饭店协会起草，国家质量技术监督检疫总局、国家标准化管理委员会发布的《饭店业职业经理人执业资格条件》(GB/T19481－2004)于2004年8月1日起正式实施。2007年，由中国饭店协会起草、国家商务部发布了《饭店业星级服务人员资格条件》国家行业标准(SB/T10420－2007)，于2007年7月1日起实施。2008年9月27日，国家商务部发布了由中国饭店协会起草的国家行业标准《饭店业星级侍酒师技术条件》(SB/T10479－2008)，该标准于2009年3月1日起正式实施。2008年9月27日，国家商务部发布了由中国饭店协会起草的国家行业标准《饭店服务礼仪规范》(SB/T10476－2008)，该标准于2009年3月1日起正式实施。

第五，饭店集团化发展。伴随着饭店服务和管理规范化的要求，我国以饭店联号管理为主的饭店集团化经营也有了较快的发展。2011年度最具规模的30家中国饭店管理公司(集团)，共有饭店2392家，客房496281间/套(含筹建项目)，平均每个集团有饭店80家，客房16529间/套。饭店数量排名前5位的集团是：锦江国际、首旅股份、金陵酒店、开元集团和山东银座；客房数量排名前5位的集团是：锦江国际、开元集团、首旅股份、金陵酒店和港中旅酒店，其饭店客房数量均已超过2.5万间/套。中高档饭店数量排名前5位的集团是：锦江国际、开元集团、金陵酒店、首旅股份和雷迪森旅业；中高档饭店客房数量排名前5位的集团是：开元集团、锦江国际、首旅股份、金陵酒店和港中旅酒店，其中高档饭店客房数量均已超过2.4万间/套。共有16个集团涉及经济型饭店业务，经济型饭店数量与客房数量排名前3位的集团均为：锦江国际、山东银座和宁波南苑，其经济型饭店客房数量均已超过四千间/套。从总体存量来看，客房规模增长速度前5位的集团分别是四川锦江(65.66%)、碧桂园凤凰(49.46%)、开元集团(47.99%)、山东银座(41.78%)和世纪金源(35.14%)。地产型饭店集团增速最快，房地产开发商相对收缩对住房地产的投资，转向投入商业地产及旅游地产等。①

① 资料来源：中国旅游报，2012－6－27(7)

第四节 饭店业的未来发展趋势

在全球化、现代化的大背景之下，随着高科技、个性化、市场化、人本化时代的到来，以及生态环保思想、可持续发展理念的倡导，未来的饭店业将呈现多种发展趋势。

一、注重品牌化经营，饭店品牌将成为最重要的竞争筹码

品牌意识是饭店业竞争态势和现代服务营销观念的产物。品牌是用以区别不同销售者所售产品或服务的名称、词语、图案、标记或其他特征。品牌对于饭店和宾客都有重要意义。对饭店而言，品牌有助于他们区分不同的产品，有助于他们进行产品介绍和促销，并培育回头客，从而在此基础上形成顾客的忠诚。对于宾客而言，品牌可助其识别、选择和评价不同饭店的产品和服务，并通过消费名牌饭店产品等方式获得心理的满足和回报。在一个品牌制胜的时代，仅仅依靠饭店产品本身已不足以保证饭店的生存和发展。在发育完善的饭店业市场上，饭店经营管理的最终目标是创造并保持顾客。为了达到这一目标，在各种非价格竞争策略中，品牌是扩大市场占有率、降低市场营销费用、构建消费者对本饭店产品忠诚度的有效手段，无论是大的饭店管理集团，还是刚进入市场的单体饭店，品牌细分和品牌特色将成为最重要的竞争筹码。

国际著名饭店杂志《饭店》(*HOTELS*)在对全球2004家饭店进行调查后指出，饭店管理集团最大的赢家是那些通过各种措施扩大品牌影响力和创新力的集团，无创新思想的品牌，没有清楚标志的品牌以及缺乏细分产品的小品牌，将在未来的竞争中落败；此外，以多元化为目标的新品牌的推广和老品牌的并购也非常重要。

二、集团化、连锁化、国际化加强，全球化预订网络更趋发达

随着经济全球化、市场和资源的跨国化，饭店业的联盟和合并趋势越来越突出。国际饭店管理集团在全球的覆盖面越来越广，集团规模越来越大，超大型的饭店集团与联号，凭借规模经济、品牌优势和范围经济优势将对小规模的饭店集团、管理公司和单体饭店形成强大威胁。据统计，世界上最大的200家国际饭店联号拥有全球20%以上的床位数。美国是世界上拥有饭店集团最多的国家，拥有如万豪国际(Marriott International)、长住饭店集团(Extended Stay Hotel)、

胜腾集团(Cendant Corp.)、希尔顿饭店集团(Hilton Hotels Corp.)、喜达屋国际(Starwood Hotels & Resorts)、全球凯悦公司(Global Hyatt Corp.)等世界知名饭店品牌。其次是欧洲的法国与英国，如法国拥有雅高(Accor)、卢浮宫饭店集团(Louvre Hotels)，英国拥有洲际饭店集团(Inter Continental Hotels Group)。而在亚洲，以日本、中国、新加坡、泰国和印度等国家为代表，一批服务精致化、管理模式美国化的亚洲饭店集团也开始在世界饭店舞台上展示风采，如香格里拉集团(Shangra-La)、文华东方(Mandarin Oriental)、日航(Nikko)、半岛(Peninsula)等。

但是，伴随着饭店业全球化的收购、兼并和联盟，单体饭店发展也不低迷。在法国、德国、意大利等欧洲国家，大量单体饭店经营良好，市场稳定，利润丰厚。加之网络技术的飞速发展，饭店网上直销效果越来越突出，也为单体饭店的发展带来了机遇。所以，在饭店业竞争激烈的态势之下，盲目扩张并非良策。

由于网络技术的发展，饭店业全球化的预订网络更趋发达，更加方便了饭店业的销售和饭店联号的经营。除传统销售方式外，大型的饭店联号都设有客房预订系统，客人在世界的任何角落都能通过网络预订客房。全球化的预订网络，一方面极大地方便了客人；另一方面，也将客人留在了饭店联号内，为饭店争取了客源。如拥有349家饭店、客房数约8万间/套的美国雷迪森饭店联号的中央预订系统设施与125个国家联网，通过网络预订销售的客房收入占总收入的40%。正因网络预订的强大优势，越来越多的饭店企业不惜投入巨资强化预订系统和国际交往系统。全球五大知名饭店集团希尔顿、凯悦、万豪国际、洲际和喜达屋，联合形成环球预订，进行联合营销，该在线预订给会员提供最低在线房价，并且可以作为饭店批发的交换站。

三、市场高度细分化，产品越趋多样化、特色化与个性化

高度细分饭店市场，提供具有针对性的产品和服务来高度满足特定客源市场从而保持顾客，这是21世纪饭店寻求生存和发展的必然趋势。越来越多有着鲜明特色和明确市场定位的主题饭店的不断涌现，如摇滚乐、沙漠探险、动物生态文化、房车文化、宗教文化等各式各样主题饭店应运而生，正是这一趋势的体现。

由于市场需求越趋多样化，饭店产品也越来越多样化。商务饭店、会议饭店、度假饭店、青年旅馆、汽车旅馆等各种不同类别、不同档次饭店的兴盛，全套间饭店、分时制饭店、产权饭店、主题饭店、公寓饭店、新概念饭店的兴起，行政楼层、无烟客房、女性楼层和形形色色饭店服务项目的开设，都是市场需求多样化的产物。

此外，随着个性化时代的到来，对饭店产品也提出了个性化和特色化的要

求。饭店在为客人提供规范化、标准化服务的同时，更要注重对不同客人提供具有针对性、个性化的服务。只要不违背法律和道德规范，凡是宾客需求的，饭店皆能够满足，超常服务、感情服务、灵活服务、细节服务、癖好服务、自选服务等，无不体现出对客人的尊重与关怀。

四、营销策略更加多元化

随着市场需求的变化和竞争的加剧，饭店的营销策略更加多元化。未来的饭店业将是一个以整合营销为主导，结合文化营销、关系营销、网络营销、绿色营销、服务营销等多种方式的多元化营销时代。饭店经营管理者应树立新的市场营销观念，认真调查市场，了解细分市场需求，把握市场机会和市场发展趋势，运用多元化营销手段，加强市场促销力度，提高市场占有率，为饭店的发展创造良好的市场条件。

五、提倡人本管理，以顾客为本，以员工为本

人本管理是一种把人作为管理活动的核心和组织最重要的资源，把组织全体成员作为管理的主体，围绕着如何充分利用和开发组织的人力资源，服务于组织内外的利益相关者，从而实现组织目标和组织成员个人目标的管理理论和管理实践活动的总称。自 20 世纪后半叶起，饭店业已经意识到顾客价值、员工价值对于实现饭店企业价值的重要性。“顾客第一”、“员工第一”、“顾客满意”、“员工满意”成为饭店业广泛采用的经营理念。

顾客是饭店赖以生存的源泉，使顾客满意是饭店获取利润的根本途径。使顾客满意，就是要建立并始终贯彻“顾客至上”的服务理念，饭店从设计、建设、经营到日常管理和服务，都要坚持一种以客人为本，全面关怀、尊重客人的理念，使客人有宾至如归之感。

员工是饭店发展的核心资源，“没有满意的员工就没有满意的顾客”，顾客价值的实现与员工价值是紧密相连、不可分割的。饭店要建立科学合理、公正有效的人力资源管理制度，重视满足员工的合理需求，关心员工，发展和赏识员工，构筑以人为本的企业文化，从而培育高质、稳定的员工队伍，营建温暖、和谐的饭店企业工作环境。

六、倡导“绿色”文化，进行绿色管理

自古以来，绿色一直被视为生命之色。而今，人们把绿色作为对人类与环境有益无害的代名词。在人类可持续发展问题日渐突出的当今世界，以环境保护为主题的“绿色”文化已成为一种必然趋势，提倡绿色消费、实施绿色经营与管理

成为未来饭店业迎接新挑战与新机遇的必然选择。饭店绿色文化是以发展绿色生产力为基础，以开展绿色活动为保证，以满足员工的需求为动力，实现员工、饭店、生态和社会持续发展的经营文化。它是饭店绿色管理模式的灵魂。饭店绿色管理就是饭店在顾客日益增长的绿色消费需求和环保舆论的压力下，根据社会经济可持续发展的要求，把生态环境保护观念融入饭店的生产、经营与管理之中，从饭店经营的各个环节控制污染与节约资源，以实现饭店的可持续发展，达到饭店经济效益、社会效益和环境效益的有机统一。饭店绿色管理是知识经济时代的一种新理念，其特点是融生态环境保护观念于饭店的经营管理之中，强化绿色意识，培养绿色员工，尽量采购绿色物品，减少浪费，循环利用，节能降耗，珍惜资源，降低污染，保护生态，生产绿色产品，提供绿色服务，崇尚绿色环境，进行绿色营销，引导绿色消费，加强绿色文化建设，是倡导绿色文化、进行绿色管理的主要内涵，是旅游可持续发展的需要。

七、高新技术广泛运用，饭店业科技化、网络化特色愈加浓厚

科学技术的快速发展将给饭店业带来前所未有的机遇与挑战，能否跟上科技的步伐，利用新的科技成果提高饭店科技含量比例，从而满足顾客需求的不断发展，这些决定着饭店的生存和发展。使用先进的设备设施，全面的计算机智能化管理、信息技术的运用，将成为饭店在激烈市场竞争中求得发展的必要手段。

计算机智能化管理可以覆盖到饭店办公、通信、大楼管理、信息处理、设备运行等各个管理领域，通过建立自动化状态控制系统，全面实现对整个饭店运行的智能化管理。如饭店根据客人量、气候环境对整个设施设备和前后台管理系统实行自动优化控制，不仅使整个饭店在温度、光线、通风、安全等方面处于良好的状态，而且使能源消耗大幅度下降。又如，通过计算机建立客史档案，运用计算机大容量地收集和处理信息，分析客人背景资料，使对每个客人实行个性化服务成为可能。

多媒体技术的运用，使客房内的电视具有了多媒体的功能，成为客房的信息中心，可集图像、动画、图表、音响、语音、电子游戏、传真、通信、电子媒介于一体，并且还可以使双向的信息交流成为现实；可提供入离店的自动登记、结账、信息咨询、选择菜单、留言、叫醒、旅游路线、预订机票、购物等各种服务，极大地方便了客人。

第二章 饭店经营管理概述

管理是社会化大生产的客观要求和直接产物，是每一种集合的社会生产方式都必不可少的活动。饭店是一个提供综合性旅游服务的经济单位，其经营活动的有效组织和运行也离不开科学的管理。饭店经营管理就是以现代管理理论为指导，综合运用现代科学技术和多学科知识，分析和揭示饭店经营活动的客观规律性和特点，对饭店进行科学的管理。本章从分析现代管理理论的演进开始，阐述了现代饭店经营管理的任务、内容和职能，进一步探讨了提高饭店经营管理水平和效率的方法和手段。

第一节 现代管理理论的演进

一、经验管理阶段

管理，是人们为达到一定预期目的而有意识、有组织地进行的社会活动，是人类社会共同劳动和分工协作的产物，是每一种社会生产组织都必不可少的劳动。马克思曾说过："一切规模较大的直接社会劳动或共同劳动，都或多或少地需要指挥，以协调个人的活动，并执行生产总体的运动——不同于这一总体的独立器官的运动——所产生的各种一般职能。"[①]这进一步说明：管理活动的存在是客观的，是由人类劳动的社会化所决定的。只要存在着共同劳动，就必然存在着管理，因而管理活动就像人类历史一样悠久，与人类共同劳动的历史相始终。

但是，尽管管理活动同人类的历史一样悠久，但现代管理理论体系的形成却只有近百年的历史。从18世纪后半期到19世纪末，是现代管理的萌芽时期，亦称为经验管理阶段。18世纪后半期，在英、法等国家相继爆发了以工业革命为基础的资产阶级革命，引起了社会生产方式上的大变革，促使以分散生产和经营

---

① 马克思：资本论（第1卷）. 人民出版社，1975：367

的家庭手工业向高度分工与协作的社会化大生产转变，建立起以机器生产体系为核心的工厂制度。为了适应当时生产力发展的客观要求，重点解决如何分工与协作，保证生产过程的顺利进行；为了加速资本的周转，以赚取更多的利润，开始出现了以生产管理、成本管理、资金管理为主的现代管理理论的萌芽。例如，古典政治经济学家亚当·斯密提出了“劳动组织理论和经济人观点”，论证了社会化大生产的优越性和加强管理的重要性；英国空想社会主义家罗伯特·欧文的工厂管理实践和“人事管理思想”，对今天的人力资源管理仍有重大的影响；英国数学家查尔斯·巴贝吉提出“作业研究”的思想，为后来科学管理提供了启示；安德鲁·尤尔提出应建立必要的企业规章制度；查尔斯·杜平提出要普及管理知识，培养管理人才的思想；丹尼尔·麦卡勒姆提出建立一套管理制度和原则，等等。这些都对原来管理理论体系的形成具有很大的影响和促进作用。

但由于这一阶段生产力发展水平还不高，生产组织还没有完全摆脱小生产经营方式的影响，因而还处于积累管理实践与经验总结的阶段，没有形成系统的管理理论和思想体系。

二、科学管理阶段

科学管理阶段是现代管理理论体系的形成和建立阶段。这一阶段从 19 世纪末期到 20 世纪 40 年代，经历了五十年左右的时间。

19 世纪末期，资本主义从自由竞争过渡到垄断竞争，随着生产的集中和垄断，迫切要求提高管理水平，把过去的管理经验和思想进一步标准化、系统化和科学化。于是，适应社会经济发展的需要，产生了系统的科学管理理论、组织管理理论和人际关系理论，从而奠定了现代管理理论体系的基础，并深刻地影响着现代管理的发展和变化。

（一）泰勒的科学管理理论

科学管理理论由美国管理学家弗雷德里克·泰勒创建。其创建科学管理的出发点，是要用科学的方法来取代传统经验管理，以不断提高工作效率，确保雇员和雇主事业的繁荣。因此，他提出了实行科学管理的四条基本原则：“第一，对工人操作的每个动作进行科学研究，以取代老的单凭经验的方法；第二，科学地挑选工人，并进行培训和教育，使之成长；第三，与工人亲密协作，以保证一切工作都按已发展起来的科学原则办事；第四，资方与工人之间在工作和职责上几乎是均分的，资方把自己比工人更胜任的那部分工作承担下来，而在过去，几乎是所有的工作和大部分的职责都推到工人们的身上。”①

① 泰勒. 科学管理原理. 中国社会科学出版社，1984：169－170

根据上述出发点和原则，泰勒在生产管理中实行了科学的作业方法、标准的职工培训、差别计工资制及职能工长制等，从而促进了生产效率的提高，他也因此被人们誉为“现代管理学之父”。与泰勒同时期还有甘特（Henry Gantt，1861－1919）、吉尔布雷斯夫妇（Frank Gilbreth，1868－1924；Lillian Gilbreth，1878－1972）等，也促进了科学管理理论的发展。

（二）法约尔的组织管理理论

组织管理理论是由法国工程师法约尔（Henri Fayol，1841－1925）创立。法约尔对现代管理理论的系统化形成作出了显著的贡献。首先，他指出任何企业的生产经营活动都是由技术、经营、财务、安全、会计和管理六部分活动所组成。其次，在这六部分活动中，管理是最重要的，“管理就是实行计划、组织、指挥、协调和控制”①。再次，要保证有效地执行上述管理的职能，就必须确立和遵循管理的十四项原则，即实行劳动分工、权责统一、严格纪律、统一指挥、统一领导、利益一致性、报酬公平、权力集中、等级制度、工作有序、平等待人、员工稳定、首创精神、团结合作。最后，法约尔还提出可以通过在学校里学习管理的知识和技能，再到企业中实践，就能不断提高管理才能和水平，从而推动了管理者阶层的产生和形成。

（三）梅奥的人际关系理论

人际关系理论是由美国心理学家梅奥（George Elton Mayo，1880－1949）和他的助手，通过在美国西部电气公司的霍桑工厂（the Western Electric Company Plant in Hawthorne，Illinois）进行实验以后提出的。梅奥通过“霍桑试验”后认为：第一，企业职工是“社会人”而非“经济人”，必须从社会的、心理的方面寻找提高生产率的方法；第二，企业职工的士气是提高生产率的关键，应寻找各种方法来提高职工士气；第三，企业中存在着“非正式组织”，对职工积极性具有重要的影响；第四，领导者的主要职责是协调人际关系，发展持久的、融洽的合作关系。梅奥的“人际关系”理论，为提高管理效率和水平开拓了新思路，以后在此基础上不断发展，就形成了现代行为科学的管理理论。

三、现代管理阶段

从 20 世纪 40 年代开始，随着科学技术日新月异、进程加快，促进新兴产业不断涌现；企业规模进一步扩大，出现了许多大规模的跨国公司和集团；生产过程更加复杂，自动化、连续化程度空前提高；市场竞争更加剧烈，社会协作更加密切，从而要求管理理论必须相应发展，才能适应社会生产力发展的要求。于是，

① 法约尔．工业管理和一般管理．中国社会科学出版社，1982：5

在科学管理阶段基础上，现代管理思想和理论形成和发展起来。其形成和发展原因包括：①由于工业生产的机械化、自动化水平不断提高以及电子计算机进入工业领域，在工业生产集中化、大型化、标准化的基础上，也出现了工业生产多样化、小型化、精密化的趋势。另一方面，工业生产的专业化、联合化不断发展，工业生产对连续性、均衡性的要求提高，市场竞争日趋激烈、变化莫测，即社会化大生产要求管理改变孤立的、单因素的、片面的研究方式，而形成全过程、全因素、全方位、全员式的系统化管理；②第二次世界大战期间，交战双方提出了许多亟待解决的问题，如运输问题、机场和港口的调度问题、如何对大量的军火进行迅速检查的问题，等等，都涉及管理的方法；③科学技术发展迅猛，现代科学技术的新成果层出不穷；④资本主义生产关系出现了一些新变化，由于工人运动的发展，赤裸裸的剥削方式逐渐被新的、更隐蔽、更巧妙的剥削方式所掩盖。新的剥削方式着重从人的心理需要、感情方面等着手，形成处理人际关系和人的行为问题的管理；⑤管理理论的发展越来越借助于多学科交叉作用。经济学、数学、统计学、社会学、人类学、心理学、法学、计算机科学等各学科的研究成果越来越多地应用于企业管理。

（一）管理理论的分散化

进入 20 世纪 50 年代以后，形成了诸多的学派，其被称为管理理论的“热带丛林”。见表 2-1。

表 2-1　管理理论在“热带丛林”时期的主要学派

学派	代表人物	主要思想
管理过程学派	哈罗德·孔茨、西里尔·奥唐奈	主要研究管理者的管理过程及其功能，并以管理职能作为其理论的概念结构
经验学派	戴尔、德鲁克	主要从管理者的实际管理经验方面来研究管理，认为成功的组织管理者的经验是最值得借鉴的
行为科学学派	马斯洛、赫兹伯格、麦戈雷戈	主张要研究人、尊重人、关心人，满足人的需要以调动人的积极性，并创造一种能使组织成员充分发挥力量的工作环境
社会系统学派	巴纳德	他将社会学的概念引入管理，在组织的性质和理论方面作出了杰出贡献
决策理论学派	赫伯特·西蒙	认为管理的关键在于决策，管理必须采用一套制定决策的科学方法及合理的决策程序
沟通（信息）中心学派	莱维特、申农、韦弗	该学派认为管理人员是交流中心，并围绕这一观念建立起管理理论体系，而管理人员的作用就是接受信息、储存信息、处理信息、传播信息，并将计算机运用于管理之中

(二)管理理论的集中化趋势

进入20世纪60年代后,出现了更加灵活地适应环境变化的权变管理理论。

1. 系统管理理论

系统管理理论是运用一般系统论和控制论的理论和方法,考察组织结构和管理职能,以系统解决管理问题的理论体系。代表人物为美国管理学者卡斯特、詹姆斯·E.罗森茨韦克和约翰逊。

系统管理学说的基础是普通系统论。系统论的主要思想是:

(1)系统是由相互联系的要素构成的;

(2)系统的整体性;

(3)系统的层次性。

卡斯特等人的系统学说以普通系统理论为基础的,包括系统哲学、系统管理和系统分析三个方面。

2. 权变管理理论

20世纪60年代末、70年代初,一方面,企业面临着瞬息万变的外部环境,环境的不确定性与企业经营的风险与日俱增;另一方面,企业内部生产经营、管理、技术也更加复杂。于是,权变管理理论应运而生。

卢桑斯在他的权变管理学说中提出一个观念性的结构,并用矩阵图来加以表示。这一结构由环境、管理观念与技术、它们两者之间的权变关系等三部分组成。

(三)现代管理思想的新发展

进入20世纪80年代以后,随着社会、经济、文化的迅速发展,特别是信息技术的发展与知识经济的出现,世界形势发生了极为深刻的变化。面对信息化、全球化、经济一体化等新的形势,企业之间竞争加剧、联系增强,管理出现了深刻的变化与全新的格局。

1. 非理性主义倾向与企业文化

20世纪70年代末、80年代初,由于经营风险增大,竞争激烈,管理日趋复杂,在西方管理理论界出现了一种非理性主义倾向和重视企业文化的思潮。

2. 战略管理理论

20世纪70年代前后,世界进入到科技、信息、经济全面飞速发展时期,同时竞争加剧,风险日增。为了谋求企业的长期生存与发展,开始注重构建竞争优势。这样,在经历了长期规划、战略规划等阶段之后,形成了较为系统的战略管理理论。安索夫(Ansoff)的《公司战略》(1965)一书的问世,开创了战略规划的先河。到1976年,安索夫的《从战略规则到战略管理》一书出版,标志着现代战略管理理论体系的形成。

3. 企业再造理论

进入20世纪七十至八十年代,市场竞争日趋激烈。美国企业为挑战来自日本、欧洲的威胁而展开探索。1993年,美国麻省理工学院教授迈克尔·哈默(M. Hammer)博士与詹姆斯·钱皮(J. Champy)提出了企业再造理论。企业再造的基本含义是指为了改善成本、质量、服务、速度等重大的现代企业的运营基准,对工作流程(Business Process)做根本的重新思考与彻底翻新。

4.“学习型组织”理论

20世纪90年代以来,知识经济的到来,使信息与知识成为重要的战略资源,相应诞生了“学习型组织”理论。该理论是由美国麻省理工学院教授彼得·圣吉在其著作《第五项修炼》中提出来的。

“学习型组织”理论认为未来真正出色的企业,将是能够设法使各阶层人员全心投入,并有能力不断学习的组织。在学习组织中,有五项新的技能正在逐渐汇集起来,这五项技能被彼得·圣吉称为“五项修炼”。

第二节　饭店经营管理的特征和内容

一、饭店经营特征

(一)饭店经营与管理

饭店经营管理的概念有广义和狭义之分,而要真正理解经营管理的含义,首先必须掌握经营和管理的差别。

所谓饭店经营,是指以市场为中心,面向消费者,进行市场调查和预测,遵循市场规律,合理选择目标市场,确定饭店的经营方向、经营目标和经营策略的全部活动。因而经营的重点是研究饭店如何与变化的外部环境保持动态的平衡,并适应市场发展变化而促进饭店健康、持续地发展。

所谓饭店管理,则是以实现饭店的经营目标为出发点,对饭店的各种要素资源进行合理而有效的配置,以实现最佳的经济效益,达到饭店经营目标的要求。

因此,经营和管理是既相联系又有区别,相互交叉和渗透的一对概念。一方面,经营是管理的前提。经营不仅面向市场,确定饭店未来经营发展的方向和目标,而且为管理活动的进行提出了相应的标准和要求。因而,如果只重视管理而忽视经营,必然是一种盲目的、无效的管理。另一方面,管理是经营的手段和保障。通过科学的管理,不仅能够有效地实现饭店经营的目标,而且能够提高饭店经营的效率和效益。因此,如果只重视经营而忽视管理,则经营目标就无法实现。所以,作为一个饭店的经营管理人员,必须既懂经营,又懂管理,并把经营和管理有机结合起来,贯穿于饭店的各项工作中,才能真正提高饭店的经营管理水平和效率。

(二)饭店经营管理特征

对饭店经营管理的概念,目前国内尚无统一的看法,归纳起来大致有以下两种观点。一种观点认为,饭店经营管理是为达到饭店的目标,而对整个饭店的经济活动进行运筹、谋划、管理的全部活动的总称,是饭店经营管理的广义概念。另一种观点认为,饭店经营管理主要分为对经营活动的管理和对服务接待的管理两大部分。其中,对经营活动的管理,包括饭店面向市场获取要素资源及进行饭店产品销售的管理,并不包括饭店的内部管理在内,因而是饭店经营管理的狭义概念。而本书所讲的饭店经营管理则是指广义概念。因此,所谓饭店经营管理,是指饭店经营管理人员根据旅游市场需求,对饭店的全部经济活动进行计划、组织、指挥、协调和控制,以充分利用饭店的资源和设施,进行优化配置,形成最大接待能力和最佳服务水平,满足旅游消费者需求,提高饭店经济效益,实现饭店目标的全部活动。理解饭店经营管理的概念,必须掌握以下基本特征。

1. 饭店经营管理是与市场经济的发展密切联系的。没有市场经济就没有饭店经营管理。改革开放以前,我国饭店主要是以事业性接待为主,满足国家对外交流的需要,提供各种住宿、餐饮接待服务。因而饭店是按照国家机关下达的指令,完成各种接待任务即可。改革开放以后,特别是在大力发展社会主义市场经济形势下,随着对外开放的需要和经济体制改革的深化,使饭店逐渐成为自负盈亏、独立的经济实体。促使饭店必须以市场为导向,面向消费者,提供有效的饭店服务产品,于是搞好饭店经营管理成为饭店发展的重大课题。因此,市场经济的发展是饭店加深经营管理的前提。

2. 饭店经营管理是饭店追求经济效益目标的客观要求。饭店作为一个独立的经济实体,其生存和发展的根本目的在于通过饭店的活动取得预期的经济效益。经济效益不仅是饭店追求的经济目标,也是评价饭店经营好坏的重要标志。任何一家饭店要取得良好的经济效益,就必须加强经营管理。通过不断降低成本,提供高质量的、令消费者满意的饭店服务产品,才能取得较好的经济效益。

3. 饭店经营管理是饭店适应环境变化、不断发展的需要。从系统观的角度出发,饭店是外部大系统的一个子系统。饭店经营所需要的资金、人才、动力及各种原材料都来自外部环境;而饭店服务产品的销售也离不开外部环境。因此,饭店只有主动地适应外部环境的变化,努力提高自己对环境的应变能力,才能求得饭店的生存和发展,取得更好的经济效益。可见,饭店经营管理也是在外部环境变化下，促使饭店努力实现与外部环境动态平衡而必须采取的措施和手段。

二、饭店经营管理的任务

饭店经营管理的任务，是在不断提高饭店经营管理素质的基础上，合理组织饭店经营业务，正确处理各方面关系，有效配置各种资源，不断提高饭店的经济效益和社会效益。具体讲，饭店管理的任务有以下几个方面。

（一）合理组织饭店经营业务，不断满足社会需求

饭店经营管理活动的中心是经营。从字义上理解，“经”是谋划，“营”是目的，“经营”就是通过谋划达到一定的目的。因此，饭店必须以市场为中心，面向消费者，按照消费者需求来运筹谋划饭店的经营业务，确定饭店的发展方向、经营目标、经营战略和重点。并在此指导下，合理组织人力、财力、物力，向消费者提供物美价廉、适销对路的饭店产品和服务，不断满足社会的需求。

为了组织好饭店的经营业务，饭店经营管理者必须根据市场需求和预测结果，结合自己的经营条件，制订经营计划，把各种资源有效地配置和组合，取得应有的经济效益。

（二）正确处理各方面关系，不断提高服务质量

在饭店的经营活动中，除了消费者以外还要涉及众多的企、事业单位及行政管理部门，要涉及企业内外诸多人事关系。为了在这些纷繁复杂的环境中促使饭店健康地发展，要求饭店必须正确处理好各方面的关系，不断提高服务质量，从而树立饭店的良好形象和信誉。从企业内部看，要正确处理好上下级之间、部门之间、同事之间的关系，运用科学的方法和手段，激励和引导职工，充分调动职工的积极性和主动性，不断提高服务质量，自觉地为实现饭店的经营目标而努力工作。

（三）加强饭店的综合管理，提高经济效益和社会效益

饭店的生存和发展，最终取决于饭店经济效益的好坏。饭店的经济效益，是指饭店经营服务的有效成果同取得这一成果的劳动消耗和占用之间的比率关系。讲求经济效益，不仅是市场经济规律的客观要求，也是改善饭店经营管理，促进饭店持续发展的内在动力。要提高饭店的经济效益，就必须加强饭店的综合管理，健全各种规章制度，采用科学合理的工作方法并使用现代化的手段。

饭店在讲求经济效益的同时，还必须重视饭店的社会效益。饭店的社会效益，是指饭店对社会需求的满足及社会环境的影响。因为，一方面饭店要满足公众对旅居生活及各种饭店消费的需求；另一方面饭店作为一个对外开放的“窗口”，反映着一个国家、地区或城市的面貌，反映着社会经济、文化及意识形态的状况。因而饭店的社会效益不仅对饭店自身的经济效益产生影响，而且对所处

地区或城市的社会环境也产生着重要影响。倘若在经营管理中只重视经济效益而不顾社会效益,最终还是会阻碍饭店自身的健康发展的。

(四)积极学习、借鉴外国先进管理经验

饭店业是一个国际化的经济产业,因而饭店经营管理也具有国际性。尤其是我国一度封闭多年,再加上经济发展上的差距,使我们在饭店经营管理方面也十分薄弱。因此,必须解放思想,更新观念,积极学习、借鉴和引进国外饭店经营管理的先进经验和方法,结合我国饭店业的实际,探索建立既与国际饭店管理相接轨,又能充分体现中华民族特色的饭店管理科学体系,迅速提高饭店业的经营和管理水平,促进我国饭店业的不断发展。

三、饭店经营管理的内容

现代饭店是由多种经营业务和职能部门所组成的经济组织。饭店业务的多样性和服务的综合性,决定了饭店经营管理的复杂性和琐碎性。因此,一个较好的饭店经营管理者必须明确饭店经营管理的主要内容,提纲挈领,抓住关键,只有这样才能成功地管理好饭店。根据对饭店经营管理工作的分类和概括,其经营管理的内容主要包括以下几个方面。

(一)饭店的分级与评定

饭店分级是为了更好地适应各类旅游者的需求,提供相应的饭店产品和服务。因此,必须明确和掌握饭店分级的意义、内容和方法;国际饭店分级评定的标准和内容;中国饭店分级评定的标准和内容;国际最佳饭店特点及发展趋势。

(二)饭店经营战略和决策

是否具有一个高瞻远瞩、富有创新的经营战略和科学的决策,是饭店经营能否成功的关键。因此,作为一个饭店经营管理者,必须掌握饭店的经营思想观念、经营战略、经营环境和经营决策等内容,并学习和掌握如何对经营环境进行调查和预测,作出科学的决策。

(三)饭店经营计划管理

计划管理是饭店经营管理的首要职能,是饭店管理中一项综合性管理工作。因此,必须明确饭店计划管理的内容及重要性;饭店计划类型及主要的计划指标;饭店计划的编制过程;以及提高饭店计划管理水平的现代化方法等。

(四)饭店经营组织管理

合适的饭店经营组织机构和组织活动,是饭店进行正常经营活动的前提和保障。因此,要求饭店经营管理人员懂得现代化组织理论及原理,掌握饭店正式组织机构、管理制度、领导制度及行政管理系统等内容;同时也要了解和掌握饭店非正式组织的类型、特点及运用等。

（五）饭店经营业务管理

饭店经营业务，是指为宾客提供以住宿、餐饮为主的综合性服务。因此，必须了解和掌握饭店前厅管理的任务、前厅预订管理、客账管理、接待服务管理；客房管理的任务、客房的服务管理、清洁卫生管理、安全管理、设施设备管理等；餐饮经营管理的内容、方法等。

（六）饭店人力资源管理

饭店的一切经营活动都离不开人。因而如何开发饭店人力资源，调动员工积极性，为宾客提供良好的服务，是饭店经营管理的重要内容之一，这就要求经营管理人员要明确饭店人力资源管理的重要性，掌握人力资源管理中的工作职位分析、员工招募和挑选、员工培训和使用、员工考核与奖惩、员工激励等内容和方法。

（七）饭店资金筹措与管理

饭店的资金，是饭店进行各种经营活动的前提条件，也是饭店经营管理的重点。因此，必须掌握饭店资金运动的规律和特点，资金筹措的来源和途径，并了解资金的时间价值，资金长期投入的可行性分析，以及饭店日常经营中对固定资金、流动资金的管理等。

（八）饭店营销管理

饭店的产品和服务，只有提供给宾客消费才能实现其价值和使用价值。那么，要促进饭店产品和服务的销售，就必须树立营销观念，掌握市场营销管理的内容，掌握市场营销组合的要素产品、价格、分销和促销的概念和内容，并灵活运用这四大要素的策略来促进饭店经营的发展。

（九）饭店控制管理

饭店的一切经营活动都必须有反馈和控制，才能保证有效地进行。控制管理作为饭店管理的重要内容之一，其主要包括饭店控制管理的内容和方式，控制的程序和方法，以及改变质量控制、成本控制、预算控制的内容和方法等。

（十）饭店集团化管理

饭店集团化发展是当今旅游业发展的大趋势，因而必须了解饭店集团化管理的特点和基本形式，并掌握饭店特许经营的利弊、方式及管理，饭店管理公司的发展特点、形式及管理，从而促进我国饭店集团化的发展，并不断提高饭店集团化经营和管理的水平。

第三节 饭店经营管理的职能和方法

一、饭店经营管理的职能

饭店经营管理的任务和目标，是通过各项管理职能来实现的。所谓饭店经营管理职能，是指饭店管理人员为实现有效管理而必须具备的功能。饭店管理人员为了有效地达到饭店的经营目的，完成饭店的管理任务，就必须对饭店的客源市场进行科学的分析和预测，确定合适的经营目标，并通过有计划地选择和配备饭店的资源；通过健全的组织和统一的指挥，运用正确的领导和激励方法，依靠及时、准确的信息反馈和协调，以及严密合理的控制手段，促使饭店的资源要素得到最佳配置，形成最大接待能力和最佳服务，从而有效实现饭店的经营目标。从饭店的经营管理过程看，其主要经营管理职能可以概括为以下几个方面。

（一）饭店经营管理的计划职能

饭店经营管理中的计划职能，主要是对饭店的经营发展方向和目标进行科学的预测、决策和计划。计划职能是饭店经营管理的首要职能，随着现代科学技术进步、社会经济发展及管理理论的演进，计划职能的内容和方法的不断丰富和完善，计划管理的手段也不断改进。

从目前看，饭店的计划职能主要包括预测、决策和计划三个主要部分。预测，就是对影响饭店经营发展的环境因素进行调查和分析，对客源市场的现状及变化趋势作出预测，为饭店制定正确的经营发展目标，提出各种可供选择的经营方案，提供基本的数据和科学的依据。决策，是在预测的基础上，根据饭店经营环境及条件的变化，按照客源市场需求趋势，确定饭店的经营目标，并对实现目标的有关重大问题作出选择和决定。决策是行动的基础，是决定饭店经营成败的关键，因而现代管理理论特别强调“管理的重点在经营，经营的关键是决策”。计划，是决策方案实施的具体化。正确的决策必须通过计划，使决策目标变成饭店各部门、各单位及每个员工的具体奋斗目标。因此，必须通过编制各种长、中、短期计划，把饭店经营的各方面有机衔接起来，顺利地实现饭店的经营目标。

（二）饭店经营管理的组织职能

饭店经营管理中的组织职能，主要是对饭店的经营服务活动进行合理的分工和协作，正确划分前厅、客房、餐饮、娱乐等各部门的经营职责和权利，合理确定各种职位和岗位职责，并及时处理和协调各部门、各员工之间的关系，保证整个饭店经营活动的顺利进行。

组织职能一般包括静态组织和动态组织两方面。静态组织，是以饭店经营管理任务为核心，设置组织机构，明确职责权限，从而把饭店经营的各种要素、各个环节及各个方面，从劳动的分工和协作、时间与空间的联系、责任和权利的对应上，合理地组织起来，有机地运行。动态组织，是以饭店员工为中心，按照合理的组织机构，配备和使用人员，并根据各种工作和工种的要求，对员工进行培训、选拔和考核，充分调动每个部门、每个员工的积极性和主动性。

（三）饭店经营管理中的指挥职能

饭店是一个严密的系统组织，为了保证饭店经营服务活动的有效进行，必须建立高效率的、有权威的经营指挥系统，并通过良好的领导艺术和领导活动，使整个饭店的经营服务和管理有条不紊地进行。

从指挥职能的功能看，要有效地行使指挥职能，首先必须建立统一的饭店指挥系统，形成自上而下的四级管理层次，并严格强调统一指挥的重要性，真正在饭店形成强有力的统一指挥系统，保证指挥如意、令行禁止，提高饭店运行效率。其次，为了提高指挥的有效性，要建立正确、合理的领导体制，组成最佳的领导群体结构，并不断提高领导者的素质，提高领导水平和艺术，使指挥职能得以有效的发挥。再次，要把权威和民主相结合，既强调权威和服从，保证指令和命令的贯彻落实，又要善用民主管理，运用科学方法激励职工主动地搞好本职工作，并为饭店的经营发展献计献策。

（四）饭店经营管理的协调职能

协调是一切管理活动中都不可缺少的部分。饭店经营管理中的协调职能，主要是调节饭店经营活动中各部门、单位之间的关系，保证经营服务的顺利进行；同时还要协调饭店与外部环境的关系，以建立起良好的合作关系。

饭店的协调职能有很多内容，并且渗透进饭店管理的每一个环节、每一个方面。从整个饭店管理的角度看，饭店协调主要应抓好三个方面：一是计划协调，就是要通过计划管理，把饭店经营的总目标和各部门、各单位的子目标有机衔接起来，进行综合平衡，做到以总目标指导子目标的活动，以子目标的完成保证总目标的实现；二是业务协调，饭店各部门的业务活动既有联系性，又有相对独立性，尤其是客房、餐饮、娱乐等部门的业务活动。因此，要注意加强对饭店各部门的业务协调，保证饭店总体接待任务的顺利完成。同时，又要发挥各部门的积极性，以提高饭店设施的利用率，增进饭店的经济效益；三是公关协调，饭店的经营活动是一种开放性的经济活动，与外界有着密切的往来关系。因此，饭店必须通过公关协调手段，不仅要正确处理好与宾客的关系，而且要注意处理好与协作单位、主管部门、政府机构等的关系，建立良好的公众形象，不断提高饭店的社会声誉。

(五)饭店经营管理的控制职能

在现代饭店的经营活动中,其服务的主体和对象都是人,都有各种不同的需求、偏好和主观评价,从而使饭店经营服务质量具有很大的不稳定性,因此就必须加强经营管理的控制职能。所谓控制,就是通过对饭店经营过程中的各种信息反馈和检查,及时发现经营管理中的偏差,并采取有效的措施加以纠正,使饭店经营活动按照预定目标顺利地进行。

饭店控制职能的方法有多种,若按控制的过程可以分为前馈控制、现场控制和反馈控制;若按控制的内容可以分为经营控制、预定控制、质量控制、成本控制、财务控制等;若按控制的方法则可以分为目标控制和过程控制,等等。但无论采用哪种控制方法,都必须有严格的规章制度、明确的责任、定量的指标和系统的检查,以及准确的统计和会计核算,才能真正发挥出控制职能的作用。

二、饭店经营管理的一般方法

科学的管理离不开科学的方法。饭店经营管理的方法是管理者在管理过程中为达到既定管理目标,而对管理对象(包括人、财、物及经营活动)综合采用的活动方式的总和。经营管理方法是管理者执行管理职能的重要手段,也是协调各种经营活动的具体措施和方法。按照经营管理方法的运用范围及特点,可分为一般管理方法和特殊管理方法,前者是指适用于一切饭店经营管理活动的方法,后者则只用于某方面专门管理的方法。从饭店管理的一般方法看,主要包括以下几种。

(一)饭店经营管理的行政方法

饭店经营管理的行政方法,是指依靠饭店各级行政机构和管理人员的权威,借助行政命令、计划和规章制度等手段,对饭店经营活动进行管理的方法。行政方法的优点是建立起以饭店总经理为核心的、集中统一的行政管理系统,并以鲜明的行政权威为前提,使整个饭店的各项经营活动和管理工作有条不紊地进行,是饭店必不可少的基本管理方法。

运用行政方法,必须从实际出发,遵循客观规律的要求,讲求科学性。只有正确的、符合客观实际的命令、指示和规章制度,才能维护饭店正常经营秩序,才能调动和保护饭店员工的积极性,使饭店经营目标顺利实现。但是,由于饭店的经营活动繁杂,因而单靠行政管理方法并不能解决一切问题,必须结合其他管理方法使用,才能收到预期的效果。

(二)饭店经营管理的经济方法

饭店经营管理的经济方法,是遵循客观经济规律,运用各种经济手段对饭店经营活动进行有效管理的方法。经济方法的核心是把经济利益同经济责任和员工绩效结合起来,形成有功必奖、有过必罚、奖惩结合,使饭店员工从物质利益上关心饭店的经营和管理。

运用经济方法,可通过工资晋级、奖励、福利提高及相应的经济处罚来进行。其形式灵活、方法多样,具有较强的刺激作用和激励力。是饭店经营管理中经常采用的方法。但是,经济方法也有局限性,使用不当甚至会带来消极的结果。因而,在使用经济方法时不能排斥其他的管理方法,应该把经济方法同行政方法、教育方法、社会心理方法等相结合,提高经济方法的运用效果。

(三)饭店经营管理的教育方法

饭店经营管理的教育方法,是指对员工进行思想政治教育和业务技术培训,以提高员工素质和业务能力的方法。教育方法在饭店管理中十分重要,因为饭店是与国际接轨较密切的行业,是对外开放的"窗口",但也是最容易受国外不良思想和行为侵蚀的行业。通过加强饭店员工的思想政治教育,有利于提高员工的思想觉悟,端正职业服务道德,自觉抵制各种不良影响,正确地搞好饭店服务和各种对外交流活动。同时,由于饭店经营服务的高职业化,客观上要求加强员工的业务培训,注意提高员工的素质,不断提高服务技能,更好地满足国内外宾客的需求。

运用教育方法,除了日常的思想政治教育及岗位培训外,要定期对员工进行轮流培训,介绍国内外政治、经济形势的变化,介绍国内外旅游业及饭店的发展情况,使员工开阔眼界,有强烈的责任感。同时,通过定期轮训,提高员工业务素质和能力,有利于提高饭店服务水平,更好地实现饭店的经营目标。

(四)饭店经营管理的社会心理方法

饭店的经营管理活动主要是以人为中心的活动,因而社会心理方法在饭店经营管理中占有十分重要的地位。这种方法主要是运用社会学、心理学的原理和方法,揭示经营活动和管理过程中人们的心理现象、心理活动规律及特点,从而采取有针对性的策略和方法,更好地满足旅游者需求,更好地调动饭店员工的积极性和主动性。

运用社会心理方法,一是要注意分析宾客的消费心理和行为,掌握其需求、动机和行为特点,不断提高服务质量;二是要分析饭店员工的心理活动规律,有效地激励员工积极努力地工作;三是要分析饭店管理和领导工作的行为特点,以不断提高管理水平和领导艺术,促进饭店经营活动的有效进行。由于社会心理方法在饭店经营管理中具有广泛而实用的特点,因而这种方法在饭店经营管理中发展尤为迅速,正成为普遍采用的管理方法。

(五)饭店经营管理的咨询顾问方法

饭店经营管理的咨询顾问方法,是由专门的咨询顾问机构或人员,对饭店经营管理中存在的问题进行调整和分析,并在此基础上提出各种解决问题的建议和可行方案,供饭店管理人员决策时参考的一种管理方法。运用这种方法,有利于集思广益,听取各方面意见,尤其是充分利用富有经验和实践的专家意见,能够及时发现饭店经营管理中的问题,并采取有效的措施加以解决,从而减少经营风险,不断提高饭店的经营管理水平。

由于咨询顾问方法成本耗费小,收效明显,因而是现代饭店经营管理中蓬勃发展的管理方法。国外许多饭店都聘有各种各样的常年咨询顾问,如法律顾问、经营顾问、政策顾问等。随着咨询顾问方法的普遍采用,以该方法为主体的饭店管理公司也迅速发展起来,成为现代饭店业的重要组成部分。

(六)饭店经营管理的数学方法

饭店经营管理的数学方法,是指运用数据及数学分析的方法,对饭店经营活动及各项管理进行科学分析和研究,从而实现定量化管理的方法。现代管理要求一切用数据说话,通过对饭店的客源市场、饭店的经营活动和饭店的各种工作进行数量化的分析和决策,有利于提高对饭店经营管理的认识,准确把握管理中存在的问题,提高经营决策的科学性和准确性。

运用数学方法来强化饭店经营管理,要强化饭店的基础工作,建立健全各种会计、统计报表制度,加强对饭店经营活动的数量分析,并建立相应的数据库和文档,使管理的量化分析有科学的基础。同时,要根据饭店经营和管理的变化特点和趋势,进行科学的预测分析,以指导饭店的经营活动。但是,要注意饭店的数学方法并不是万能的,因而必须把定量方法和定性方法有机地结合起来,用定性分析方法指导定量研究,用数学分析方法充实和论证定性分析,才能取得良好的效果。

(七)饭店经营管理的计算机运用

以数学分析为主的定量管理方法,必须有先进、科学的计算工具。而20世纪科学技术最伟大的成就之一,就是发明了电子计算机并广泛应用于社会生产的各个领域。现代饭店经营管理也广泛运用电子计算机手段,来提高饭店经营管理的水平和效率。目前,国外饭店经营管理中都采用了计算机作为辅助手段。据美国饭店协会统计,美国目前饭店管理中运用计算机的普及情况是:中央计算机预订系统达到70.4%;行政管理计算机系统达到51.2%;前厅计算机管理系统达到50.6%;饭店营销计算机终端系统达到37.1%;饭店动力管理计算机系统达到19.9%;宾客微机运用系统达到8.9%;客房电子钥匙系统达到6.5%;饭店设备计算机自查系统达到

5.6％。可见计算机在饭店经营管理中的用途不仅广泛，而且十分重要。特别是随着现代饭店经营业务的发展、电子计算机技术的不断进步和微型计算机的普及，电子计算机在饭店经营管理中将占据愈来愈重要的地位，发挥着愈来愈重要的作用。

第三章　饭店分级与绿色饭店

饭店分级是为了适应不同顾客需求，加强饭店行业管理的管理方法。绿色饭店的创建则是以节约资源、保护环境、安全健康为理念，以资源效率最大化、环境影响最小化为目标，为消费者提供安全、健康的饭店服务。

本章对国内外饭店分级的内容、方法、分级标准，绿色饭店创建的意义、标准进行了阐述。

第一节　饭店分级的内容和方法

随着国际旅游业的迅速发展，各种饭店与日俱增，不仅饭店的种类千差万别，而且饭店的规模、功能结构也多种多样，饭店的服务质量和水平也良莠不齐。因此，为了更好地适应不同旅游者的需求，提供相应的饭店服务；为了更好地加强对饭店的宏微观管理，提供高质量的饭店产品和服务，自 20 世纪 50 年代以来国际上开始对饭店进行分级和评定。

一、饭店分级的意义

目前，随着国际旅游业的迅速发展，各种饭店蜂拥而起、与日俱增，不仅饭店种类千差万别，而且饭店的规模和功能也多种多样。为了更好地反映不同客源层次的需求，许多国家和地区，特别是旅游业发达的国家和地区，就对其所属的饭店进行分级，以满足不同宾客的需求。所谓饭店分级，就是根据饭店的设施、服务项目、服务质量、服务水平及宾客的满意程度，对饭店划分等级，并以特定的标志表示出来，公之于众，便于宾客识别和公众监督。对饭店分级，不同国家或地区的目的和出发点可能各有差异，但总的讲，对饭店分级具有以下几方面重要意义。

（一）饭店分级有利于保护消费者利益

对饭店按照一定标准进行分级，有利于消费者在购买饭店产品及服务之前，对饭店的服务设施、服务质量和水平有一定的了解。从而能够根据自己的需求和经济条件,进行合理地选择。同时,还有利于消费者按照不同等级的饭店标准,对饭店的设施和服务质量进行比较和监督,以保证消费者的利益不受损害。

(二)饭店分级有利于保护饭店业的利益

对饭店业来讲,饭店分级及评定本身就是一种促销手段,类似于工农业产品的评优、推优活动。而通过分级评定,就等于把饭店产品达到何种质量、水平向消费者展示,从而有利于吸引和招徕宾客。此外,对饭店进行分级还有利于实行优质优价,便于消费者和竞争者的认同,避免饭店业的不正当竞争,从而切实保证饭店业的利益和公平合理的市场竞争。

(三)饭店分级有利于提高饭店的服务质量与管理水平

对饭店进行分级评定,要综合评价饭店的建筑设施、设备、服务质量和水平、宾客满意程度等,这本身就是对饭店管理水平的综合评价。因此,通过饭店分级评定有利于促进饭店产品质量的改进,促进饭店管理水平的改善和提高,推进饭店业的公平竞争,进而促使整个饭店业的服务质量和管理水平不断提高。

(四)饭店分级有利于宏观管理与监督

通过对饭店进行分级和评定,还有利于国家政府机构及行业部门,对定级的饭店进行规范性的管理和监督,促使饭店依法正常经营,正确处理好饭店与公众的相互利益,从而促进对饭店业的规范化管理,提高行业管理的水平。同时,也利于行业主管部门借鉴国外饭店业管理的先进经验和方法,促进我国饭店业的服务质量和管理水平尽快达到国际水平,适应现代旅游业国际性特点的要求。

二、饭店分级的内容

对饭店分级的内容,各国的要求和规定各有不同。但从一个饭店应具备的经营条件和服务要求看,可把饭店分级的内容概括为饭店位置、饭店设施、饭店设备、服务项目及服务质量等几方面,并根据这几方面的条件和水平,进行饭店的等级评定。

(一)饭店的地理位置

饭店的地理位置,主要涉及饭店的区位环境、交通便利程度、停车场大小、饭店建筑面积、饭店的造型设计与外观装潢等方面。饭店的地理位置对于饭店的建设和经营发展具有十分重要的作用。一个良好的饭店位置,不仅能够有效地利用环境条件,节约建设资金;而且对招徕客人、开拓经营业务提供了前提条件。因此,对饭店评级,首先必然要对其地理位置进行评价,看其选址和建筑设计等方面是否具有一定的优势。

美国饭店业专家认为,一座饭店经营管理好坏首先取决于饭店选址。错误的饭店选址不仅对饭店的整体建设效果产生不利影响，还会给今后的经营管理带来很大的困难。因此，科学地选择饭店位置必须考虑旅游市场的需求、周围的市政设施、饭店建设的类型、市场竞争的态势和相应的生态环境保护等因素，才能对饭店建筑设计提供科学依据。

（二）饭店的设施和设备

饭店的设施和设备，主要涉及为满足客人正当要求而应设立的各种服务项目设施和各种设备，如接待厅、餐厅、娱乐设施、公用厕所、卫生间、电梯、室内装修、视听设备、卧具、电话电传、贵重物品寄存等。

对于不同等级的饭店，设施和设备也有不同的要求。级别越高的饭店所使用的设备档次越高，功能越多，从而体现出饭店等级在设施和设备上的差别。

（三）饭店的服务项目

饭店是以向客人提供住宿、餐饮服务为中心的综合性服务的企业，因此饭店的服务项目一般应包括预订服务、接待服务、客房服务、餐饮服务、洗熨服务、购物服务、娱乐服务及安全和应急处理服务等，这些是一般星级饭店都应具备的服务项目。但是，对于不同档次标准的饭店来讲，除了上述基本的服务项目外，标准越高的饭店，其服务项目就越多，服务内容就越广泛。而各国在制定饭店等级标准时，也要求高星级饭店能够提供更多的综合性旅游服务项目，因而饭店服务项目的多少及档次也是评定饭店级别标准的重要内容。

饭店的服务项目是根据宾客的旅游动机和消费需求决定的。社会生产力的高度发展，科学技术的进步和人们物质文化生活水平的提高，促使人们的消费需求向多样化发展，于是要求饭店不能仅仅提供住宿、餐饮服务，必须提供更多的服务项目。纵观目前饭店发展的趋势，各种娱乐服务、健身服务、商务服务正方兴未艾。例如，目前国际饭店中常见的综合性服务项目就有闭路电视、夜总会、游乐场、桌球、烧烤、桑拿浴、健身房、网球、高尔夫球、美容中心、婴幼儿看护、购物中心、商务中心、公议中心等等。一些经营有方的饭店，甚至把经常推出各种特色服务项目作为饭店竞争取胜的重要策略。

（四）饭店的服务质量

饭店的位置、设施、设备及项目，是饭店的有形设施。这些有形设施的质量高低固然影响着饭店经营的好坏，但饭店经营成功与否的决定性因素还是饭店的服务质量。饭店的服务质量，涉及服务人员的仪容、仪表，服务人员的语言水平、服务态度、服务效率，以及服务的程序、标准及技巧等。因此，饭店的服务质量不仅仅是单纯的微笑服务，而是要使每一个饭店员工都明确服务质量对饭店经营好坏有着决定性影响，牢固树立“宾客至上”的服务观念；使每一个岗位的饭店员工都明确其服务项目的内容、程序、标准及有效完成该项服务的具体措施和方法；使每一个部门都能从饭店整体形象的角度来不断提高本部门、本单位的服务质量，从而形成饭店优质服务的良好形象。

对饭店服务质量的评定，主要参考宾客的意见来确定。因为宾客满意就是饭店的服务质量标准，同时也要考查饭店的服务程序、员工的服务态度、饭店的服务效率，以及饭店处理投诉等应变能力的水平。

一般讲，以上四方面是饭店分级和评定的主要内容。但不同国家和地区，对旅游饭店的评级在具体内容和项目上又有不同的要求和差别。因此，除了了解饭店评级的主要内容外，还必须了解国外对饭店的分级标准和要求，结合我国星级饭店的评级标准，积极促进我国饭店的经营和管理符合国际惯例和国际饭店经营管理的要求。

三、饭店分级的方法

对饭店分级，不同国家和地区采用的分级制度不同，从而使表示级别的标志与名称也各不相同。有的即使名称和标志相同，但所表示的级别和内容也有一定的差异。根据对目前世界上部分国家或地区饭店等级的名称及评定标准和方法的分析，国际上采用较多的分级制度和方法主要有以下几类。

（一）饭店星级制分级法

饭店星级制分级法，是用星号“★”来区别饭店的等级，划分不同标准的方法。目前，国际上比较流行的方法是五星级制，即把饭店的分级标准划分成一星级、二星级、三星级、四星级和五星级。通常，星级越多则等级越高，饭店的设施及服务质量水平就越高。星级制方法在欧洲和亚洲国家或地区使用较多，如法国、英国、瑞士、印度、埃及及中国的香港、澳门地区等。但有的国家虽采用星级制方法，但顺序却相反，即星级越多，饭店标准越低，如斯里兰卡。而澳大利亚则把星级标准分成九等，即在各星级之间又划分半级，如一星半、二星半等。

（二）饭店字母制分级法

饭店字母制分级法，是用英文字母 A、B、C、D 来区别饭店的等级。通常，A 级为最高级，D 级为最低级别；但也有用豪华表示最高级，A 表示第二级，其余类推。用字母制分级法的主要有日本、希腊、阿根廷、奥地利、韩国、爱尔兰等国家或地区。

（三）饭店数字制分级法

饭店数字分级法，是用序数第一、第二、第三、第四来区别饭店的等级。用数字制分级法划分饭店等级，通常最高级直接用豪华级表示，然后用第一表示次高级，第二表示再低一级，依次排到第四为最低级别。采用数字制分级法的国家也很多，主要的有意大利、土耳其、阿尔及利亚、叙利亚、科威特、保加利亚、哥伦比亚、柬埔寨等国家或地区。

(四)饭店类型制分级法

饭店类型制分级法,是指直接用文字来表述饭店的等级。例如,美国除了采用星级制对饭店分级外,有的州也采用超豪华、豪华、超一级、一级、旅游级、一般旅游级、二级来表示。挪威则从高到低把饭店划分为旅行饭店、城镇饭店、乡村饭店、山区饭店。加蓬共和国对饭店则只分为豪华级、舒适级、现代级三档;葡萄牙则一般只分为饭店和商业饭店两大类。

除了以上四种主要分级方法外,还有一些不同的分级方法。如英国还同时采用皇冠代表星级;美国也同时使用钻石代表星级;罗马尼亚则用豪华级、I 级、II 级、III 级、旅游级来表示;瑞士也有按价格分成 1、2、3、4、5、6 级,等等。

第二节 国外饭店分级的内容和标准

一、国外饭店的分级内容

国外饭店的分级,大多数是由政府部门组织进行,但也有以行业组织机构来组织评定的,如饭店协会、旅游观光协会或其他公共机构等。但不论是政府还是行业协会进行饭店评级,都必须事先规定详细的饭店分级标准,并制定一套完备的申请、调查、复查、抽查的评审程序,严格按照相应标准和程序对饭店进行评定。

饭店分级评定的内容,不同国家有不同的规定和要求,但概括起来主要是以饭店的位置、外观、设施、设备、服务项目、服务质量、管理水平及宾客满意程度等方面进行评定。先将上述内容和要求按饭店等级确定标准,再由评级机构按照不同标准和要求,对酒店进行星级评定。根据世界旅游组织(WTO)及有关国家和地区对饭店的分级内容和标准,不同等级的饭店,其分级的内容和要求如下。

(一)一星级饭店

通常要求,一星级饭店是比较舒适的饭店,其建筑设施结构良好,环境适宜;有一个供宾客使用的大厅或起居室的公共房间,并至少有 10 个以上的标准间,且 25%的客房中有卫生间;有带自来水的公共盥洗室和淋浴设备,并按客房数 1∶10～1∶15 配备;每 5 间客房要有一个公共厕所,并分男、女使用,配备于每层楼面,各种抽水马桶设施合乎质量标准要求并保持完好;具有中央空调或自动调温设备,有客人随意使用的电话间;客房设施完备,有配备良好的地毯和完善的电气设备，光线充足，有单独开关的顶灯、床头灯和浴室灯三盏以上；有一个公共餐厅和酒吧间，能为客房提供早餐服务；具有符合国际惯例的规范性的饭店服务标准、质量和管理水平。

（二）二星级饭店

二星级饭店是比较好的、舒适的饭店。除具有一星级饭店所规定的各项标准和要求外，还应有下述设施配置和要求：即三层以上的楼面应配有电梯，公共房间均配备地毯；40％的客房带有抽水马桶的卫生间，其余客房每10间有一个公共卫生间和淋浴室；有电话总机并且各房间均有分机，部分客房配有直拨外线电话，同时每层楼面至少有一部直拨电话；有一定的娱乐设施和服务项目；规范性的饭店服务质量和水平，并且要明显优于一星级旅游饭店的水平。

（三）三星级饭店

三星级饭店应该是很好的、很舒适的饭店。除了具有二星级饭店所规定的标准外，还应具备以下要求：有装饰漂亮的大厅、酒吧间和阅览室；所有公共场所均有空调设施；拥有部分单独的套房，且房间宽大舒适、设备高档，房间之间具有隔音装置；75％的客房带有配备抽水马桶的卫生间；50％的客房有直拨外线电话，有比较完善的接待服务设施及其他汇兑、商务、购物等服务；饭店规范性服务项目齐全、服务质量和管理水平较二星级饭店有较大的提高。

（四）四星级饭店

四星级饭店是非常舒适的饭店。除具有三星级饭店的标准和要求外，有部分套房且少数套房达到豪华标准，标准间客房宽大、设施高档豪华，各种电器设施均属高质量产品；所有客房均有单独的卫生间和抽水马桶；每间客房均装有直拨外线电话、冰箱和保险箱等；有露天或室内游泳池及完善的娱乐设施，并提供包括商务、购物等在内的综合性酒店服务；具有高水平的接待服务和优秀的服务人员，高水平的饭店管理和良好的饭店形象。

（五）五星级饭店

五星级饭店大多数属于豪华型的饭店，除具有四星级饭店的标准外，还拥有豪华的大厅、接待室和阅览室，拥有高级的公用房间，包括各种类型的会议室；有较多套房，且客房宽大、装饰豪华漂亮、尽善尽美；所有客房均带有高档的卫生间，且各种设施和设备都是一流的、现代化的；有比较完善的娱乐设施和综合性的饭店服务；有多种风格的餐厅和酒吧间；每间客房装有多部电话（主要指套房，包括浴室）；有一流的服务人员和高质量的服务，高水平的饭店经营和管理。

二、国外饭店的分级标准

饭店分级标准，不同地区、不同国家有不同的标准和要求。下面主要转引了东亚及太平洋地区的饭店等级标准和要求。[①] 该标准系1979年9月17日至24日在西班牙召开的世界旅游组织东亚及太平洋地区委员会第六次会议上通过，具体分类标准如下。

(一)饭店建筑的独立性

一、二星级饭店，单独分离的建筑物或建筑物的独立部分；三星饭店，单独分离的建筑物或具有单独入口的建筑物独立部分；四、五星级饭店，单独分离的建筑物。

(二)客房数

所有类型饭店均应至少拥有10间可供出租的房间。

(三)客房必备条件

1.客房设备。一星级饭店，家具及其他设备质量合格、保养良好；二星级饭店，家具及其他设备质量令人满意、保养良好；三星级饭店，房间宽敞，家具及其他设备质量优良、美观，保养十分良好；四星级饭店，房间宽敞，家具及其他设备质量高级、美观，保养极其完善；五星饭店，房间宽敞，家具及其他设备质量特别高级、美观，保养极其完善。

2.室温及通风条件。一星级、二星级饭店，根据当地气候状况在所有房间内装配暖气或风扇；三星级饭店，室内安装暖气或冷气等设备，以保证室温舒适；四星级、五星级饭店，安装中心空调系统以保证室温，并在所有房间内配备供客人自行调节室温的温度调节器。

3.客房通信设施。一星级饭店，每间客房均安有内线电话或备有呼唤铃(服务铃)；二星级饭店，每间客房均安有内线电话；三星级、四星级饭店，安有通过饭店专用交换台接通内线及外线的电话；五星级饭店，同三星级、四星级饭店，另在客人专用浴室内安装电话。

4.客房视听设备。一星级、二星级饭店，可不配备；三星级、四星级饭店，每间客房内均配备收音机或中心音乐系统；应客人要求在室内配备电视机(在能接收到电视广播的地区)；五星级饭店，每间客房内均配备收音机以及可由客人自行调控的中心音乐系统；配备客人躺在床上观看节目的电视机(在能接收到电视广播以及有彩色电视广播的地区)。

5.客房内饮用水。对于一星级、二星级、三星级饭店，要求昼夜24小时充分供给清洁卫生的可饮用水(如自来水龙头的水不能保证100%的清洁卫生并适合于饮用，饭店则应备有特别的净水装置以确保水的清洁卫生并适合饮用)。所有饮料使用的冰块均应用保证能饮用的水制作。对四星级、五星级饭店，同一星

---

① 资料引自张广瑞著. 世界旅馆与旅馆世界. 中国经济出版社，1991

级、二星级、三星级饭店，另在每间客房内配备保温瓶或热水瓶以盛放冷热饮用水，并配备玻璃杯。

6. 客房卫生设备。一星级饭店，至少应有 25％的房间内附带有客人专用的浴室和厕所；其余的房间内应配备盥洗盆；每五间房间应至少配备一间设备齐全的公用浴室和一间公用厕所；每层楼应至少有两间盥洗室，分别供男、女宾分别使用。二星级饭店，至少应有 50％的房间内附带有客人专用浴室；其余房间内应配备盥洗盆；每五间房间应至少配备一间设备齐全的公用浴室和一间公用厕所；每层楼应至少有两间盥洗室分别供男、女宾分别使用。三星级饭店，所有房间均应附带有客人专用浴室，并配备带有莲蓬头的浴缸，供给冷、热水。四星级饭店，同三星级饭店，各种装备均应优质。五星级饭店，同三星级、四星级饭店，各种装备质量均应特别高级。

7. 套房。一星级、二星级、三星级饭店可不设套房；但四星级饭店应有足够的、可供连接的房间，并可改建成套房；五星级饭店同四星级饭店，另备有数量充足的高标准套房。

8. 隔音(使用分贝作音量测量单位)。一星级、二星级饭店没有严格要求；三星级饭店有令人满意的隔音条件；四星级饭店有高标准的隔音条件；五星级饭店有极高标准的隔音条件。

9. 客房内陈列的信息资料。所有类型饭店均应在每间客房内的醒目之处陈列客房价目表、饭店各种服务项目单、防火太平门标志，客人应遵守的饭店规章等方面的重要通知以及就餐时间及收费价目表。

10. 客房内的文具用品。一、二星级饭店，可不作严格要求；三、四、五星级饭店，客房内应备有信纸、信封等文具用品。

11. 小型电冰箱。一至四星饭店，不作严格要求；五星级饭店，所有房间内均应配备小型电冰箱。

(四)食品与饮料

1. 饮用水。所有类型饭店，均应昼夜 24 小时充分供给清洁卫生并适合饮用的水(如自来水龙头的水不能保证 100％的清洁卫生并适合于饮用，饭店则应安装净水设备以保证给水的清洁卫生并适合饮用)。所有饮料使用的冰块均应保证用能饮用的水制作。

2. 早餐。一星级饭店，如未设有早点餐室，则应在客房内供应早餐；二、三星级饭店，在客房内或在早点餐室/餐厅内供应早餐；四、五星级饭店，在客房内供应早餐，并提供晨报(必要时)；在早点餐室/餐厅内供应早餐，由服务员招待。

3. 客房送餐服务(同时参看第 2 点)。一、二星级饭店不作要求；三星级饭店另加从早晨 7 时至中午 12 时在房间内供应食品与饮料的服务；四星级饭店另加在房间内供应食品与饮料的服务；五星级饭店另加昼夜 24 小时在房间内供应食品与饮料的服务。

4. 餐厅。一星级饭店可不作要求；二星级饭店应设有规模大小与客人数相称的、清洁卫生、保养适当的餐室或餐厅，并供应清洁、卫生和可口的食品；三星级饭店应设有设备完善、保养良好的餐室或餐厅（规模大小应与客人数相称），供应本国及西方的优质菜肴；四星级饭店同三星级饭店，另外增加供应品种多样的优质菜肴，并备有各种酒类（及其他饮料）供客人选购；具有高标准的装饰设备及服务；设有咖啡馆，供应快餐及清淡食品；五星级饭店设有在必要时能接待饭店所有客人的餐厅、特种餐馆以及专用餐厅。所有餐厅、餐馆均供应高级菜肴（质量及品种），并备有各种酒类和其他饮料供客人选购；具有高级装饰家具及优质服务；设有咖啡馆，供应快餐和清淡食品。

5. 酒吧。一、二星级饭店可不作要求；三星级饭店应在任何法律准许的地方开设酒吧间；四星级饭店应在任何法律准许的地方开设一家优雅别致的、气氛轻松舒适愉快的酒吧间；五星级饭店应在任何法律准许的地方开设一家优雅别致的、气氛轻松、舒适愉快的豪华酒吧间。

6. 瓷器。一、二、三星级饭店备有优质的瓷器、刀具及玻璃器皿；四、五星级饭店备有特别优质的瓷器、刀具及玻璃器皿。

7. 厨房。一星级饭店，厨房及食品、餐具贮存室应清洁、卫生，设备适当、保养妥善；二星级饭店，厨房及食品、餐具贮存室应清洁、卫生，设备相当完善、保养十分良好；三星级饭店，厨房及食品、餐具贮存室和冷藏仓库均应精心设计，以保证有效地进行操作；同时必须设备完善、保养良好和保持清洁、卫生；四星级饭店，厨房、食品贮存室和冷藏仓库均应是精心和专门设计，以保证有效地进行操作；同时必须设备完善、保养良好和保持清洁、卫生；五星级饭店，厨房、食品贮存室和冷藏仓库均应是精心和专门设计的，以保证有效地进行操作；同时必须设备极其齐全、保养非常精心和保持绝对清洁、卫生。

8. 食品贮存。所有类型饭店均应有充分的食品贮存设施，以保证食品的清洁卫生。

（五）公共场所

1. 接待。一、二星级饭店应有接待服务；三、四、五星级饭店应设 24 小时昼夜服务的接待厅。

2. 大厅/休息厅。一星级饭店应设有座位的休息厅；二星级饭店应设有与饭店大小规划相称的、设备相当的休息厅；三星级饭店应设有与饭店大小规划相称的、设备齐全的休息厅；四星级饭店应设有与饭店大小规划相称、具有座位、阅读和书写设备配备齐全、完善的大厅和休息厅；五星级饭店同四星级饭店。

3.宴会和会议室。一、二、三星级饭店可不作严格要求;四星级饭店应设宴会和会议厅,并另增加充分的会议设施和服务;五星级饭店应设有宴会和会议厅,另增加完善齐全的会议设施和服务。

4.室外场地。一至四星级饭店可不作严格要求;但五星级饭店应为客人开辟室外场地如花园、屋顶花园或宽敞的公用阳台等。

5.公共场所的卫生设备。所有类型饭店在公共场所附近应设有公用厕所,分别为男宾和女宾使用。厕所应保证清洁、状况良好;备有盥洗设备,通过组合开关供给冷、热水;充分供应卫生纸、清洁巾(或热风烘干机)和香皂;所有垃圾均应投掷在结构、式样经核准的垃圾箱内,不得到处扔掷任何干、湿垃圾或污物。

6.衣帽间。一、二、三星级饭店不作严格要求;四、五星级饭店在设有公共房间的楼层应设置为来宾使用的衣帽间。

7.公共房间的温度条件。一、二星级饭店根据当地气候状况在所有公共房间内安装暖气以及(或者)配备风扇进行通风;三星级饭店在公共房间和大厅内安装暖气和冷气设备,以保证室内舒适的温度;四、五星级饭店装有中心空调系统以保证舒适的温度。

8.公用电话。一、二星级饭店在大厅或附近设电话间;三星级饭店备有公用电话设施的电话间供饭店客人和来宾使用,并在设有公共房间的每一楼层至少安装一台电话机;四、五星级饭店备有公用电话设施的电话间,供饭店客人和来宾使用。

(六)停车场/汽车库

一、二星级饭店不作严格要求;三星级饭店备有足够的停车场地;四星级饭店备有足够并安全的停车场地,以及提供停车场服务;五星级饭店同四星级饭店标准,并承办小汽车停车安排服务。

(七)电梯

一、二星级饭店,楼层超过地面三层的饭店应安装电梯;三、四星级饭店,包括底层和地下室在内超过三层的饭店,如在底层和地下室设有公共设施者,则应安装电梯。电梯的运载力应与饭店接待能力相适应;五星级饭店同三、四星级饭店,应另外为饭店职员、业务和运送行李单独安装一部或多部电梯。

(八)安全/保卫设施

所有类型饭店均应备有消防器材,并应清楚地标明火灾发生时撤离路线与方向;应按照当地消防防火法律规定随时提供足够数量并保养充分的消防设备、防火太平门,并张贴有关使用消防器材和太平门的重要通知。所有电气设备的安装必须符合当地法律规定。必须按照当地法律的规定安装一切安全设备。必须保证在24小时内都非常安全。

(九)维修和客房管理

所有类型饭店的所有部分均应经常进行高标准的维修,并应估计所使用材料的质量以及维修费用,应进行高标准的客房管理以确保管理良好和清洁的房屋场所。

(十)防虫

防虫系指为保护客人防止虫类直接的(虫类叮咬等)或间接的(虫类接触食物等)污染。可在通向室外地区的通口(门、窗)安装适当的防虫纱门或纱窗、为客床配备蚊帐(根据当地情况)以及准备充足数量的灭虫器(喷雾器等)。一、二星级饭店客房内应有充分的防虫措施;三星级饭店客房、公共房间和厨房内应能有效地防虫;四、五星级饭店客房、公共房间和厨房的防虫措施应非常有效。

(十一)应急能力

一、二星级饭店在万一停电时应备有蜡烛照明;三星级饭店有备用发电机以便在紧急情况时保证灯光照明和电源供应;四、五星级饭店应具备为走廊和公共房间的电灯、电梯、存放食品的冰箱、供水和烹调业务提供足够的供电和供水能力。

(十二)服务

1. 总台服务。包括:①行李运送服务、门厅搬运工、运输服务。一、二星级饭店,应客人要求在白天帮助运送行李;三、四、五星级饭店,饭店侍者服务、洗烫衣物服务、行李搬运工服务、交通工具安排。②安全保险箱。一至四星级饭店提供安全保险箱设施;五星级饭店提供个人专用的安全保险箱设施。③行李寄存。一、二星级饭店不作严格要求;三、四、五星级饭店提供行李寄存设施。④邮电和用户直通电报服务。一、二、三星级饭店为客人安排信件寄发;四星级饭店同三星饭店,另提供电报、邮政服务;五星饭店同四星饭店,另提供电传服务。⑤外汇。一、二星级不作严格要求;三、四、五星级饭店有货币兑换服务。⑥信用卡设施。一、二、三星级饭店不作严格要求;四、五星级饭店必须具备。

2. 旅游服务。一、二、三星级饭店不作严格要求;四、五星级饭店旅游服务(旅行/游览和旅馆预订、戏剧票预订等)。

3. 商店、理发。一、二星级饭店不作严格要求;三星级饭店出售报纸、杂志、书籍、明信片和香烟;四星级饭店同三星级饭店,另外还出售照相胶卷,并开设纪念品商店和杂货店;五星级饭店同四星级饭店,另附设理发厅和美容厅。

4. 洗衣房。一、二星级饭店安排洗衣和熨衣业务;三星级饭店安排洗衣及干洗业务以及在旅馆内提供熨衣设施;四、五星级饭店安排在饭店内的洗衣、干洗和熨衣服务,如客人有要求时,应做到当日服务。

5. 医疗服务。所有类型饭店需要时必须提供医疗服务。

（十三）娱乐活动

1.跳舞。一、二、三星级饭店不作严格要求；四星级饭店如法律准许，提供舞厅设施；五星级饭店如法律准许，开设夜总会，由现场音乐伴舞或开设迪斯科舞厅。

2.游泳池。一至四星级饭店不作严格要求；五星级饭店需设置游泳池。

3.蒸汽浴室/健身房。一至四星级饭店不作严格要求；五星级饭店应开设蒸汽浴室、健身房或提供运动设施。

（十四）职工

1.职工人数。所有类型饭店均应根据饭店的星级所预期的服务规范配备适当数量的工作人员。

2.资格。一般要求所有类型饭店，在营业、服务和技术部门工作的饭店工作人员必须具备饭店以及（或者）政府要求的业务水平；一、二星级饭店接待工作人员应能讲两种语言；三星级饭店主要职员（经理、接待处工作人员、餐厅服务员领班、客房部主任）应能讲两种语言，其中包括一种主要外国客人所讲的语言；四、五星级饭店同三星级饭店。其他与客人接触的工作人员应具备足够的第二种语言知识（绝大多数外国客人所懂的语言）。

3.职工制服。所有类型饭店工作人员应穿着清洁和得体的制服。

4.职工的体格检查。所有类型饭店的工作人员每年均应进行一次体格检查（并应附相应的证明）。

5.职工的卫生设备。所有类型饭店应有充足的供职工单独使用的卫生间（厕所、淋浴、浴室等），这些卫生设备亦应达到公共场所卫生设备同样的要求。

第三节　我国饭店的分级及标准

一、我国饭店分级的规定

我国推行饭店分级标准是从1988年开始的。自20世纪80年代以来，随着我国对外开放，对内搞活的方针、政策的贯彻实施，我国旅游业有了较快的发展。为了促进我国旅游业尽快与国际接轨，适应大力发展国际旅游业的需要，国家旅游局在世界旅游组织专家的指导和协助下，制定并于1988年8月22日发布了《中华人民共和国评定旅游涉外饭店星级的规定和标准》，于1988年9月1日开始执行。作为我国饭店业的重要法规之一，该规定和标准主要包括旅游涉外饭店星级评定的规定和旅游涉外饭店星级标准两大部分内容。1993 年 9 月 1 日，国家技术监督局批复，并正式发布了编号为（GB/T14308—1993）的《旅游涉外饭店星级的划分及评定》的国家标准，于 1993 年 10 月 1 日起执行。《旅游涉外饭店星级的划分及评定》（GB/T14308—1993）自 1993 年发布以来，对指导与规范饭店的建设与经营管理，促进我国饭店业与国际接轨，发挥了巨大的作用。但随着我国旅游业及饭店业的发展，GB/T14308—1993 出现了一些与现实不相适应的情况，如不同饭店已形成了不同的客源对象和消费层次，社会提供的可替代服务项目不断增加，这就要求旅游涉外饭店应当根据自身客源需求和功能类别，更加自主地选择服务项目。所以，国家旅游局于 1997 年 10 月 16 日首次对（GB/T14308—1993）标准进行修订，新标准自 1998 年 5 月 1 日起正式开始实施，旧标准同时停止实施。随后，为了适应饭店行业发展的新趋势，国家旅游局又组织专家对（GB/T14308－1997）标准进行了修订，形成了《旅游饭店星级的划分与评定》（GB/T14308－2003）标准；之后，又组织专家对 2003 标准进行了修订，形成了《旅游饭店星级的划分与评定》（GB/T14308－2010）标准，并于 2011 年 1 月 1 日开始实施。

二、我国饭店的分级标准[①]

根据中华人民共和国星级酒店评定标准《旅游饭店星级的划分与评定》（GB/T14308－2010），我国饭店星级的划分，是以饭店的建筑、装饰、设施、设备及管理、服务水平为依据，主要从饭店的建筑物、前厅、客房、餐厅、酒吧、厨房设施、公共区域、安全卫生、服务项目等方面确定了不同等级星级饭店的标准和条件。

星级分为五个等级，即一星级、二星级、三星级、四星级、五星级（含白金五星级）。最低为一星级，最高为白金五星级。星级越高，表示饭店的档次越高。一星级、二星级饭店不作要求，三星级、四星级、五星级饭店规定最低得分线：三星级 220 分，四星级 320 分，五星级 420 分。

星级以镀金五角星为符号，用一颗五角星表示一星级，两颗五角星表示二星级，三颗五角星表示三星级，四颗五角星表示四星级，五颗五角星表示五星级，五颗白金五角星表示白金五星级。

一星级、二星级、三星级饭店是有限服务饭店，评定星级时应对饭店住宿产品进行重点评价；四星级和五星级（含白金五星级）饭店是完全服务饭店，评定星级时应对饭店产品进行全面评价。

倡导绿色设计、清洁生产、节能减排、绿色消费的理念。

---

① 资料来源：旅游饭店星级的划分及评定（GB/T14308－2010）

星级饭店应增强突发事件应急处置能力，突发事件处置的应急预案应作为各星级饭店的必备条件。评定星级后，如饭店运营中发生重大安全责任事故，所属星级将被立即取消，相应星级标志不能继续使用。

评定星级时不能因为某一区域所有权或经营权的分离，或因为建筑物的分隔而区别对待，饭店内所有区域应达到同一星级的质量标准和管理要求。

饭店开业一年后可申请评定星级，经相应星级评定机构评定批复后，星级标志使用有效期为三年。三年期满后应进行重新评定。

(一)一星级饭店

1. 一般要求

(1)建筑物结构完好，功能布局基本合理，方便宾客在饭店内活动；

(2)应有适应所在地气候的采暖、制冷设备，各区域通风良好；

(3)各种指示用和服务用文字应至少用规范的中文及第二种文字同时表示，导向系统的设置和公共信息图形符号应符合 GB/T15566.8 和 GB/T10001.1、GB/T10001.2、GB/T10001.4、GB/T10001.9 的规定；

(4)应有至少 15 间(套)可供出租的客房；

(5)员工应具备基本礼仪礼节，穿着整齐清洁，可用普通话提供服务，效率较高；

(6)设施设备应定期维护保养，保持安全、整洁、卫生和有效；

(7)应有突发事件处置的应急预案；

(8)应有与本星级相适应的节能减排方案并付诸实施。

2. 设施

(1)设总服务台，并提供客房价目表及城市所在地的旅游交通图等相关资料；

(2)客房内应有卫生间或提供方便宾客使用的公共卫生间，客房卫生间及公共卫生间均采取必要防滑措施；

(3)应 24 小时供应冷水，每日固定时段供应热水，并有明确提示；

(4)客房内应有清洁舒适的床和配套家具；

(5)客房照明充足，有遮光效果较好的窗帘；

(6)客房内应备有服务指南、住宿须知等；

(7)客房门安全有效，门锁应为暗锁，有防盗装置，客房内应在显著位置张贴应急疏散图及相关说明；

(8)公共区域应有男女分设的公共卫生间，有公用电话；

(9)应有应急照明设施。

3. 服务

(1)应至少 18 小时提供接待、问询、结账服务；

(2)晚间应有安保人员驻店值班；

(3)应提供贵重物品保管及小件行李寄存服务；

(4)客房、卫生间应每天全面整理一次，隔日或应宾客要求更换床单、被套及枕套，并做到每客必换；

(5)客房内应提供热饮用水；

(6)应为残障人士提供必要的服务。

(二)二星级饭店

1. 一般要求

(1)建筑物结构良好，功能布局基本合理，方便宾客在饭店内活动；

(2)应有适应所在地气候的采暖、制冷设备，各区域通风良好；

(3)各种指示用和服务用文字应至少用规范的中文及第二种文字同时表示，导向系统的设置和公共信息图形符号应符合 GB/T15566.8 和 GB/T10001.1、GB/T10001.2、GB/T10001.4、GB/T10001.9 的规定；

(4)应有至少 20 间(套)可供出租的客房；

(5)应提供回车线或停车场，5 层以上(含 5 层)的楼房有客用电梯；

(6)员工应具备基本礼仪礼节，穿着整齐清洁，可用普通话提供服务，效率较高；

(7)设施设备应定期维护保养，保持安全、整洁、卫生和有效；

(8)应有突发事件处置的应急预案；

(9)应有与本星级相适应的节能减排方案并付诸实施。

2. 设施

(1)应有与饭店规模相适应的总服务台，位置合理，提供客房价目表及城市所在地的旅游交通图、旅游介绍等相关资料；

(2)应有就餐区域，提供桌、椅等配套设施，照明充足，通风良好；

(3)客房内应有清洁舒适的床以及桌、椅、床头柜等配套家具；

(4)至少 50%的客房内应有卫生间，或每一楼层提供数量充足，男女分设，方便使用的公共盥洗间。客房卫生间及公共盥洗间均采取有效的防滑措施；

(5)应 24 小时供应冷水，至少 12 小时供应热水；

(6)客房应有适当装修，照明充足，有遮光效果较好的窗帘。有防噪音及隔音措施；

(7))客房内应配备电话、彩色电视机等设施，且使用效果良好；

(8)设有两种以上规格的电源插座；

(9)客房内应备有服务指南、住宿须知等资料；

(10)客房门安全有效，门锁应为暗锁，有防盗装置，客房内应在显著位置张贴应急疏散图及相关说明；

(11)公共区域应有男女分设的公共卫生间，有公用电话；

(12)应有应急照明设施；

(13)公共区域应有适当装修，墙面整洁，光线充足。紧急出口标志清楚，位置合理，无障碍物；

(14)门厅及主要公共区域应有残疾人出入坡道。

3. 服务

(1)应有管理或安保人员24小时在岗值班；

(2)应24小时提供接待、问询、结账和留言等服务；

(3)应提供贵重物品保管及小件行李寄存服务；

(4)客房、卫生间应每天全面整理一次，隔日或应宾客要求更换床单、被套及枕套，并做到每客必换；

(5)客房内应提供热饮用水；

(6)应提供早餐服务；

(7)应为残障人士提供必要的服务。

(三)三星级饭店

1. 一般要求

(1)应有较高标准的建筑物结构，功能布局较为合理，方便宾客在饭店内活动；

(2)应有空调设施，各区域通风良好，温度、湿度适宜；

(3)各种指示用和服务用文字应至少用规范的中英文同时表示。导向标志清晰、实用、美观，导向系统的设置和公共信息图形符号应符合GB/T15566.8和GB/T10001.1、GB/T10001.2、GB/T10001.4、GB/T10001.9的规定；

(4)应有计算机管理系统；

(5)应有至少30间(套)可供出租的客房，应有单人间、套房等不同规格的房间配置；

(6)应有至少30间(套)可供出租的客房，应有单人间、套房等不同规格的房间配置；

(7)设施设备定期维护保养，保持安全、整洁、卫生和有效；

(8)员工应着工装，训练有素，用普通话提供服务。前台员工具备基本外语会话能力；

(9)应有突发事件(突发事件应包括火灾、自然灾害、饭店建筑物和设备设施

事故、公共卫生和伤亡事件、社会治安事件等)处置的应急预案,有年度实施计划,并定期演练;

(10)应有与本星级相适应的节能减排方案并付诸实施;

(11)应定期开展员工培训。

2. 设施

(1)应有与接待规模相适应的前厅和总服务台,装修美观。提供饭店服务项目资料、客房价目等信息,提供所在地旅游交通、所在地旅游资源信息、主要交通工具时刻等资料,提供相关的报刊;

(2)客房装修良好、美观,应有软垫床、梳妆台或写字台、衣橱及衣架、座椅或简易沙发、床头柜及行李架等配套家具。电器开关方便宾客使用;

(3)客房内满铺地毯、木地板或其他较高档材料;

(4)客房内应有卫生间,装有抽水马桶、梳妆台(配备面盆、梳妆镜和必要的盥洗用品)、浴缸或淋浴间。采取有效的防滑、防溅水措施,通风良好。采用较高级建筑材料装修地面、墙面和天花,色调柔和,目的物照明效果良好。有良好的排风设施,温湿度与客房适宜。有不间断电源插座。24 小时供应冷、热水;

(5)客房门安全有效,应设门窥镜及防盗装置,客房内应在显著位置张贴应急疏散图及相关说明;

(6)客房内应有遮光和防噪音措施;

(7)客房内应配备电话、彩色电视机,且使用效果良好;

(8)应有两种以上规格的电源插座,位置方便宾客使用,可提供插座转换器;

(9)客房内应有与本星级相适应的文具用品,备有服务指南、住宿须知、所在地旅游景点介绍和旅游交通图等,提供书报刊;

(10)床上用棉织品(床单、枕芯、枕套、被芯、被套及床衬垫等)及卫生间针织用品(浴衣、浴巾、毛巾等)材质良好、柔软舒适;

(11)客房内应提供互联网接入服务,并有使用说明;

(12)客房内应备有擦鞋用具;

(13)应有与饭店规模相适应的独立餐厅,配有符合卫生标准和管理规范的厨房;

(14)公共区域应设宾客休息场所;

(15)应有男女分设、间隔式公共卫生间。有公用电话、应急供电设施和应急照明设施;

(16)走廊地面应满铺地毯或与整体氛围相协调的其他材料,墙面整洁、有适当装修,光线充足。紧急出口标志清楚,位置合理,无障碍物;

(17)门厅及主要公共区域应有残疾人出入坡道,配备轮椅。

3. 服务

(1)应有管理及安保人员 24 小时在岗值班；

(2)应 24 小时提供接待、问询、结账和留言服务。提供总账单结账服务、信用卡结算服务。应提供客房预订服务；

(3)应设门卫接应及行李服务人员，有专用行李车，应宾客要求提供行李服务。应提供贵重物品保管及小件行李寄存服务，并专设寄存处；

(4)应为宾客办理传真、复印、打字、国际长途电话等商务服务，并代发信件；

(5)应提供代客预订和安排出租汽车服务；

(6)客房、卫生间应每天全面整理一次，每日或应宾客要求更换床单、被套及枕套，客用品补充齐全；

(7)应提供留言和叫醒服务。可应宾客要求提供洗衣服务；

(8)客房内应 24 小时提供热饮用水，免费提供茶叶或咖啡；

(9)应提供早、中、晚餐服务；

(10)应提供与饭店接待能力相适应的宴会或会议服务；

(11)应为残障人士提供必要的服务。

(四)四星级饭店

1. 饭店总体要求

(1)建筑物外观和建筑结构有特色。饭店空间布局合理，方便宾客在饭店内活动；

(2)内外装修应采用高档材料，符合环保要求，工艺精致，整体氛围协调；

(3)各种指示用和服务用文字应至少用规范的中英文同时表示。导向标志清晰、实用、美观，导向系统的设置和公共信息图形符号应符合 GB/T15566.8 和 GB/T10001.1、GB/T10001.2、GB/T10001.4、GB/T10001.9 的规定；

(4)应有中央空调(别墅式度假饭店除外)，各区域通风良好；

(5)应有运行有效的计算机管理系统。主要营业区域均有终端，有效提供服务；

(6)应有公共音响转播系统，背景音乐曲目、音量适宜，音质良好；

(7)设施设备应维护保养良好，无噪音，安全完好、整洁、卫生和有效；

(8)应具备健全的管理规范、服务规范与操作标准；

(9)员工应着工装，体现岗位特色；

(10)员工训练有素，能用普通话和英语提供服务，必要时可用第二种外国语提供服务；

(11)应有突发事件(突发事件应包括火灾、自然灾害、饭店建筑物和设备设施事故、公共卫生和伤亡事件、社会治安事件等)处置的应急预案，有年度实施计划，并定期演练；

(12)应有与本星级相适应的节能减排方案并付诸实施；

(13)应有系统的员工培训规划和制度，有员工培训设施。

2. 前厅

(1)区位功能划分合理；

(2)整体装修精致，有整体风格、色调协调、光线充足；

(3)设总服务台，位置合理，接待人员应 24 小时提供接待、问询和结账服务。并能提供留言、总账单结账、国内和国际信用卡结算及外币兑换等服务；

(4)应专设行李寄存处，配有饭店与宾客同时开启的贵重物品保险箱，保险箱位置安全、隐蔽，能够保护宾客的隐私；

(5)应提供饭店基本情况、客房价目等信息，提供所在地旅游资源、当地旅游交通及全国旅游交通信息，并在总台能提供所在地中英文交通图、与住店宾客相适应的报刊；

(6)在非经营区应设宾客休息场所；

(7)门厅及主要公共区域应有符合标准的残疾人出入坡道，配备轮椅，有残疾人专用卫生间或厕位，为残障人士提供必要的服务；

(8)应 24 小时接受包括电话、传真或网络等渠道的客房预订；

(9)应有门卫接应服务人员，18 小时迎送宾客；

(10)应有专职行李员，配有专用行李车，18 小时提供行李服务，提供小件行李寄存服务；

(11)应提供代客预订和安排出租汽车服务；

(12)应有相关人员处理宾客关系；

(13)应有管理人员 24 小时在岗值班。

3. 客房

(1)应有至少 40 间(套)可供出租的客房；

(2)70%客房的面积(不含卫生间)应不小于 $20m^2$；

(3)应有标准间(大床房、双床房)，有两种以上规格的套房(包括至少 3 个开间的豪华套房)，套房布局合理；

(4)装修高档。应有舒适的软垫床，配有写字台、衣橱及衣架、茶几、座椅或沙发、床头柜、全身镜、行李架等家具，布置合理。所有电器开关方便宾客使用。室内满铺高级地毯，或优质木地板或其他高级材料。采用区域照明，且目的物照明效果良好；

(5)客房门能自动闭合，应有门窥镜、门铃及防盗装置。客房内应在显著位置张贴应急疏散图及相关说明；

(6)客房内应有装修良好的卫生间。有抽水马桶、梳妆台(配备面盆、梳妆镜和必要的盥洗用品)、有浴缸或淋浴间,配有浴帘或其他防溅设施。采取有效的防滑措施。采用高档建筑材料装修地面、墙面和天花,色调高雅柔和。采用分区照明且目的物照明效果良好。有良好的低噪音排风设施,温湿度与客房适宜。有110V/220V不间断电源插座、电话副机。配有吹风机。24小时供应冷、热水,水龙头冷热标志清晰。所有设施设备均方便宾客使用;

(7)客房内应有饭店专用电话机,可以直接拨通或使用预付费电信卡拨打国际、国内长途电话,并备有电话使用说明和所在地主要电话指南;

(8)应有彩色电视机,画面和音质良好。播放频道不少于16个,备有频道目录;

(9)应有防噪音及隔音措施,效果良好;

(10)应有内窗帘及外层遮光窗帘,遮光效果良好;

(11)应有至少两种规格的电源插座,电源插座应有两个以上供宾客使用的插位,位置合理,并可提供插座转换器;

(12)应有与本星级相适应的文具用品。配有服务指南、住宿须知、所在地旅游资源信息和旅游交通图等。可提供与住店宾客相适应的书报刊;

(13)床上用棉织品(床单、枕芯、枕套、被芯、被套及床衬垫等)及卫生间针织用品(浴巾、浴衣、毛巾等)材质较好、柔软舒适;

(14)客房、卫生间应每天全面整理一次,每日或应宾客要求更换床单、被套及枕套,客用品和消耗品补充齐全,并应宾客要求随时进房清理;

(15)应提供互联网接入服务,并备有使用说明,使用方便;

(16)应提供开夜床服务,放置晚安致意品;

(17)应提供客房微型酒吧服务,至少50%的房间配备小冰箱,提供适量酒和饮料,并备有饮用器具和价目单。免费提供茶叶或咖啡。提供冷热饮用水,可应宾客要求提供冰块;

(18)应提供客衣干洗、湿洗、熨烫服务,可在24小时内交还宾客,可提供加急服务;

(19)应18小时提供送餐服务。有送餐菜单和饮料单,送餐菜式品种不少于8种,饮料品种不少于4种,甜食品种不少于4种,有可挂置门外的送餐牌;

(20)应提供留言及叫醒服务;

(21)应提供宾客在房间会客服务,可应宾客要求及时提供加椅和茶水服务;

(22)客房内应备有擦鞋用具,并提供擦鞋服务。

4. 餐厅及吧室

(1)应有布局合理、装饰设计格调一致的中餐厅;

(2)应有位置合理、格调优雅的咖啡厅(或简易西餐厅),提供品质较高的自助早餐;

(3)应有宴会单间或小宴会厅,提供宴会服务;

(4)应有专门的酒吧或茶室;

(5)餐具应按中外习惯成套配置,无破损,光洁、卫生;

(6)菜单及饮品单应装帧精致,完整清洁,出菜率不低于90%。

5. 厨房

(1)位置合理、布局科学,传菜路线不与非餐饮公共区域交叉;

(2)厨房与餐厅之间,采取有效的隔音、隔热和隔气味措施,进出门自动闭合;

(3)墙面满铺瓷砖,用防滑材料满铺地面,有地槽;

(4)冷菜间、面点间独立分隔,有足够的冷气设备。冷菜间内有空气消毒设施和二次更衣设施;

(5)粗加工间与其他操作间隔离,各操作间温度适宜,冷气供给充足;

(6)应有必要的冷藏、冷冻设施,生熟食品及半成食品分柜置放,有干货仓库;

(7)洗碗间位置合理,配有洗碗和消毒设施;

(8)应有专门放置临时垃圾的设施并保持其封闭,排污设施(地槽、抽油烟机和排风口等)保持清洁通畅;

(9)采取有效的消杀蚊蝇、蟑螂等虫害措施;

(10)应有食品留样送检机制。

6. 会议和康体设施

(1)应有至少两种规格的会议设施,配备相应设施并提供专业服务;

(2)应有康体设施,布局合理,提供相应的服务。

7. 公共区域

(1)饭店室外环境整洁美观;

(2)饭店后台设施完备、导向清晰、维护良好;

(3)应有回车线,并配备有足够泊位的停车场,提供相应的服务;

(4)3层以上(含3层)建筑物应有数量充足的高质量客用电梯,轿厢装修高雅。配有服务电梯;

(5)主要公共区域应有男女分设的间隔式公共卫生间,环境良好;

(6)应有商品部,出售旅行日常用品、旅游纪念品等;

(7)应有商务中心,可提供传真、复印、国际长途电话、打字等服务,有可供宾客使用的电脑,并可提供代发信件、手机充电等服务;

(8)提供或代办市内观光服务；

(9)应有公用电话；

(10)应有应急照明设施和有应急供电系统；

(11)主要公共区域有闭路电视监控系统；

(12)公共区域走廊及电梯厅地面应满铺地毯或其他高档材料，墙面整洁、有装修装饰，温度适宜、通风良好、光线适宜。紧急出口标志清楚醒目，位置合理，无障碍物。有符合规范的逃生通道、安全避难场所；

(13)应有必要的员工生活和活动设施。

(五)五星级饭店

1. 总体要求

(1)建筑物外观和建筑结构应具有鲜明的豪华饭店的品质，饭店空间布局合理，方便宾客在饭店内活动；

(2)内外装修应采用高档材料，符合环保要求，工艺精致，整体氛围协调，风格突出；

(3)各种指示用和服务用文字应至少用规范的中英文同时表示。导向标志清晰、实用、美观，导向系统的设置和公共信息图形符号应符合 GB/T15566.8 和 GB/T10001.1、GB/T10001.2、GB/T10001.4、GB/T10001.9 的规定；

(4)应有中央空调(别墅式度假饭店除外)，各区域空气质量良好；

(5)应有运行有效的计算机管理系统，前后台联网，有饭店独立的官方网站或者互联网主页，并能够提供网络预订服务；

(6)应有公共音响转播系统。背景音乐曲目、音量与所在区域和时间段相适应，音质良好；

(7)设施设备应维护保养良好，无噪音，安全完好、整洁、卫生和有效；

(8)应具备健全的管理规范、服务规范与操作标准；

(9)员工应着工装，工装专业设计、材质良好、做工精致；

(10)员工训练有素，能用普通话和英语提供服务，必要时可用第二种外国语提供服务；

(11)应有与本星级相适应的节能减排方案并付诸实施；

(12)应有突发事件(突发事件应包括火灾、自然灾害、饭店建筑物和设备设施事故、公共卫生和伤亡事件、社会治安事件等)处置的应急预案，有年度实施计划，并定期演练；

(13)应有系统的员工培训规划和制度，应有专门的教材、专职培训师及专用员工培训教室。

2. 前厅

(1)功能划分合理,空间效果良好;

(2)装饰设计有整体风格,色调协调,光线充足,整体视觉效果和谐;

(3)总服务台位置合理,接待人员应 24 小时提供接待、问询和结账等服务。并能提供留言、总账单结账、国内和国际信用卡结算、外币兑换等服务;

(4)应专设行李寄存处,配有饭店与宾客同时开启的贵重物品保险箱,保险箱位置安全、隐蔽,能够保护宾客的隐私;

(5)应提供饭店基本情况、客房价目等信息,提供所在地旅游资源、当地旅游交通及全国旅游交通的信息,并在总台能提供所在地中英文交通图、与住店宾客相适应的报刊;

(6)在非经营区应设宾客休息场所;

(7)门厅及主要公共区域应有符合标准的残疾人出入坡道,配备轮椅,有残疾人专用卫生间或厕位,为残障人士提供必要的服务;

(8)应有专职的门卫应接服务人员,18 小时迎送宾客;

(9)应有专职行李员,配有专用行李车,24 小时提供行李服务,提供小件行李寄存服务;

(10)应提供代客预订和安排出租汽车服务;

(11)应有专职人员处理宾客关系,18 小时在岗服务;

(12)应提供礼宾服务;

(13)应有管理人员 24 小时在岗值班。

3. 客房

(1)应有至少 50 间(套)可供出租的客房;

(2)70%客房的面积(不含卫生间和门廊)应不小于 $20m^2$;

(3)应有标准间(大床房、双床房),残疾人客房,两种以上规格的套房(包括至少 4 个开间的豪华套房),套房布局合理;

(4)装修豪华,具有良好的整体氛围。应有舒适的床垫及配套用品。写字台、衣橱及衣架、茶几、座椅或沙发、床头柜等家具配套齐全、布置合理、使用便利。所有电器开关方便宾客使用。室内满铺高级地毯,或用优质木地板或其他高档材料装饰。采用区域照明,目的物照明效果良好;

(5)客房门能自动闭合,应有门窥镜、门铃及防盗装置。客房内应在显著位置张贴应急疏散图及相关说明;

(6)客房内应有装修精致的卫生间。有高级抽水马桶、梳妆台(配备面盆、梳妆镜和必要的盥洗用品)、浴缸并带淋浴喷头(另有单独淋浴间的可以不带淋浴喷头),配有浴帘或其他有效的防溅设施。采取有效的防滑措施。采用豪华建筑材料装修地面、墙面和天花，色调高雅柔和。采用分区照明且目的物照明效果良好。有良好的无明显噪音的排风设施，温湿度与客房无明显差异。有110V/220V不间断电源插座、电话副机。配有吹风机。24小时供应冷、热水，水龙头冷热标志清晰。所有设施设备均方便宾客使用；

(7)客房内应有饭店专用电话机，方便使用。可以直接拨通或使用预付费电信卡拨打国际、国内长途电话，并备有电话使用说明和所在地主要电话指南；

(8)应有彩色电视机，画面和音质优良。播放频道不少于16个，频道顺序有编辑，备有频道目录；

(9)应有背景音乐，音质良好，曲目适宜，音量可调；

(10)应有防噪音及隔音措施，效果良好；

(11)应有纱帘及遮光窗帘，遮光效果良好；

(12)应有至少两种规格的电源插座，电源插座应有两个以上供宾客使用的插位，位置方便宾客使用，并可提供插座转换器；

(13)应有与本星级相适应的文具用品。配有服务指南、住宿须知、所在地旅游景点介绍和旅游交通图等。提供与住店宾客相适应的报刊；

(14)床上用棉织品(床单、枕芯、枕套、被芯、被套及床衬垫等)及卫生间针织用品(浴巾、浴衣、毛巾等)材质高档、工艺讲究、柔软舒适。可应宾客要求提供多种规格的枕头；

(15)应提供互联网接入服务，并备有使用说明，使用方便；

(16)应提供开夜床服务，夜床服务效果良好；

(17)应提供客房微型酒吧(包括小冰箱)服务，配置适量与住店宾客相适应的酒和饮料，备有饮用器具和价目单。免费提供茶叶或咖啡。提供冷热饮用水，可应宾客要求提供冰块；

(18)应提供客衣干洗、湿洗、熨烫服务，可在24小时内交还宾客，可提供加急服务；

(19)应24小时提供送餐服务。有送餐菜单和饮料单，送餐菜式品种不少于8种，饮料品种不少于4种，甜食品种不少于4种，有可挂置门外的送餐牌，送餐车应有保温设备；

(20)应提供自动和人工叫醒、留言及语音信箱服务，服务效果良好；

(21)应提供宾客在房间会客服务，应宾客的要求及时提供加椅和茶水服务；

(22)客房内应备有擦鞋用具，并提供擦鞋服务。

4. 餐厅及吧室

(1)各餐厅布局合理，环境优雅，空气清新、不串味，温度适宜；

(2)应有装饰豪华、氛围浓郁的中餐厅；

(3)应有装饰豪华、格调高雅的西餐厅(或外国特色餐厅)或风格独特的风味餐厅,均配有专门厨房;

(4)应有位置合理、独具特色、格调高雅的咖啡厅,提供品质良好的自助早餐、西式正餐。咖啡厅(或有一餐厅)营业时间不少于18小时;

(5)应有3个以上宴会单间或小宴会厅,提供宴会服务,效果良好;

(6)应有专门的酒吧或茶室;

(7)餐具应按中外习惯成套配置,材质高档,工艺精致,有特色,无破损磨痕,光洁、卫生;

(8)菜单及饮品单应装帧精美,完整清洁,出菜率不低于90%。

5. 厨房

(1)位置合理、布局科学,传菜路线不与非餐饮公共区域交叉;

(2)厨房与餐厅之间,采取有效的隔音、隔热和隔味的措施。进出门分开并能自动闭合;

(3)墙面满铺瓷砖,用防滑材料满铺地面,有地槽;

(4)冷菜间、面点间独立分隔,有足够的冷气设备。冷菜间内有空气消毒设施;

(5)冷菜间有二次更衣场所及设施;

(6)粗加工间与其他操作间隔离,各操作间温度适宜,冷气供应充足;

(7)洗碗间位置合理(紧临厨房与餐厅出入口),配有洗碗和消毒设施;

(8)有必要的冷藏、冷冻设施,生熟食品及半成食品分柜置放。有干货仓库;

(9)有专门放置临时垃圾的设施并保持其封闭,排污设施(地槽、抽油烟机和排风口等)保持畅通清洁;

(10)采取有效的消杀蚊蝇、蟑螂等虫害措施;

(11)应有食品化验室或留样送检机制。

6. 会议康乐设施

(1)应有两种以上规格的会议设施,有多功能厅,配备相应的设施并提供专业服务;

(2)应有康体设施,布局合理,提供相应的服务。

7. 公共区域

(1)饭店室外环境整洁美观,绿色植物维护良好;

(2)饭店后台区域设施完好、卫生整洁、维护良好,前后台的衔接合理,通往后台的标志清晰;

(3)应有效果良好的回车线,并有与规模相适应泊位的停车场,有残疾人停车位,停车场环境效果良好,提供必要的服务;

(4)3 层以上(含 3 层)建筑物应有数量充足的高质量客用电梯,轿厢装饰高雅,速度合理,通风良好;另备有数量、位置合理的服务电梯;

(5)各公共区域均应有男女分设的间隔式公共卫生间,环境优良,通风良好;

(6)应有商品部,出售旅行日常用品、旅游纪念品等;

(7)应有商务中心,可提供传真、复印、国际长途电话、打字等服务,有可供宾客使用的电脑,并可提供代发信件、手机充电等服务;

(8)提供或代办市内观光服务;

(9)应有公用电话,并配有便签;

(10)应有应急照明设施和有应急供电系统;

(11)主要公共区域有闭路电视监控系统;

(12)走廊及电梯厅地面应满铺地毯或其他高档材料,墙面整洁、有装修装饰,温度适宜、通风良好、光线适宜。紧急出口标志清楚醒目,位置合理,无障碍物。有符合规范的逃生通道、安全避难场所;

(13)应有充足的员工生活和活动设施。

(六)服务质量总体要求

1. 服务基本原则

(1)对宾客礼貌、热情、亲切、友好,一视同仁;

(2)密切关注并尽量满足宾客的需求,高效率地完成对客服务;

(3)遵守国家法律法规,保护宾客的合法权益;

(4)尊重宾客的信仰与风俗习惯,不损害民族尊严。

2. 服务基本要求

(1)员工仪容仪表应达到:

①遵守饭店的仪容仪表规范,端庄、大方、整洁;

②着工装、佩工牌上岗;

③服务过程中表情自然、亲切、热情适度,提倡微笑服务。

(2)员工言行举止应达到:

①语言文明、简洁、清晰,符合礼仪规范;

②站、坐、行姿符合各岗位的规范与要求,主动服务,有职业风范;

③以协调适宜的自然语言和身体语言对客服务,使宾客感到尊重舒适;

④对宾客提出的问题应予耐心解释,不推诿和应付。

(3)员工业务能力与技能应达到掌握相应的业务知识和服务技能,并能熟练运用。

(七)管理要求

1. 应有员工手册。

2. 应有饭店组织机构图和部门组织机构图。

3. 应有完善的规章制度、服务标准、管理规范和操作程序。一项完整的饭店管理规范包括规范的名称、目的、管理职责、项目运作规程(具体包括执行层级、管理对象、方式与频率、管理工作内容)、管理分工、管理程序与考核指标等项目。各项管理规范应适时更新,并保留更新记录。

4. 应有完善的部门化运作规范。包括管理人员岗位工作说明书、管理人员工作关系表、管理人员工作项目核检表、专门的质量管理文件、工作用表和质量管理记录等内容。

5. 应有服务和专业技术人员岗位工作说明书,对服务和专业技术人员的岗位要求、任职条件、班次、接受指令与协调渠道、主要工作职责等内容进行书面说明。

6. 应有服务项目、程序与标准说明书,对每一个服务项目完成的目标、为完成该目标所需要经过的程序,以及各个程序的质量标准进行说明。

7. 对国家和地方主管部门和强制性标准所要求的特定岗位的技术工作如锅炉、强弱电、消防、食品加工与制作等,应有相应的工作技术标准的书面说明,相应岗位的从业人员应知晓并熟练操作。

8. 其他可以证明饭店质量管理水平的证书或文件。

(八)安全管理要求

1. 星级饭店应取得消防等方面的安全许可,确保消防设施的完好和有效运行。

2. 水、电、气、油、压力容器、管线等设施设备应安全有效运行。

3. 应严格执行安全管理防控制度,确保安全监控设备的有效运行及人员的责任到位。

4. 应注重食品加工流程的卫生管理,保证食品安全。

5. 应制定和完善地震、火灾、食品卫生、公共卫生、治安事件、设施设备突发故障等各项突发事件应急预案。

同时,为了提高饭店服务质量,由中国饭店协会起草、国家商务部发布了《饭店业星级服务人员资格条件》国家行业标准(SB/T10420－2007),于 2007 年 7 月 1 日起实施。标准借鉴了国际饭店业从业人员标准条件,沿用了国际通行的星级服务概念,旨在推行国际服务理念、培育国际服务队伍、打造国际服务品质、提升东方饭店美誉度。

依据饭店不同部门,将前厅、客房、餐饮服务人员分为五个星级,即一星级、二星级、三星级、四星级、五星级。一至三星级为服务员,四星级为服务师,五星级为高级服务师。星级服务人员划分的依据是文化程度、工作经历、业务知识和技能水平。

具有初中以上学历，在本职岗位上具有6个月以上的工作经历的现职服务人员，可申报一至二星级；具有高中以上学历，在本职岗位上具有24个月以上的工作经历的现职服务人员，可申报三星级；具有大专以上学历，在本职岗位上具有24个月以上的工作经历的现职服务人员，可申报四星级；具有本科或饭店相关专业专科以上学历，在本职岗位上具有36个月以上的工作经历的现职服务人员，可申报五星级。

中等以上职业学校旅游或饭店相关专业，具有6个月实习经历或在饭店工作一年以上的人员，可申报三星级。在省级以上劳动部门组织的技能比赛中获得奖项的现职服务人员，可申报四星级以上。

2008年9月27日，国家商务部发布了由中国饭店协会起草的国家行业标准《饭店业星级侍酒师技术条件》(SB/T10479—2008)，该标准于2009年3月1日起正式实施。

标准是借鉴英国酒店协会餐酒品评师资格条件标准，结合我国当前调酒人员与酒水服务人员的基本素质而制定的。标准中，全国饭店业星级侍酒师分为五个星级，分别为侍酒员(一星级)、调酒师(二星级)、侍酒师(三星级)、高级侍酒师(四星级)、大师级侍酒师(五星级)。星级越高代表技能的水准越高。

第四节　绿色饭店

在全球经济发展及人类对环境问题的不断关注下，绿色饭店应运而生。绿色饭店概念起源于欧洲并于20世纪90年代中期传入我国。绿色饭店在国际上被称为“Green Hotel”，但一般在官方场合和正式的会议、文件中又被称为“Eco-efficient Hotel”，意为“生态效益型酒店”。

绿色饭店(Green Hotel)是指在规划、建设和经营过程中，坚持以节约资源、保护环境、安全健康为理念，以科学的设计和有效的管理、技术措施为手段，以资源效率最大化、环境影响最小化为目标，为消费者提供安全、健康服务的饭店。其核心是为顾客提供舒适、安全，有利于人体健康要求的绿色客房和绿色餐饮，并且在生产经营过程中加强对环境的保护和资源的合理利用。

绿色酒店的三大标准是安全、健康、环保。安全主要关注的是酒店行业的公共安全(消防安全、治安安全)和食品安全这两个因素；健康是指为消费者提供有益于健康的服务和享受；环保主要是指酒店在经营过程中减少对环境的污染。

一、创建绿色饭店的意义及措施

(一)创建绿色饭店的意义

1. 创建绿色饭店体现了国家利益

绿色饭店在为顾客提供绿色消费的同时,重视代表公众、宏观经济长远发展的国家利益,努力消除自身经营行为为国家社会带来的负面影响。绿色饭店把节约资源和能源放在首位,提倡从引入节水、节能技术和设备,开辟新能源和加强对现有设备的管理两个方面入手,在降低饭店竞争成本的同时,降低对人类赖以依存的有限资源及能源的耗费。同时,绿色饭店理念的提出及创建完全符合我国创建全国卫生城市及绿色 GDP 核算的发展要求,为各级政府部门在城市的可持续发展与管理中提供了有益的借鉴。

2. 创建绿色饭店体现了饭店企业的社会责任

绿色饭店自觉遵守国家及地方的相关安全、卫生、环保的法律、法规的要求,通过引入先进的管理技术和设备设施,强化管理工作,主动减少废气、噪声、固体垃圾等的排放量,强调饭店企业与周边环境的和谐共处,并充分利用其优势进一步推动绿色饭店的建设。绿色饭店通过开展"安全、健康、环保"为主题的社会活动,在宣传自身的同时,谋求顾客及利益团体的支持;美化、绿化周边环境;通过善意的捐赠,参与社区的管理和建设;重视非商业层面的社会贡献,突出饭店的企业公民责任,关注更为广泛的社会公众利益。

3. 创建绿色饭店体现了顾客利益

绿色饭店倡导安全、健康的消费理念。绿色饭店突破原有环保的单一概念,加入了安全、健康理念,在建立绿色饭店的过程中,强调以"以人为本"作为出发点,提供安全、健康的产品和服务。绿色饭店重视顾客消费环境的安全、健康。绿色饭店对客房和餐厅明确要求对影响人身及财产安全的要素进行控制,比如完善消防系统、门禁系统,对影响人体健康的室内装修材料、温度、湿度、噪声、光线、通风等也都有明确要求。这些要求对保证顾客群体的健康具有重要意义。

4. 创建绿色饭店有利于饭店品牌的塑造

绿色饭店通过开展和参与一系列有关健康、环保的社会活动,赢得社会公众的认可,企业将绿色饭店融进自身品牌的建设之中,在当前近乎白热化的竞争中,为企业争取市场优势奠定了坚实的基础。

(二)创建绿色饭店的措施

1. 加强绿色管理

在管理措施上,绿色饭店在不降低服务水平的情况下,注意减少量的投放,尤其是减少了一次性物品的使用,通过改进或加强管理,最大程度上做到物品的循环使用。例如，对于规模较大的饭店，绿色饭店提倡建立中水系统，促进水的循环利用。绿色饭店在废弃物的管理上，要求废气的排放、噪声污染必须符合国家及地方法律、法规的要求。在垃圾处理上，要求分类管理，并对垃圾的储存及危险性垃圾处理提出了明确要求。

2. 开发绿色产品

饭店在对客服务部门开发绿色产品，要求饭店从设计初始到最终提供产品所涉及的环境行为必须符合环保要求。比如，客房地板用料、床上用品、客房内陈放物品等务必选取生态的绿色的无污染的材料；酒店的餐厅要提供和推广绿色食品，这些绿色食品应具备的条件是：产品或原料产地必须符合绿色产品生态环境质量标准，产品必须符合绿色实物质量和卫生标准，产品包装、储运必须符合绿色食品包装储运标准等。

3. 倡导绿色消费

绿色饭店在倡导企业节约资源和能源的同时，宣扬个人在经济的可持续发展中的责任，主张消费者在消费过程中减少不必要的一次性用品的使用，减少不必要的客用品的洗涤，垃圾分类投放，提倡节约每一滴水、每一度电，循环利用，节俭消费。绿色饭店通过开展绿色活动，采取牌匾、手册、标志、板报等宣传手段，向顾客传递绿色消费理念，并通过自身努力，从饭店整体到局部再到细节，提高公众的环境意识和绿色消费意识。

4. 寻求顾客的理解与支持

绿色饭店在创建和管理上，在向顾客宣传和展示绿色消费的同时，注重企业社会责任的履行和宣传，注意传达企业参与社区和社会环保建设，节能降耗的管理与技术创新等信息；注重饭店企业与社会、企业与顾客共惠互利举措的采用，进行环境的绿化，无烟区的推广，以满足顾客身心两个层面的需求，达成与消费者的共鸣。

5. 加强员工培训

为保证饭店沿着绿色饭店的方向健康发展，保证人员的认识到位、操作到位，应加强员工的绿色培训，对在饭店从事工作的所有员工从绿色理念和实际操作进行全方位的培训，并要求创绿负责人参加相关专业课程的培训，具备工作审核和监督的能力。

二、我国绿色饭店评定标准[①]

2003 年初，由原国家经贸委颁布了由中国饭店协会起草的我国第一个绿色

① 绿色饭店国家标准(GB/T21084－2007)

饭店国家行业标准——《绿色饭店等级评定规定》(SB/T10356－2002)，并于同年3月起实施。之后，颁布了中华人民共和国国家标准《绿色饭店国家标准》(GB/T21084－2007)。

(一)绿色饭店的等级划分及标志

根据饭店在节约资源、保护环境和提供安全、健康的产品和服务等方面取得不同程度的效果，绿色饭店分为五个等级。用银杏叶标志，从一叶到五叶，五叶级为最高级。

(二)基本要求

1. 遵守建设和运营中涉及的节能、环保、卫生、防疫、安全、规划等法律、法规和标准的要求。

2. 制定环境方针，明确绿色行动目标和可量化指标，并有完善的经营管理制度保障执行。

3. 有相应组织机构，有绿色行动的考核及奖励制度，有高层管理者具体负责创建活动。

4. 每年有为员工提供绿色饭店相关知识的教育和培训，包括节能节水、环境保护技术及管理，消防教育，职业安全教育和食品安全教育。

5. 提供绿色行动的预算资金及人力资源的支持。

6. 有倡导节约资源、保护环境和绿色消费的宣传行动以营造绿色消费环境的氛围，对消费者的节约、环保消费行为能够提供多项鼓励措施。

7. 近三年内无安全事故和环境污染超标事故。

(三)体现绿色设计

1. 环境设计

(1)选址远离高辐射、高污染地区；

(2)设计中充分体现当地自然、人文和谐和对生物多样性的保护；

(3)不造成当地生态环境的破坏。

2. 建筑设计

(1)设计中体现节能省地，无建筑空间的浪费；

(2)有隔热、降噪、保温材料的设计与运用；

(3)有自然采光的设计与运用；

(4)采用环保、安全、健康的建筑材料和装修。

3. 流程设计

(1)有积极利用地热能、太阳能、风能、水能等可再生能源和替代能源的设计；

(2)有能源、资源循环利用设计；

(3)有在服务、产品形成过程中清洁生产的设计。

(四)安全管理

1. 有安全生产例会制度和生产安全事故隐患排查制度并执行。

2. 设备设施安全可靠,危险设备、设施及区域设置栅栏隔离或警示标志提示。

3. 有公共安全、消防安全、食品安全等突发事件应急预案,并不断完善,定期组织演练。

4. 有能够覆盖所有营业区域的中英文应急广播,客房和公共区域显著位置有各类应急图示、须知,并至少用规范的中、英文两种文字表示。

(五)节能管理

1. 水、电、气、煤、油等主要能耗部门建立并实施责任制。

2. 主要用能设备和功能区域安装计量仪表,鼓励饭店按《节能监测技术通则》(GB15316—2009)要求进行节能测试和能源审计。

3. 每月对水、电、气、煤、油的消耗量进行监测和对比分析,定期向员工报告。

4. 定期对空调、供热、照明等用能设备进行巡检和及时维护,减少能源损耗。

5. 采取先进节能设备、技术和管理方法,采用节能标志产品,提高能源使用效率。

6. 采用先进的节水器具、技术和管理方法,减少水资源的消耗。

7. 采取可再生能源和替代能源,减少煤、气、油的使用。

8. 公共区域夏季温度设置不低于26℃,冬季温度不高于20℃。

(六)降耗管理

1. 减少一次性用品的使用。

2. 根据顾客意愿减少客房棉织品换洗次数。

3. 简化客房用品的包装。

4. 节约用纸,提倡无纸化办公。

5. 有鼓励废旧物品再利用的措施。

(七)环境保护

1. 遵守国家或地方污染物排放标准,减少污染物排放浓度和排放总量,按照当地环境目标减排直至达到零排放。

2. 采用先进环保技术和设备。

3. 选择使用环境标志产品。

4. 采取措施减少固体废弃物的排放量,固体废弃物实施分类收集,储运不对周围环境产生危害；危险性废弃物及特定的回收物料交有资质机构处理、处置。

5. 采用有机肥料和天然杀虫方法，减少化学药剂的使用。

6. 采用本地植物绿化环境。

(八)健康管理

1. 绿色客房

(1)设有无烟客房或无烟楼层；

(2)装修环保；

(3)相对湿度符合《室内空气质量标准》(GB/T18883－2002)规定，温度可根据客人需要调整；

(4)有良好的新风系统，封闭状态下无异味；

(5)门、窗、墙壁隔音良好；

(6)提供洁净饮用水，符合《生活饮用水卫生标准》(GB/T5749－2006)规定；

(7)客房卫生间内的设备、设施每日进行消毒，卫生符合《旅店卫生标准》(GB9663－1996)规定；

(8)放置有益人体健康的绿色植物。

2. 绿色餐饮

(1)食品加工经营场所按原料的进入、储存、处理、半成品加工、成品供应单向流程布局，功能操作间齐备；

(2)有食品质量控制与保障体系，原料购进、检查、验收制度及记录齐全；

(3)有专职食品安全与卫生管理人员；

(4)采用有机、绿色、无公害食品原料，提供营养平衡食谱；

(5)食品采购、加工、储存、处置及设备、餐器具清洁和消毒程序完善并严格执行；

(6)餐厅设有无烟区和无烟包间；

(7)餐厅内通风良好，无异味；

(8)倡导分餐制，菜单中明示提供大、中、小例服务；

(9)有引导绿色消费、节约消费提示及服务措施；

(10)不以野生保护动植物为食品原料；

(11)餐厨垃圾低温密封保存，并倡导进行无害化处理。

(九)绿色宣传

1. 开展宣传绿色饭店、促进绿色消费的多种形式的社会活动。

2. 有鼓励客人开展绿色消费的具体计划并实施。

3. 创建绿色饭店活动有媒体的相关报道。

4. 创建绿色饭店活动得到客人的支持和赞同，客人对饭店环境的满意程度达到80％以上（根据征求意见表统计）。

5. 饭店通过采购、投资等方式促进节能、环保技术的推广和应用，推进绿色消费。

第四章　饭店经营战略管理

在市场竞争的汪洋大海中，每家饭店都面对着市场竞争的风险和压力。有的饭店在竞争中不断发展壮大，而有的饭店则在竞争中破产、淘汰。究其原因，关键在于饭店高层领导是否能够综观全局，高瞻远瞩，富有创新开拓意识和战略眼光，是否能够对饭店经营环境和条件进行科学分析，从而制定一个卓有远见并切实可行的发展战略和规划，指导饭店的经营发展。本章从战略管理的角度，对饭店的经营思想观念和经营战略作了系统阐述，并对饭店如何对经营环境进行调查、预测，以及科学的经营决策等问题作了详细的介绍。

第一节　饭店经营思想和战略

一、饭店经营思想

饭店经营思想，是指导饭店一切经营服务活动的思想和观念，是在正确认识饭店经营环境和条件的基础上，用以指导饭店确定经营发展战略目标，加强经营管理，实现饭店目标的方针和思想。饭店经营思想作为一种观念，是饭店经营管理的灵魂，是饭店经营能否成功的决定性因素。正确的、符合客观事物发展的经营思想，是制定饭店经营战略的重要依据。其指导饭店经营管理人员，尤其是饭店的高层领导，运用自己丰富的经验、超群的组织才能、娴熟的管理技巧和果断的胆识与气魄，面对剧烈的市场竞争和经营风险，努力寻求各种发展机会，谋求饭店的长期稳定与发展。因此，饭店经营思想是饭店企业家精神的集中体现，是饭店经营发展的哲学，是饭店经营管理的灵魂，是饭店面向未来、确定经营战略重点的指导思想和原则。

饭店经营思想观念包含多方面内容，而且不同时代、不同社会制度条件下，具有不同的指导思想和观念。从我国饭店的发展现状及所处的经营环境看，我国饭店应树立以下十大经营思想观念。

(一)战略观念

战略观念亦称为发展观念，是决定饭店经营发展的关键。作为饭店的经营管理人员，尤其是中高层管理人员，要把主要精力放在饭店未来发展的重大经营决策上。因为，饭店经营管理的核心问题是未来的生存和发展。只有树立战略观念，制定订饭店的经营战略目标，并以此指导饭店的经营活动，才能保证饭店在迅速变化的经营环境中生存和发展，才能不断提高饭店的市场地位和竞争能力。

(二)市场观念

市场观念要求饭店经营管理人员必须面向市场、了解市场和开发市场，要把消费者需求作为整个饭店经营服务活动的出发点和落脚点。要以市场为中心，面向市场，密切注意市场的动态变化，牢固树立为用户服务的观念，使饭店的经营服务更好地满足顾客的需求。要以市场为中心，认真了解和把握市场，不仅调整和预测市场消费需求的变化；而且要了解竞争对手的技术、服务及管理水平，做到“知己知彼，百战不殆”。要以市场为中心，努力开发新市场和新需求，引导消费，确立在新市场中的有利竞争地位，取得较大的经济效益。

(三)竞争观念

市场经济的关键是竞争，而竞争的结果就是优胜劣汰。因此，饭店经营管理人员必须牢固树立竞争观念，正视竞争，放手竞争，善于竞争。饭店之间的竞争主要是服务质量的竞争、管理水平的竞争和人才素质的竞争。任何饭店要想在竞争中取胜，就必须正视竞争，拥有高质量的服务、高水平的管理和高素质的人才；就必须敢于竞争，具有紧迫感和危机感，在竞争中求得自身的生存和发展；就必须善于竞争，通过采取灵活的经营战略和策略，促进饭店经济效益的不断提高。

(四)风险观念

饭店的经营服务活动是直接面对消费者的，而消费者的需求和动机常常是无法预知且迅速变化的。因此，尽管饭店可以通过市场调查和预测，运用科学的决策理论和方法来对未来进行估计和判断，但仍然存在着一定的经营风险。因此，饭店管理人员应树立风险观念，明确经营风险存在的客观性，主动面向市场，及时捕捉各种经营信息，把握市场的变化和竞争态势，对面临的经营风险做到心中有数，从而减少或避免因经营风险造成的损失和影响。

(五)系统观念

饭店要面向市场，减少风险，竞争取胜，就必须树立系统观念，谋求饭店与外部经营环境的动态平衡发展；谋求饭店内部的整体协调。特别是目前我国处于建立社会主义市场经济体制过程中，饭店既要遵循市场经济规律要求，按照市场需求确定饭店的经营目标和计划；又要服从国家的宏观调控和指导，顾全国家经济发展的大局。对饭店之间，要从整个行业的利益出发，进行正常、合理的竞争，杜绝各种非法的、不正当的竞争手段。对饭店内部，则必须以饭店的经营目标为中心，用系统思想来统筹饭店的人力、财力、物力，使饭店的各种要素资源得到有效的配置和合理的利用，提高整个饭店的综合效益。

(六)服务观念

饭店是生产和销售以服务为主的无形产品的企业，其服务产品的生产、交换和消费具有同一性，因而决定了服务观念的重要性。服务观念的本质就是质量观念，其要求饭店必须针对消费者需求，提供高质量的服务。不仅饭店的前台人员要注重服务质量，而且饭店的后台员工，甚至管理人员都要十分重视服务质量和工作质量，使整个饭店员工都树立“一切为宾客服务”的观念，努力提高饭店的服务质量，树立饭店良好的社会形象。

(七)人才观念

饭店的优质服务取决于饭店的人才素质；饭店经营管理水平的提高，关键也在于各级管理人员的素质。因此，树立人才观念，不断提高饭店全体员工的素质和能力，不仅是饭店长期发展的重要内容，也是饭店在市场竞争中立于不败之地的根本保证。要提高饭店人才的素质和能力，一是要培养，二是要使用。要通过上岗培训、在职培训，形成饭店员工的终身教育体系，不断扩大职工的知识领域。同时要择优使用，用其所长，促使职工的才能得到不断的提高和发挥，从而建立一支高素质、高水平、能力强的饭店员工队伍。

(八)金融观念

饭店要进行商品生产和交换，自然就离不开资金、货币和银行；尤其饭店是涉外性较强的企业，还要涉及外汇兑换业务等，要求饭店经营管理人员必须树立金融观念，善于利用资金为饭店经营服务，树立金融观念。一是要有资金时间价值观念，加快资金的周转速度，提高资金利用效率；二是要树立借贷经营观念，善于“借鸡生蛋”，利用银行的贷款来进行经营，以适当的负债经营加快饭店的发展；三是要树立外汇风险观念，及时掌握汇率变化，有效地收取和利用外汇资金。

(九)效益观念

提高饭店的经济效益，是饭店经营思想的核心问题。饭店作为一个自负盈亏的独立性经营企业，在其经营管理中必须始终讲求经济效益，具有投入产出的观念。通过减少消耗、降低成本，努力获取较好的经济效益。同时，除了考虑饭店的经济效益外，还要注重饭店的社会效益，重视饭店对消费者的满足、对社会进步与发展的贡献，才能促使饭店获得长期稳定的经济效益。

(十)创新观念

创新是现代企业发展的动力。创新,就是要抓住市场机会,通过对饭店各种要素资源的重新配置和组合,建立效率更高、效能更强的经营体系。特别是随着饭店经营规模的扩大、经营服务项目的增加,如果没有创新,只会墨守以往的经营策略和管理,就会使饭店丧失魅力和活力;如果没有创新,只会模仿、照搬别人的做法,只会使饭店失去自己的特色。因此,富有活力的饭店,应该树立创新观念,不断开拓进取,才能使饭店在原有基础上进一步发展,并使其特色和风格不断突出,从而增加饭店的吸引力。

二、饭店经营战略

(一)饭店经营战略的概念

"战略"一词,原意是指对战争全局的谋划或指挥军队的艺术,后被引入工商企业经营中,对有关工商企业经营活动的谋划就称为经营战略。对于饭店来讲,所谓饭店经营战略,是指饭店为适应外部经营环境的变化,谋求长期的生存和发展,有效地利用饭店内部的资源,对饭店发展目标和达到目标的手段所进行的运筹谋划。饭店经营战略,是饭店经营思想的集中体现,是对饭店经营环境分析和对一系列战略决策的结果,也是制定饭店经营目标和计划的基础和依据。

饭店的经营战略,一般可分为总战略和分战略。总战略是指为了提高饭店的总体效益,对饭店在未来一定时期内的经营方向、经营领域和经营目标进行规划,并对饭店各种要素资源在各个经营单位中进行最佳配置和分配的战略。分战略是在总战略的指导下,对饭店各部门未来经营的目标及策略进行规划和安排的战略。总战略是饭店经营发展的"纲",是整个饭店经营活动的总目标;分战略是"目",是总战略在部门经营中的具体化。"纲举目张",不同类型的总体战略,必须有不同的分战略与之相适应,才能保证总体战略的实现。

饭店经营战略的确定,必须考虑以下几个关键要素。一是要考虑市场需求,明确饭店的市场定位和消费特点,根据市场和顾客需要确定饭店的经营方向、经营领域和目标;二是要考虑饭店的经营历史,充分尊重饭店在历史中所形成的经营特点和在行业中的地位,从而寻求有利于本饭店发展的有利的经营方向和经营领域;三是要考虑饭店的经营环境,明确饭店经营发展的可能机会和面临的威胁,根据社会需求及有利的环境条件,确定合理的经营领域;四是要考虑饭店拥有的资源条件及经营管理水平,紧密结合本饭店的实力、特长及综合优势来选择经营战略,以真正有效地实现饭店的目标。

(二)饭店经营战略

饭店经营战略内容丰富、形式多样,按管理层次可分为总战略和分战略;按经营态势可分为发展型战略、稳定型战略、紧缩型战略和组合型战略；按经营空间可分为国内经营战略和国际化经营战略；按经营性质可分为纵向发展战略、横向发展战略和多角化经营战略；按经营管理结构可分为经营发展战略、市场营销战略、生产发展战略、技术开发战略和资源开发战略等。下面从饭店的总体经营管理出发，对其经营战略进行介绍。

1.饭店发展型战略

饭店发展型战略又称成长型、进攻型战略，是以发展壮大饭店为基本导向，致力于使饭店在接待规模、资产、利润或新产品、服务开发等某一方面或几方面获得增长的战略。发展型战略是最普遍采用的饭店经营战略。发展型战略主要包括三种基本类型：一体化战略、密集型战略和多元化战略。

(1)一体化战略

一体化战略是指饭店对具有优势和增长潜力的产品或业务，沿其经营链条的纵向或横向扩大业务的深度和广度，以扩大经营规模，实现饭店增长。一体化战略按照业务拓展的方向可以分为纵向一体化战略和横向一体化战略。

纵向一体化战略。纵向一体化战略是指饭店沿着产品或业务链向前或向后，延伸和扩展饭店现有业务的战略。纵向一体化战略可以分为前向一体化战略和后向一体化战略。

横向一体化战略。横向一体化战略是指饭店收购、兼并或联合竞争饭店的战略。饭店采用横向一体化战略的主要目的是减少竞争压力、实现规模经济和增强自身实力以获取竞争优势。

(2)密集型战略

密集型战略，也称为加强型成长战略，是指饭店充分利用现有产品或服务的潜力，强化现有产品或服务竞争地位的战略。密集型成长战略主要包括三种类型：市场渗透战略、产品开发战略和市场开发战略（见图 4-1）。

		产品：现有的	产品：新的
市场	现有的	市场渗透	产品开发
市场	新的	市场开发	多元化

图 4-1　饭店成长矩阵

市场渗透战略主要针对现有产品和市场。市场渗透战略的基础是增加现有产品或服务的市场份额，或增长正在现有市场中经营的业务。它的目标是通过各种方法来增加产品的使用频率。例如，改进餐饮或客房服务、吸引竞争对手的顾客和新用户购买饭店的产品或服务。

产品开发战略主要针对新产品和现有市场。拥有特定细分市场、综合性不强的产品或服务范围窄小的饭店可能会采用这一战略。产品开发战略是通过改进或改变产品或服务以增加产品销售量的战略。产品开发战略有利于饭店利用现有产品的声誉和商标，吸引用户购买新产品。另外，产品开发战略是对现有产品进行改进，对现有市场较为了解，产品开发的针对性较强，因而较易取得成功。可采用多种方法来达成这个战略，例如，提供不同价格和不同风格的产品。该战略比较富有挑战性，这是因为它通常要求饭店致力于对产品进行强有力的研究和开发。这可能是由产品的本质或市场的需求决定的，例如消费者对供应商会实施潜在的压力，要求饭店在正常经营范围内提供丰富多样的产品或服务，这样便会促使饭店去开发新的产品。由于消费者有许多选择空间，饭店通常很难抵抗这种压力。

市场开发战略主要针对现有产品和新市场。市场开发战略是指将现有产品或服务打入新市场的战略。实施市场开发战略的主要途径包括开辟其他区域市场和细分市场。采用市场开发战略可能有几个原因：①饭店对新产品或服务的开发具有阻碍，因此希望能开发其他市场；②市场开发往往与新品开发结合在一起，例如，饭店在不同地区建立新的饭店，同时开发和提供适合当地文化的产品或服务；③现有市场或细分市场已经饱和，这可能会导致竞争对手去寻找新的市场。

(3)多元化战略

多元化战略指饭店进入与现有产品和市场不同的领域。饭店从擅长的领域退出可能需要进行激烈的思想斗争，但是安索夫认为，“在任何经营环境中，没有一家饭店可以认为自身能够不受产品过时和需求枯竭的影响”。这个观点得到了许多人的认同。由于战略变化是如此迅速，饭店必须持续地调查市场环境寻找多元化的机会。

当现有产品或市场不存在期望的增长空间时(例如受到地理条件限制、市场规模有限或竞争太过激烈)，饭店经常会考虑多元化战略。但是，有些人认为多元化从本质上来说是一个消极的战略，多元化总是在逃避某些问题。

2. 稳定型战略

又称为防御型战略、维持型战略。即饭店在战略方向上没有重大改变，在业务领域、市场地位和产销规模等方面基本保持现有状况，以安全经营为宗旨的战略。稳定型战略有利于降低饭店实施新战略的经营风险，减少资源重新配置的成本，为饭店创造一个加强内部管理和调整生产经营秩序的修整期，并有助于防止饭店过快发展。应用较为广泛的稳定型战略主要有如下三种：暂停战略、无变战略和维持利润战略。

(1)暂停战略。是指在一段时期内降低成长速度、巩固现有资源的临时战略。暂停战略主要适用于在未来不确定性产业中迅速成长的饭店，目的是避免出现继续实施原有战略导致饭店管理失控和资源紧张的局面。

(2)无变战略。是指不实行任何新举动的战略。无变战略适用于外部环境没有任何重大变化、本身具有合理盈利和稳定市场地位的饭店。

(3)维持利润战略。是指为了维持目前的利润水平而牺牲饭店未来成长的战略。很多情况下，当饭店面临不利的外部环境时，管理人员会采用减少投资、削减一些可控费用（如研发费用、广告费）等方式维持现有利润水平。维持利润战略只是一种度过困境的临时战略，对饭店持久竞争优势会产生不利影响。

总的来说，稳定型战略较适宜在短期内运用，长期实施则存在较大风险。这些风险主要包括：①稳定型战略的成功实施要求战略期内外部环境不发生重大变化，竞争格局和市场需求都基本保持稳定；②稳定型战略的长期实施容易导致饭店缺乏应对挑战和风险的能力。

3. 紧缩型战略

紧缩型战略，也称为撤退型战略，是指饭店因经营状况恶化而采取的缩小生产规模或取消某些业务的战略。采取紧缩型战略一般是因为饭店的部分产品或所有产品处于竞争劣势，以至于销售额下降、出现亏损等，从而采取的收缩或撤退措施，用以抵御外部环境压力，保存饭店实力，等待有利时机。紧缩型战略的目标侧重于改善饭店的现金流量，因此，一般都采用严格控制各项费用等方式度过危机。紧缩型战略也是一种带有过渡性质的临时战略。按照实现收缩目标的途径，可将收缩型战略划分为三种类型：扭转战略、剥离战略和清算战略。

(1)扭转战略。是指饭店采取缩小产销规模、削减成本费用、重组等方式来扭转销售和盈利下降趋势的战略。实施扭转战略，对饭店进行“瘦身”，有利于饭店整合资源，改进内部工作效率，加强独特竞争能力，是一种“以退为进”的战略。

(2)剥离战略。是指饭店出售或停止经营下属经营单位（如部分饭店或子饭店）的战略。实施剥离战略的目的是使饭店摆脱那些缺乏竞争优势、失去吸引力、不盈利、占用过多资金或与饭店其他活动不相适应的业务，以此来优化资源配置，使饭店将精力集中于优势领域。在某些情况下，饭店也通过实施剥离战略，为战略性收购或投资筹集资金。剥离战略适用于以下一些情形：①饭店已经采取了扭转战略而未见成效；②某下属经营单位维持现有竞争地位所需投入的资源超出了饭店现有能力；③某下属经营单位经营失败，从而影响了整个饭店的业绩;④饭店急需资金;⑤该业务在管理、市场、客户、价值观等方面与饭店其他业务难以融合。

但是,退出壁垒可能导致饭店难以从产品市场中退出或需付出代价才能从市场中退出:①成本方面的壁垒包括遣散费、租约及其他合同的解约罚金以及资产难以出售;②市场方面的考虑可能会使饭店推迟退出市场的时间。饭店可能亏本销售某样产品以吸引顾客购买其他产品,这样做可能会提高饭店的市场覆盖率;③由于饭店已经在某个项目上花了钱,管理者可能未能适当地运用沉没成本理念;④在心理方面,管理者不愿意承认失败,而且想避免退出市场产生的尴尬。

(3)清算战略。是指将饭店的全部资产出售,从而停止经营的战略。全清算战略是承认经营失败的战略,通常是在实行其他战略全部不成功时的被迫选择。尽管所有管理者都不希望进行清算,但及时清算可能要比继续经营,以致巨额亏损更为有利的一种选择。清算能够有序地将饭店资产最大限度地变现,并且股东能够主动参与决策,因而较破产更为有利。

4.饭店组合型战略

饭店的经营状况,特别是大型饭店往往十分复杂,有时并非整个饭店都处于经营良好或经营不善的状况,这时就要区别不同情况,灵活采用上述三种经营战略中的各种战略类型,有效地组合实施,从而提高整个饭店的经营效率和综合经济效益,促进饭店的发展。

第二节　饭店经营分析和预测

一、饭店经营环境分析

(一)饭店与经营环境的关系

饭店的经营环境,是指外部一切与饭店经营活动有关的事物。在市场经济条件下,饭店作为经营实体是一个开放系统,处于与环境不断输入、输出的动态发展中。其一切经营活动都与外部环境有着密切的联系,并受外部环境的作用和影响。首先,饭店要有效经营就必须从外部输入各种资金、人才、信息及物质产品;然后经过饭店的加工转换,再向外部输出饭店产品或服务,因而饭店的经营活动实质上是一种输入—转换—输出的活动,而这种活动离开了外部环境就无法进行。因此,经营环境不仅是饭店生存和发展的前提,也是饭店取得经济效益和社会效益的重要条件。

既然环境是饭店生存和发展的基础，那么饭店要想在环境中求得生存和发展壮大，就必须正确处理饭店与环境的关系。首先，饭店要适应环境的要求，因为环境是客观存在的。例如，饭店的服务项目要适应人们的消费需求，饭店产品的价格要与人们的收入支出水平相适应，否则饭店产品就没有市场和销路。其次，饭店不能只是被动地适应经营环境，必须变被动为主动，通过饭店的各种经营促销，改造环境，变不利的环境为有利的环境。再次，由于环境不仅影响饭店的经营，而且还影响着饭店经营管理人员和服务人员的价值观和行为，因此饭店必须认真研究经营环境，分析环境变化对饭店的影响，从而及早采取措施适应环境的变化，保证饭店在变化的经营环境中稳定地发展。

(二)饭店经营环境分析

饭店的经营环境一般分为两大类：一般宏观环境和行业环境。

1.一般宏观环境

一般宏观环境包括那些围绕在饭店周围的因素。以宏观环境会对饭店产生什么影响作为出发点来考虑问题是非常重要的。饭店必须适应周围的环境，即达到利益相关者的期望、让客户对产品及服务满意、有能力遵循所在社会的法律和道德准则的要求、成为对员工具有吸引力的企业等。宏观环境分析中的关键要素包括：政治和法律因素(Political Factors)；经济因素(Economic Factors)；社会和文化因素(Social Factors)；技术因素(Technological Factors)。

这四个因素的英文第一个字母组合起来是PEST，所以宏观环境分析也被称为PEST分析。一般宏观环境因素汇总见图4-2。

(1)政治和法律环境因素

政治和法律环境因素分析，是指饭店对其业务所涉及的国家或地区的政治体制、政治形势、方针政策以及法律法规等方面对于饭店战略的影响进行分析。

政治环境因素分析。具体来讲，政治环境因素分析包括以下四个方面：①饭店所在地区和国家的政局稳定状况；②政府行为对饭店的影响。政府如何拥有国家土地，自然资源(例如，森林、矿山、土地等)及其储备都会影响一些饭店战略；③执政党所持的态度和推行的基本政策(例如，产业政策、税收政策、进出口限制等)，以及这些政策的连续性和稳定性。政府要通过各种法律、政策及其他一些旨在保护消费者、保护环境、调整产业结构与引导投资方向等措施来推行政策；④各政治利益集团对饭店活动产生的影响。一方面，这些集团通过议员或代表来发挥自己的影响，政府的决策会去适应这些力量；另一方面，这些集团也可以对饭店施加影响，例如诉诸法律、利用传播媒介等。

法律环境因素分析。法律是政府管理饭店的一种手段。一些政治因素对饭

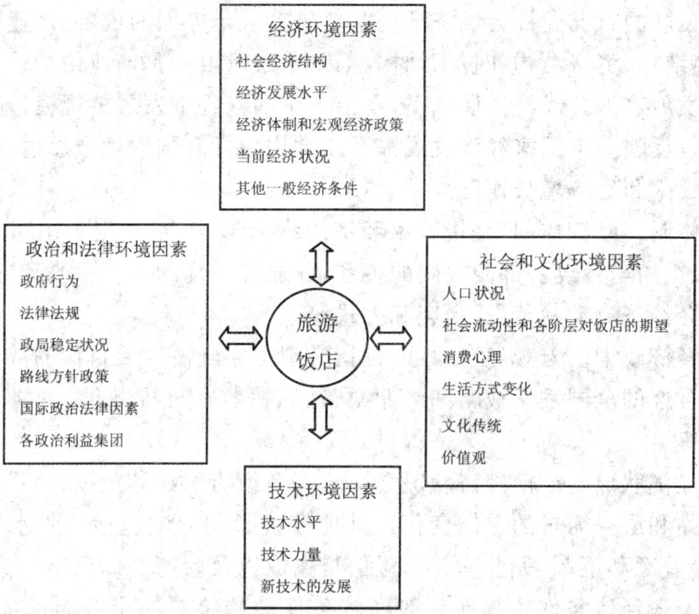

图 4-2 一般宏观环境因素汇总

店行为有直接的影响,但一般来说,政府主要是通过制定法律法规来间接影响饭店的活动。影响饭店战略性决策的法律法规有很多。全球的大部分国家,已经成为或正在成为受监管的经济体。

国家司法执法机关。在我国主要有人民法院、人民检察院、公安机关以及各种行政执法机关。与饭店关系较为密切的行政执法机关有工商行政管理机关、税务机关、物价机关、计量管理机关、技术质量监督机关、专利管理机关、环境保护管理机关、政府审计机关等。此外,还有一些临时性的行政执法机关,例如各级政府的财政、税收、物价检查组织等。

饭店的法律意识。饭店的法律意识是饭店的法律观和法律思想的总称,是饭店对法律制度的认识和评价。饭店的法律意识,最终都会物化为一定性质的法律行为,并造成一定的行为后果,从而构成每个饭店不得不面对的法律环境。

国际法所规定的国际法律环境和目标国的国内法律环境。

(2)经济环境因素

饭店的经济环境主要由社会经济结构、经济发展水平、经济体制、宏观经济政策、当前经济状况和其他一般经济条件等六个要素构成。

社会经济结构。社会经济结构,是指国民经济中不同的经济成分、不同的产业部门以及社会再生产各方面在组成国民经济整体时相互的适应性、量的比例以及排列关联的状况。社会经济结构主要包括五个方面的内容:产业结构、分配结构、交换结构、消费结构和技术结构。其中,最重要的是产业结构。

经济发展水平。经济发展水平,是指一个国家经济发展的规模、速度和所达到的水平。反映一个国家经济发展水平的常用指标有国内生产总值、国民收入、人均国民收入和经济增长速度。

经济体制。经济体制,是指国家经济组织的形式,它规定了国家与饭店、饭店与饭店、饭店与各经济部门之间的关系,并通过一定的管理手段和方法来调控或影响社会经济流动的范围、内容和方式等。

宏观经济政策。宏观经济政策,是指实现国家经济发展目标的战略与策略,它包括综合性的全国发展战略和产业政策、国民收入分配政策、价格政策、物资流通政策等。

当前经济状况。当前经济状况会影响一个饭店的财务业绩。经济的增长率取决于商品和服务需求的总体变化。其他经济影响因素包括税收水平、通货膨胀率、贸易差额和汇率、失业率、利率、信贷投放以及政府补助等。

其他一般经济条件。其他一般经济条件和趋势对一个饭店的成功也很重要。工资、供应商及竞争对手的价格变化以及政府政策,会影响产品的生产成本和服务的提供成本以及它们被出售的市场的情况。这些经济因素可能会导致行业内产生竞争,或将公司从市场中淘汰出去,也可能会延长产品寿命、鼓励饭店用自动化取代人工、促进外商投资或引入本土投资、使强劲的市场变弱或使安全的市场变得具有风险。

(3)社会和文化环境因素

社会和文化环境因素的范围甚广,它们主要包括人口状况、社会流动性、消费心理、生活方式变化、文化传统和价值观等。

人口状况。人口状况包括饭店所在地居民的地理分布及密度、年龄、教育水平、国籍等。大型饭店通常会利用人口统计数据来进行客户定位,并用于研究应如何开发产品。人口因素对饭店战略的制定具有重大影响。例如,人口总数直接影响着社会生产总规模;人口的地理分布影响着饭店的选址;人口的性别比例和年龄结构在一定程度上决定了社会的需求结构,进而影响社会供给结构和饭店产品与服务结构;人口的教育文化水平直接影响着饭店的人力资源状况;家庭户数及其结构的变化与饭店服务的需求和变化趋势密切相关,因而也就影响到饭店服务的规模等。对人口因素的分析可以使用以下一些变量:结婚率、离婚率、出生率和死亡率、人口的平均寿命、人口的年龄和地区分布、人口在民族和性别上的比例、地区人口在教育水平和生活方式上的差异等。例如,在日本,人们的寿命较长,而出生率下降,从而导致人口老化,这一点会对饭店或饭店计划提供的产品与服务类型产生显著影响。

社会流动性。社会流动性主要涉及社会的分层情况、各阶层之间的差异以及人们是否可在各阶层之间转换、人口内部各群体的规模、财富及其构成的变化以及不同区域(城市、郊区及农村地区)的人口分布等。

不同阶层对饭店的期望也有差异。例如,饭店员工评价战略的标准是工资收益、福利待遇等,而消费者则主要关心产品价格、产品质量、服务态度等。

消费心理。消费心理对饭店战略也会产生影响。例如,一部分顾客的消费心理是在消费过程中追求有新鲜感的产品多于满足其实际需要,因此,饭店应有不同的产品类型以满足不同顾客的需求。

生活方式变化。生活方式变化主要包括当前及新兴的生活方式与时尚。文化问题反映了一个事实,即国际交流使社会变得更加多元化、外部影响更加开放时,人们对物质的要求会越来越高。随着物质需求的提高,人们对社交、自尊、求知、审美的需要更加强烈,这也是饭店面临的挑战之一。

文化传统。文化传统是一个国家或地区在较长历史时期内形成的一种社会习惯,它是影响经济活动的一个重要因素。例如,中国的春节,西方的圣诞节就为饭店行业带来商机。

价值观。价值观,是指社会公众评价各种行为的观念标准。不同的国家和地区人们的价值观各有差异,例如,西方国家的个人主义较强,而日本的饭店则注重内部关系融洽。

以上所提及的因素会对饭店制定营销、促销、开展业务和管理内部资源的战略产生影响。例如,一家饭店应当了解伊斯兰国家的宗教背景、某个地区人们的偏好或哪些食品不大会被人们所接受。再如,进行产品促销时,比较能令人接受的是采取较为保守的方式,并且应确定所在国家和地区是否存在一种广泛使用的开展业务方式,包括谈判的惯例、交往的习惯等。

(4)技术环境因素

市场或行业内部和外部的技术趋势和事件也会对饭店战略产生重大影响。某个特定行业内的技术水平在很大程度上决定了应生产哪种产品或提供哪种服务、应使用哪些设备以及应如何进行经营管理。

技术环境对战略所产生的影响包括以下几个方面:

①基本技术的进步使饭店能对市场及客户进行更有效的分析。例如,使用数据库或自动化系统来获取数据,能够更加准确地进行分析;

②新技术的出现使社会和新兴行业对本行业产品或服务的需求增加,从而使饭店可以扩大经营范围或开辟新的市场;

③技术进步可创造竞争优势。例如,技术进步可令饭店利用新的生产方法,

在不增加成本的情况下，提供更优质和更高性能的产品或服务；

④技术进步可导致现有产品被淘汰，或大大缩短产品的生命周期；

⑤新技术的发展使饭店可更多关注环境保护，饭店的社会责任及可持续成长问题，也使生产越来越多地依赖于科技的进步。

2. 行业环境

所谓行业，是指其产品具有主要的共同特征的一大批企业或企业群体。对处于同一行业内的企业都会发生影响的环境因素的集合就是行业环境。

(1)行业生命周期

每个行业都会经历一个对行业的当前业绩和未来前景产生影响的生命周期。大多数行业都会经历一个与产品生命周期相似的生命周期，即起步期、成长期、成熟期和衰退期(如图 4-3 所示)。但是，许多行业往往会通过使用新技术而得以更新或再成长，而不会像某些特定产品或服务那样走向衰退。在制定饭店战略时，了解行业所处的生命周期属于哪个阶段是非常重要的一个考虑因素。判断行业所处生命周期阶段的主要指标有：市场份额、需求增长率、产品品种、竞争者数量等。

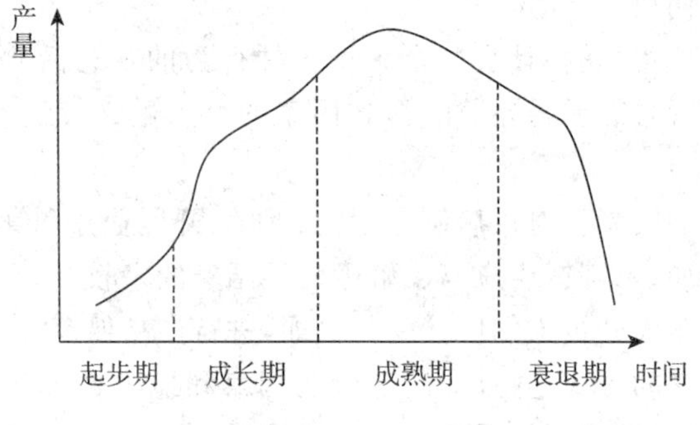

图 4-3 行业生命周期

(2)波特的五力模型

迈克尔·波特提出了最具影响力的战略分析模型——五力模型，用以确定饭店在行业中的竞争优势和行业可能达到的最终资本回报率(如图 4-4 所示)。这五力分别是：①行业新进入者的威胁；②供应商的议价能力；③购买商的议价能力；④替代产品的威胁；⑤同业竞争者的竞争强度。波特认为，这五种竞争驱动力决定了饭店的最终盈利能力。

行业新进入者的威胁。新进入者越容易进入行业市场，当前行业的获利能力就越容易被削弱。新进入行业的饭店会对现有的竞争者构成威胁，削弱现有饭店产生理想财务回报率的能力，分割市场份额并激化市场竞争。新进入者通

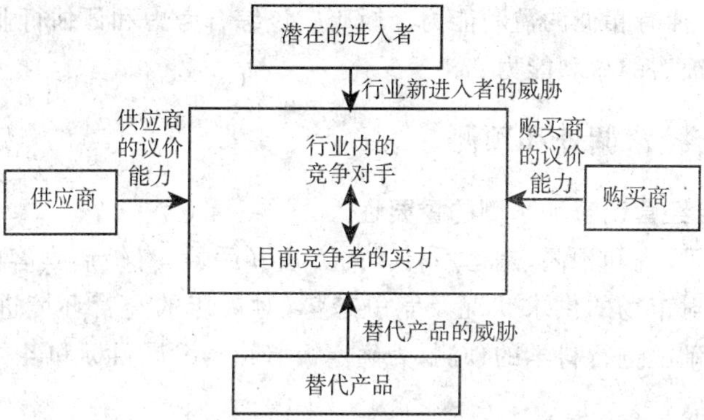

图 4-4　波特的五力模型图

常会采取降低产品价格、引入有特色的新产品或提高服务质量等策略来赢得市场份额。新进入者的威胁力度和数量很大程度上取决于各种进入壁垒的高度。

供应商的议价能力。供应商，是指那些向饭店提供产品或服务的企业、群体或个人，也包括劳动力和资本的供应商。供货商的威胁手段有两类：一是提高供应价格；二是降低供应产品或服务的质量。这些手段会令饭店的利润下降。

购买商的议价能力。购买商是指饭店的客户或客户群，包括饭店的客户和寻求低成本以提高其自身利润或获取更好货源的分销商，希望为其消费者获得更多好处的政府机构或其他非营利性组织，或希望以较低价格买入优质产品的个人消费者。购买商可能会要求降低产品价格，提高产品质量和获得更多的优质服务，其结果是使饭店行业竞争更加激烈，导致行业利润下降。

替代产品的威胁。替代产品，是指可由其他企业生产的产品或提供的服务，它们具有的功能大致与现有产品或服务的功能相似，可满足消费者同样的需求。购买商所面临的替代产品越多，其议价能力就越强。因此，替代产品通过以下方面来影响饭店行业的盈利性：设置价格上限（因为消费者可能轻易地转而购买可满足其相同需求的其他替代产品）、改变需求量和迫使饭店投入更多资金并提高服务质量。

同业竞争者的竞争强度。同业竞争者的竞争强度，是指饭店行业现有竞争者之间的竞争程度。一个饭店的行为可能会引来另一个竞争对手采取相应的行为。竞争亦会令饭店看到其需要改善地位的机会，以增强自身的竞争力。

总之，可以使用五力模型来识别影响饭店的关键因素，从而确定可获得的机会和应考虑的威胁。在一个理想市场中，供应商及客户的议价能力低、无替代产品、进人壁垒高、竞争者之间的竞争程度弱，则很容易赚取利润。这种理想的状况可带来较高的行业盈利能力。但是，行业的高盈利能力并不意味着行业中所有的饭店都会拥有相似的盈利能力。饭店应该综合考虑和评估行业盈利能力之后,才能评估饭店的盈利能力。

二、饭店经营调查和预测

(一)饭店经营调查和预测的重要性

饭店经营调查和预测,是运用科学的方法和手段,对饭店宾客的需求、动机及消费行为,对市场的供求状况及竞争态势,对饭店的经营环境进行调查和分析,并在此基础上进行科学的预测,为确定饭店经营发展目标和各种实施方案提供科学的依据。

饭店经营调查和预测的内容非常广泛,凡是与饭店经营方面有关的情况都应该调查和预测。但从我国饭店的经营实际出发,应重视以下方面的调查和预测:一是客源市场调查和预测,包括客源结构、客源增长状况、宾客需求和动机、宾客消费行为与特点等;二是供给市场调查和预测,包括饭店数和床位数,服务项目,竞争状况,饭店等级及特点等;三是销售活动调查和预测,包括销售策略、销售方式、促销活动、广告效果、销售费用等;四是对宏观经营环境的调查和预测,包括国家的政策、经济发展态势,同类饭店经营动态,旅游市场变化等。

饭店经营调查和预测对于饭店的经营发展十分重要,具体表现在以下几方面。

1. 通过经营调查和预测,有利于掌握旅游市场需求变化动态,有利于把握消费者的消费特点和趋势,从而合理配置饭店资源,选择合适的服务项目和产品,更好地满足市场需要,吸引更多的消费者。

2. 通过经营调查和预测,有利于收集各种信息资料和经营环境的变化态势,从而为饭店搞好经营决策、制订经营计划提供依据。同时,饭店也可以根据调查的信息和预测的结果,及时调整饭店的经营方向、服务项目,保持饭店的市场竞争地位和经营发展的稳定性,减少经营风险。

3. 通过经营调查和预测,有利于促进饭店不断改善服务质量和经营管理,提高饭店的经济效益。同时,针对旅游市场和消费者的变化特点和趋势,采取合适的对策和措施,有效地开拓和巩固饭店的客源市场,促进饭店的健康发展。

(二)饭店经营调查方法

饭店经营调查的方法很多,比较常用的方法有统计调查法、专家调查法和宾客调查法三种。

1. 统计调查法

饭店统计调查,是根据饭店经营调查目的,运用科学的方法,有计划地收集饭店有关信息资料的方法。饭店统计调查有很多类型,按照统计调查的范围可分为全面调查和抽样调查;按照统计调查的组织方式可分为统计报表制度和专门调查;按照统计调查的时间要求可分为经常调查和定时调查;按照统计调查的对象可分为一般调查、重点调查和典型调查;按照统计调查的技术可分为随机抽样调查和非随机抽样调查。下面重点介绍抽样调查。

抽样调查是饭店经营调查中普遍采用的一种调查方法,是根据数学中的概率和数理统计理论,按照随机原则,从调查的总体对象中抽取一定数量的样本,进行分析研究,从而推断所调查总体对象状况的方法。其具体调查程序如图 4-5 所示。

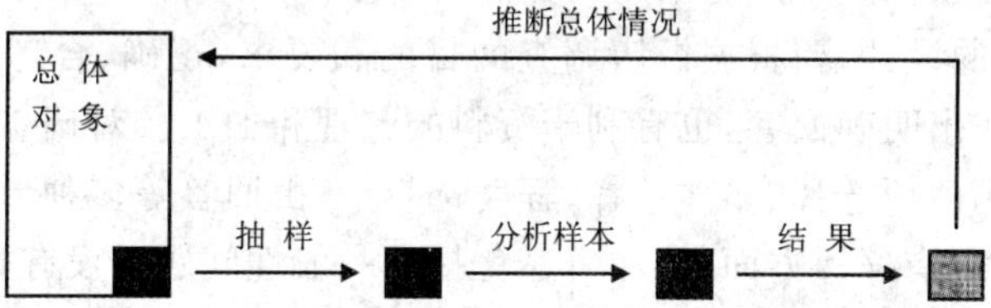

图 4-5　抽样调查方法

由于抽样调查方法是以样本的数值来推断总体对象的数值,因而就会产生抽样误差,就要通过计算抽样误差值来进行调整和控制。抽样调查的计算公式如下:

设:　　X_i——每一个样本数值

N—— 样本数

X—— 样本平均数

S—— 标准差

则:

$$\overline{X}=\frac{\sum_{i=1}^{n}X_i}{n}$$

$$S=\sqrt{\frac{\sum_{i=1}^{n}(X_i-\overline{X})}{n-1}}$$

2.专家调查法

专家调查法是利用专家的经验、知识和判断能力,对饭店经营现状、特点及未来发展趋势作出判断的调查方法。由于这种方法使用简便、直观,并具有相当的准确性,因而在饭店经营调查中得到广泛的使用。

专家调查法常用的方式有两种,即个别意见法和集体意见法。前者是选择一定数量的专家进行个别的咨询调查,然后将调查意见综合整理,再反馈给各个专家征询意见，如此反复几次，得出较一致的结论。后者是把一定数量的专家集中在一起座谈讨论、互相交流，通过专家们的集思广益、取长补短，集中各种意见，得到较一致的调查结论。由于上述方法都容易受专家的主观看法所影响，可采取定性意见定量化的方法，采用主观概率法进行加权修正，使专家调查的结果更准确，更符合客观实际。

3.宾客调查法

宾客调查法是通过调查问卷，对宾客的年龄、性别、职业、旅游目的、旅游动机、客源国、旅游方式、消费水平，对饭店服务质量的评价等方面进行调查的方法，也是饭店经营调查中广泛采用的方法。

调查问卷的设计，要根据饭店调查的目的和要求，正确、合理地设计调查问题，便于宾客作出明确回答，也有利于资料的整理和加工。对调查问卷回答问题的形式，可采用两项选择、多项选择、程度选择、自由回答等多种形式。在问题的排列、询问语气、措辞等方面，要注意避免提出一般性问题而没有重点；要避免用含糊或笼统的询问；要避免用引导性或暗示性询问而造成调查的偏差；要避免提出困窘性问题而令宾客不愿意回答，等等。宾客调查法范例见表 4-1。

表 4-1　宾客意见调查表

亲爱的嘉宾：

感谢您下榻我们饭店，希望您在此度过舒适、美好的时光。

我们的目标是不断为宾客提供高水准的服务和设施。

阁下，我们尊贵的嘉宾，您的意见将很有价值，若您能花上一点时间填完此表，我们将不胜感激！

请将本表投放在接待处的木箱内。

阁下所提意见将有助于我们保持饭店的高水平。

××饭店

一、阁下对我们饭店的总体印象如何评价？

很好	好	满意	差	很差
□	□	□	□	□

二、阁下对我们饭店的服务如何评价？

	很好	好	满意	差	很差
态度友善	□	□	□	□	□
乐于助人	□	□	□	□	□
殷勤及时	□	□	□	□	□
服务效率	□	□	□	□	□
技巧娴熟	□	□	□	□	□

续表

三、请评价以下栏目：

(一)您的房间

	很好	好	满意	差	很差
物有所值	□	□	□	□	□
室内布置	□	□	□	□	□
家具陈设	□	□	□	□	□
清洁卫生	□	□	□	□	□
设施功能	□	□	□	□	□
浴室状况	□	□	□	□	□

(二)餐厅

	很好	好	满意	差	很差
食品质量	□	□	□	□	□
物有所值	□	□	□	□	□
服务质量	□	□	□	□	□
总体印象	□	□	□	□	□

	早餐	午餐	晚餐
阁下用过：	□	□	□

(三)酒吧

	很好	好	满意	差	很差
总体印象	□	□	□	□	□
饮品质量	□	□	□	□	□
物有所值	□	□	□	□	□
服务质量	□	□	□	□	□

阁下去过的酒吧：____________

(四)总台/接待处

	很好	好	满意	差	很差
入住登记	□	□	□	□	□
结账离店	□	□	□	□	□
工作效率	□	□	□	□	□
态度友善	□	□	□	□	□

(五)会议设施

	很好	好	满意	差	很差
舒适程度	□	□	□	□	□
照明效果	□	□	□	□	□
环境温度	□	□	□	□	□
服务质量	□	□	□	□	□

续表

(六)饭店外观

	很好	好	满意	差	很差
建筑外貌	□	□	□	□	□
大堂布置	□	□	□	□	□
公共区域	□	□	□	□	□

四、阁下是否使用过饭店的娱乐设施?

是 □　　否 □

五、阁下去年是否住过本店?

是 □　　否 □

六、如果阁下故地重游,还愿意再住本店吗?

是 □　　否 □

七、阁下选择本饭店最重要的因素是:

地理位置	服务水准	员工友善	娱乐设施	饭店总水准	非主动因素	其他
□	□	□	□	□	□	□

八、如果阁下能留下宝贵的评语,我们将非常感激(请写在以下空格内)!

先生/太太/小姐

姓氏____________________

公司____________________

地址____________________

国家____________________

房号____________________　　到达日期____________________

住房目的:商务□　　闲暇□　　会议□

请将此表投入接待处的木箱内。

谢谢合作!

(三)饭店经营预测方法

饭店经营预测的方法很多,通常分为两大类型。一类是定性预测法,是由熟悉饭店经营业务知识,具有丰富实践经验和综合分析判断能力的人员,根据已掌握的历史资料和现状情况,运用自己的知识、经验和能力,对饭店经营环境变化和经营发展趋势作出预测的方法,其具体又有专家意见法、经理意见法、宾客意见法和综合意见法等。另一类是定量预测法,是运用一定的数学分析方法,对各种经营信息资料进行加工处理,来推断饭店经营发展趋势的方法,其具体又有移动平均法、加权平均法、回归预测法、相关预测法,等等。下面主要介绍几种常用的定量预测方法。

1. 移动平均法

移动平均法是根据过去的历史数据,按照时间序列进行推移,逐次计算连续平均数和变动趋势,从而预测饭店未来经营发展趋势的方法。

表 4-2　趋势预测表　　单位:元

月份	营业额	五期平均数	变动趋势	四期平均发展趋势
2005年1月	330000			
2005年2月	340000			
2005年3月	370000	358000		
2005年4月	340000	380000	22000	
2005年5月	410000	412000	32000	
2005年6月	440000	430000	18000	24500
2005年7月	500000	456000	26000	24500
2005年8月	460000	478000	22000	17000
2005年9月	470000	480000	2000	15000
2005年10月	520000	490000	10000	
2005年11月	450000			
2005年12月	550000			
2006年1月	535000			

【例 1】某饭店餐厅 2005 年 1～12 月份营业额的情况如表 4-2,采用移动平均法预测 2006 年 1 月份餐厅的营业额。

第一步:按照下述公式,计算相邻 5 个月的平均营业额。

$$\overline{X} = \frac{\sum_{i=1}^{n} X_i}{n}$$

$$\overline{X}_1 = \frac{330000 + 340000 + 370000 + 340000 + 410000}{5} = 358000$$

$$\overline{X}_2 = \frac{340000 + 370000 + 340000 + 410000 + 440000}{5} = 380000$$

依此类推,求出 $\overline{X}_1$ 至 $\overline{X}_8$ 的平均营业额,并填入表中。

第二步:计算相邻两个平均数的变动趋势 R 和相邻四期的平均发展趋势。

$$R_1 = \overline{X}_{i+1} - \overline{X}_i$$

$$\overline{R} = \frac{\sum_{i=1}^{n} R_i}{n}$$

$$R_1 = \overline{X}_2 - \overline{X}_1 = 380000 - 358000 = 22000$$

$$R_2 = \overline{X}_3 - \overline{X}_2 = 412000 - 380000 = 32000$$

$$\overline{R}_1 = \frac{22000 + 32000 + 18000 + 26000}{4} = 24500$$

$$\overline{R}_2 = \frac{32000 + 18000 + 26000 + 22000}{4} = 24500$$

第三步:预测 2006 年 1 月份的餐厅营业额。

$$X_{n+1} = \overline{X}_n + n\overline{R}_{n-2} \qquad \text{(n 为预测期距的月数)}$$

$$X_{n+1} = 490000 + 3 \times 15000 = 535000(\text{元})$$

2.加权平均法

加权平均法是通过加权数对历史数据进行修正,从而反映未来经营变动趋势的方法。其计算公式如下:

设:f_i——权数　　P_i——权数概率

则:$\overline{X} = \frac{\sum_{i=1}^{n} f_i X_i}{\sum_{i=1}^{n} f_i}$　或　$\overline{X} = \sum_{i=1}^{n} P_i X_i$　　$(0 \leqslant P_i \leqslant 1)$

【例 2】设例 1 中 8 月到 12 月的权数概率分别为 0.1,0.1,0.2,0.2,0.4,用加权平均法预测 2006 年 1 月的餐厅营业额。

$\overline{X} = 460000 \times 0.1 + 470000 \times 0.1 + 520000 \times 0.2 + 450000 \times 0.2 + 55000 \times 0.4 = 507000$(元)

3.回归预测法

回归预测法是根据具有线性变动的历史数据,运用最小平方法进行趋势预测的方法。其方程和计算公式如下:

设:$\hat{Y}_i$ —— i 期预测值

　　t_i—— i 时期

则:$\hat{Y}_i = a + bt$

$$a = \frac{\sum_{i=1}^{n} Y_i}{n} \qquad b = \frac{\sum_{i=1}^{n} Y_i t_i}{\sum_{i=1}^{n} t_i^2}$$

【例 3】以前例数据为基础,先计算有关计算数值,求出 a,b 参数,然后计算出预测值,并计算标准差,以 95.5%的把握确定预算控制范围。

第一步:列表计算 $\sum Y_i$, $\sum Y_i t_i$, t^2 , a 和 b 等值(见表 4-3);

因为: $a=\frac{\sum_{i=1}^{n} Y_i}{n}=\frac{518}{12}=43.17$

$$b=\frac{\sum_{i=1}^{n} Y_i t_i}{\sum_{i=1}^{n} t_i^2}=\frac{532}{572}=0.93$$

所以: $\hat{Y}_i=43.17+0.93t_i$

表 4-3　回归计算表

月份(2005 年)	营业额(万元 Yi)	t_i	t_i^2	$Y_i t_i$	$\hat{Y}_i$	$\hat{Y}_i - Y_i$	$(\hat{Y}_i - Y_i)^2$
1	33	−11	121	−363	32.9	−0.1	0.01
2	34	−9	81	−306	34.8	0.8	0.64
3	37	−7	49	−259	36.7	−0.3	0.09
4	34	−5	25	−170	38.5	4.5	20.25
5	41	−3	9	−123	40.4	−0.6	0.36
6	44	−1	1	−44	42.2	−1.8	3.24
7	50	1	1	50	44.1	−5.9	34.81
8	46	3	9	138	46.0	0	0
9	47	5	25	235	47.8	0.8	0.64
10	52	7	49	364	49.7	−2.3	5.29
11	45	9	81	405	51.5	6.5	42.25
12	55	11	121	605	53.4	−1.6	2.56
Σ	518	0	572	532	—	—	110.14

第二步:根据预测方程计算各年预测值 $\hat{Y}_i$,并预测 2006 年 1 月份的预测值。

2005 年 1 月份: $\hat{Y}_1=43.17+0.93\times(-11)\approx 32.9$(万元)

……

2006 年 1 月份: $\hat{Y}_{13}=43.17+0.93\times 13\approx 55.3$(万元)

第三步:根据下述公式,求出标准差作为预测值的控制范围。

设: σ——标准差

则: $\sigma=\sqrt{\frac{\sum_{i=1}^{n}(\hat{Y}_i-Y_i)^2}{n}}=\sqrt{\frac{110.14}{12}}=3.46$

于是,2006 年 1 月份该饭店餐厅营业收入大约在以下预测范围之内:

$$\hat{Y}_i \pm 2\sigma = 55.3 \pm 3.46 \approx 48.38 \sim 62.22(万元)$$

4. 相关预测法

相关预测法是通过分析互有关联影响的两个因素或多个因素,并通过某一个或多个因素来预测另外一个目标值变化的方法。通常采用的有一元相关预测和多元相关预测。

一元相关预测法的预测方程和公式如下:

设:$\hat{Y}_i$ —— 预测值

X_i——相关因素

a, b——预测参数

则:$\hat{Y}_i = a + bX_i$

$$a = \frac{\sum_{i=1}^{n} Y_i}{n} \qquad b = \frac{\sum_{i=1}^{n} Y_i X_i}{\sum_{i=1}^{n} X_i^2}$$

第三节　饭店经营决策

一、饭店经营决策分类

(一)饭店经营决策的重要性

决策,是人们为了达到一定目标而从多个可行方案中选择最佳方案的活动过程。决策问题普遍存在于饭店的日常经营活动之中,是每个经营管理者面临的经常性问题。现代管理理论认为,“管理的重点在经营,而经营的关键是决策”。任何一个饭店,要想富有效率地进行经营活动,就必须在经营调查和预测的基础上,对饭店的经营方向、经营目标及各种经营问题作出科学的决策。如果经营决策正确,就会引导饭店沿着正确的方向发展,不断提高饭店的经济效益;如果经营决策失误,必然会给饭店的经营活动造成不良影响,甚至使饭店遭受极大的损失。因此,必须运用科学的方法,对饭店的一切经营活动作出科学、正确的决策。

(二)饭店经营决策的类型

经营决策贯穿于饭店经营管理的全过程和各个方面,内容非常多且广泛。

具体讲，饭店经营决策可以分为以下类型。

1. 按经营决策的职能可以分为战略决策、管理决策和业务决策

战略决策，是关系到饭店全局性、长远发展方面的决策，如饭店的经营方向、经营目标、市场开发、项目投资决策等。管理决策，是为了实施饭店经营战略和目标，而对饭店各种人力、财力、物力、信息等资源进行优化配置，合理组织经营服务活动的决策。业务决策，是指对饭店各种日常经营活动及管理中的具体问题作出的决策，如前厅服务、客房管理、餐厅经营等方面的决策。

2. 按经营决策的性质可分为程序性决策和非程序性决策

程序性决策，是对饭店日常不断重复的经营活动和管理工作的决策。由于这类经营活动和管理工作是不断重复进行，且有固定的工作程序和原则，因而可以采用程序化方法进行决策。非程序性决策，是对饭店所面临的一些新的经营管理问题的决策。由于这些新问题不经常出现，因而必须根据问题的性质、经营环境变化及客观要求来作出决策。

3. 按经营决策的条件可分为确定型决策、风险型决策和不确定型决策

确定型决策，是指各种饭店经营决策的影响因素及条件为已知情况下的决策。风险型决策，又称为随机决策，是指各种饭店经营决策的影响因素和条件是变化的，并有一定的随机性，若决策不当就会出现较大风险的决策。不确定型决策，是指各种饭店经营决策的影响因素及条件均不确定情况下的决策，因而决策时只能考虑在可能情况下作出最佳的决策。

二、饭店经营决策程序

科学的决策必须遵循科学的决策程序，而科学的决策程序一般包括五个步骤，即分析问题、确定目标、提出方案、比较选择和实施反馈。

(一)分析问题

一项好的、科学的决策有赖于准确地把握问题。许多饭店经营人员决策失误的重要原因之一，就是没有把确切的经营问题找出来。即使饭店的经营很顺利，也不能放松注意力而认为没有什么问题 。事实上，任何时候经营中都存在大量的问题，而经营管理人员的首要职责，就是要在各种表象中发现问题，抓住关键，为科学的决策提供确切的前提。

(二)确定目标

确定目标首先取决于寻找确切的问题，同时也要充分考虑决策的各种限制因素和预期的要求。尤其是饭店经营发展目标，必须充分考虑发展的机会和现实的条件，使决策目标既先进又可行。因此，为了确定正确的经营决策目标，必须对饭店的经营环境进行全面的调查分析，对未来发展的态势作出正确的预测，

才能确定正确的决策目标和要求。

(三)提出方案

提出方案,就是针对饭店经营中的问题,根据饭店决策的目标和要求,拟定多个实现决策目标的可行方案,以便从中选择最佳方案。决策方案的提出,既要勇于创新、敢于探索,又要注意决策方案的可行性研究,切实保证方案的可行度。按照饭店经营和发展的实际,对决策方案要进行整体性评价,力求做到所拟方案在经营中可行、技术上先进、经济上合理,并具有明确的定量指标和要求。

(四)比较选择

对提出的决策方案,要按照决策目标和要求,在充分考虑饭店的内部条件和外部环境变化的基础上,进行比较和评价,从中选择最有效的达到饭店经营目标的方案。在对各个可行方案进行比较时,要重视从定量分析和定性研究的比较分析中,选出最佳方案。

(五)实施反馈

一个好的决策方案,必须尽快付诸实施。因为,任何好的决策方案都是在一定条件下提出的,并相对于一定的环境和条件是最佳的。如果环境和条件发生了变化,则决策方案的最佳性也会随之改变。因此,对饭店各种经营问题的决策方案,一旦确定就应立即付诸实施。并在实施过程中,及时将实施情况及有关问题反馈给相应的决策部门和决策者,以便采取有效的措施和方法,保证决策方案的顺利贯彻和实施。

三、饭店经营决策方法

饭店经营决策方法可分为两大类。一类是主观决策法,又称为决策软技术,是指在经营决策中主要利用人们(特别是专家)的学识、经验和能力,根据饭店的经营状况及有关信息资料,对决策目标、决策方案进行评价和选择。另一类是计量决策法,又称为决策硬技术,是运用数学知识,建立数学模型,然后计算求解,选择最佳方案。在饭店的具体经营决策中,往往同时采用两种方法,对有关饭店经营问题进行科学、合理的决策。下面主要介绍几种饭店经营决策中常用的方法。

(一)盈亏平衡分析法

盈亏平衡分析法,又称为本—量—利分析法,是根据成本、产量、利润之间的内在联系,对饭店的经营活动进行有效决策的方法。

盈亏平衡分析法,将饭店的经营成本划分为固定成本和变动成本。固定成本,是指在一定的经营条件下,饭店的成本中不受营业额增减变化影响而固定不变的成本,如饭店的折旧费、员工工资、促销费用等。变动成本,是指在一定经营条件下，饭店成本中随营业额增减变化而相应变化的成本，如饭店的易耗品、餐饮原材料等。固定成本和变动成本合计，就是饭店的总成本。

根据盈亏平衡分析方法中饭店经营成本的特性，饭店盈亏平衡点的计算公式如下：

设：S_0—— 盈亏平衡点营业额

F—— 固定成本

V—— 变动成本

S—— 营业收入

则：$S_0 = \dfrac{F}{1-\dfrac{V}{S}}$

【例 4】已知某饭店餐厅的年营业额为 105 万元，年固定成本 16 万元，年变动成本 35 万元，试计算该餐厅的盈亏平衡点营业额。

$$S_0 = \frac{16}{1-\frac{35}{105}} = \frac{16}{0.6667} = 24(\text{万元})$$

运用盈亏平衡分析方法，还可以对饭店的目标利润的销售额、价格和成本作出决策，对达到一定营业额的利润作出预测。如本例：

$$P(\text{利润}) = S_0(1-\frac{V}{S}) - F = 54(\text{万元})$$

(二)边际决策法

边际决策法，是运用经济学中的边际分析方法，通过边际收益等于边际成本的利润最大化原则，对饭店的经营活动进行科学决策的方法。

边际收益(MR)，是指饭店每增加或减少销售一单位饭店服务产品所带来的总收益(TR)的变动额，也就是总收益的一阶导数。边际成本(MC)，是指饭店每增加或减少销售一单位饭店服务产品的所引起的总成本(TC)的变动额，也就是总成本的一阶导数。按照 $MR=MC$ 的利润最大化原则，其决策的基本原理如下：

1. 当 $MR>MC$ 时，饭店每多提供一个单位的服务产品所增加的收益大于相应增加的成本，从而会使总利润增加(见图 4-6)，并促使饭店多提供服务产品，直至 $MR=MC$；

2. 当 $MR<MC$ 时，饭店多提供一个单位的服务产品所增加的收益小于相应增加的成本，从而使总利润减少，并促使饭店减少提供服务产品的数量，直到 $MR=MC$；

3. 当 $MR=MC$ 时，由于饭店多提供或少提供一个单位的饭店服务产品，既不能增加总利润，也不会减少总利润，从而使饭店的经营利润达到最大化，并处于相对稳定的服务规模状态。

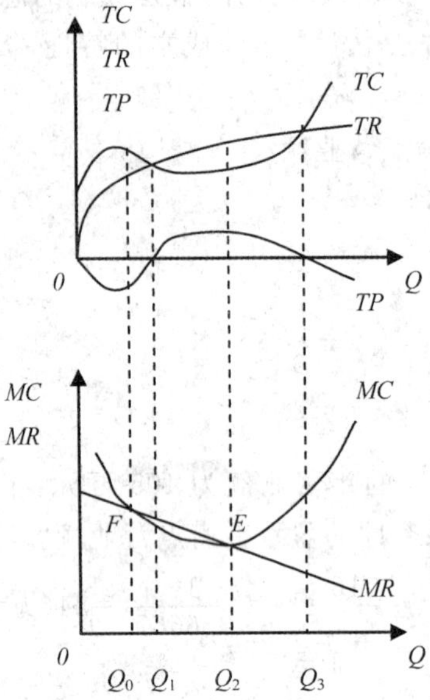

图 4-6 边际分析

【例 5】已知某宾馆的保龄球室每天接待每名宾客的服务收益和成本如表 4-4,则应用边际分析方法可确定接待每名宾客的最佳服务时数(即获取最大利润的服务时数)为 7 个小时。

表 4-4 ××饭店保龄球最佳服务小时数决策表 单位:元

服务时数(小时)	总收益(TR)	总成本(TC)	总利润(P)	边际收益(MR)	边际成本(MC)	边际利润(MP)
0	0	35	−35	—	—	—
1	25	45	−20	25	10	15
2	48	54	−6	23	9	14
3	69	60	9	21	6	15
4	89	68	21	20	8	12
5	105	76	29	16	8	8
6	112	80	32	7	4	3
7	115	83	32	3	3	0
8	118	90	28	3	7	−4
9	120	100	20	2	10	−8
10	120	115	5	0	15	−5

(三)决策树法

决策树法,是运用树形图作为辅助决策的方法,是一种风险性决策法。其优点是通过图形对饭店的经营作决策,具有简单明了、形象易懂、逻辑清楚等特点,从而提高决策的效率和水平。运用决策树法对饭店进行经营决策,应首先了解以下决策图的基本要素。

1.决策点(用□表示),是对各个经营决策方案优选的结果。

2.方案点(用○表示),表示各可行方案的期望收益值。

3.状态点(用△表示),用以反映各个可行方案在不同状态下的收益值。

4.投入点(用◇表示),用来反映各可行方案的总投资。

5.剪枝号(用//表示),表示剔除未选择方案。

【例 6】某旅游涉外餐厅为满足市场需要,需扩大经营,现有三个可行方案如下,试用决策树法比较选择最佳方案。

A 方案,新建一个大的涉外餐厅,需投资 300 万元,若销路好每年获利润 100 万元,销路不好每年亏损 20 万元,预计经营期 10 年。

B 方案,对现有涉外餐厅进行扩大改造,需投资 140 万元,若销路好每年可增加利润 40 万元,销路不好仍可增加利润 20 万元,预计经营期 10 年。

C 方案,拟承包改造一家餐厅,预计投资 80 万元,若销路好每年可获利润 50 万元,销路不好则不亏不盈,预计经营期为 7 年。

现通过市场调查,销路好的概率为 0.7,销路不好的概率为 0.3。用决策树法对上述方案决策如下,最佳方案为 A 方案。

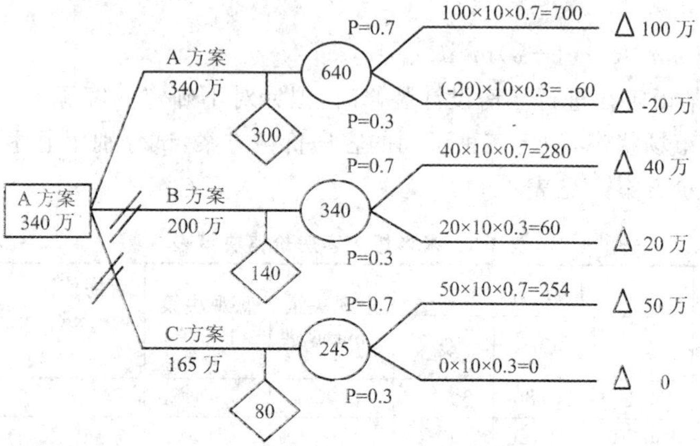

(四)不确定性决策方法

不确定性决策方法是对经营决策过程中各种经营状况及经营环境不确定情况下的决策,具体又分为以下几个主要形式。

1.乐观决策法。又称为大中取大法，是在经营环境最好的条件下，选择期望收益值最大者为最佳方案的方法，其计算公式如下：

设：E ——决策方案的经济价值

R_{ij}——方案收益值

A_i——方案

则：$E=maxAi\{maxR_{1j},maxR_{2j},\cdots\cdots,max\ R_{nj}\}$

2.悲观决策法。又称为小中取大法，是在经营环境最差条件下，选择期望收益值最大者为最佳方案的方法，其计算公式如下：

$$E=maxAi\{\min R_{1j},\min R_{2j},\cdots\cdots,\min R_{nj}\}$$

3.后悔值决策法。又称为大中取小法，是指当决策方案不能达到预期目标时，从各可行方案中选择后悔值(损失)最小的方案的方法，其计算公式是：

设：R' ——后悔值(损失值)

则：$E=\min\{maxR_{1j},maxR_{2j},\cdots\cdots,maxR_{nj}\}$

4.折中决策法。折中决策法是在乐观决策法和悲观决策法中选择一个合理的乐观系数，然后按下列公式计算，选取期望收益值最大者为最佳方案。乐观系数一般采用0.5～0.75；当乐观系数为零时，即悲观决策法；当乐观系数为1时，即乐观决策法。

设：α——乐观系数

则：$E=maxA_i\{[\alpha\cdot maxR+(1-\alpha)\min R]_{1j},$

$[\alpha\cdot maxR+(1-\alpha)\min R]_{2j},$

$\cdots\cdots$

$[\alpha\cdot maxR+(1-\alpha)\min R]_{nj}\}$

【例7】某饭店在进行客房设计装修时，拟针对不确定的客源市场，按照三种可能出现的市场状态，拟定三种不同的客房价格方案，试分别用上述几种方法选择最佳的定价方案。见表4-5。

表4-5 ××饭店客房价格决策表

A \ R/R' \ Q		市场状态			乐观决策 $maxR_{ij}$	悲观决策 $maxR'_{ij}$	后悔值法 $maxR_{ij}$ ①	折中法 $\alpha=0.7$ ②
		Q_1	Q_2	Q_3				
决策方案	A_1	100/120	80/80	60/40	100	60	120	88
	A_2	180/40	140/20	100/0	180	100	40	156
	A_3	220/0	160/0	80/20	220	80	20	178
最佳方案					$maxA_3$ $E=220$	$maxA_2$ $E=100$	$maxA_3$ $E=20$	$maxA_3$ $E=178$

①的求法是:先找出每一自然状态下的各个方案中的最大值,以此为基数减去各方案的收益值,即得到各方案的后悔值(损失值),再按照公式选出各方案的最大后悔值,通过比较各方案而选择后悔值最小的为最佳方案。表 4-5 中斜线下即为后悔值 R'。

②的求法是,当 $\alpha=0.7$ 时,先计算各方案的折中值,再比较折中值,选择最大者为最佳方案。折中值计算如下:

$EA_1=100\times0.7+(1-0.7)\times60=88$

$EA_2=180\times0.7+(1-0.7)\times100=156$

$EA_3=220\times0.7+(1-0.7)\times80=178$

综合以上四种不确定性决策方法,可以看出应选择 A_3 方案作为该饭店的客房价格方案。

第五章　饭店经营计划管理

饭店要在竞争中不断发展壮大，必须制定经营发展战略，并对发展的目标作出科学的决策。要使饭店的经营战略和决策变成具体的行动，就要进行科学的计划管理。计划管理是饭店经营管理的首要职能，是一项全面性、综合性的管理工作。本章系统阐述了饭店计划的特征及计划管理的重要性；阐述了饭店的计划类型及各种计划指标；讨论了饭店计划的编制过程；并结合现代饭店计划管理要求，介绍了饭店计划管理中常用的目标管理法、滚动计划法、零基预算法等现代化的计划管理方法。

第一节　饭店计划管理的重要性

一、饭店计划概念

计划，一般是指确定未来行动目标及实现目标的系统化思考和打算。在现代社会经济活动中，凡是要使集合在一起工作或活动的人们，实现预期的目的，取得最有效的成果和效益，都离不开科学的计划工作。因此，饭店作为一个以人为中心的经济组织，其一切经营活动都必须有科学的计划。从现代管理的角度看，饭店计划就是对饭店的各种经营活动进行统筹和规划，通过确定饭店的经营活动目标，制定实现目标的途径和方式，从而合理配置饭店的各种资源，安排好各项经营活动，最终实现饭店的经营战略和目标。由于饭店经营活动的多样性和复杂性，决定了饭店计划包含着一系列相互联系、密切相关的基本概念。

（一）目标

目标是饭店经营活动的集中指向和要达到的预期结果，既是计划管理的起点，又是计划管理的终点，其引导着饭店一切经营活动的方向。

饭店经营计划目标，一般应包括四方面：一是社会贡献目标，即饭店如何更好地满足社会对旅游住宿、餐饮、娱乐等方面的需求，并促进社会物质文明和精神文明的建设；二是市场开发目标，即不断开拓旅游客源市场和饭店服务项目，其直接关系到饭店的生存和发展；三是饭店发展目标，即饭店在经营方向、经营规模、经营项目、人才开发等方面的目标；四是经济效益目标，即饭店投入产出的水平和效率。

(二)战略

战略，是有关饭店经营发展的方向和长远目标，是在对饭店未来发展的机会及挑战进行科学分析的前提下，从总体上描绘出饭店经营发展的概貌，是确定饭店经营计划的重要依据。饭店的经营战略内容丰富、形式多样，可参看第四章的内容。

(三)政策

政策，是有关饭店计划制订的文字说明和决策原则，并以此来指导和协调决策过程中的思想和行为。政策是计划的重要组成部分，它限定了决策和计划的范围，以保证饭店经营决策与目标的一致性。

(四)规则

规则，是确定计划和执行计划必须遵循的惯例和要求，其明确规定了饭店在经营活动和管理中各种活动及行为的准则，以确保所有经营活动按预期目标顺利地进行。

(五)程序

程序，是确定饭店计划及未来经营活动的例行方法。即详细说明进行某种经营活动及服务的方式、步骤及工作流程，包括时间因素、工作顺序及操作方法等。

(六)标准

标准，是有关饭店计划的量化目标及应达到的水平要求。标准是检查计划进行状况的依据，也是对饭店经营进行成本控制，质量控制的前提。

(七)预算

预算，是从财务角度来反映饭店计划的方式，也称为数量化计划。预算是对饭店未来经营活动的模拟性计划，也是检查、控制饭店各项经营活动的重要标准。预算可具体分为总预算和各项业务预算。

二、饭店计划的特征

饭店计划是饭店一切经营活动的出发点，是饭店经营和管理的中枢。许多饭店和餐馆之所以长盛不衰，就在于饭店管理人员牢牢把握计划的特征，制订了与环境变化相适应的计划，从而引导着饭店经营的成功和发展。从现代饭店的计划管理看，饭店计划的特征主要表现在以下几方面。

(一)目的性

饭店计划是饭店经营活动的方向和目标,是为实现饭店经营目的而服务的。因此,饭店计划必须有明确的目的。也就是说,饭店计划是根据社会经济发展的客观要求,根据饭店经营环境的变化,在分析和预测饭店未来经营活动发展的基础上,确定一定时期内饭店经营活动要达到的各种目标,以及实现目标的行动方案,是具有较强目的性的管理活动。

(二)系统性

饭店计划是一个全面、完整的系统,并规定着饭店所有经营管理的方向和目标。从纵向上看,除了有饭店的总体经营目标外,各个中层管理部门、基层管理部门乃至饭店员工个人都应有明确的计划,从而形成自上而下地下达计划指标,自下而上保证计划指标实现的体系。从横向上看,除了有饭店总体统一的经营目标外,还应有前厅、客房、餐饮、娱乐等业务部门的计划,以及人事、财务、设备、物料、保安等各职能管理部门的计划。通过纵向计划和横向计划的有机衔接,从而形成饭店统一的计划体系,把整个饭店的经营活动纳入计划体系之中,并协调有效地运行。

(三)权威性

权威性是指饭店计划一经确定以后,就具有强制性的行政力量,必须严格执行,不能随意变更或废止。为了维护计划的权威性和严肃性,在制订饭店计划时,要充分考虑和分析过去计划的目标及执行情况,使现行计划能够承前启后,保证饭店经营活动持续有效地进行;同时在执行计划时,要定期检查计划执行的情况,及时解决计划执行中出现的问题,保证计划顺利地执行。如果计划没有权威性,就无法贯彻实施,那么饭店的经营目标也就无法实现。

(四)灵活性

在维护饭店计划权威性的同时,为了使计划符合客观实际,适应经营环境变化的要求,计划还应保持一定的灵活性或弹性。因为,计划的制订是超前的、静态的,而计划的执行是滞后的、动态的。往往当执行计划时,经营环境和客观条件发生了变化,就要对计划进行修订。如果饭店计划确定时就保留一定的弹性,那么当经营环境发生变化,计划不适应客观条件时,就能及时、灵活地对计划进行修订和完善,以保证计划的顺利实现。

三、饭店计划管理的重要性

饭店计划管理,是在政府产业政策指导和宏观经济调控下,根据市场需求和经营环境的变化,分析和预测饭店发展的机会和制约因素,趋利避害,确定饭店的经营目标和编制计划,指导饭店的经营活动,保证饭店总体经营目标的有效实现。

科学的计划管理,对于饭店的生存和发展是十分重要的,主要表现在以下几方面。

(一)计划管理是饭店经营发展的客观要求

现代饭店作为一个企业,其经营活动范围不断扩大,经营内容日益增多,从而要求对饭店的经营要素(即人、财、物)进行合理有效的配置和组织,才能实现饭店的经营目标。而科学有效地配置要素资源,离不开严密的计划管理。只有对饭店加强计划管理,才能把各种要素有机组合起来,把各个部门、环节有机结合起来,把不同层次的职工积极性调动起来,围绕饭店的经营目标,开展正常有序的经营活动。

(二)计划管理是饭店管理的首要职能

在饭店各项管理职能中,计划管理是首要的职能,是一切管理活动的中心,并渗透于各项饭店的管理职能中。从实践看,一方面计划管理为组织、指挥、控制等职能提供了管理的目标和准则,使各项管理职能围绕计划职能的要求而进行。另一方面,各项管理职能要有效地发挥作用,也离不开计划职能。计划职能不仅渗透进各项管理职能之中,影响其作用的发挥,同时各项管理职能本身的实施也离不开科学的计划管理。

(三)计划管理是合理利用饭店资源,不断提高饭店经济效益的手段

饭店的经营目标,就是通过合理配置和利用资源,更好地满足宾客的需求。因此,一方面饭店必须通过科学的计划管理,合理组织饭店的经营活动和服务,更好地满足宾客的需求,招徕更多的客人,以提高饭店的接待规模。另一方面,饭店又要通过计划管理,科学合理地配置资源,严格控制成本消耗,以尽可能少的资源要素投入,获取最佳的经济效益和社会效益。

(四)计划管理是调动饭店员工积极性的重要手段

饭店的计划管理,通过确定整个饭店的经营发展方向和目标,并根据总目标要求,分解落实各部门、各单位和员工的目标,使饭店全体员工都有明确、具体的奋斗目标,都有执行和完成计划的措施和要求,从而有利于调动饭店员工的积极性和主动性,使员工自觉地为实现饭店的经营目标而努力工作,使饭店在计划管理指导下,更加生机勃勃地发展。

第二节　饭店计划类型及指标

一、饭店计划类型

饭店的经营服务活动是复杂多样的,为了把饭店的全部经营服务活动纳入计划管理的范围，就必须制订各种各样的计划。从饭店计划的时限看，饭店计划可分为战略计划、年度计划和接待业务计划。

（一）饭店战略计划

饭店战略计划，是饭店在较长时间内（一般 3～5 年）经营发展的纲领性计划，也称为长期计划。它规定着饭店未来发展的方向和总体目标，指明饭店如何适应经营环境变化而继续生存和不断发展，并从总体上勾画出饭店未来发展的远景蓝图。

饭店战略计划的内容一般应包括饭店经营发展目标、投资计划、建设计划、人力资源计划、员工福利计划、经营管理发展计划等。饭店的经营发展目标，是从总体上规定饭店在未来的一段时间内要达到的水平，包括饭店的经营规模、等级标准、服务水平、经济效益等方面的目标。饭店投资计划则是根据饭店未来发展和建设的需要，制订饭店总投资规模、分年度投资及资金筹措计划等。饭店建设计划是指规划饭店在未来一段时间内固定资产的建设，包括新建、改建及对现有设备的更新改造等。人力资源计划包括确定饭店未来员工队伍发展的总体规模、水平、结构；确定饭店员工的来源计划、培训计划以及干部队伍建设、人员晋升等计划。员工福利计划是指随着饭店的经营发展，对有关员工的工资增长、医疗卫生、保险、劳动保护、休假制度及必要的住宿条件等方面的改善和发展计划。饭店经营管理计划，是规划饭店在未来一定时期内经营管理应达到的水平，包括组织体制的改革、管理模式的调整、管理人员的配置、管理手段的更新、管理方法的改进等等。

饭店战略计划一般是由饭店的高层管理者制订。作为饭店高层管理者，其主要精力应致力于规划饭店未来的经营发展，随时把握经营环境的变化，以便根据变化的环境来调整计划，指导饭店各年度的经营活动，促使饭店能够在变化的环境中持续地发展。

（二）饭店年度计划

饭店年度计划，又称为年度综合经营计划，它规定着饭店在计划年度各方面的目标和任务，是饭店年度经营活动的纲领和依据。年度计划既包括饭店在经营年度内各种经营活动要达到的目标、任务、经营方式等，又包括各部门的分类目标及执行计划，并且以饭店的经营接待为中心而构成饭店年度综合经营计划体系。

1. 综合接待与利润计划。主要根据战略计划对本年度的要求及市场需求的变化，来确定本年度经营接待的数量、收入、利润等总体指标和要求，也是制订饭店各经营业务和部门计划的依据。

2. 市场营销计划。根据综合接待及利润计划，从市场实际出发确定饭店产品结构、档次及组合方式;规划全年度各月的接待人数和客源结构;制定市场营销的重点及促销策略等。

3. 前厅接待计划。根据市场营销计划目标确定全年及分月的接待人数、客源结构、客源形式;测算客房及有关营业收入;提出相关服务计划和服务质量要求等。

4. 客房部计划。根据年度接待计划及拥有客房状况,具体确定接待能力、规模及接待人数计划;服务质量计划;物资消耗计划及相关的设施维修、劳动定额、附属服务计划等。

5. 餐饮部计划。根据年度接待计划具体确定餐饮部的营业目标,包括营业内容、构成、收入比例、物资采购、人员配置、成本消耗控制、服务质量等方面的计划。

6. 商品部计划。根据年度接待计划确定商品部营业额和利润率,并根据旅游者需求制订商品销售计划、采购计划、资金占用、经营策略及服务等方面计划。

7. 康乐部计划。根据年度接待计划,确定开设各种康乐、娱乐项目及收入计划、客源组织、物资消耗、经营方式、人员配备等计划。

除了以上7个业务计划外,饭店的各职能部门,包括人事、物资、基建、财务等部门,要根据业务部门的计划,具体制订有关的劳动工资计划、物资供应计划、设备维修保养计划、基建投资及建设计划、财务成本计划等,以保证饭店经营业务顺利有效地进行,同时也有利于从各方面加强对饭店业务活动的监督和管理。

(三)饭店接待业务计划

为了保证饭店年度综合经营计划的顺利实施,饭店还应制订分月的接待业务计划,作为年度计划的实施计划。饭店接待业务计划,一般以月为时限,根据年度综合经营计划总目标及各月客源预订、预报的情况,具体确定每个月的接待计划指标及日常经营服务活动,以指导当月各个部门的经营业务。制订月度接待计划,要注意以年度计划为依据,使各月计划相互衔接;以前厅接待计划为中心,使各部门计划相互协调,从而保证饭店计划目标的顺利实现。

除了月度接待计划外,饭店还可以针对一些特殊或重要的任务制订专门的接待计划。专门接待计划要明确对象、目标及接待要求,并制订相应的接待内容、项目和规格标准,把任务分配落实到相关部门及个人,确保专门接待计划的顺利完成。

二、饭店计划指标

饭店计划必须通过量化的指标来体现。因此,所谓饭店计划指标,就是饭店在计划期内经营活动应达到的目标和水平。它既是饭店计划的具体内容,也是考核饭店计划管理及各项工作的主要标准和依据。

饭店计划指标一般可以分为数量指标和质量指标。数量指标，是指表示饭店计划期内经营活动应达到的总体目标，通常用绝对数来表示，如客房数、接待人数、营业收入、外汇收入、利润总额等。质量指标，是指饭店在计划期内经营效率和效益方面应达到的指标，通常用相对数来表示，如客房率、人均消费额、劳动生产率、人均创汇额、利润率等。除了数量指标和质量指标外，饭店计划指标还可按用途分为计算指标和考核指标，按内容分为实物指标和价值指标等。

饭店计划指标是根据饭店经营管理需要而设定的。由于每一项指标都只是从某一个方面反映饭店经营活动的状况，因而为了提高饭店计划的科学性，就必须把反映某一经营活动的各种单项指标有机地结合起来，形成一定的指标体系，以便综合、全面地反映饭店经营的全貌，有效地指导饭店的经营与管理。根据国际饭店管理的情况，并结合我国饭店企业的实际主要的饭店计划指标有以下几方面。

1. 客房数与床位数

这两个指标是用来表示饭店接待能力大小的基本指标，是计算其他有关指标的基础，也是划分饭店规模的重要标准。客房数，是指饭店实际可用于接待旅游者的客房间数；而床位数，是指饭店实际可用于接待旅游者的床位数量。除客房数与床位数指标外，在统计报表中还要统计餐厅的餐台数、座位数及综合服务设施的接待能力。

2. 接待人数

该指标是饭店经营的直接成果，具体体现在两个指标上。一是接待住宿人数，简称接待人数，即指凡登记住进饭店的人数，而不论其住的天数多少。另一个是接待住宿过夜人数，简称接待人天数，即接待人数再乘上人均住宿天数，是反映人均停留时间的重要指标。

3. 营业收入和外汇收入

营业收入一般是指由饭店向宾客提供的，以货币表现的产品和服务的价值总和，是饭店经营规模大小的价值化表现。营业收入指标具体又可分解为客房收入、餐饮收入、商场部收入、康乐部收入等。外汇收入，是指饭店接待海外旅游者所收取的外币收入，反映了饭店在经营活动中的创汇情况，要求在营业收入指标中再列项指明外汇收入的状况。

4. 客房出租率和人均停留天数

客房出租率是指报告期内饭店每天租出客房数之和除以饭店实有客房数和日历天数的乘积，是反映饭店接待能力利用情况的指标，直接反映饭店的经营效率和水平。计算公式为：

客房出租率＝实际出租的客房间数/可供出租的客房间数×100％

＝报告期内每天租出客房数之和/(报告期内实有客房数×报告期日历天数)×100％

人均停留天数是反映饭店经营效率的间接指标之一，是指宾客留住饭店的天数，对饭店经济效益具有直接的影响。计算公式为：

人均停留天数＝接待人天数/接待人数

5. 人均消费额和平均房价

人均消费额是指旅游者入住饭店的平均花费额，直接反映着饭店的经济收益状况。计算公式如下：

人均消费额＝饭店营业收入总额/饭店接待人数

平均房价是指按加权平均数方法所计算的客房平均出租价格，其不仅反映出饭店产品的销售价值，同时也是分析计划执行情况的重要指标。计算公式如下：

平均房价＝客房每天应有总收入/(客房间数×预计客房率)

平均房价也可按平均每间客房投资总额的千分之一作为计算标准。

6. 财务指标

财务指标是指饭店经营活动过程中所反映的劳动消耗、劳动占用及效益指标等。一般分为三类指标：一是饭店成本费用指标，即饭店在经营活动过程中的各种支出的总和，包括直接成本和间接成本；二是利税指标，是反映饭店经营活动质量的综合性指标，即饭店的盈利水平；三是效益指标，即各种利润率指标，可综合反映出饭店经营活动的好坏及水平。

7. 质量指标

质量指标指饭店各部门根据自身业务特点和旅游者需求而制定的服务标准和要求，是关系到饭店生存和发展的重要指标，具体可划分为定量指标和定性要求。

8. 经济效益指标

经济效益指标是用来反映饭店经营活动的成效和水平的考核指标。主要有全员劳动生产率、人均实现利税、人均占用固定资产原值、平均客房出租率、百元固定资产创营业收入等。

全员劳动生产率＝报告期内饭店营业总收入/报告期内饭店平均职工人数

人均实现利税＝(报告期饭店利润＋税收)/报告期饭店平均职工人数

人均占用固定资产＝报告期饭店固定资产原值总额/报告期饭店平均职工人数

百元固定资产创营业收入＝报告期饭店营业总收入/报告期饭店固定资产原值×100

除了上述指标外，根据国家旅游局要求，饭店每年还应将饭店的收入、费用、利润、创汇、资产负债、税收、服务质量等 7 项指标列为饭店的统一考核指标，以反映和比较不同饭店的经营规模、经营水平和经济效益状况。

第三节　饭店计划编制与管理

一、饭店计划的编制

饭店计划编制的任务，是根据市场需求和经营环境变化态势，确定饭店的经营目标，制订各种资源配置计划及业务活动计划，并通过计划的有效实施，指导饭店的各项经营管理工作。根据计划编制的任务和要求，对饭店计划的编制主要有以下过程。

（一）确定计划目标

确定计划目标，是编制饭店计划的前提。因此，必须收集和调查大量的信息资料，预测市场发展趋势，分析饭店的经营环境条件，识别饭店持续发展的机会和制约因素，掌握饭店发展的总态势，并在此基础上确定饭店经营发展的计划目标和应达到的指标。

确定饭店计划目标是一项重要的工作，关系到饭店未来经营发展的兴衰存亡。因此，计划目标应该易于理解和接受，并能用文字描述，成为饭店整个经营活动的指南。计划目标既要积极先进，富于挑战性；又要稳妥可行，能够在规定的时间内，通过努力而达到。最后，计划目标应具有可衡量性，即不仅有定性说明，而且有定量要求，便于执行和检查。例如，餐厅快捷服务的目标是在 15 分钟内提供顾客所订的餐饮；提高客房出租率的目标是把目前的 65％的客房出租率提高到 72％，等等。

（二）制订行动计划

计划目标确定以后，就要对实现目标的方案进行优化决策，选定主导方案和辅助方案。并按照决策方案要求，把计划目标进一步展开和分解为各部门的经营目标，并下达到各部门和单位，要求他们根据本部门、本单位的经营实际状况和可行的条件，提出实现本部门、本单位计划目标的具体方案及行动计划。对需要上级单位或协作联系部门提供的条件及应解决的问题，要明确指出，并有定性说明和定量指标。然后将具体的实施计划再上报到计划部门进行综合平衡。

(三)进行综合平衡

饭店计划部门接到各部门、各单位的具体行动计划方案后,要从整个饭店经营的全局对计划进行综合平衡。按照计划目标的要求,从财务角度进行预算,即预算计划期所花费成本费用、所得营业收入和预计的利润。通过综合预算,从经济效益上衡量计划目标的合理性;从数量和时间上确定计划进度的控制标准,并对有关资源配置和设施、设备进行调整和综合平衡。最后,在综合预算和综合平衡的基础上,优化行动计划方案并正式确定和下达各部门、各单位执行。

在制订行动计划和进行优选过程中,必须始终坚持上下结合、综合平衡的原则,通过指标分解和目标管理(MBO)等方法,使制订和优选的行动计划既符合饭店总体经营发展的要求,又与各部门、各单位的实际情况相符合,提高饭店计划的可行性。

(四)实施与反馈

任何好的计划,如果不及时组织实施,就不能有效指导饭店的经营活动,发挥出计划管理的功能。因此,饭店计划一经确定,就要立即组织实施。在实施计划过程中,为保证计划顺利地执行,必须把各项计划指标和要求,落实到每个单位及个人,并切实解决好计划实施所需的各种条件和要求。

饭店计划是随市场变化和经营需求而动态发展的,因而要明确规定计划完成的进度和检查制度,并定期组织检查和督促,及时解决计划实施中出现的问题,反馈到饭店计划部门指挥中心,以便饭店领导和计划部门根据实际情况的变化而对计划进行评估、调整、修订、补充和完善,提高饭店计划实施的效果和水平。

二、饭店经营能力核定

(一)饭店经营能力的概念

编制饭店经营计划,必须核定饭店的经营能力,经营能力掌握得越清楚,则饭店计划就制订得越科学。所谓饭店经营能力,是指在一定的技术组织条件下,饭店所拥有的各种设施、设备和人员,经过综合平衡后能在一定时间内(计划期内)所提供的最大接待服务能力。饭店经营能力是反映饭店经营潜力大小的一项重要指标,通过核定经营能力对于充分挖掘饭店服务潜力、正确编制行动计划、提高经济效益都具有十分重要的意义。

饭店经营能力,通常可分为设计能力、查定能力和计划能力三种。设计能力,是指饭店设计建设和技术文件中所规定的经营能力,也就是饭店建成后应该达到的最大接待能力。设计能力是确定饭店长期经营计划,进行技术改造和安排基建计划的依据，但并不是饭店现实的接待能力。查定能力，是在饭店没有设计能力，或者虽有设计能力，但由于经营方向或技术组织条件发生变化，原设计能力不适用时，就要根据饭店现有条件重新调查而核定的经营能力。查定能力比较符合饭店的经营实际，因而是确定计划能力的重要依据。计划能力，是指饭店在经营计划年度内所能达到的服务接待能力，是饭店编制经营计划、确定计划目标的主要依据，也是饭店经营能力核定的主要内容。

(二)饭店经营能力的核定

饭店经营能力核定，一般是从各部门开始自下而上地进行。首先确定各部门、各单位的服务接待能力和预算收入，然后往上依次合并，最后确定整个饭店的总经营能力和总预算收入，为制订经营计划目标提供依据。

1. 客房经营能力和营业收入核定

客房经营能力一般是根据设计或查定能力，充分考虑计划期的经营变化而确定的计划能力。其计算公式如下：

客房计划能力＝客房数×营运天数×客房出租率

客房营业收入＝客房计划能力×平均房价

【例 1】某饭店拥有客房数为 350 间，每年实际营运天数为 300 天，客房年平均出租率为 68％，每间客房平均每天房价为 140 元，试计算客房计划能力和营业收入。

客房计划能力＝350 间×300 天×68％＝71400 间天

客房营业收入＝71400 间天×140 元/间天＝999.6(万元)

2. 餐饮经营能力和营业收入核定

餐饮经营能力是根据餐饮经营项目的设计或查定能力，按照平均消费水平和餐位利用率而确定的计划能力和营业收入。其要求先分项计算，再汇总。计算公式如下：

餐饮计划能力＝餐座×营运天数×餐位利用率

餐饮营业收入＝餐饮计划能力×餐位平均消费额

【例 2】某饭店拥有中餐厅和西餐厅各一个，中餐厅有餐座 250 座，西餐厅有餐座 110 座；若该餐厅每年营运天数为 300 天；中餐厅早、午、晚餐每个餐位的平均消费额为 14 元、25 元、28 元；西餐厅午餐和晚餐每个餐位平均消费为 58 元和 78 元；中餐厅餐位利用率为 50％，西餐厅餐位利用率为 40％。计算该饭店餐饮经营能力和营业总收入。

(1)中餐厅计划能力＝250×300×50％＝37500 餐位

中餐厅营业收入＝37500 餐位×(14＋25＋28)元/餐位＝251.25 万元

(2)西餐厅计划能力＝110×300×40％＝13200 餐位

西餐厅营业收入＝13200 餐位×(58＋78)元/餐位＝179.52 万元

(3)餐饮总计划能力＝37500＋13200＝50700 餐位

餐饮营业总收入＝251.25＋179.52＝430.77 万元

3. 康乐经营能力与营业收入核定

康乐经营能力一般根据各具体项目的设计能力或查定能力而决定，其计划能力则根据住店客人和非住店客人人次来确定，并以此计算营业收入。

康乐计划能力＝客房计划能力×客房平均人次×住店者康乐比例＋非住店者康乐人次

康乐营业收入＝康乐计划能力×平均消费额

【例 3】已知某饭店客房计划能力为 71400 间天，每间天客房平均住宿人数为 1.5 人次，住店者享受康乐的比例分别为：桑拿浴占 5%，保龄球占 15%，美容占 10%；平均消费额分别为：桑拿浴 120 元，保龄球 25 元，美容 30 元，非住店散客桑拿为 2000 人次，保龄球为 4000 人次，试计算康乐计划能力和营业收入。

(1)桑拿浴计划能力＝71400×1.5×5%＋2000＝7355 人次

桑拿浴营业收入＝7355 人次×120 元/人次＝88.26 万元

(2)保龄球计划能力＝71400×1.5×15%＋4000＝20065 人次

保龄球营业收入＝20065 人次×25 元/人次＝50.16 万元

(3)美容计划能力＝71400×1.5×10%＝10710 人次

美容营业收入＝10710 人次×30 元/人次＝32.13 万元

(4)康乐计划能力＝7355＋20065＋10710＝38130 人次

康乐营业总收入＝88.26＋50.16＋32.13＝170.55 万元

4. 其他经营能力和营业收入核定

饭店除了客房、餐饮、康乐外，还提供商品购物、歌舞厅、会议室、商务服务等，对这些服务项目均可参照康乐经营能力和营业收入核定方法，进行逐项核定和计算，最后汇总即可得到整个饭店的总经营能力(计划能力)和预算收入，并以此为依据制订计划目标和各项指标。

三、饭店计划管理循环(PDCA 循环)

计划工作的管理循环方法，是由美国著名管理学家戴明提出，以后广泛应用于各种企业管理之中。管理循环方法，是由计划(Plan)、实施(Do)、检查(Check)、处理(Action)四个环节的活动所组成一个闭环系统，从而使计划管理形成一个高效、严密的整体，能够自我不断地运转和提高，改善饭店的计划管理。管理循环方法具体分为四个阶段八个步骤。

(一)计划

计划是整个管理循环的开始,就是根据饭店的经营战略和目标,在综合分析饭店的经营环境、饭店的经营能力及对未来经营变化趋势预测的基础上,确定饭店在经营计划期内要达到的计划目标,并按目标进行综合平衡,制订具体的行动方案及实施计划的有关措施和手段。为了使制订的计划符合饭店的实际,必须采取以下步骤。

1.收集资料、提出问题,对饭店的经营状况进行调查分析和预测,确定经营发展的目标。

2.按照经营发展目标,制订各种可行的计划方案,并进行比较和综合平衡,选择最适合饭店经营发展的计划方案。

3.根据选定的计划方案,具体编制行动计划并下达各部门、各单位执行。

(二)实施

实施,就是按照计划方案和行动计划进行饭店经营活动的组织和执行。在执行计划中,要根据计划目标和要求,把饭店的经营活动从时间和空间,从数量和质量等方面有效地组织起来,把计划目标落实到各个部门、单位及有关人员,使计划得到有效的贯彻和实施。

(三)检查

检查,就是对计划实施情况,按照规定的计划目标和标准进行检查,分析计划执行情况和效果。对于计划的检查,要采用科学、有效的方法,发现计划执行过程中的偏差,找出存在的问题和原因,及时进行调整和修正,保证饭店的经营活动按照预定计划顺利地进行。对计划的检查主要包括以下两个步骤。

1. 建立各种原始记录、台账及统计报表制度,严格管理基础工作,为检查饭店计划执行情况和执行效果提供准确的数据、资料和其他信息。

2. 对计划执行情况和效果进行科学的分析,找出存在的问题和原因。存在的问题有两类:一类是计划中不够完善的问题,要进一步分析原因,便于修正;另一类是计划执行得不好而产生的问题,也要分析原因,以便采取对策措施加以解决。

(四)处理

处理,就是对饭店的实施情况和结果进行认真的总结和评价,找出计划执行过程中成功的经验和失败的教训,以便在下一阶段的管理循环中进行改进和完善,从而不断提高计划管理的水平。处理计划执行中的问题,有以下两个步骤。

1. 针对出现的问题和原因,切实提出解决问题的办法,以及防止问题再发生的措施。

2. 提出对下一阶段管理循环的改进意见。

综上所述，饭店计划管理循环的四个环节是密切联系，按序运转的，不能任意中断或脱节，故又称为 PDCA 循环方法。饭店的一切经营活动，都要在饭店的管理总循环带动下而进行。同时，各部门、单位可相应制订各自的计划管理小循环，并通过周而复始的 PDCA 循环过程，改进饭店的计划工作，不断提高饭店的经营管理水平和能力。

第四节　饭店经营计划管理方法

一、目标管理(MBO)

目标管理(Management By Objectives，MBO)，是由美国著名管理学家彼得·德鲁克提出，并在美国通用汽车公司运用，取得显著成效，从而推广到各类企业管理中，成为加强计划管理的一种先进的现代化管理方法。所谓目标管理，是由饭店管理人员和员工，根据饭店经营总目标，提出各部门、单位的方针目标，并通过上下结合、反复协商，确定在一定时期内饭店的计划目标及各部门、单位的工作目标，并自下而上地保证目标实现而进行的组织管理工作的总称。

(一)目标管理的特点

目标管理，是以积极主动地追求目标成果来代替被动地接受任务，从而实现更有效的管理。因此，目标管理具有以下几方面的特点。

1. 目标管理以目标为中心，强调目标的实现

采用目标管理，要求饭店的一切经营活动都必须以计划目标为中心，通过对计划目标的确定、执行和效果评价，将饭店各部门工作有机地组织起来，注重目标的实现和最终的成效。至于如何实现目标，则由具体执行者根据具体情况而定。

2. 目标管理使个人目标与组织目标融为一体

饭店的经营活动，既有饭店总体目标、部门目标，也有个人目标。实行目标管理，就是要把饭店的总目标，各部门、单位乃至个人的目标有机结合起来，构成一个目标体系，使每个员工在努力实现个人目标的同时，保证总目标的实现；根据总目标的要求，调整和指导个人目标的实现。

3. 目标管理采取自我测定和评价，促进了民主化管理

实行目标管理，计划目标的执行结果不是简单地由上级来考核和评价，而是首先由计划目标的执行者按计划要求进行自我测定和评价。通过分析和评价目标完成情况及效果，有利于饭店全体员工总结工作中的经验教训，激发全体员工

积极参加饭店的经营管理，调动员工的积极性和主动性，从而不断提高饭店经营管理的水平。

（二）目标管理的过程和内容

实行目标管理，可大致划分为三个阶段，各阶段目标管理的内容如下。

第一阶段，目标的确定和展开。实行目标管理，首先要制订计划目标，计划目标的确定，通常是在调查研究的基础上，先确定饭店的总体目标，然后将总体目标分解，层层落实到各部门、单位及每个员工，并提出相应要求和措施，确保计划目标的实现。

第二阶段，目标的实施和控制。各部门、单位根据已确定的计划目标和要求组织实施。为了切实保证目标的有效实施，饭店领导要按照责权对等原则逐级授权，使下级能够进行自我控制和管理。同时，对目标实施要加强指导和管理，及时帮助下级发现问题和解决问题，并通过经常性的信息交流，搞好上下级之间的关系协调，促使目标顺利地实现。

第三阶段，目标成果的评价。目标管理十分重视对目标成果的评价。评价的依据就是目标完成程度、目标困难程度及实现目标过程中的努力程度。评价方法采取自我评价、民主评议和领导考核相结合。先由目标执行者自我总结，再由所在单位进行集体评议，最后由领导考核，确定目标完成等级和水平，并以此作为奖励的依据。

（三）实现目标管理的要求

1. 统一认识、坚定信心，使饭店全体员工明确目标管理的重要性，从而为实现饭店总目标而共同努力。

2. 把目标管理与责任制结合起来，通过目标管理，强化岗位责任制，通过严格岗位责任制，更有效地实现饭店的目标。

3. 把短期目标与长远目标结合起来，既注重短期效应，又不损害饭店长远目标和发展。

4. 把目标的严肃性和灵活性结合起来，既要切实按目标要求开展经营活动，又要及时根据经营环境变化要求，调整、修改或完善计划目标，使目标更加切实可行。

二、滚动计划管理

（一）滚动计划的概念

滚动计划是在市场经济条件下，随着市场竞争加剧、饭店销售处于波动状态下而产生的。所谓滚动计划，就是把经营环境的动态变化及影响因素，科学地反映到饭店的计划中，使饭店的经营活动对客观经营环境变化有较强的适应性和应变能力，从而促进饭店取得更大经济效益的编制和调整计划的现代化方法。

采用滚动计划的基本思想，是以计划的滚动变化来适应外部经营环境的变化，在变化中寻求和保留稳定的因素；是以计划的相对稳定性来适应饭店经营组织的稳定性，在相应稳定中发现和剔除不稳定的因素，使饭店既能保证计划的严肃性，又能增加计划的灵活性，从而有效地指导饭店的各项经营活动。

滚动计划的具体编制，是在每次制订或调整计划时，均将计划期按时间顺序向前推进一个计划期，从而变静态计划为动态计划。长期滚动计划和年度滚动经营计划程序见图 5-1。

1. 滚动的长期计划（五年计划）

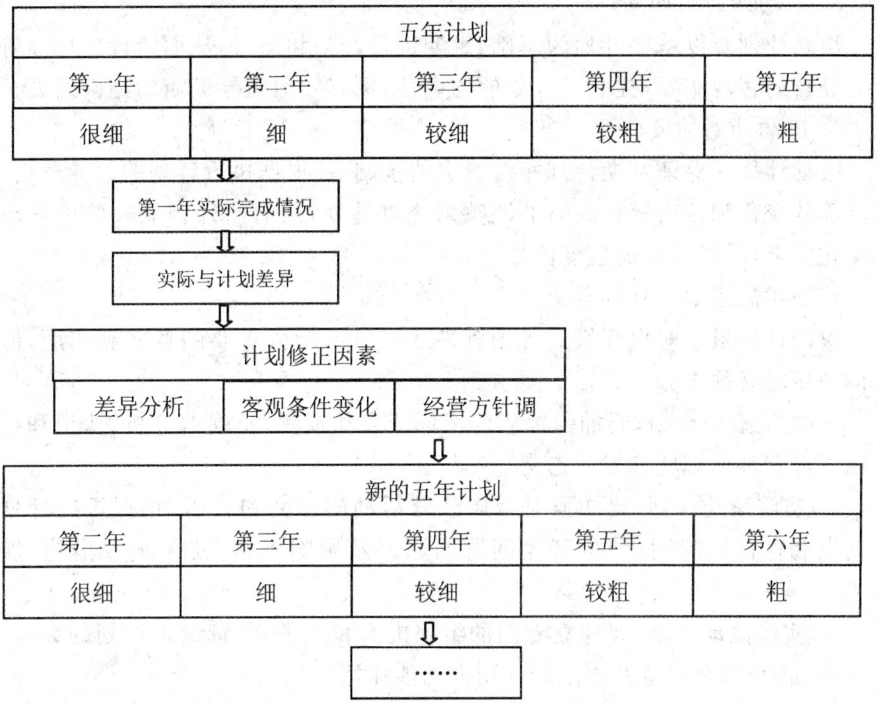

图 5-1　长期滚动计划和年度滚动经营计划程序

2. 滚动的业务计划（月度接待计划）

参照五年滚动计划按月份调整。

（二）滚动计划的特点

在市场经济条件下，实行滚动计划的目的，使饭店具有灵活的应变能力，从而提高饭店的市场竞争能力；同时又保持饭店经营计划管理的均衡性，促进饭店经营的稳定发展。饭店实行滚动计划具有以下四方面特点。

1. 滚动计划的预见性

滚动计划的制订是按照近细远粗的方法制订，并在执行中根据经营环境及客观条件进行调整，因而有利于饭店对未来发展趋势作出预测，并对下期计划目标及存在问题超前考虑，采取有效措施予以改进。

2. 滚动计划的连续性

滚动计划将饭店的整个经营计划按时间分为执行计划和预订计划，并根据执行计划的实施情况，对预订计划进行修订，使预订计划变为执行计划时能很好地与上期计划相衔接，从而加强了计划的连续性，有利于实现饭店的持续发展。

3. 滚动计划的均衡性

滚动计划要以基期计划为基础，定期进行调整和修订，从而使计划更加符合饭店经营的客观实际，提高了计划的均衡性，更有效地指导饭店的经营发展。

4. 滚动计划的灵活性

滚动计划在保证基期计划相对稳定的基础上，根据执行计划的差异分析、经营环境的变化和饭店经营战略的调整来修订计划，从而使计划能较好地适应市场变化要求，增强饭店的应变能力。

（三）实施滚动计划的要求

滚动计划虽然对提高饭店计划管理水平具有十分重要的意义和作用，但在具体应用时必须充分注意以下要求。

1. 实施滚动计划，要加强饭店的市场调查和预测，正确地分析、认识和把握饭店的经营环境现状和发展态势。

2. 实施滚动计划，要加强对饭店经营活动的诊断和分析，把握饭店计划执行情况和存在的问题，分析产生问题的原因及影响因素，便于采取措施，加以改善。

3. 实施滚动计划，要建立专门的组织机构和人员，负责滚动计划的编制、分析检查和调整，有效地发挥滚动计划的功能作用。

4. 实施滚动计划，必须加强各项管理基础工作，加强计划人员的培养，加强饭店的综合管理，才能不断提高饭店的计划管理水平和效率。

三、零基预算(ZPB)

（一）零基预算的概念

零基预算(Zero-base Planning and Budgeting，ZPB)，即以零为基础的计划和预算方法，主要用于对饭店各种经营成本和管理费用进行科学管理的方法。

在传统的预算方法中，通常是以基期的各种经营费用项目及支出数为依据，根据计划期经营变化对各种费用项目的影响，确定一个合理的增减比例，然后计算出饭店计划期内经营费用的预算数作为计划指标。因此，这种在原有基础上增加或减少一定百分比的预算方法被称为增量预算法。

零基预算法与传统的增量预算法不一样。其基本思想是：在对计划期经营费用进行预算时，根本不考虑基期的经费费用支出情况，而是根据计划期内可能的财力资源条件，重新进行预算，并按照费用项目的重要性排序，对必需的专用开支优先保证，从而有利于合理分配财力资源，精打细算，提高资金的利用效果。

(二)零基预算的实施步骤

采用零基预算法对饭店经营费用进行预算，可以分为以下三个步骤。

第一步，提出经营费用开支项目及数额。采用零基预算方法，要求饭店的经营管理人员，首先要根据饭店计划期内的计划目标和要求，认真分析各种经营费用项目的重要性，提出每种费用项目的开支目的，需要的资金数额及支付的要求，并对每种经营费用的支出均有详细的方案。

第二步，对经营费用项目排序。根据提出的费用项目及数额，运用成本—效益分析方法，对每一个费用项目进行分析。通过对各个费用项目的支出方案进行比较后，按照轻重缓急的原则把费用项目排序，并分成几个层次，便于分配资金、进行预算。

第三步，分配资金、落实预算。根据已分层次并排序的费用项目，结合计划期内饭店可使用的财力资源，按照保重保急的要求，进行资金的合理分配，并落实预算。

【例 4】某饭店在编制下一年度的经营费用预算时，拟采用零基预算方法，其具体编制方法如下。

1. 确定费用项目及数额。根据营销部门和管理部门反复研究，下一年度需发生以下经营费用开支项目及支出数额：电视广告费 50000 元，旅差费 30000 元，办公费用 30000 元，人员培训费 50000 元，水电费用 50000 元，宣传材料费用 30000 元，以上费用项目合计共需支出 240000 元。

2. 进行成本—效益分析，并排序。根据以往的费用开支项目的资料，运用成本—效益法分析后可知，广告费每支出 1 元可获收益 20 元，人员培训费用每支出 1 元可获收益 30 元，宣传材料费每支出 1 元可获收益 10 元。同时，水电费用、旅差费和办公费用是保证饭店经营活动正常进行必不可少的支出，必须全额得到保证。因此，按照轻重缓急及费用支出要求，可把上述项目排序如下：

第一层次：水电费、旅差费和办公费用属于约束性成本，应全额保证；

第二层次：人员培训费属酌量性成本，但由于其成本—收益率最高，故列为第二层次分配资金；

第三层次：电视广告费也属酌量性成本，其成本—收益率低于培训费而高于宣传材料费，故列为第三层次分配资金；

第四层次：宣传材料费属酌量性成本，其成本—收益率最低，故列为最后一层次分配资金。

3. 分配资金、落实预算。根据该饭店经营计划，下一年度经营费用可支出的资金限制在 180000 元，现对各种费用项目分配资金、落实预算。

(1)第一层次资金全额保证，分配如下：

水电费 50000 元

旅差费 30000 元

办公费 30000 元

合计 110000 元。

(2)第二层次资金用剩余资金，按成本—效益比率进行分配如下：

(180000－110000)×30/(30＋20＋10)＝35000 元

所以，人员培训费用只能支出 35000 元，占原来 50000 元的 70%。

(3)第三层次资金利用第二层次剩余资金进行分配如下：

(180000－110000)×20/(30＋20＋10)＝23333 元

也可按以下计算：

(180000－110000－35000)×20/(20＋10)＝23333 元

可见，电视广告费用只能支出 23333 元，占原来预计的 50000 元的 47%。

(4)第四层次资金分配如下：

180000－110000－35000－23333＝11667 元

所以，宣传资料费只能支出 11667 元，占原来预计支出 30000 元的 39%。

最后，根据以上资金分配情况，即可落实整个经营费用支出的预算。

见表 5-1。

表 5-1 ××饭店经营费用预算表

单位：元

序号	费用项目	原来数	预算数	占原来比重(%)
1	水电费用	50000	50000	100
2	旅差费用	30000	30000	100
3	办公费用	30000	30000	100
4	人员培训费用	50000	35000	70
5	电视广告费用	60000	23333	47
6	宣传资料费用	30000	11667	39
	合计	240000	180000	75

第六章　饭店组织管理

饭店的经营战略、经营目标和计划，必须通过饭店的组织管理来保证实现。饭店组织管理的功能，就是吸引宾客，通过为宾客提供各种各样的服务，创造尽可能多的利润，实现饭店的经营目标。因此，组织管理既是饭店管理的一项重要职能，也是饭店生存和发展的前提和保证。

本章从分析现代组织理论开始，系统阐述饭店组织管理的基本原理，并分别对饭店的正式组织结构、管理制度、领导制度、行政管理系统及饭店非正式组织的类型、特点及运用等作全面的阐述和讨论。

第一节　饭店组织管理理论

一、饭店组织管理的重要性

组织是管理的重要职能之一。对于组织，人们有各种各样的认识和表述，但概括起来不外乎以组织的静态结构和动态行为两个方面来理解组织的概念。从组织的静态结构理解，人们把组织看成一种由人与工作所形成的机构或系统。例如，管理学家巴纳德(Barnard C. I.)认为，组织就是协同努力，是一个为实现目标而进行协同活动的系统。古典组织的先驱法约尔(Fayol H.)认为，组织主要是执行工作任务和权力的结构，确定完成任务所需的设备、物资和人力的合理的结合。从组织的动态行为理解，组织是一种活动，一种有目的的、并有效地组织各种人员达成目标的活动或技术。例如，决策理论家西蒙(Simon H. A.)认为，组织是互相依赖的活动系统，是具有协作的、并有着一定目标的相互关系或行为的系统。美国著名企业家莫尼(Morley H.)则认为，组织是一种在一个协调的整体里，把具体的任务或职能相互联系起来的技术。

综上所述，根据现代静态和动态的组织理论，可以把饭店组织管理定义为：饭店组织管理，是根据饭店的经营目标，建立组织机构，合理分配人员，明确责任和权力,协调各种关系,促进饭店经营目标的实现。换言之,组织管理就是通过合理划分组织部门和配置人员,实现饭店的预定目标。

组织管理是饭店管理的重要功能,也是一个饭店进行正常经营活动的前提和基础。组织管理对于饭店的重要性主要表现在以下三方面。

(一)组织管理是实现饭店经营目标的保证

饭店作为一个经济组织,其主要目的是获取利润。而为了获取利润,就必须对饭店的人、财、物等资源,按照经营目标的要求进行合理的配置,向宾客提供高质量的饭店产品的服务。如果没有科学的组织管理,不仅不能有效地提供各种服务,而且会造成饭店内工作混乱,员工疲于奔命或无所事事,部门间相互推诿,办事效率低下,使饭店的经营目标难以实现。因此,组织管理是实现饭店经营目标的重要保证。

(二)组织管理是提高饭店市场竞争能力的重要手段

现代饭店是在一种复杂多变的经营环境中生存和发展,市场剧烈竞争的压力,迫使饭店必须科学地划分饭店的部门,合理组织各种资源,适应经营环境变化的要求。并根据市场的变化趋势和特点,有效地组织饭店各部门和员工为实现企业总目标而努力,从而以尽可能小的投入获取尽可能好的产出,提高饭店的市场竞争力和应变能力,提高饭店的经济效益。

(三)组织管理是调动饭店员工积极性的重要方法

饭店的一切工作都依赖于饭店员工来完成。在组织管理好的饭店中,员工都被合理分配到各个部门或单位,并具有明确的职责和权力,有合理的工作量规定,从而保证人力资源得到充分有效的利用。在组织管理不好的饭店中,员工职责不明、纪律松散、部门扯皮、人际关系紧张,等等。因此,只有通过加强组织管理,合理配置各种工作职位,明确权责,并安排合适的员工到合适的岗位上,才能最大限度地调动饭店员工的积极性,共同为实现饭店的经营目标而努力。

二、饭店静态组织要素

饭店的静态组织,是指饭店为实现其经营目标而由人和工作等所形成的组织结构、组织形式和组织体系,是饭店经营活动有效运行的基础和条件。饭店静态组织结构,一般包括人员、工作、职权、关系和信息五个方面的组织要素。

(一)人员

人员,是饭店组织管理的核心,其既是组织者,又是被组织者。在实际中,对人员的配置和安排应根据每个饭店员工的经验、资历、知识、能力,把适当的人员安排在适当的岗位上,从事最合适的工作,并且授予相应的职权,明确相应的责任及应完成的工作目标,充分而有效地发挥饭店每个员工的作用和能力。

(二)工作

工作,是饭店组织管理的基础,即决定为实施饭店计划而进行的活动。工作是建立在分工与协作基础之上的,分工促使饭店的全体员工共同为实现饭店目标分别从事不同的工作,从而适应专业化的分工要求。但是,分工必须有密切的协作,尤其是饭店的各项工作都是围绕饭店目标而设立,只有通过将各个员工所从事的工作有机结合、密切协作,才能有效地实现饭店的经营目标。

(三)职权

职权,是指饭店每个员工为完成某项工作而必须具备的基本条件、责任和权利。明确的职权,不仅有利于保证饭店经营活动的正常秩序和稳定,促进饭店经营活动的发展,而且能够规范饭店员工的行为,促进饭店形成一种良好的动态行为规范。因此,饭店里每个员工都必须明确自己的职权,清楚自己对谁负责,以及谁对自己负责,形成有效的组织管理"层次链"。

(四)关系

关系,是指饭店中每个员工与其外部环境之间的相互联系。具体讲,就是指饭店经营活动中经常发生的各部门之间的交往关系、员工之间的关系、员工与工作的关系、员工与宾客的关系,等等。饭店组织管理中必须处理好各方面的关系,这是关系到饭店生存和发展的大问题。因此,建立良好的饭店关系,不仅是构成饭店组织管理的灵魂,也是形成饭店良好的公众形象,提高饭店声誉和地位的重要内容。

(五)信息

信息,是饭店有效运行和发挥功能作用的重要媒介和润滑剂,是联结饭店内各部门和单位的桥梁。没有信息沟通,就没有管理;没有信息的快速传递和反馈,就没有经营效率和水平。因此,信息不仅是组织管理的基本要素,也是饭店管理的重要基础。只要加强信息管理,促进饭店内信息流动通畅有效,才能促使整个饭店组织高效率地运转。

三、饭店动态组织要素

饭店的动态组织,是运用现代行为科学理论,强调饭店的一切活动都由人来完成,因而应以人为中心来组织和管理饭店的一切经营活动,有效地实现饭店的经营目标。因此,饭店动态组织行为要素主要包括明确的目的、合理的授权、全员的参与、适时的反馈、自我的完善等五个方面的要素。

(一)明确的目的

没有明确的目的,组织活动就无法协调;没有明确的目的,就无法了解和预测每个饭店员工的行动。因此,一个有效的饭店组织系统,必须使每个部门、单位直到每个员工都有明确的目的和目标,以及达到目标的计划,这是饭店组织系统有效运行的基本要素。缺乏明确的目的和目标,饭店经营组织系统就失去存在的前提,而没有组织系统,饭店的一切经营活动就无法运行。可见,明确的目的是饭店组织管理必不可少的前提条件。

(二)合理的授权

权限,是对于饭店每个员工有效履行相应职务和调整个人活动必不可少的因素。合理的授权,就是在组织管理中根据工作和职权的相应关系,使饭店从总经理到每一个员工都有与职责相对应的权利,以充分调动每个员工的积极性和主动性,提高饭店组织运行的效率。但是授权并不是弃权不管,权力下放以后,上级应及时对下级行使权力情况进行检查,给予相应的指导和帮助,使下级最有效地行使职权。

(三)全员的参与

在一个高效率的饭店组织系统中,其员工都具有追求饭店共同目标、参与饭店经营决策的愿望。因此,在饭店组织管理中要创造一定的条件,促使饭店员工尽可能参与饭店经营事务的决策,掌握和了解饭店经营的有关情况,并促使员工在实现饭店经营目标的过程中,努力协调一致,在时间上前后衔接,在工作上相互协作,在行动上互相配合,形成具有共同价值取向的合作关系,保证饭店在和谐一致的状态中发展。

(四)适时的反馈

饭店组织系统是一个开放系统,随时都处于与外部环境相互作用之中,并与外部环境进行物质和信息的交换。因此,饭店必须建立灵敏的信息处理与反馈机制,及时反映宾客的要求和市场的需求,及时向消费者传递饭店经营产品服务的有关信息。并根据经营环境变化态势,及时调整饭店经营目标,使饭店组织的动态行为更趋近于合理性和客观性,能够适应市场而促进饭店不断地发展。

(五)自我的完善

饭店从本质上讲是一种以人为中心的集合组织,因而饭店的发展也就是员工自我完善的过程。从现代组织理论看,饭店领导者应积极引导员工树立热爱饭店、以店为家、与店共荣辱的观念;强调全体员工之间的团结友爱,增强员工的归属感;应了解和关心每个员工的意愿、目标和需求,提高员工对完成工作的满足感和荣誉感;尽量为员工发挥积极性、创造力和想象力提供条件。使员工在饭店的发展中能使自己得到不断的提高和完善,而员工的自我完善又促进了饭店优秀形象的树立。

第二节 饭店的正式组织

一、饭店正式组织的设计

饭店正式组织，是指为了有效地实现饭店的经营目标而建立的，一种规定员工之间相互关系和职责范围的权力性组织结构。饭店正式组织是为达到饭店目标而设立的，因而其应有共同的、明确的目标，应有具体的机构形式，应有明确的职责和权利，以及有规定的信息渠道和沟通方式，才能保证饭店正式组织的有效运转。因此，必须对饭店正式组织进行科学合理的设计。

（一）饭店正式组织设计应考虑的因素

饭店正式组织的设计，必须从饭店的实际出发，保证饭店组织能最有效地发挥作用，完成饭店的经营目标和任务。因此，在对饭店组织设计时，必须充分考虑以下因素。

1. 饭店的经营目的和性质。饭店经营组织的设计必须以饭店的经营目的为核心，经营目的不一样，则采取的组织形式也有差别。若饭店主要以提供住宿、餐饮服务为主，则宜采用直线—参谋制组织形式；若饭店经营目的是多样化发展，且服务项目较多，就应采用事业部制组织形式。此外，饭店的性质和类型也对饭店组织设计产生一定的影响。

2. 饭店的经营规模。在对饭店组织进行设计时，还必须充分考虑饭店经营规模的大小。若饭店经营规模不大，则宜采用集权式组织形式，组织结构简单、管理层次少；若饭店经营规模较大，则宜采用分权式组织形式，其组织结构较复杂，管理层次也较多。此外，饭店经营的地域分布，也会影响到饭店组织形式的选择。

3. 饭店的经营环境。饭店组织设计还要考虑饭店的经营环境，使所设计的组织具有一定的灵活性和应变能力。通常，若饭店经营环境较稳定，宜采用集权式组织，提高组织的运行效率；若饭店经营环境复杂多变，则应采用分权式组织形式，提高饭店的市场应变能力。

4. 饭店员工的素质。饭店员工的经验、能力对于有效地设计饭店组织具有重要的相互关系。如果员工素质水平高、自我控制能力强、主动性和创造性强，则应采用分权式组织形式，以发挥员工的主观能动性作用。若员工素质差、独立工作能力弱，则应采用集权式组织形式。但在具体管理中应注意发扬民主，吸引员工参与决策和管理。

5.同类饭店的经验。在饭店组织设计时,除考虑以上因素外,还可以参考同类饭店在组织设计与管理方面的经验和教训,结合本饭店的实际,设计出符合本饭店经营发展需要的组织形式。

(二)饭店组织设计的原则

饭店的组织设计,除了考虑各种影响因素外,根据现代组织理论的要求,还应遵循以下原则。

1.目标有效性原则。饭店的组织形式是为饭店的经营目标服务的,也就是要通过合理的组织结构、富有效率的组织活动和科学的组织管理来实现预期的经营目标。因此,饭店组织形式的选择、各种职能部门机构的设立、每个岗位职责、权限的界定都必须有利于饭店经营目标的实现,都必须有利于饭店不断适应经营环境的变化,提高管理的效率和水平。

2.权责对等原则。饭店的组织设计中,必须始终坚持权责对等的原则。因为职责与权利是组织管理中两个基本的要素,也是有效完成任何一项工作任务而不可分割的两个方面。职责,是指在确定岗位上应履行的义务和责任;权利,是指在确定岗位上应具有的行事的权力和应获取的利益。权与责的对立和统一,构成了在任何一个岗位上工作都必备的前提条件。有权无责,会导致滥用职权,甚至谋取不正当的利益;有责无权,则无法把工作做好,也缺乏内在的动力。因此,只有权责对等才能确立组织管理中的责任感和权威,从而保证组织的有效运转。

3.统一指挥原则。高度的统一指挥,是保证饭店高效率运转的前提。一个令行不止、各自为政的组织,是低效率的。贯彻统一指挥原则,要求饭店组织设计中必须使上下级之间形成一条连续不断的"等级链",任何上级都不允许超越下属的职责权限对更低一级进行直接指挥;同样,任何一个下级都只对直属上级负责,接受上级的指令和安排。只有这样,才能避免越级指挥和"多头"指挥带来的无人负责或管理混乱的局面,保证饭店各种任务、目标、指令能够有效地贯彻和执行。

4.分工协调原则。凡是社会化大生产都需要进行分工与协调,这是专门化生产的客观要求。饭店是一个由众多部门、单位和个人所组成的整体,因而要求饭店在组织设计和管理中,必须遵循分工协调原则,既要有合理分工,又要有密切协作,才能促进饭店经营活动有效地进行。贯彻分工协调原则,应注意组织机构的设置要精干、高效、节约;因事设职,因职选人;才能增强饭店组织的凝聚力,产生较高的组织效率。

5.管理跨度原则。管理跨度是指一个管理者能够直接而有效地管理下属的人数。现代管理理论认为,随着管理下属人数的增加,要处理和协调的关系也呈几何级数增长(见下式),从而管理的复杂性和难度也相应增加。

设:C——关系数

n——下属人数

则:$C=n\cdot[2^{n-1}+(n-1)]$

因此,任何管理人员管理下属的人数总是有限的。这就要求在饭店组织设计中,必须根据各项工作的性质,管理人员的知识、能力和精力,以及下属人员的素质确定合理的跨度。根据国内外的实践,通常管理跨度的最佳人数为6～8人。

二、饭店正式组织的形式

饭店正式组织的形式,按照饭店的经营特点及组织设计原则,主要有直线制组织结构、直线-参谋制组织结构和事业部制组织结构三种基本的形式。

(一)直线制组织结构

直线制组织结构,是最早、最简单的一种组织结构形式。其特点是饭店内各种机构和部门按照纵向系统直线排列,形成自上而下的指挥系统,每个下属只接受一个上级的直接领导。其组织结构如图6-1所示。

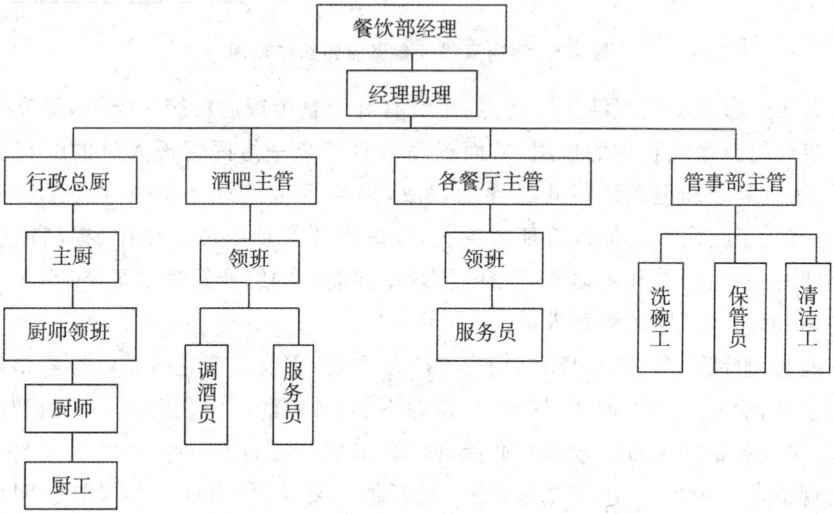

图6-1　饭店直线制组织结构图

直线制组织结构形式的优点:一是机构简单、决策迅速;二是职责清楚、权限明确、责任心强;三是权力集中,上下联系简捷,有利于统一指挥,提高组织效率。

直线组织结构形式的不足:要求饭店经营管理人员具有全面的经营管理知识和业务能力,并具有较强的综合协调能力和指挥能力;集权过多,缺乏横向的协调和配合,一旦饭店经营规模扩大或产生复杂问题,就会出现不适应状况。因此,这种形式一般只适用于规模较小、员工人数不多的小型饭店。

(二)直线一参谋制组织结构

直线-参谋制组织结构,也称为直线职能制,它是把按纵向系统的统一指挥与横向职能的参谋作用有机结合起来,并以纵向统一指挥为主,职能参谋为辅的一种饭店组织结构形式。其主要特点是既保持了纵向系统的统一指挥的优点,又充分发挥职能参谋部门的作用,从而提高了饭店的经营管理效率和水平。其组织结构如图 6-2 所示。

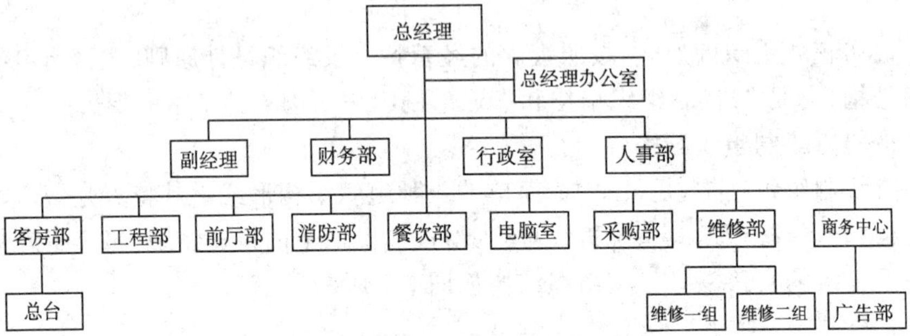

图 6-2 饭店直线一参谋制组织结构图

直线—参谋制组织结构的优点:①既有利于整个饭店的统一指挥,又充分发挥职能部门专业化管理的作用,从而提高了直线统一指挥管理人员的经营管理水平;②有利于加强直线行政领导的权威,提高饭店经营活动的有效性和高效性;③有利于突出饭店经营管理的主次,发挥专业管理人员的作用,提高饭店专业管理的水平;④有利于培养有较强行政指挥能力的综合管理人员,特别是饭店总经理、部门经理层的管理人员。

但是,直线—参谋制组织结构也有不足之处,主要表现在行政领导容易包揽一切事务,而对职能管理部门的作用发挥不够;各职能部门之间横向沟通和协调性差;在业务指导上直线领导与职能部门会出现一定的矛盾冲突;特别是当饭店经营规模进一步扩大,市场竞争剧烈,经营情况复杂时,直线—参谋制也明显地不适应饭店经营发展的需要。

(三)事业部制组织结构

事业部制组织结构,又称为部门化组织形式,其特点是在饭店总经理统一领导下,把饭店各经营部门划分成若干相对独立的经营单位,授予相应的权利,独立从事经营活动，是一种实行集中决策、分散经营的分权组织结构（见图 6-3）。

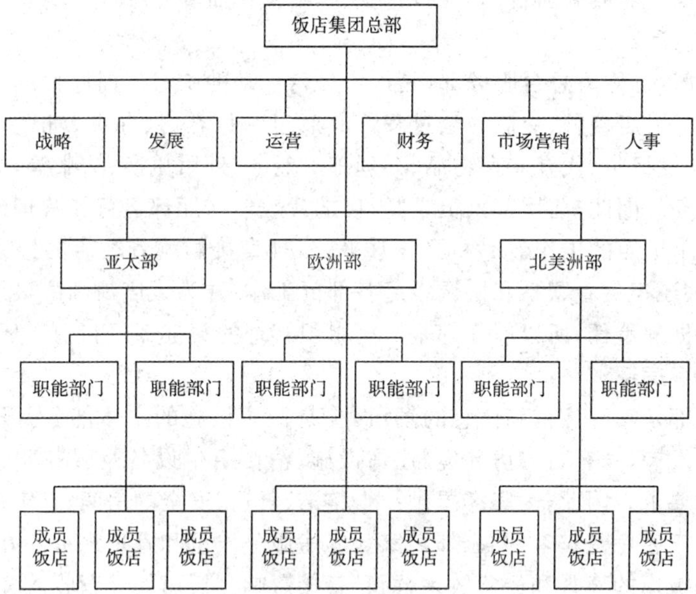

图 6-3　饭店事业部制组织结构图

事业部制组织机构的优点：①有利于饭店高层管理人员摆脱日常行政事务，集中精力抓好饭店的经营发展战略和重大经营决策；②有利于面向市场、分散经营，提高饭店经营管理效率，增强饭店的应变能力，提高服务质量和水平；③有利于考核各事业部的经营业绩，促进各事业部之间进行比较和竞争，调动各方面的积极性和主动性；④有利于培养独立、全面主持饭店经营管理工作的高级经营管理人才。

事业部制同样也存在着一定的不足之处，表现在各事业部之间容易形成部门狭隘观念，而忽略饭店整体利益；部门之间横向协调差，不利于人才的流动；机构重叠而导致管理费用增加，利益协调困难等。因此，应根据饭店实际情况而灵活采用。

三、饭店功能组织结构

饭店功能组织结构，是根据饭店为宾客提供各种饭店产品和服务来设置。按照与宾客接触的情况，可将饭店划分为前台部分或称为营业部门和后台部分或称为职能部门两大块。前台部分（营业部门）是按宾客进入饭店后的活动周期设置，一般包括前厅部、客房部、餐饮部、康乐中心、商品部等。后台部分（职能部门）是按照饭店提供最佳服务要求来设置，一般包括销售部、工程部、财务部、安全保卫部、人事部等。有的饭店还设置有党组织、工会、共青团、妇女组织机构。

下面重点对饭店前台部分的功能组织结构作简要介绍。

(一)前厅部

前厅部,也称为总台服务部,是饭店经营活动的中心。前厅部的工作始终贯穿于宾客与饭店接触、交流的全过程。其通过预订客房、办理登记手续、安排住宿房间、分发行包、代客储存物品、办理邮电业务、外币兑换、结账等,为宾客提供全面的服务。因此,前厅部人员是“饭店的代表”,前厅部运行和管理的水平不仅反映了整个饭店的工作效率和服务水平,而且直接影响着饭店的经营收益。此外,前厅部还担负着联系和协调饭店各部门工作,并为饭店最高决策层提供决策信息和数据的重任,所以前厅部是饭店组织管理的关键部门和中心环节。

(二)客房部

客房部是宾客住宿和休息的场所,也是饭店设施的主体部分。随着现代化旅游业的发展,宾客对客房环境、住宿设施、清洁卫生设备及服务质量等都提出了很高的要求。因此,为宾客提供一个整洁、舒适、安全的房间,是客房部的主要任务。由于客房是宾客的“家外之家”,客房服务质量和管理水平的好坏,不仅关系到整个饭店的声誉和经营效果,而且直接影响到饭店的经营收入和效益高低,因而必须妥善地搞好客房部管理,不断提高饭店的经营管理水平。

(三)餐饮部

餐饮部是饭店中的一个重要部门,它不仅能够满足宾客对食物、饮料和良好服务的要求,也是饭店的主要经营收益单位和营利部门。随着社会经济的发展和人们生活质量的提高,人们对餐饮的要求越来越高。既要求餐饮食品卫生、可口和美味,又要求花样、种类较多,能满足人们多样性的消费需求。因此,许多大中型饭店不仅拥有中式、西式餐厅,宴会厅、咖啡厅等,而且还附设各种酒吧、音乐茶座等设施,满足宾客的需求。正是由于饭店餐饮服务的质量水平和风格特色,在一定程度上对饭店的总体经营水平产生着重要影响,因此餐饮组织管理也是决定饭店经营成败的关键部门。

(四)商品部

饭店商品部,又称为购物商场或购物中心。通常,住店宾客在满意的旅游活动之后,若能够在饭店商品部买到合适的、具有特色的礼品或纪念品,以馈送亲友或留作纪念,必然会大大增加对饭店的好感,并留下深刻的印象。而饭店商品的扩散,尤其是有饭店标志的商品,本身就起到宣传促销作用。因此,不能忽视饭店商品部的功能,必须尽力提高饭店商品部的经营特色及管理水平,更好地实现饭店的经营目标。

(五)康乐中心

康乐中心是以满足宾客多种需求而设置的附加服务。当宾客在得到食、住、行、游、购需求满足后,总是希望能更多地欣赏异国或异地的文化艺术、音乐舞蹈等,甚至希望能了解东道国人民的生活习俗,从而既增长知识,又消除旅游活动中的疲劳。因此,饭店要尽可能建立各种富有特色和情趣的娱乐设施、健身服务,以满足宾客的多样性需求,并提高饭店的经营效益。

饭店前台部分除了设置以上几个主要部门,为宾客提供必需的服务外,许多饭店还设有总机、商务中心等部门,为宾客提供各种电信业务、会议、商务洽谈、文秘服务,以及各种出租、委托和特别服务,以最大限度地满足住店宾客的各种需求,让宾客对饭店周到而细致的服务留下深刻的印象。

第三节　饭店的管理体制

一、饭店管理体制的合理性

饭店管理体制,是对饭店的组织体制、领导体制和各种管理制度的构成及职责权限作出划分与确定,是饭店组织管理有效进行的前提和保证。饭店管理体制的合理性,既是饭店自身生存和发展的客观需要,也是由社会政治、经济制度的性质所决定的,并随着饭店的经营环境变化而不断调整和改善。根据现代管理的要求,结合我国饭店的管理实际,合理的饭店管理体制应符合以下几方面要求。

(一)适应社会生产力发展的要求

现代饭店是一个分工严密、协作关系复杂的经济实体。为了建立统一的、高效率的管理体制,必须适应现代饭店业发展的要求,适应社会生产力发展的特点,形成富有效率的组织体制和领导体制,建立规范、标准的管理制度,使饭店能够充满活力、高效率地运行,并不断提高饭店的经济效益。

(二)适应社会主义市场经济发展的需要

社会主义市场经济是一种开放型经济,而饭店又是直接与国际市场接轨经营的现代企业。因此,饭店的管理体制既要符合我国社会主义经济建设的需要,坚持社会主义企业的经营方向,又要适应现代市场经济的客观要求,有利于形成合理的经营机制,并符合国际经营惯例的特点和要求,促进我国饭店走向国际市场,积极参与国际分工与竞争。

(三)适应社会主义政治、经济制度的要求

在现代经济中,任何企业的管理体制都是与一定的社会制度相联系,并适应于一定社会政治制度、经济制度的客观要求。因此,我国饭店的管理体制也必须适应我国社会主义政治、经济制度的要求,在切实保护国有财产不受侵犯和损害的前提下,实现多种所有制并存,形成灵活多样的经营方式,充分调动广大饭店员工的积极性和主动性,增强饭店的经营活力。

二、饭店的领导体制

饭店领导体制,是指对饭店经营活动中领导权力与责任的划分,并以制度形式作出的规定。其包括对各种领导权力的界定、相应机构责权的划分及相互关系的协调,是关系到饭店能否有效进行经营活动的重大问题。

现代饭店的领导权可大致划分为决策权、指挥权和监督权三个方面。决策权,是指对饭店的经营发展目标、经营发展战略及经营方针等重大问题的决策权,其直接关系到饭店的生存和发展,因而主要归属于由股东大会所选举出来的董事会所掌握。指挥权,是对饭店日常经营活动的行政领导权,其关系到饭店如何最有效地配置资源,提供优质的服务,因而其权利归属于饭店的行政领导部门,即总经理层。监督权,是指从饭店的出资者的利益出发,对饭店经营活动进行全面监督的权利,并保证出资者的利益不受损害,其主要属于饭店的监事会掌握。饭店上述三方面领导权力,既相分离,又相互联系、相互制约,从而构成了现代饭店与之相适应的领导制度。

(一)董事会

饭店董事会,是由饭店股东或所有者选出的董事所组成,是代表股东或所有者全权处理饭店重大经营管理活动、作出经营决策的主要机构。董事会直接向股东大会或所有者负责,并保证饭店出资者获得应得的利益。

董事会作为饭店的最高决策机构,其在饭店经营活动中的主要职权是:①决定召开股东大会并向股东大会作报告;②执行股东大会决议,协调饭店与股东之间的关系;③选聘、任免饭店的总经理及其他高级职员(副经理、总会计师等);④对饭店的经营发展战略、发展方向和目标等作出决策和计划;⑤决定饭店的筹资方式和计划,审定饭店投资项目及大额资金的使用;⑥检查饭店经营和财务状况,审议饭店的年度财务款、决算;⑦决定饭店的分立、合并、承包、终止等重大事项;⑧制定饭店的章程及履行相应职权。

饭店董事会应定期召开会议,对饭店经营中的重大问题作出决策。董事会开会时,所有董事均应亲自出席会议,并履行自己的职责权限。因故不能出席会议,应以书面委托其他董事代理,并写明授权范围。董事会由董事长主持召开,董事会议内容应作出记录备查。董事会议作出的决策或决定，由饭店总经理负责执行，并将执行结果在下一次会议上进行报告。

（二）经理部门

饭店的日常经营活动，主要由以总经理为首的经理部门来承担。经理部门应全权贯彻执行董事会作出的各种决策和决定，并对董事会负责。同时，以总经理为主对饭店的一切经营活动进行指挥、调度和控制。为了确保经理部门最高指挥的权威，使饭店的经营活动能够有效地进行，通常都采取经理负责制，即由总经理统一领导和指挥整个饭店的经营活动。而饭店的副总经理及其他高级管理人员，均由总经理提名，由董事会任命，主要协助总经理完成经理部门的职责。

经理人员，尤其是总经理，是饭店经营活动的总指挥和最高领导，因而在选择经理人员时必须充分考虑经理人员的知识素质、心理素质、智能素质及身体素质，使经理人员赴任后能够有效地完成自己的职责，为饭店带来最佳的效益。

（三）监事会

监事会是饭店资本营运的监督机构，负责监督、检查饭店资本运营及经营管理的状况，并对饭店董事会及经理人员行使监督职能。由于监事会成员也是由股东或所有者选举产生，并且与董事会相分离，从而使监事会的监督活动具有独立性，从而保证了监事会工作的公正性和客观性。

饭店监事会的职权主要有：①列席董事会议；②监督董事、经理人员有无违法、违纪行为；③检查公司业务、财务执行状况；④审核董事会提交股东大会的各种报告，对有影响的问题可组织进行复查；⑤对饭店各级不称职的经营管理人员提出处分和罢免的建议；⑥可建议召开临时股东大会，并代表股东与董事交涉或起诉。总之，监事会的根本目的，就是要防止董事会滥用职权、谋取私利、甚至侵害饭店权益，以便使饭店在有效监督的条件下，健康地运营和发展。

三、饭店的行政管理体制

饭店行政管理体制，是纵向组织体系的管理，建立自上而下的四级组织层次，并落实各层组织的业务范围、经营管理职责和权利，以保证饭店各项经营活动能够顺利地进行。四级行政管理体制主要包括总经理层、部门经理层、主管（领班）层和服务员层，从而构成一种梯形的行政组织机构。

（一）总经理层

总经理层，是饭店行政管理的最高领导层和日常经营决策者，其一般由总经理、副总经理、总会计师、总工程师等所组成。副总经理协助总经理管理饭店的日常经营事务，而总会计师、总工程师则协助总经理进行专业化管理，并对饭店财务管理、饭店工程设备管理等工作向总经理负责。

饭店总经理全面执行饭店董事会的决策，并全权负责饭店的一切经营事务和管理。饭店总经理的主要职责是：制定饭店的经营方针，确定饭店发展的战略目标和经营计划；对饭店日常经营服务和管理等问题作出决策；组织和领导饭店全体员工，向宾客提供满意、周到的服务，并不断提高服务质量和经济效益；积极扩大饭店的对外联系和业务交往，不断扩大或调整饭店的经营业务；努力培养和造就一支高素质、高水平的员工队伍，形成一流的员工、一流的服务和一流的管理。

饭店总经理层要有效地完成以上职责及相应任务，除了应该拥有对饭店人、财、物的统一调配、使用和领导权外，还应具有较强的组织管理和领导能力，并注意不断地提高自己的能力，丰富自己的知识。

（二）部门经理层

部门经理层，是饭店的中级管理人员，也是饭店的中坚力量。他们负责把饭店的经营目标和计划具体转换为本部门、单位的具体工作。具体讲，就是由部门经理根据饭店的总目标和计划，结合本部门业务实际，确定本部门的经营目标和策略，确定具体服务的程序和标准，有效地组织本部门员工及时地提供各种优质的服务，并不断改善和提高各部门的服务质量和水平。

作为一名部门经理，不仅要求熟悉本部门的业务知识，掌握有关的饭店服务标准、服务程序和服务技能；同时还应该有较强的实际业务技能和较高的服务水平，具有独立组织和领导一个部门的综合管理能力。

（三）主管（领班）层

主管层，是饭店的基层管理人员，也是饭店各项经营服务和管理活动的具体组织者和实施者。主管层的主要职责，就是根据饭店各部门的经营目标和计划要求，全面组织本单位员工按照经营服务要求，提供高质量的饭店服务或后台服务，保证饭店各项经营业务活动的顺利进行。

由于主管层是饭店的一线领导者，除了组织管理工作外，还要随时指导或协助本单位员工搞好各种服务工作。因此，主管除了应具有丰富的饭店经营服务知识、一定的组织管理能力外，还应该非常熟悉本单位各项服务工作的程序、标准及要求，具有较强的服务技能、服务技巧和服务水平，能够很好地带领本单位员工完成计划目标所规定的各项工作。

（四）服务员层

服务员，是饭店向宾客提供各类服务的直接人员，也是饭店经营活动的主体人员。由于饭店各项经营服务活动主要是通过饭店服务员的辛勤劳动、热情周到的服务所体现出来，因此饭店服务人员的素质（包括形象、仪表、礼貌、语言等）、业务技能、服务技巧及交际应变能力都会直接影响饭店的服务质量、对外形象和经济效益。

通常，对饭店不同服务岗位的人员都具有明确的服务标准、服务程序和要求，有明确的工作范围和职责，并要求服务人员严格按照岗位责任制的规定提供合格、优质的服务。

四、饭店的管理制度

饭店的管理制度，是用文字的形式，对饭店各项管理工作和服务活动作出的规定，是加强饭店管理的基础，是全体员工的行动准则，是饭店进行有效经营活动必不可少的规范。饭店管理制度的内容和形式都很广泛，概括起来主要包括基本制度、专业管理制度、岗位责任制度和经济责任制度四个方面。

(一)饭店基本制度

饭店基本制度，是有关饭店进行各种经营活动的指导规范，包括饭店的董事会制度、股东大会制度、经理负责制度、职工代表大会制度等等，其中经理负责制是最重要的制度之一，经理对上要执行董事会的决策，保证整个饭店在国家方针、政策指导下，合法、有效地经营；对下要行使行政指挥系统的最高权力，对饭店经营活动和管理进行统一指挥和协调，并充分调动饭店员工的积极性，努力实现饭店的经营目标。

(二)饭店专业管理制度

饭店的专业管理制度，是指为了保证饭店经营活动的正常进行，保证经营服务过程中各环节的协调，实现饭店各项专业管理职能而制定的各种管理工作的规范，是饭店管理制度的重要内容。其具体包括饭店经营计划、技术、财务、质量、设备、动力、安全、劳动、环保、营销、人事及部门、班组等方面的管理制度，也是各职能部门有效履行职能责任的重要依据。

(三)饭店岗位责任制度

饭店岗位责任制度，是根据饭店内各不同工作岗位而规定的工作内容、服务程序、服务标准及职责权限的制度。饭店岗位责任制是保证饭店优质服务的前提，是不断提高饭店服务质量的依据。因此，必须不断地建立和健全岗位责任制，使每一个岗位都有严格的分工、明确的责任，从而形成相互联系、相互协调的饭店责任体系。

(四)饭店经济责任制度

饭店经济责任制度，是在社会主义市场经济条件下，以提高饭店经济效益和社会效益为目标，实现责、权、利、效相结合的一种经营管理制度，也是有效地调动饭店各部门和员工积极性的一种现代化管理方法。

饭店经济责任制的实施，是根据饭店经营目标，按照责、权、利、效相结合的原则，把各项经济指标分解，并层层落实到各部门、单位和个人；然后提供相应条件，提出要求，以保证经济责任的落实和目标的完成。通过个人目标、单位目标和部门目标的实现，最终保证饭店经营目标的实现。

第四节　饭店的非正式组织

一、饭店非正式组织的类型

（一）非正式组织的概念

饭店管理中的非正式组织是相对于饭店正式组织而言的，饭店正式组织是通过认真设计而形成的，目的是通过组织来完成饭店的经营目标。而非正式组织是自发产生的，是在饭店的正式组织结构中，饭店员工为寻求正式组织不能满足的共同心理需要而自然形成的一种群体。

非正式组织的存在是一种客观观象。只要正式组织不能完全满足人们的心理需求，人们就会在正式组织以外寻求满足需求的条件和可能，就会产生非正式组织。尤其是在我国建立社会主义市场经济过程中，新旧两种体制转换过程中，会产生各种各样的利益关系的调整、摩擦和对立，而导致饭店员工产生不同的看法、心理状态及行为，从而形成各种不同的非正式组织。因此，饭店经营管理人员必须正视饭店员工中各种非正式组织的存在，并且重视和加强对非正式组织的研究和运用，以充分调动广大职工的积极性、主动性和创造性，从而提高饭店的经营管理水平和效率。

（二）非正式组织的类型

非正式组织的类型和形式很多，从饭店经营管理的实际看，可以按照非正式组织的行为特征、人员构成及影响作用进行分类。

1. 按非正式组织的行为特征，可将非正式组织划分为利益型、学习型、兴趣型和情感型四种形式

利益型，是以非正式组织成员有共同的利益需要而形成的非正式组织，其目的就是要满足和维护成员对某种共同利益的需求。学习型，是以实现某一重大目标为基础而形成的非正式组织，其目的是满足成员在知识、思想、信仰、志向等方面的追求。兴趣型，是以饭店员工个体心理特征为基础而形成的非正式组织，其目的是满足成员的共同兴趣和爱好。情感型，是以饭店员工日常建立起来的深厚情感为基础而形成的非正式组织，以满足成员间共同的思想交流、情感沟通

等方面的需求。

2. 从非正式组织的人员构成，可分为纵向型、横向型、网络型、内外型和亲缘型五种形式

纵向型，是指非正式组织的成员是由饭店中各不同管理层次和服务层次的人员所组成，从目的讲，多属利益型或情感型。横向型，是指非正式组织的成员主要来自饭店同一层次的不同部门或单位，从目的讲多属于兴趣性和情感型等。网络型，是指非正式组织的成员兼容了纵向和横向两种非正式组织形式，因而其错综复杂地形成一种网络型人员集合。内外型，是指构成非正式组织的成员不仅有饭店内部员工，也有饭店外部人员。亲缘型，则是指具有一定亲缘关系的员工所组成的非正式组织，亲缘型的非正式组织成员在饭店经营管理中常产生连锁反应，因而应加倍重视。

3. 从非正式组织的作用可以划分为积极型、无害型、消极型和破坏型四种形式

积极型，是指非正式组织的行为特征符合饭店的经营目标要求，从而对饭店正式组织的有效运行具有积极的推动作用。无害型，是指非正式组织的目标和行为特征，虽然不符合饭店经营目标要求，但也不对饭店经营活动造成任何危害。消极型，是指该类非正式组织没有明确的目标和稳定的行为特征，如员工常聚在一起酗酒、赌博等。表面上对饭店经营活动没有什么影响，但实际上却对饭店职工的思想、观念、行为、纪律等有极大的消极作用。破坏型，是指对饭店正式组织产生一定的对抗心理，甚至在思想上，工作中及行为特征方面与饭店相逆行事，其在饭店中虽然很少，但危害较大，要慎重对待和处理。

二、饭店非正式组织的特点

在饭店经营管理中，无论哪一种形式的非正式组织，都具有共同的、区别于正式组织的特点。正确认识这些特点，对于引导和利用非正式组织，更好地为正式组织服务，是非常重要的。非正式组织的特点，归纳起来主要有以下几方面。

(一)非正式组织凝聚力高

在饭店的非正式组织中，由于成员都是以相近的心理特征和共同的需求为前提，并且是自发形成的，因而成员之间感情亲密，相互信任、互相帮助，从而具有较高的凝聚力，把全体成员紧密地结合在一起。

(二)非正式组织协调性好

在饭店的非正式组织中，有比较通畅的、快速的信息交流渠道。由于成员之间信息交流快、思想沟通容易，因而能较快地传递各种信息，传递非正式组织的价值观、态度及行为，从而使成员的行为易于调整而趋于协调。

（三）非正式组织控制性强

正式组织是通过纪律、权威来约束成员的行为。而非正式组织则是以一种不成文的社会规范来约束成员的行为，因而其成员的从众行为、社会化倾向都十分强烈。而这种无形的规范，不仅会强化组织成员的行为和态度，而且有一种无形的控制力和压力，迫使成员自觉服从。

（四）非正式组织激励力强

饭店非正式组织中，其成员的集体意识十分强烈，每个成员都不甘落后，都会积极努力、争先恐后地完成组织的任务和目标，而且还不追求任何物质的回报。正是由于非正式组织强调心理上的满足，从而对其成员具有较高的激励力和影响作用。

（五）非正式组织影响性大

非正式组织在饭店经营管理中的影响作用是非常大的。这不仅表现在对其成员的观念和行为的影响，还表现在对周围人员，尤其是饭店其他员工的影响。因此，如果正确引导非正式组织，利用其影响力大的特点，可以促进饭店正式组织的任务和目标更有效地实现。

（六）非正式组织信服性高

在饭店的非正式组织中，也有领导人物或核心人物。由于非正式组织的领导人是自然形成和产生的，因而这些领导人物都具有很高的威信，能左右整个非正式组织成员的思想和行为。同时，这种信服性也比一般正式组织要高得多。

三、有效运用饭店中的非正式组织

正确认识、看待饭店管理中的非正式组织，并根据其特点而有效地加以利用，对于提高饭店经营管理水平具有十分重要的意义。从我国饭店经营管理的实际看，有效地运用非正式组织的作用，应从以下几方面考虑。

（一）端正对饭店中非正式组织的认识

要正确、全面地看待饭店中的非正式组织，端正对非正式组织的认识。承认非正式组织在饭店中存在的客观性，充分认识非正式组织对饭店正式组织和经营管理的两重性作用，提高对非正式组织研究和运用的自觉性和主动性，积极对饭店中的非正式组织进行科学的分析和研究。

（二）转变对饭店中非正式组织的态度

在充分认识饭店中非正式组织的客观性和重要性基础上，要切实转变对非正式组织的态度。要通过合理利用非正式组织的优点，为实现饭店的经营目标服务；要利用非正式组织信息沟通灵敏的特点，收集和了解饭店员工的需求、期望和思想状况，有针对性地引导饭店员工的行为；要根据不同的非正式组织的类型和特点，采取不同的态度和行为，引导各种非正式组织围绕饭店的经营目标而努力。

（三）改变对饭店非正式组织的做法

在我国传统的企业管理中，把非正式组织视为“宗派”、“拉小圈子”，予以取缔和压制。因此，必须从方法上改变对饭店非正式组织的做法。可以通过目标引导法，把饭店经营目标同饭店员工的切身利益结合起来，引导非正式组织的目标向饭店经营目标靠拢。可以通过开展文明经营、优质服务等活动，运用环境诱导法影响和改变非正式组织成员的心理意识和需求，适应饭店经营发展对员工的要求；可以通过兴趣转移法，针对饭店员工的心理特征，举办各种有益的非正式群体活动，把饭店员工的兴趣、爱好逐渐转移到饭店经营目标范围之内；还可以通过对非正式组织的领导人及核心人物的引导和作用，带动整个非正式组织的积极作用。

（四）加强对饭店非正式组织的研究和控制

为了充分利用和发挥饭店非正式组织的作用，必须加强对饭店非正式组织的研究、利用和控制。因此，首先要加强对饭店正式组织的合理协调和领导，使饭店每个员工能够在正式组织中得到全面的个性发展，从而削弱产生非正式组织的条件和基础。其次，饭店的各级领导和有关部门要加强对饭店非正式组织的研究、分析，了解和掌握饭店中非正式组织的类型、数量、特点及构成，以便有的放矢地进行各种引导和改造工作。最后，要注意限制消极型非正式组织的活动，坚决取缔破坏型的非正式组织，促进积极型非正式组织的发展，使饭店员工真正围绕饭店经营目标，充分发挥自己的主动性、创造性和聪明才智。

第七章　饭店经营业务管理

饭店是为宾客提供以住宿、餐饮为主的综合性服务企业，因而饭店的主要经营业务就是如何为宾客提供高质量、高水平的前厅接待服务、客房服务、餐饮服务和康乐服务，并通过对这些经营业务的科学管理，促进饭店不断提高经济效益和社会效益。

第一节　饭店前厅管理

前厅部是饭店接待宾客的重要部门，是饭店对客服务的起点，也是客人离店的终点，它负责指挥协调饭店前厅一切工作职能。其质量的高低不仅反映出饭店工作的效率、服务质量和管理水平的好坏，还直接影响到客房出租率和饭店的经济效益水平。

一、前厅部概述

前厅，又称大堂、大厅，从空间上讲是指饭店大门到饭店客房、走廊、餐厅等营业区之间的供宾客自由活动的公共区域；从业务上讲是指负责销售饭店产品和服务、组织接待宾客、为客人提供订房、登记、分房、行李、电话、留言、邮件、委托代办、商务、退房等各项业务，以及为饭店其他部门提供信息的综合性服务部门。

在饭店中，前厅部接触面广、业务复杂，具有举足轻重的地位和作用：第一，前厅部是饭店的门面，前厅员工的形象及服务态度、前厅设施与环境的设计等都会影响宾客对饭店及其产品的评价；第二，前厅部是饭店的销售窗口，控制着饭店收入的核心；第三，前厅部是饭店的信息枢纽，每天生产和处理大量的信息；第四，前厅部是建立良好宾客关系的重要环节，前厅服务是提高客人满意程度的重要因素。

前厅部的主要任务是：第一，销售客房；第二，控制客房状态；第三，提供各项前厅服务；第四，宾客关系管理；第五，信息收集与处理；第六，负责客账管理；第七,建立客史档案。

前厅部的组织机构一般是根据饭店规模、经营特点、管理模式进行设置的,常见的有三种形式:大型饭店前厅部组织机构、中型饭店前厅部组织机构、小型饭店前厅部组织机构。见图 7-1,图 7-2,图 7-3。

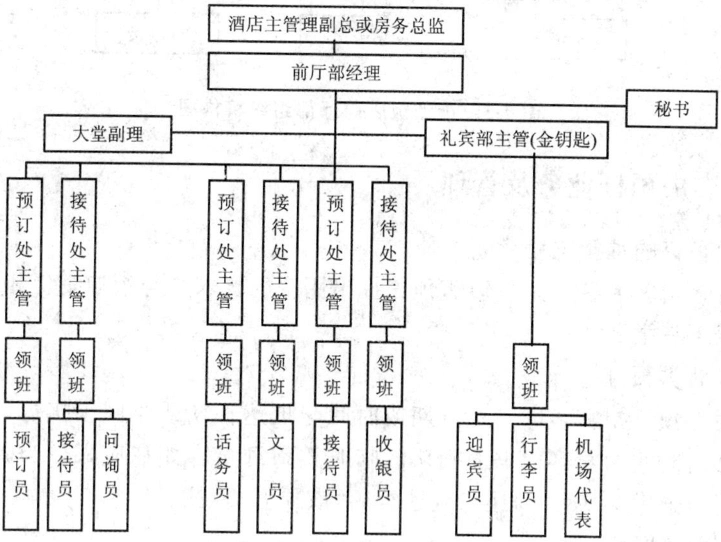

图 7-1　大型饭店前厅部组织机构图

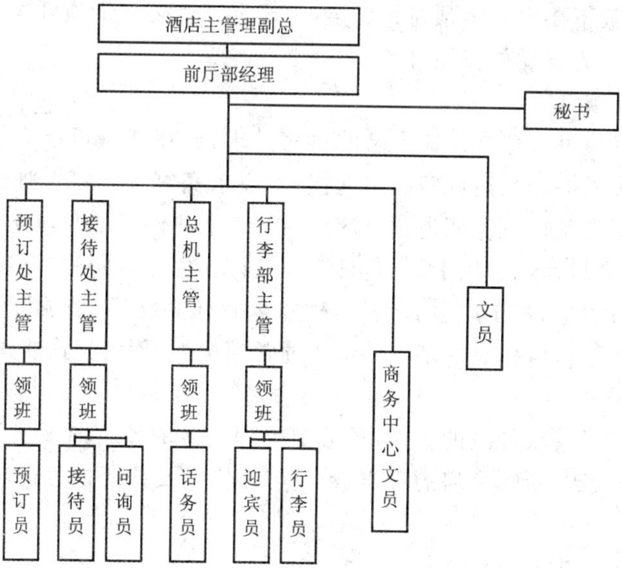

图 7-2　中型饭店前厅部组织机构图

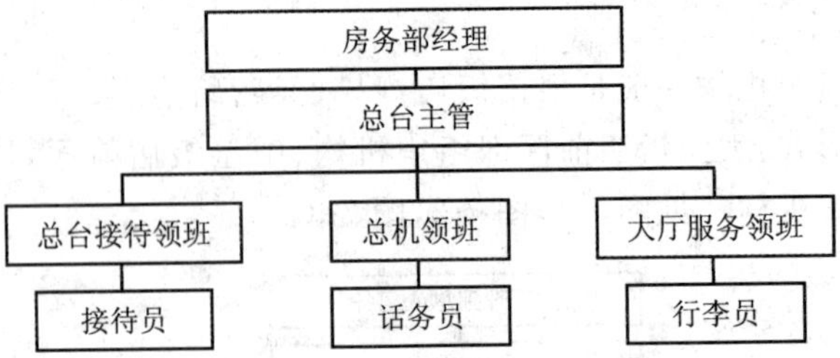

图 7-3 小型饭店前厅部组织机构图

二、客房预订业务及管理

(一)预订的种类与程序

预订是指客人在未到达饭店预先提出用房的要求。与饭店责任相关的预订通常有以下三类。

1. 临时类预订

临时类预订指宾客的订房日期或时间与抵达日期或时间很接近,饭店一般没有足够的时间给宾客以书面确认。临时类预订宾客如在应入住当天的“取消预订时限”(通常为 18:00)还未到达饭店,该预订即被取消。

2. 确认类预订

确认类预订指宾客的订房要求已被饭店接受,而且饭店以口头或书面形式给予确认,一般不要求宾客预付预订金,但规定宾客必须于预订入住日的规定时限到达,否则视为自动放弃预订。

3. 保证类预订

宾客可以预付订金来保证自己的订房要求,或在旺季饭店为了避免因预订宾客擅自不来或临时取消订房而引起损失,要求宾客预付订金加以保证。这类预订称为保证类预订。保证类预订使饭店与未来的住客之间建立了更牢靠的关系,宾客可以通过使用信用卡、预付订金以及订立商业合同的方式订房的担保。

在订房过程中,员工应遵守预订程序,掌握订房技巧,是预订业务规范管理和预订服务水平得以提高的基本保证。通常情况下,预订工作要遵守以下程序。

1. 预订受理

客房预订是一项细致的工作,预订员受理宾客的预订时要了解住宿宾客的姓名、性别及人数、所需客房的种类、数量与价格以及预期抵店日期、到达时间等基本信息。

2. 接受或婉拒预订

如宾客的上述需求与饭店的接待能力相吻合,则接受预订,否则应婉拒。在婉拒宾客预订要求时，应主动提出可供宾客选择的建议。例如，根据当时的实际情况建议宾客作些更改，或将宾客列入等候名单。

3.预订确认

预订员在了解宾客的预订要求后，应立即将宾客的预订要求与饭店未来时期的客房利用情况进行对照，决定是否可以接受宾客的预订。如果可以接受，需要对宾客的预订加以确认。确认方式有口头确认和书面确认两种。

4.复核预订

如果宾客的预订日期离抵店日期较远，在宾客抵店前预订员应通过信件或电话等方式与宾客进行再次复核，以免宾客由于多种原因取消或变更预订。

5.预订的更改与取消

虽然预订已被确认，但宾客在抵店前，还是可能对预订内容作出更改，甚至取消。预订员必须填写预订变更单或预订取消单，将取消的订房资料归入取消类存档，将变更的订房资料与预订变更单汇总。

(二)客房预订信息管理

客房预订信息及预报是订房的重要依据，掌握全面的预订与接待信息是准确订房的关键。这就要求预订员必须每天将客房预订情况及订房宾客的资料等提前一天或数天预报给接待处，并到接待处核对客房状况，了解住店宾客离店时间和各类宾客预订住宿天数，核对预订控制表，防止客房预订和已住客房发生冲突；或由接待处将前一天的房间情况向预订处报告，使其了解和掌握可销售客房的情况。

(三)房态控制

客房是饭店最主要产品，也饭店的高利润产品，准确的客房状况资料是前厅预订和总台接待员分客、定价的依据，要最大限度地销售客房，房态控制是基本的也是关键的管理环节之一。

1.客房状态

常见客房状况包括住客房、空房、走客房、待修房、保留房、在外过夜房、携带少量行李的住客房、请勿打扰房等。

2.房态控制要点

在客房状态的控制过程中，房态状况信息是管理的关键。首先对客房使用状态的记录要准确，由于每天都有客人入住或退房的情况，客房状况随时处于变化之中，这就要求存储客房状态信息的接待处要随时更新房态信息。其次，更新后的房态信息要保持即时流通，前厅预订、接待、收银和客房部都与客房状态控制有关，每个部门业务的开展和变化都会引起房态信息的变化，所以各部门之间应随时沟通信息。

(四)超额订房控制

超额订房是指饭店在订房已满的情况下,再适当增加订房的数量,以弥补少数宾客临时取消预订而出现的客房闲置。超额订房是一种有风险的行为。

做好超额订房的关键在于掌握超额订房的数量和幅度。按国际饭店的管理经验,超额订房的比例可以是5%～15%左右;但各饭店应根据自身的实际情况,合理掌握超额预订的比例。

三、前厅接待业务及管理

前厅接待是连接客房预订和客房部的桥梁,也是前厅服务与管理的中枢。前厅接待的主要业务范围有:掌握客房出租变化,及时提供有效房源信息;接待住店宾客,办理有关入住手续;分配宾客房间;掌握住店宾客动态及情报资料,建立客户档案;协调对客服务,等等。

(一)接待业务程序

1.识别宾客有否预订

宾客抵店时,首先询问宾客有否预订。若宾客已订房,则核实其订房主要内容并办理手续。对于未经预订直接抵店的宾客,首先应该询问宾客的住宿要求,同时查看当天的客房预订状况及可售客房的情况,再根据宾客需要向其介绍客房情况及饭店的其他设施及服务项目。

2.办理入住登记手续

入住登记程序一般包括核实宾客有无订房,请宾客填写入住登记表,核对身份证件,发给宾客房卡,引领宾客进房,将有关信息输入电脑,建立相关档案等步骤。不过,散客入住登记程序、贵宾(VIP)接待程序、预订的团体入住登记程序各不相同。

3.排房、定价

宾客日趋个性化的消费需求及其饭店个性客房的增多,使接待员的排房工作更加复杂。接待员应根据不同宾客的喜好与习惯推荐相应种类的房间,如商务套房、无烟客房、女子客房、家庭套房等。同一种类的客房也因所处位置、景观、内部主色调、装饰、配备设施的不同而存在着差异。客房确定后,接待员就可在价格范围内,或根据饭店的信用政策条文给宾客定价。目前,大多数饭店都将一定的打折权限下放给前台员工,宾客也习惯于和接待员砍价。

4.确定付款方式

确定付款方式的目的,是为了决定宾客住店期间的信用限额及加快退房结账时的速度。不同的付款方式所给予的信用限额不同,宾客常采取的付款方式有信用卡、现金及转账等。对于采用信用卡结账的宾客,接待员应首先确认宾客所持信用卡是否是饭店所接受的信用卡，并在有效期内。对于以转账方式付款的宾客，一般都是在订房时就向饭店提出要求，并已获批准。

5. 分发钥匙或房卡

排房、定价、确定付款方式之后，接待员应制作房卡，分发房门钥匙，安排行李员运送宾客行李。有些饭店还为宾客提供用餐券、免费饮料、宣传品等。之后接待员还应将宾客住宿信息迅速通知总机及客房服务中心，并改变电脑记录，更新客房状态表。

6. 建立客史档案

对于使用信用卡结账的宾客，应在印制好的账单上打印宾客的姓名、抵达日期、结账日期、房号、房间类型及房费等，然后将账单连同住宿登记表和宾客的信用卡签购单一起交前台收款员保存。

（二）入住登记管理

为宾客办理入住登记是接待业务中的一项重要工作，一方面接待人员必须熟悉饭店客房的基本情况，掌握熟练的技能，按照饭店制定的接待程序，准确、快捷地为宾客办理入住登记手续。另一方面，前厅服务人员在办理入住登记手续时，应该遵守法律法规中户籍管理的有关规定，按规定办理入住手续；依法获取住店客人的详细个人资料；合理满足客人对房价的要求；建立正确的客人账户。

（三）分房服务与管理

分房也称排房，接待员根据宾客的实际需求，考虑到宾客的心理特点以及饭店可供出租的客房的实际情况（位置、风格特色、档次、价格、朝向等），尽可能将适合宾客需要的客房分配给宾客。正确灵活的分房方法和技巧，不仅能满足宾客的需求，而且能充分合理利用客房。通常情况下，分房服务要注意以下三个原则。

1. 针对性原则

根据宾客的特点，进行有针对性的排房。如，贵宾一般要安排较好的或者豪华的客房；同一团队的宾客要尽可能安排在同一层楼的同标准客房。

2. 特殊性原则

要根据宾客的生活习惯、宗教信仰以及习俗来排房。风俗习惯、宗教信仰不同的宾客的房间要尽可能分楼层安排，并注意楼层号、房间号与宗教禁忌的关系。

3. 方便性原则

根据饭店经营管理和服务的需求来安排客房。如，长住客尽可能集中在一个楼层，且在较低楼层。

四、前厅客账管理

前厅客账管理是一项十分细致复杂的工作，时间性与业务性都很强。前厅客账管理工作的好坏，直接关系到能否保证饭店的经济效益和准确反映饭店经营业务活动的状况，也反映了饭店的服务水平和经营管理效率。

（一）客账记录

客账记录是前厅收银处的一项日常业务工作，也是客账管理工作的基础。为了避免工作中的差错和发生逃账漏账情况，前厅收银处必须建立健全和妥善保管宾客的各种原始记录，包括入住登记表、餐单、账单、杂费收据等。客账记录应做到账户清楚、记账准确、转账迅速。

（二）客账控制流程

前厅收款处客账控制主要包括建账、入账、交款、编表、夜审等一系列环节。

1. 建账

宾客在接待处办理入住登记手续时，接待员为其安排房间，确定房价，并确认付款方式，完成上述工作之后，接待员将入住登记表的其中一联移交给前厅收银员，作为建账的原始依据。收银员然后据此预收保证金和建账。

2. 入账

建立了宾客账户，宾客在饭店内的各项消费有了汇总、存放的地方，饭店就开始把宾客的预付保证金、各项消费数记入客户户头，这项工作叫做入账。入账不仅要准确，而且要及时，尤其是宾客即将离店时所发生消费的及时入账就更为重要。

3. 交款、编表

在这项业务中，主要工作是清点现金、整理账单和编制收银报告。清点现金是指收银员清点当班的现金，并按币种分类，填写交款表，然后将现金上交饭店总出纳。收银员整理账单的主要工作包括把已结账的账单按照类别进行汇总整理；把入住宾客的保证金付款单据、预订房间的保证金单据等进行分类整理并计算出合计金额。

为确保每天客账收入的准确性，收银员在下班前必须编制收银报告，收银报告包括一份明细表和一份汇总表，并把整理好的账单、现金与收银报告总表的有关项目加以核对，如发现不符，则将不符的项目与收银员明细表中的有关项目核对，找出原因，及时更正。核对准确后，将其按饭店规定上交给总出纳，同时将账单和收银报告按饭店规定移交和分发。

4. 夜审

饭店前厅收银员每天都要进行大量的账务处理工作，收银员既要建账、入账,又要收款、结账,在这一系列工作中难免会出错,为了加强对账单资料的查对,对建账—入账—结账环节进行检查和控制,饭店有必要对当天客账的正确性进行审核,这就是夜审。夜审内容主要是,检查前厅收银工作是否规范、账务是否准确、单据是否入账、房费是否正确。

五、前厅服务管理

(一)前厅服务的类型

前厅部承担着大量的服务工作,前厅服务主要有以下几种。

1.问询服务

前厅部的问询处是为了满足住店宾客和来访宾客寻求饭店日常服务需要而设,其主要职责有:回答宾客有关饭店部门服务的一切咨询和饭店外的交通、旅游、购物、娱乐、社团活动等内容的询问;代客对外联络(主要指机场、车站、码头、游览点等代办服务事项);代客保管钥匙和贵重物品;处理宾客信函、留言、电传、电报、传真、电子邮件等。

2.礼宾服务

前厅部礼宾处的主要职责为:机场车站等店外迎送;开关车门、店门,向抵店宾客表示欢迎,致以问候;协助管理和指挥门厅入口处的车辆停靠,确保畅通和安全;代客装卸行李;引领宾客进房并介绍饭店设施、服务项目;为宾客搬送行李;提供行李寄存服务;转递宾客的信件、电报、传真及邮件等;传递有关部门通知单;雨伞的寄存与出租;公共部位找人;代客联系车辆,送别宾客;负责宾客其他委托代办事项。饭店礼宾服务的最高境界是“金钥匙”服务。饭店“金钥匙”服务,是一种典型的在完美主义的激情推动下实施的极致服务,在其特定的服务理念推动下,各种困难迎刃而解。

3.总机服务

电话总机是饭店内外联络的通信枢纽,是饭店与宾客交流信息、沟通感情的桥梁。其服务质量的高低,直接影响着宾客对饭店的评价,甚至影响到饭店的经营效益。饭店电话服务的承担者为前厅部的总机房,其主要职责为转接电话、电话问询、留言服务、叫醒服务等。

4.商务中心服务

商务中心是饭店为宾客进行商务活动提供相关服务的部门。商务活动对服务的要求很高。因而要求商务中心工作人员不仅要对宾客热情礼貌、精通业务,而且要严守秘密,掌握秘书工作的知识和技能,密切与饭店各部门的联系,提供高水准、高效率的对客服务。

商务中心为商务宾客提供的服务有:复印、打字、电传、长途电话;提供翻译

(多种语言)、会议记录、抄写及文件核对、代办邮件、会议室出租、文件整理及装订;提供秘书、托运、信差、商业信息查询及安排会晤等。

(二)前厅服务质量管理

1.服务质量管理的主要内容

(1)礼节礼貌。礼节礼貌是以一定的形式向对方表示尊重、谦虚、欢迎、友好等态度的一种方式,它表明了饭店的基本态度和意愿。前厅部员工的礼节礼貌要求是:服务人员具有端庄的仪表仪容,文雅的语言谈吐,得体的行为举止等。

(2)职业道德。职业道德是人们在一定的职业活动范围内所遵守的行为规范的总和。前厅服务过程中,服务的质量和水平取决于员工的事业心和责任感。因此,在前厅质量管理过程中,员工的职业道德是管理控制的一个重要对象,一般要求员工做到敬业、乐业和勤业。

(3)服务态度。服务态度是指前厅服务人员在对客服务中所体现出来的主观意向和心理状态,其好坏是由员工的主动性、创造性、积极性、责任感和素质高低决定的。服务态度是无形产品质量的关键所在,直接影响前厅部的服务质量。因此,饭店要求前厅服务人员应具有"宾客至上"的服务意识,并能够主动、热情、耐心、周到地为宾客提供服务。

(4)服务技能。服务技能是饭店提高服务质量的技术保证。前厅部员工服务技能的高低取决于服务人员的专业知识和操作技术,要求其掌握丰富的专业知识,具备熟练的操作技术,并能根据具体情况灵活运用,从而保证前厅部的服务质量。

(5)服务效率。服务效率是指员工在其服务过程中对时间和工作节奏的把握。要根据宾客的实际需要灵活掌握,要求员工在宾客需要时及时提供服务。

2.提供优质服务

饭店是服务性行业,服务是饭店的产品内核之一,偏离服务的饭店产品是没有市场的;同时,服务也是饭店提高产品附加值、实施差异化竞争战略的重要切入点,从这个意义上讲,为客人提供优质服务既是实现顾客满意的重要手段,也是饭店的一项战略选择。

(1)优质服务的含义。优质服务是标准化、规范化与个性化服务的结合,是指饭店服务人员正确预见宾客的需要和愿望,及时做好服务项目,充分满足宾客的需要和愿望,尽量提高宾客的消费价值,使宾客愿意与饭店保持长期关系。优质服务在员工行为中表现为:真诚待客,微笑服务;精通业务;随时做好服务的准备;让客人能看见、感觉到你的工作成果;尊重客人,重视客人;讲礼貌;关心客人。

(2)优质服务的实现。随着饭店业竞争的日趋剧烈,人们需求的多元化,以个性化为特征的优质服务成为饭店服务的主流。为客人提供优质服务就是要在标准化服务的基础上提供个性化服务。

要实现优质服务，首先，要培养员工的优质服务意识，包括全员服务意识和宾客至上意识，以及为客人提供个性化服务。其次，要向宾客提供细致服务，饭店服务的精髓在于细致服务，饭店必须设身处地地为客人着想，站在客人的立场上看问题，急客人之所急，想客人之所想，使服务做得更到位、准确。再次，为客人提供个性化服务，标准化可以统一设施、统一结算、统一服务、统一管理，还可以提高效率，使客人在饭店的行为极为方便，但是，标准化的致命弱点是人情味不足。个性化服务就是指为顾客提供针对个人特点的差异性服务，以便客人有一种自豪感、满足感，从而留下深刻的印象。

第二节　饭店客房管理

饭店客房是宾客住店期间的主要活动场所，客房部应通过有效的管理使客房始终保持良好的运行状态，让客人感到满意，使其获得“宾至如归”的感受，进而提高饭店的经济效益和饭店的美誉度。

一、客房部业务概述

客房部又称管家部，是标准化、规范化与个性化服务相结合的一个重要职能部门，其主要职责是组织生产客房产品，维持客房及公共场所的卫生，为客人提供舒适的房间和优质的服务。

客房部作为饭店的主体部分，是饭店以房间出租和提供劳务获得经济收入的特殊产品，在饭店中占有着重要的地位。首先，客房是饭店的基本设施和主要产品，是饭店存在的基础；其次，客房收入是饭店营业收入的主要来源；再次，客房部的服务质量是饭店服务质量的重要标志，客房部的管理状况直接影响全饭店的运行和管理水平。

客房部管理的主要任务包括：客房清洁管理、客房接待服务管理、客房设备与用品管理和客房安全管理。

客房部的组织机构设置一般有两种形式：大中型饭店客房部组织机构、小型饭店客房部组织机构。见图 7-4、图 7-5。

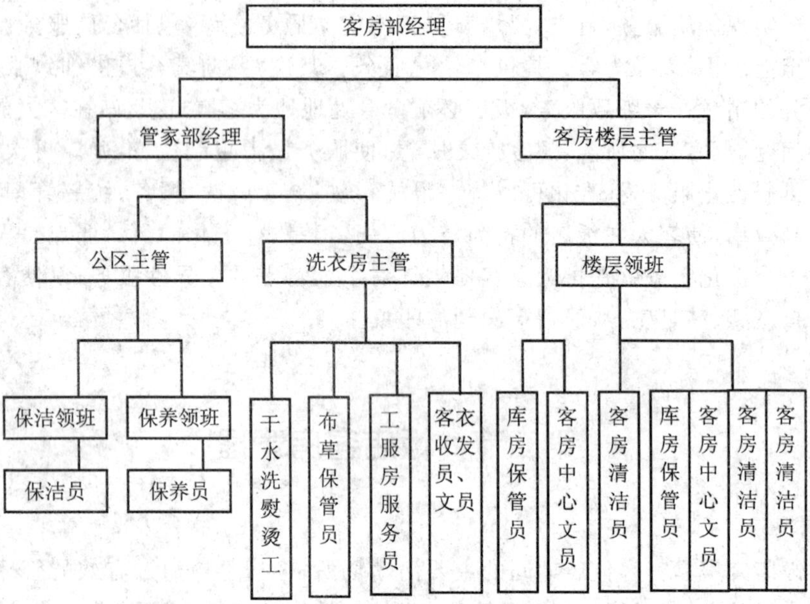

图 7-4　大中型饭店客房部组织机构图

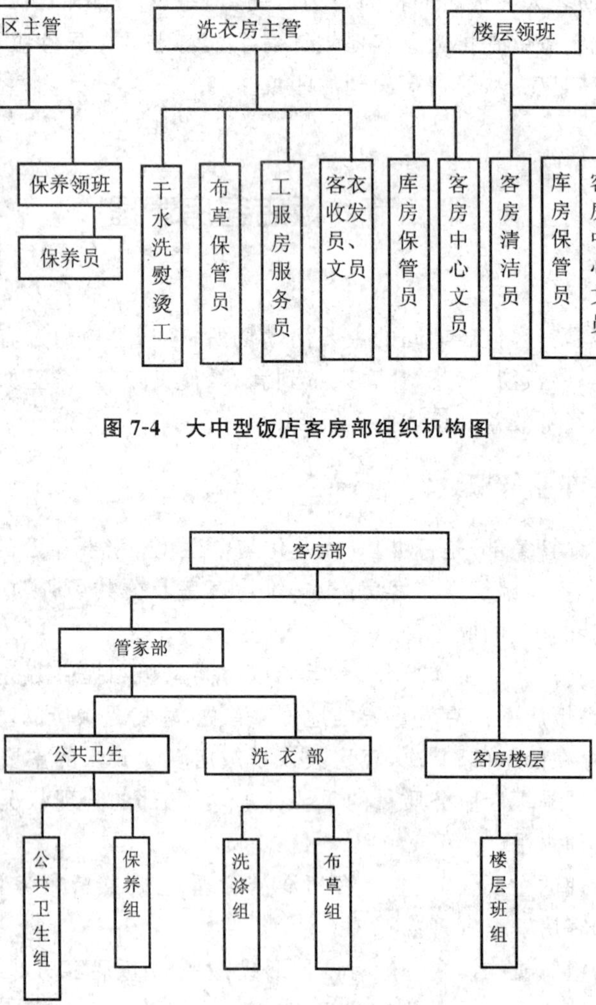

图 7-5　小型饭店客房部组织机构图

二、客房部清洁业务管理

(一)客房清扫的程序和要求

1.客房清扫的准备工作

明确客房清扫的准备工作程序;签领客房钥匙;了解当天房态;决定清扫顺序;准备房务工作车及清洁用品、器具与各类客房用品。

2.客房清扫的顺序

客房清扫的顺序通常根据宾客情况或总台或领班的指示决定。一般情况下,客房的清扫顺序为:挂有 MUR(Make Up Room)指示的房间—总台或领班指示打扫的房间—走客房—普通住客房。VIP 客房一般采取专人打扫与三进房制或随进随出制;长住房则与宾客协调,定时打扫。

3.走客房清扫的注意事项

一要检查宾客有无遗留物品,房间的设备与家具、物品有无损坏及丢失,饮料消耗情况;二是当宾客还在房间时,应经宾客同意再进房清扫;三是不得自行处理宾客物品。

(二)客房清洁业务的标准化管理

1.制定清洁业务管理标准

(1)确定进房次数。为了节约劳动力成本,同时也为了提高效率和便于管理,许多饭店采用了二进房制,即白天的大清扫和晚间的夜床服务。不过,不论规定进房几次,一旦宾客要求整理房间,就要尽量满足。

(2)确定操作标准。科学合理的操作方法不仅能提高劳动效率,还能避免发生遗漏,所以,制作有关操作的标准是清洁业务标准化管理的依据之一。

(3)确定布置规格。布置规格是指各种类型的客房应设哪些物品,数量多少及如何摆设的标准和要求,其目的是方便员工操作。

(4)确定整洁标准。也就是客房清洁的标准,分为视觉标准和生化标准。视觉标准指宾客和员工、管理者凭借视觉或嗅觉能感受到的标准,该标准由饭店统一制定。生化标准是由卫生防疫部门制定,包括洗涤消毒标准、空气卫生质量标准、微小气候质量标准、采光照明质量标准及环境噪声允许值标准等。

(5)确定速度与定额。这里的速度是指熟练员工清扫房间的平均速度,而定额是指在平均速度基础上确定的劳动定额。不过,在实际工作中也常有例外,劳动定额还受其他因素的影响,如宾客的特点、每层楼的客房数、工作器具的配备状况。

2.建立完整严格的检查制度

(1)服务员自查。要求服务员在客房整理结束并交上级检查之前,对客房设备的完好、环境的整洁、物品的布置作自我检查。其目的是加强员工的责任心,提高客房合格率,增进工作环境的协调。

(2)领班普查。领班一般对走客房、空房及贵宾房进行普查,对住客房实施抽查。领班查房的作用在于拾遗补漏,帮助指导,督促考察,调节控制。

(3)主管抽查。主管查房数通常是领班查房数的10%。主管抽查有助于管理工作的调整和改进,也是实施员工培训的重要依据。

(4)经理抽查。经理查房是了解工作现状,控制服务质量最可靠而有效的方法。同时,客房部经理通过查房还可以加强与基层员工的联系,更多地了解宾客的需求,这对改善管理体制和服务非常有利。

(三)公共区域卫生管理

1.公共区域卫生管理范围

公共区域卫生的业务范围,根据饭店的规模、档次和其他实际情况而定。主要包括:

(1)大厅、饭店门前区域、花园、客用电梯及饭店周围的清洁卫生;

(2)餐厅、咖啡厅、宴会厅及舞厅等场所的清洁保养;

(3)饭店所有公共卫生间的清洁卫生;

(4)行政办公区域、员工通道、员工更衣室等员工使用区域的清洁卫生;

(5 饭店所有下水道、排水排污等管道系统和垃圾房的清疏整理;

(6)饭店卫生防疫工作,定期喷洒药物,杜绝“四害”;

(7)饭店的绿化布置和苗木的保养繁殖工作。

2.公共区域的卫生管理

(1)定岗划片,分工负责。公共区域卫生管辖范围广,工作繁杂琐碎,需要实行定岗划片,包干负责的方法,才能有利于管理和保证卫生质量。

(2)制定计划卫生制度。为了保证卫生质量的稳定性,控制成本和合理地调配人力和物力,必须对公共区域的某些大的清洁保养工作采用计划卫生管理的方法,制定相应的计划卫生制度。

(3)实行走动管理。公共区域管理人员要实行走动管理,加强巡视,检查卫生质量,了解员工工作状态,及时发现问题并进行整改,做好检查记录。

(4)分级归口,责任到人。公共区域卫生管理范围广、内容多,为此,要进行分级归口,即将卫生管理工作的责任落实到具体工作人员;同时授予相应的管理权限,实行专人负责,定期检查,从而保证卫生质量。

(5)制定检查标准。管好公共区域卫生的关键是有一套完整的卫生检查标准。在制定卫生检查标准时,既要有统一标准,又要有分项标准,以便实行工作标准化管理。卫生检查的方法是服务员自我检查,领班全面检查,主管每天抽查,部门经理重点抽查,同时开展卫生评比活动。

三、客房部对客服务管理

(一)客房服务的内容

客房服务是饭店服务的重要组成部分，也是构成完整的饭店客房产品的要素，在很大程度上体现了饭店的整体服务水平及服务质量。其主要服务项目有：①整理房间；②洗衣服务；③饮料服务；④擦鞋服务；⑤访客接待；⑥借用物品服务；⑦拾遗处理；⑧特殊服务，包括托婴服务、醉客服务、病客服务、残疾人服务等。

(二)客房服务质量控制

客房服务内容复杂、烦琐，饭店有任何一个环节的失误，都可能导致顾客的不满甚至是投诉，从而造成顾客的流失，所以，客房服务是入住客人满意与否的重要环节，是客房部产品质量控制的重要方面。

1. 客房服务质量的基本要求

(1)真诚。要为客人提供最佳服务，首先要突出“真诚”二字，要实行感情服务，想客人所想，以情动人。

(2)高效。宾客是靠感觉来衡量服务效率的，在饭店中，服务速度慢或不能提供适时服务，使客人等候时间过长，很容易让客人产生烦躁心理，并会引起不安定感，进而直接影响客人对饭店的印象和对服务质量的评价。

(3)礼貌。客房服务中的礼貌礼节，是客房服务质量的重要组成部分，也是客人对客房服务人员的基本要求之一。

(4)微笑。微笑服务是客房员工为客人提供真诚服务的具体体现，服务工作所要求的基本礼貌礼节，是优质服务的基本要求。

2. 提高客房服务质量的途径

(1)培养员工的服务意识；

(2)强化训练，提高服务技能；

(3)增强员工的应变能力；

(4)为客人提供微笑服务、礼貌服务；

(5)为客人提供个性化服务；

(6)重视客人，称呼客人姓名；

(7)为日常服务确立时间标准；

(8)搞好客房部与饭店其他部门的合作与协调。

(三)客房的个性化服务

标准化、程序化和规范化服务是饭店客房服务质量的基本保证，但是，随着饭店业竞争的加剧，只有标准化而没有个性化的服务是不能满足客人需求的，以标准化为基础，以个性化为特点的客房服务已成为饭店客房服务的新趋势。

客房的个性化服务，一方面要求客房产品形成自己的特色，如标准客房向主题客房转变，浴室的空间结构和内部装饰的变革，高科技在客房服务及管理中的运用；另一方面要满足客人的个性化服务需求，为宾客提供为其订制的高接触、高个人的服务。此外，个性化服务还应充分展现服务员的个性。每个员工都有自己富有个性的人格和素质，在坚持规范化服务程序的前提下，培养员工的个性化服务意识，发挥其创造性，在客我接触的真实瞬间，充分挖掘员工潜力，为客人提供有针对性的超值服务和富有个性的瞬间服务，如员工的微笑服务、快捷服务、创造性服务。

四、客房部安全管理

(一)客房钥匙控制

客房门锁是保护住店宾客人身及财产安全的一个关键，坚固和安全的门锁以及严格的钥匙控制是宾客安全的一个重要保障。为保证饭店客房的安全，严格的钥匙控制系统是必不可少的，钥匙丢失、随意发放、私自复制或被偷盗等都会给饭店带来严重的安全问题及损失，因此饭店钥匙控制应注意以下几个程序。

1.总服务台是发放与保管客房钥匙的地方，当宾客完成入住登记手续后，才能发给该房间的钥匙。

2.宾客到服务台领钥匙时，仅说出房间号码是不够的，必须表明自己的身份，总服务台人员在核对其身份后方能发给。

3.在宾客办理离店手续时，前厅工作人员应抓紧每一个合适的机会提醒宾客将钥匙归还。

4.工作人员所掌握的房卡应随身携带。如遇自称忘带钥匙的宾客，绝不能随意为其打开房门。

5.应建立规章制度，防止掌握客房钥匙的工作人员图谋不轨。

6.适时更换客房锁或房门密码。

(二)火灾预防与控制

饭店火灾的发生率虽然不高，但一旦发生，后果极为严重。它不仅直接威胁店内人员(包括宾客与饭店员工)的生命安全、饭店与宾客的财产安全，而且会极大破坏饭店的声誉及社会形象，给饭店带来不可估量的严重后果。因此，饭店与客房部应制定一套完整的火灾预防措施与处理程序，更应注重对员工的防火意识及常识的培训，防止火灾发生。

1.火灾预防

一是配备完备的防火设施设备。在客房区域内配置完整的防火设施设备，包括陈设物品的防火性能和各类防火、灭火装置及安全设施。例如，客房内要有安全须知和安全通道示意图、各类安全报警装置，楼道内的安全防火灯及疏散指示标志等。二是树立员工的防火意识。注重培养员工的防火意识，使员工在整理客房时能注意检查各种不安全隐患，并加强对宾客的防火宣传；配合保安部定期检查防火、灭火装置及器具，训练客房部员工掌握灭火设备设施的使用方法与技能。三是严格的防火制度及职责。制定客房部各岗位工作人员在防火、灭火中的任务及职责，并严格执行；制定发生火警时的各类应急与疏散计划及程序，组织员工进行模拟场景训练。

2. 消防与疏散人员

一旦发生火灾或出现火警信号及疏散信号，客房部员工应保持冷静，按照饭店与客房部制定的消防和疏散规则，迅速采取有效措施，保证宾客的生命财产安全及饭店与员工的安全，尽量减少损失。

(三)盗窃预防与控制

饭店发生盗窃情况可分为饭店财产被盗及住客财产被盗两种情况。为了保障宾客、饭店员工的财产不受损失，客房部必须制定各项安全规定，并严格执行，预防各类盗窃事件的发生。

1. 预防

预防工作首先是完善设施设备、为了有效防止盗窃案件的发生，客房部除了增强全体员工的安全意识外，还应具备各类现代化的防盗设施。例如，闭路电视监控系统、各类报警器及客房安全装置等。其次是制定严格的各项安全制度，严格钥匙管理和进出客房人员管理。

2. 报失处理

做好报失处理工作有两个关键环节：一是完善受理宾客报失和处理机制。客房服务员接到宾客报失后，应立即报告上级，由部门与大堂副理、保安部取得联系，共同处理；二是明确处理程序。向宾客了解丢失物品的时间、地点及详细内容。并帮助宾客回忆物品丢失的前后经过，分析是否确实属于失窃。将宾客丢失物品的情况做好详细记录。征得宾客同意后，由保安员与客房服务员共同在房间内帮助查找。如果宾客丢失的财物属于贵重物品或金额较大，应立即向总经理汇报，保护好现场，并经总经理同意向公安机关报案，由公安机关进行处理。

(四)意外事故防范与控制

客房部的设备设施种类复杂、用品繁多，宾客在客房停留时间长，服务员因工作需要也要经常进房工作，所以客房部一定要重视意外事故的防范与控制。

1. 防范

防范工作应首先做到三个方面：一是客房部应重视员工的安全操作意识教育，要求员工养成规范细致的工作习惯，严格执行安全操作程序；二是设施设备的老化使用及不规范使用都是引发意外事故的原因,所以客房部应重视设备设施的正确使用及维护保养工作;三是安全操作规程的制定与严格执行是预防意外事故发生的重要措施,每一位客房部员工都应对安全操作规程熟知于心,并养成良好的安全操作习惯。

2. 处理

意外事故的处理要点:一是在本人或他人发生意外事故时,首先应保持冷静,进行理智地思考及分析;二是立即通知有关人员,寻求帮助;三是当知晓他人发生意外事故时,应立即赶赴现场,运用紧急救护常识进行必要的救护,避免事态扩大化。

五、客房部设备与用品管理

(一)设备管理

1. 编制客房设备采购计划

(1)核定客房设备用品的需要量。客房部根据客房等级、种类、标准及数量,分别核定设备的品种、规格、等级及数量,并且进行统一造册,制定客房设备的需要量及所需资金,报上级审批。

(2)编制采购计划。客房部根据各业务分部门提出的设备采购计划,进行综合平衡后加以确定,报上级审批。

2. 制定客房设备管理制度,加强日常管理

加强客房设备管理,一是做好设备的分类、编号及登记工作。客房部管理人员应对客房部所属每一件设备按其用途及使用情况进行分类、编号和登记,建立设备台账和卡片,记录品种、规格、型号、数量、价值、负责部门及班组等。二是制定分级归口管理制度。分级归口管理的要点首先是分级,即根据饭店内部管理机制,实行设备主管部门、使用部门、班组三级管理,每一级由专人负责管理,并建立账卡。其次是归口,将某类设备归使用部门或归使用班组管理。由几个部门或多个班组共同使用的某类设备,归到一个部门或班组负责面上的管理,其他部门与班组负责点上的管理。三是建立岗位责任制。设备分级归口管理。必须有严格的岗位责任制作为保障。

3. 制订设备更新改造计划

客房部应与工程设备部门一起制订固定资产定额、设备的添置、折旧、大修和更新改造计划,减少盲目性。设备无论是由于有形磨损还是无形磨损,客房部都应按计划进行更新改造。在更新改造设备时客房部要协助设备部门进行拆装,并尽快熟悉各项设备的性能及使用、保养方法。

(二)用品管理

客房用品包括客房消耗品和客房备用品,客房消耗品就是提供给客人的一次性消耗使用或赠送客人的用品,如肥皂、纸袋、茶叶等,客房备用品是可供客人使用但不能带走的客房物品,如布件、水杯等。客房部对客用品的日常管理主要有以下三个环节。

1.楼层领班对服务员的管理

(1)通过工作表控制服务员消耗量。楼层领班通过服务员做房报告控制每个服务员领取的消耗品,分析和比较各服务员在每房、每客的客用品的平均耗用量。

(2)检查与督导。领班通过现场指挥和督导,减少客用品的浪费和损坏。服务员在引领宾客进房时,按服务规程介绍房间设备用品的性能和使用方法,避免不必要损坏。督导和检查服务员清扫房间的工作流程、杜绝员工的野蛮操作。例如,少数员工在清洁整理房间时图省事,将一些宾客未使用过的消耗品当垃圾一扫而光,或者乱扯乱扔客房用品等,领班应及时对其加强爱护客用品的教育,尽量减少浪费和人为的破坏。

2.建立客用品的领班责任制

各种物资用品的使用主要是在楼层进行的,因此,如何使用和定额标准的掌握关键在领班。

(1)配备楼层用品管理人员,做到专人负责。

(2)建立楼层家产管理档案。平时如有家产增减或移动,必须由楼层主管或经理批准,并由楼层主管在家产登记卡上予以变更。

(3)领班每天汇总本楼层消耗用品的数量,向客房部汇报。

(4)领班每周日应根据楼层的存量和一周的消耗量开出领料单,交客房中心库房。

(5)每月底配合客房中心库房的物品领发员盘点各类用品。

(6)随时锁好楼层小库房门,工作车按规定使用。

3.库房及楼层主管对客用品的管理

客房部对全饭店各楼层客房用品的控制,可以从两个方面着手。一是通过客房中心库房的管理员负责整个客房部用品领发、保管、汇总和统计工作。二是楼层主管应建立相应的规范和采取措施,使客房用品的消耗在满足业务经营活动需要的前提下达到最低限度。

(三)布件管理

1.布件的分类

布件又称为布草或棉织品。在饭店的经营活动中,它不仅被作为一种日常生活必需品提供给宾客使用，而且被用于装饰环境、烘托气氛等。

按照用途划分，饭店的常用布件可分为四大类：

(1)床上布件，包括床单、枕套等；

(2)卫生间布件，包括方巾、面巾、浴巾、地巾等；

(3)餐桌布件，包括台布、餐巾等；

(4)装饰布件，包括窗帘、椅套等。

2. 布件的管理

布件管理关键要控制好布件的需要量和布件的数量、质量。

(1)布件数量的定额。各布件的需要量应当根据每个饭店的等级以及各类客房床位数量、餐厅种类、餐桌座位数及台布替换率等来核定。在此基础上，本着既要保证经营需要，又要保持最低的消耗和库存周转量的原则，确定各类布件配置的件数和套数。

首先，是确定在用布件的定额。在用布件指投入日常使用供周转的那部分布件。布件数量以一般以"套"来表示，不管是哪一种布件，只要能按饭店制定的布置规格将客房所需都布置齐全，其需要量就称之为一套。一般的饭店都拥有四套以上的布件，其中三套或四套为在用布件，它们一直在客房、洗衣房、中心布件房、楼层之间周转，其余的都存入新布件库房。

其次，是确定备用布件的定额。备用布件是指存入总库以备更新、补用的布件，它又可称之为库存布件。备用布件量要根据下列因素考虑决定：预计更新的速度和数量；预计流失布件的补充情况；是否有更换布件品种、规格等计划；订制或购买新布件所需时间；现有库房贮存条件适应性；资金占用的损益分析等。

对以上情况进行逐一分析之后，最终要储备的布件数量也就基本上知道了。

(2)控制好布件的数量和质量。在客房部日常使用布件的过程中，要建立有关的制度，设计有关的工作程序，确定有关的控制方法，控制好布件的数量和质量。布件管理的制度和有关工作程序包括：布件存放要定点定量；建立布件收发制度；确定各类布件的更新率；建立布件报废和再利用制度；定期进行存货盘点。

第三节　饭店餐饮管理

饭店餐饮部不仅是餐饮产品的生产供应部门，还是具有休闲、宴请、交际等多功能的场所。因此，为客人提供高质量的餐饮产品、满意的服务和幽雅的环境，是加强饭店餐饮管理的基本出发点。

一、餐饮管理概述

饭店餐饮部是供应餐饮产品的场所，承担着向宾客提供优质菜肴、饮料和优质服务的重任。餐饮产品是一种非常特殊的产品，具有消费的综合性和评价的复杂性等特点，与此相应，餐饮管理也具有管理的综合性和不易控制的特点。

饭店餐饮管理的主要功能是：向客人提供以菜肴等为主要代表的有形产品；向客人提供满足需要的优质服务；为饭店树立良好的形象；增收节支、树立品牌，搞好餐饮经营管理。

饭店餐饮管理的任务是：餐饮产品市场定位；餐饮原料与生产管理；餐饮服务管理；餐饮卫生与安全管理等。

饭店餐饮部的组织机构一般有三种形式：大型饭店餐饮部组织机构、中型饭店餐饮部组织机构、小型饭店餐饮部组织机构。见图 7-6、图 7-7、图 7-8。

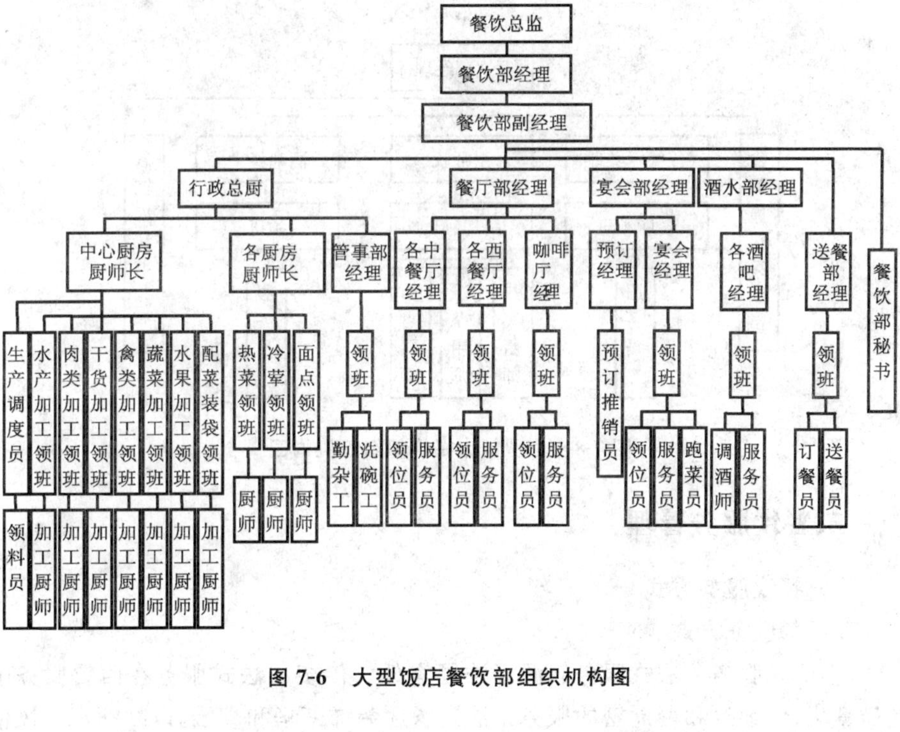

图 7-6　大型饭店餐饮部组织机构图

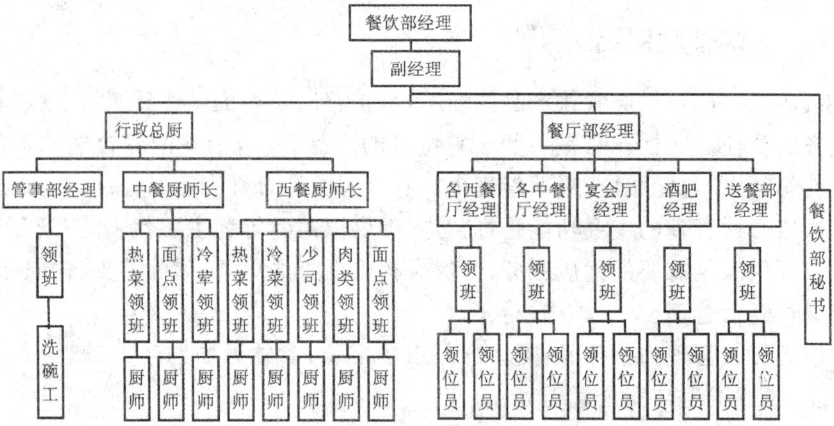

图 7-7 中型饭店餐饮部组织机构图

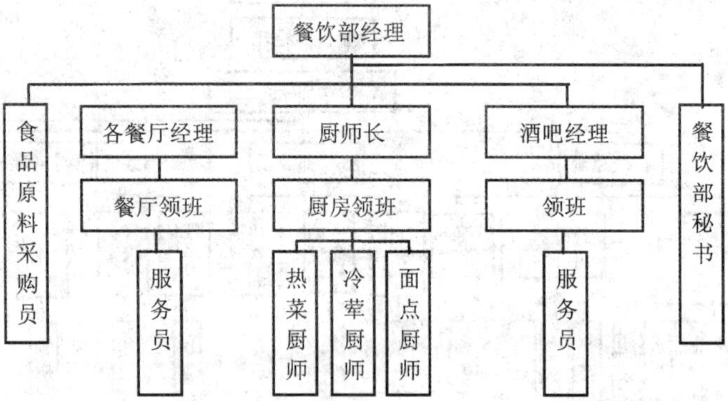

图 7-8 小型饭店餐饮部组织机构图

二、餐饮服务管理

(一)餐饮服务方式

1. 西餐服务方式

(1)法式服务。法式服务起源于法国宫廷。传统的法式服务在西餐服务中是最豪华、最细致和最周密的服务。法国餐厅装饰豪华和高雅,以欧洲宫廷风格为特色,餐具常采用高质量的瓷器和银器,酒具常采用水晶杯。通常采用手推车或旁桌现场为顾客加热和调味菜肴及切割菜肴等服务。法式服务注重服务程序和礼节礼貌,注重服务表演,注重吸引客人的注意力,服务周到,每位顾客都能得到充分的照顾。

(2)俄式服务。俄式服务是西餐普遍采用的一种服务方法。俄式服务的餐桌摆台与法式的餐桌摆台几乎相同,讲究优美文雅的风度。由于使用大量的银器,服务过程中,服务员会将装有整齐和美观菜肴的大银盘端给所有顾客过目,让顾客欣赏厨师的装饰和手艺,并且也刺激了顾客的食欲。俄式服务每一个餐桌只需要一个服务员,服务员会将菜肴分给每一个顾客,使每一位顾客都能得到尊重和较周到的服务,因此增添了餐厅的气氛。

(3)美式服务。美式服务是简单和快捷的餐饮服务方式,一名服务员可以看数张餐台。美式服务简单,速度快,餐具和人工成本都比较低,空间利用率及餐位周转率都比较高。美式服务是西餐零点和西餐宴会理想的服务方式,广泛用于咖啡厅和西餐宴会厅。在美式服务中,菜肴由厨师在厨房中烹制好,装好盘。餐厅服务员用托盘将菜肴从厨房运送到餐厅的服务桌上。热菜要盖上盖子,并且在顾客面前打开盘盖。

2. 中餐服务方式

中餐服务方式指的是中餐餐馆或餐厅中使用的侍应、招待客人的方式。目前在饭店的中餐厅中,常用的服务方式有共餐式、转盘式和分餐式。

(1)共餐式服务

共餐式服务比较适合于2～6人的中餐零点服务。提供共餐式服务时,应注意如下事项:①中餐上菜常常是所有菜点同时上台,服务员要注意台面不同菜肴的搭配摆放,尤其是荤素和颜色的搭配;②菜肴上台时,注意配上适当的公用餐具,方便客人取菜,避免使用同一餐具而串味;③台面上的菜肴放不下时,应征求客人意见,对台面进行整理,撤、并剩菜不多的盘子,切勿将菜盘叠加起来;④如遇有外宾用餐,应主动为其提供叉、匙等西餐餐具;⑤整鸡、整鸭、整鱼等菜肴,应为客人分切;⑥所有的菜肴上完后应告知客人,并询问客人,品种、数量够否,最后祝客人用餐满意。

(2)转盘式服务

转盘式用餐是在一个大的圆桌面上,安放在一个直径为90厘米左右的转盘,将菜肴等放置在转盘上面,供就餐者夹取的就餐形式。转盘服务在中餐服务中是一种普遍使用的餐桌服务方式,适合用于大圆台的多人就餐服务,既可用于旅游团队、会议等团队用餐,也适用于中餐的宴会服务。

(3)分餐式服务

分餐式服务是吸收了西餐服务方式的优点并使之与中餐服务相结合的一种服务方式,人们又将这种服务方式称为“中餐西吃”的方法,它比较适用于官方较正式的高档宴会服务。分餐式服务又可分为“边桌服务”和“派菜服务”两种。

(二)餐饮服务控制的基础

要进行有效的餐饮服务质量控制,必须具备以下三个基本条件。

1. 建立服务规程

服务规程就是餐饮服务应达到的规格、程序的标准。饭店的餐饮服务规程,必须根据住店宾客和用餐宾客的生活水平和对服务要求的特点来制定,针对工种、各服务岗位的内容和操作要求制定详细的服务规程。

2. 收集质量信息

一个合格的餐厅管理人员应该知道服务的结果如何,从而采取改进服务、提高质量的措施;餐厅管理员可通过巡视、定量抽查。统计报表、听取宾客意见等方式来收集服务质量信息。

3. 抓好员工的培训

企业之间服务质量的竞争主要是人才的竞争、员工素质的竞争。因此,新员工在上岗之前一定要进行严格的基本训练和业务知识的培训,不允许未经职业技术培训、没有取得一定资格的人员上岗操作。在职人员也必须利用淡季和空闲时间进行培训,以提高业务技术、丰富业务知识。

(三)餐饮服务质量控制的方法

根据餐饮服务的三个阶段(准备阶段、执行阶段和结果阶段),餐饮服务质量可以相应地分为预先控制、现场控制和反馈控制。

1. 餐饮服务质量的预先控制

预先控制,就是为使服务结果达到预定的目标,在开餐前所做的一切管理上的努力。其主要内容是:人力资源的预先控制;物资资源的预先控制;卫生质量的预先控制;事故的预先控制。

2. 餐饮服务质量的现场控制

所谓现场控制,是指现场监督正在进行的餐饮服务,使其规范化、程序化,并迅速妥善地处理意外事件。其主要内容是:服务程序的控制;上菜时机的控制;意外事件的控制;人力的控制。

3. 服务质量的反馈控制

所谓反馈控制就是通过质量信息的反馈,找出服务工作在准备阶段和执行阶段的不足,采取措施加强预先控制和现场控制,提高服务质量,使宾客更加满意。信息反馈系统由内部系统和外部系统组成。内部系统是指信息来自服务员和经理等有关人员,外部系统是指信息来自宾客。

(四)餐饮服务的督导与检查

对服务质量进行监督检查和对员工进行长期不懈的培训是搞好餐饮经营管理的两大法宝。

1.餐饮服务质量监督的内容

制定并负责执行各项管理制度和岗位规范；抓好礼貌待客，做好优质服务教育；实现服务质量标准化、规范化和程序化；通过反馈系统了解服务质量情况，及时总结工作中的正反典型事例并及时处理投诉；组织调查研究，提出改进和提高服务质量的方案、措施和建议，促进餐饮服务质量和经营管理水平的提高；分析管理工作中的薄弱环节，改革规章制度，整顿纪律，纠正不正之风；定期或不定期的组织现场检查，开展评比和优质服务竞赛活动。

2.餐饮服务质量检查的主要项目

包括服务规格、就餐环境、仪表仪容和工作纪律四项。对这四个项目的检查，要根据实际情况进行细化形成检查表，这个检查表既可作为常规管理的细则，又可将其量化，作为餐厅与餐厅之间，员工与员工之间竞赛评比或员工考核标准。

三、餐饮原料管理

餐饮原料是餐饮部向宾客提供餐饮食品的重要物质基础，也是餐饮管理中做好成本控制的重要对象。餐饮原料的采供管理就是通过对餐饮原料的采购、验收、发放、储存等环节进行有效的计划与控制，其目的在于厨房等加工部门保质保量及时提供原料，并使采购的价格和费用最为经济合理。

（一）餐饮原料采购管理

饭店餐饮原料的采购由采购部和餐饮部分工负责。餐饮部负责鲜活物品的采购，采购部负责可贮存物品的采购。食品原料的采购应该根据饭店的自身情况及饭店所在地原料市场的供应情况来决定。另外，采购工作的好坏，采购人员的诚实、踏实与否，直接影响到餐饮成本率，这同样是搞好餐饮成本控制的重要环节。此外，餐饮食品原料采购时应考虑这样一些因素：适宜的采购时间，合理的采购数量，有利的采购价格，理想的质量，理想的交易对象，理想的交易地点。

（二）餐饮原料验收管理

完成餐饮原料采购以后，必须经过验收才能入库备用。食品原料验收要根据验收的目的、验收的程序，主要围绕核对价格、盘点数量以及检查质量等三个环节展开。其具体步骤是：核对送货发票与订购单是否一致；检查食品原料的质量；检验食品原料的数量；在发货票上签名；填写验收单；退货处理；盖“验收章”；在货物包装上注明发票上的信息；对所收到的肉类和海产品加上存货标签；将到货物品送到贮藏室，称为“入库原料”；填写“验收日报表”和其他报表；将各种验收记录呈交给有关部门，并标明过期到达的货物。

(三)餐饮原料仓储管理

餐饮原料物品经采购入店后,经过验收程序,将符合饭店采购质量要求的食品原料归入库存保管,从管理程序上讲,即进入餐饮食品原料的实物形式的管理。

餐饮物品储存管理的基本过程可分为三个阶段:入库管理阶段、贮存保管阶段、离库处理阶段。入库管理阶段主要是餐饮物品的入库验收工作,就是对到货进行质量检查和对物品的分类签收工作。贮存保管阶段是库存管理工作的核心环节,其基本要求是:合理存放,精心养护,认真检查,使物品在保管期内质量完好,数量准确;尽可能降低库存耗损开支和管理费用,更好地为生产和销售服务。离库处理阶段又叫"发货"、"发料"、"送料",其管理的基本要求是:做好准备工作,严格离库审核手续,按库存物品周转规律准确无误地发送物品,并科学、合理地做好相应的原料成本登记工作。

四、餐饮卫生与食品安全管理

(一)餐饮卫生管理

餐饮卫生管理的主要目的是为宾客提供合乎卫生标准、对人体安全的饮食。餐饮从业人员应学习并遵守国家颁布的食品卫生法,并严格注意食物餐具、环境和个人卫生。

1.食物的卫生要求

食物卫生管理的关键是食物的新鲜度和制作卫生。饭店餐饮部常对鲜肉、内脏、肉制品、鲜鱼、禽类、蛋类、粮食与豆类、蔬菜、水果等类原料进行新鲜度的检验,并对冻鱼、河蟹、糕点、罐头食品、冷饮食品以及酒类都作相应的食物卫生规定。

2.设备、餐具的卫生管理

设备、餐具表面无污垢只能视为清洁,只有当设备、餐具表面的细菌被清除到不引起食物中毒和传染疾病的程度时,才称得上卫生。

(1)加工食物原料用的设备、厨具的卫生管理。加工食品原料用的设备包括厨刀、案板、切菜机、绞肉机、拌面机和各种盆、盘、筐等,由于它们与生料直接接触,受微生物污染的可能性较高,因而对这些设备、厨具的洗涤、消毒显得十分重要。

(2)烹调设备和工具的卫生管理。包括灶具、烤箱、微波炉、油烟机、油炸锅以及油炸器具的清洗。

(3)冷藏设备的卫生管理。厨房冷藏箱和冷藏柜只能用于短期放置烹调原料,它们并不是万无一失的保险箱,某些微生物在低温环境下仍能生长繁殖,时间一长,同样会引起食物的腐败变质。因此,要搞好冰箱卫生,管理人员首先要熟悉各类食品的性质、贮存所需要温度、贮存极限时间,要指派专门人员负责冷藏设备的清洁卫生工作。

(4)清洁消毒设备的卫生管理。洗碗机、洗杯机、洗涤池皆属清洁消毒设备。这些设备在使用以后沾上污物和食物残渣，正是微生物生长繁殖的最佳场所。只有首先做到洗涤机械和设备清洁卫生，才能确保被洗涤的食具的清洁卫生。

(5)储藏和输送设备的卫生管理。

(6)餐具清洁与消毒。餐具是导致客人中毒与传染病病原菌传播的媒介之一，供应清洁卫生的餐具是保证饮食卫生的必要条件。而提供清洁卫生的餐具则必须以建立完善的洗涤及保存系统为前提。

3. 环境卫生管理

从饮食的角度，通常认为餐饮的环境是由厨房，所有食品的加工、储藏、销售场所及洗涤间，员工更衣室和卫生间，垃圾房组成。这些场所的卫生质量主要体现在以下几个方面：墙壁、天花板、地面的卫生管理，下水道及水管装置的卫生管理，通风、照明设备的卫生管理，洗手池设备的卫生管理，更衣室和卫生间的卫生管理，垃圾处理设施的管理，杜绝病媒昆虫等动物，单独存放清洁卫生工具和用品。

4. 工作人员的卫生管理

良好的个人卫生，可以保证良好的健康及高效率的工作，而且可以防止疾病传播，避免食物被污染，防止食物中毒事件发生。从业人员的卫生管理包括健康管理、卫生管理及卫生教育三大类。

(1)健康管理。餐饮从业人员的健康管理是餐饮卫生健全发展的基础。从业者必须应先经过卫生医疗机构检查合格后始得雇用，雇用后每年应主动进行健康检查，并取得健康证明。

(2)卫生管理。首先，工作人员要具有健康意识，懂得基本的健康知识，保持身体健康，精神饱满，睡眠充足，完成工作而不觉得过度劳累，要讲究个人清洁卫生，养成良好的卫生习惯，工作时穿戴清洁的工作衣帽，保持手部清洁；其次，是工作卫生管理，防止工作员工因工作时的疏忽而导致食物、用具遭受污染。工作人员不可在工作场所中吸烟、饮食，非必要时不要互相交谈。拿取餐具、食物时不要用手直接接触餐具上那些宾客入口的部位，如果食物必须用手操作时要戴塑料手套，等等。

(3)卫生教育。其目的是使工作人员有正确的食品卫生知识。对象包括新进人员、在职人员，范围包括管理者及员工。其教育方法可以是：定期举办员工卫生知识讲座，举办卫生知识竞赛，分发卫生知识小册子，放映幻灯片或影片以及现场个别教育。

(二)食品安全管理

1.食物中毒的原理

食品安全管理最主要的是食物中毒的预防,食物中毒是摄食受到了病菌或有害物质污染的食品而引发的疾病,其中最常见的是细菌性食物中毒,约占70%以上。细菌性食物中毒的症状主要是呕吐、腹泻、腹痛。

引发食物中毒的因素主要如下:①冷藏不当;②调理后放置过久再食取;③与感染的人接触过;④加热处理不当;⑤已调理的食物再加热不当;⑥保温储存不当;⑦食用已污染的生食物;⑧交叉污染;⑨容器、器具清洗不洁;⑩来源不安全的食物;⑪食取剩余的食物,误食毒物;⑫不良发酵;⑬添加物的误用与不当使用。

针对上述有可能引发的中毒,可通过抑制微生物的生长繁殖,杀灭微生物或是破坏它生产的毒素等办法,将污染降到最低程度,从而有效预防食物中毒的发生。

2.食物中毒的预防

食物中毒分为有毒植物食品中毒、有毒动物食物中毒和常见的化学性食物中毒。预防食物中毒的关键是要坚持以下三项原则。

(1)及时清洁。在开始烹饪之前要把手彻底清洗干净。餐具、砧板、抹布等厨房用品应该以水或消毒药水洗涤,砧板在洗干净后晒太阳也很有效。抹布必须经常用肥皂或清洁剂充分洗净后保持干燥。否则,消毒过的餐具再用抹布来擦拭便会功亏一篑。

(2)即烹即食。食品买回来后,应尽快烹好供食,尤其生食的食物的食品原料越快处理越好,做好的食物也要尽快吃掉,免得细菌在一段时间内繁殖到能引起食物中毒的程度。即使是烹好的食物时间长了也很容易繁殖细菌,所以每次做得够吃就好,不要做得太多。

(3)科学加热与冷藏。细菌通常不耐热,加热到70℃以上,大部分细菌都会死掉,因此把食品加热以后再食用比较安全。同时细菌也比较耐冷,遂冷却以后不会死掉,但是不容易繁殖;且温度非常低时根本不能繁殖。能够防止细菌繁殖的温度是在5℃以下。

3.食物中毒的处理

食物中毒,以恶心、呕吐、腹痛、腹泻等急性肠胃炎症为主。服务人员如发现宾客同时出现上述症状,应立即报告本部门经理。部门经理在接到宾客可能食物中毒报告后,应立即通知医生前往诊断。

初步确定为食物中毒后,通知保安部经理、大堂副理和总经理。医生应立即对中毒宾客紧急救护,并将中毒宾客送医院抢救治疗,餐厅要留存宾客所用食品、饮料备检，以确定中毒原因，并通知当地卫生防疫部门。餐厅要对可疑食品、饮料及有关餐具进行控制，以备查证和防止其他人中毒。由餐饮部负责、保安部协助，对中毒事件进行调查，查明中毒原因、人数、身份等，并在当地卫生防疫部门工作人员到达后，协助其进行调查。

对食物中毒的宾客，饭店应表示足够的关注和慰问。并采取各种积极有效的措施，把食物中毒事件的影响降到最低程度，至于饭店应承担的责任，应根据宾客食物中毒的原因加以确定。

第四节　饭店康乐管理

"康乐"是具有现代意识的旅游新概念，从字面上讲就是健康娱乐的意思，指满足人们健康和娱乐需要的一系列活动，它包括康体活动、休闲活动、娱乐活动、文艺活动、声像活动、美容保健活动等，涉及广泛的知识和领域，如体育、健美、卫生、心理、审美、时装等。在饭店的众多部门中，康乐部是现代饭店一个新兴起的部门，按照中华人民共和国国家旅游局《饭店星级评定标准》中规定，星级饭店必须具备一定的康乐设施。目前，现代康乐活动越来越成为人们日常生活中不可缺少的内容，康乐设施的完善与否，康乐器械的现代化程度和先进性，已成为饭店吸引顾客的一个重要因素，而康乐项目也成为饭店的新兴产品，其收入在饭店总收入中的比重逐渐上升。

一、饭店康乐部概述

(一)康乐在饭店中的地位、作用和特点

1. 新颖的康乐项目是吸引客源的重要手段

随着经济的发展和国民收入的增长，以及现代生活节奏加快，工作压力加大，人们普遍需要缓解压力、消除疲劳、强健身体、陶冶情操，饭店康乐项目为人们提供了高层次的精神享受，成为旅游者旅游经历中不可缺少的内容。从饭店角度讲，饭店竞争的优势在于特色，仅以传统的客房、餐饮产品和服务吸引客源是不够的，所以饭店增加康乐项目，开设独特的娱乐活动，将极大地增强饭店的竞争力。

2. 康乐部是饭店营业收入的重要来源

饭店康乐项目是高星级饭店的标志，越来越受到旅游者和公众的青睐，使饭店的经济效益有大幅度提高。

3. 康乐项目是度假型饭店的必备条件

度假型饭店因其特殊的市场定位，使康乐项目成为饭店必不可少的内容，康乐部也成为饭店产品的重要组成部门。

饭店康乐服务具有饭店服务特点的许多共性，如热情好客、耐心周到等，但是康乐服务也有其自身的特殊性，具有区别于其他服务的鲜明特点。

1. 康乐服务的原则性与灵活性

康乐服务过程中经常会遇到一些特殊的服务案例，服务人员不能迁就违法违章的行为，但又不能生硬地进行阻止，这就需要服务员在服务工作中既坚持原则，又具有一定的灵活性。如在歌厅、舞厅遇到醉酒宾客的过分要求等。

2. 康乐服务的专业性

康乐部的大多数项目专业性强，技术含量较高，要求岗位人员熟练掌握相关设施设备的性能、结构和特点。这样才能为宾客提供专项咨询、安全保护、陪练陪打等服务。

3. 康乐服务的协作性

康乐服务在经营管理过程中内部协作性很强。如舞厅、卡拉 0K、多功能咖啡厅等需要乐队、演员、艺术家、时装表演队等的相互协作，才能收到良好效果。

4. 康乐服务对象的随机性

康乐部服务的接待人数、销售水平随机性较大，它往往随宾客的兴趣、爱好、年龄、身体状况而变化。因此，康乐部应根据不同项目的不同参与者的各种特点，有针对性地区别对待。如健身、健美项目受中青年人欢迎，美容又以青年女性为多，电子游戏受青少年欢迎等。

(二)饭店康乐服务的组织构机设置

康乐部作为饭店的一个业务部门，其组织机构按照等级链的原则进行组织。不过，在有的饭店中，康乐部并不是一个独立的部门，而是归属其他业务部门管理，故其管理层次会有一定差异。图 7-9、图 7-10、图 7-11、图 7-12 是康乐部归属饭店各业务部门的组织机构形式图。

1.康乐部归属餐饮部的组织机构形式

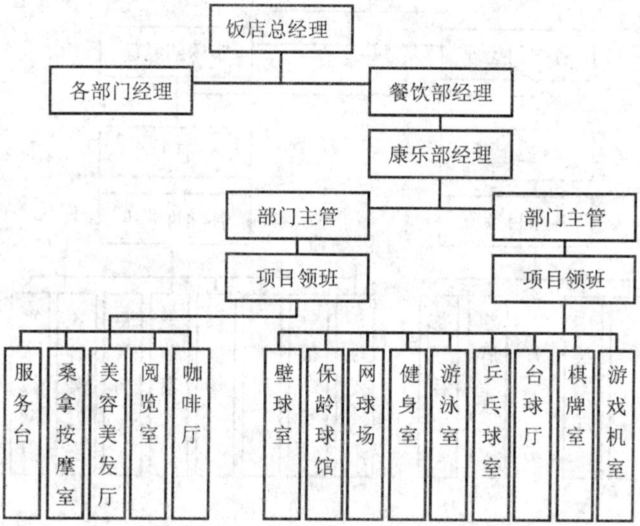

图 7-9　康乐部归属餐饮部的组织机构形式图

2.康乐部归属饭店客房部的组织机构形式

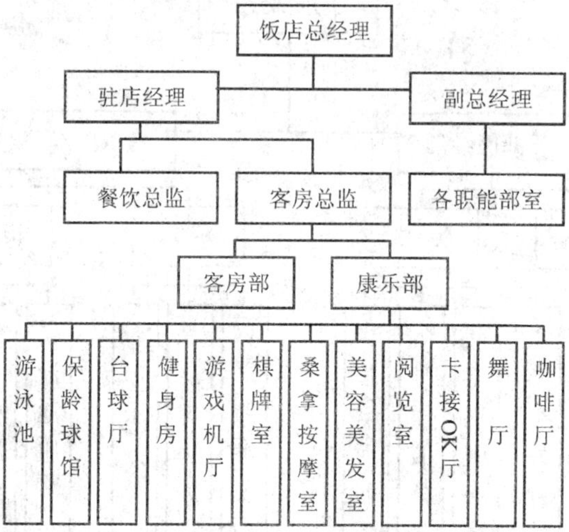

图 7-10　康乐部归属客房部的组织机构形式图

3.康乐部独立成部的组织机构形式

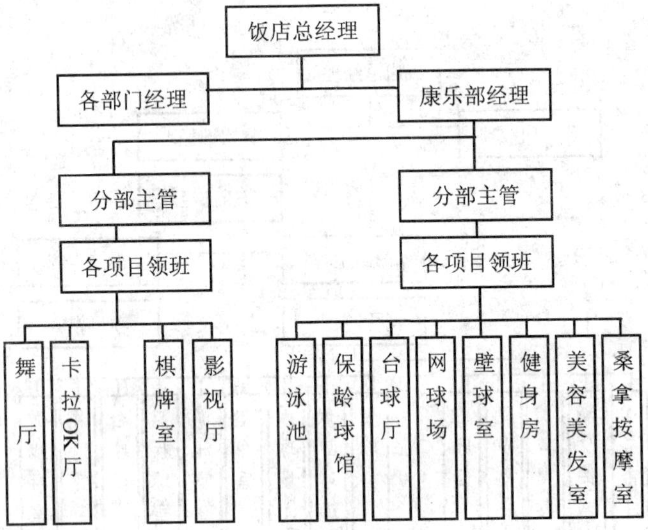

图 7-11 康乐部独立成部的组织机构形式图

4.康乐部分类管理组织形式

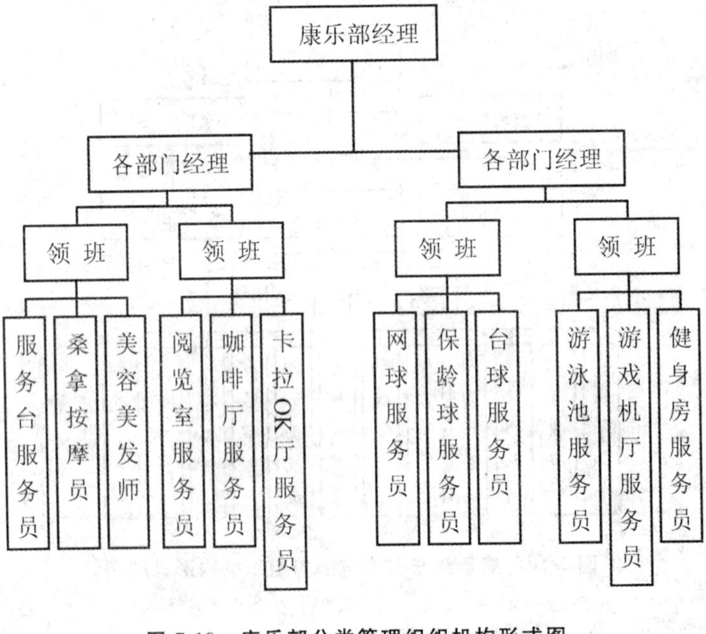

图 7-12 康乐部分类管理组织机构形式图

二、康乐项目服务内容

康乐服务的主要内容大致可分为三类，即：康体运动类、娱乐类、保健类，具体项目视饭店的规模等级而定，高级饭店的康乐项目可达几十项。

（一）康体运动类

康体运动是指人们借助一定的健身设备、设施和场地，通过参与来调节心情、促进身心健康，以达到休闲、交友目的的具有健身功能的体育活动。

康体运动内容主要包括健身器械运动、游泳运动、球类运动、户外运动等项目，设施有游泳池、健身房、台球房、保龄球房、乒乓球室、网球场、壁球房、高尔夫球场等。

（二）娱乐类

娱乐活动是指在一定的环境或设施条件下，宾客通过一定的形式在轻松的气氛中获得快乐，增长知识并有益于精神、心理及生理健康的活动。

娱乐项目的范围比较广泛，有歌舞类、游戏类、视听阅览类、表演类等，具体设施有：夜总会、舞厅、卡拉 OK 厅、棋牌室、电子游戏室、飞镖室、多功能咖啡厅、大型游乐场、激光电影厅等。

（三）保健类

保健是指宾客在一定的环境和设施中享受既有利于身体健康，又可以放松精神、陶冶情操的轻松愉快的被动的休闲方式。

保健项目主要包括洗浴桑拿、保健按摩、理疗、美容美发等几类，设施有桑拿浴室、日光浴室、按摩室、美发美容店等。

三、康乐项目服务质量管理

康乐服务质量管理的内容由两大部分组成：一是通过制定服务规程和质量标准来规范难以计量的服务质量，将服务过程制度化，使宾客期望之内的基本服务质量稳定，确保宾客不会产生不满意的感觉，达到质量控制的最低限；二是鼓励服务人员在研究宾客心理的基础上，掌握不同宾客对每种康乐产品的期望，特别是潜在期望，提供因人而异的个性化超常服务，提高宾客满意度，创造忠实宾客。

（一）制定服务质量标准

康乐项目服务质量标准的内容包括卫生要求、安全要求、服务态度要求和服务效率要求等几个方面。在卫生方面，要求营业场所环境必须干净整齐，服务人员在岗位上必须保持洁净的个人形象；在安全方面，要求严格按计划进行保养康乐设备，使用时不发生任何问题。服务人员要耐心地向宾客解释设备的正确使用方法，为宾客进行安全装置的检查，进行必要的运动保护；在服务态度方面，要求讲究礼节礼貌，服务主动、热情、周到、灵活；在服务效率方面，要求手续简便，服务快捷，减少宾客等待的时间。

(二)培训员工

通过加强对员工服务意识、业务技术的培训，提高劳动者素质，也是提高康乐服务质量的重要途径。培养员工具备良好的服务意识和熟练的服务技巧，掌握各服务岗位特定的服务程序和服务质量标准内容，明确质量要求，是确保康乐服务质量的根本措施。

(三)规范服务工作

管理人员应以服务规程、服务质量标准为依据检查和监督服务员的工作，以此控制服务过程中的服务质量，并根据检查结果对服务人员进行奖惩。只有这种检查和监督成为各级管理人员日常工作的主要部分，才能及时纠正服务人员的不规范服务行为，保证服务质量标准的落实。

(四)对服务质量进行评估，不断改进服务工作

全面了解服务过程中不合标准、产生偏差的情况和原因，对恰当处理宾客投诉，总结经验、防止同类事故再次发生，不断改进服务工作有着十分积极的意义。因此，要对服务质量进行客观的评估，可从宾客投诉、宾客表情、宾客议论、宾客意见表等多种渠道获得宾客对服务质量的评价，在此基础上分析产生问题的原因，找出主要影响因素，制订解决问题的计划和措施。

(五)教育员工提供超常服务

创造“忠实宾客”是所有康乐经营者所孜孜追求的目标，为了达到这一目标，康乐项目的经营者必须下功夫研究宾客对每一种康乐产品的期望，在日常工作中自觉地、有意识地了解不同类型的宾客和他们的各种特点，不断积累各种宾客不同的期望信息，努力提高服务艺术，做到通过察言观色就能分析出宾客的现实期望和潜在期望，在保证宾客现实期望得到满足的基础上，出其不意地满足宾客一些潜在期望，往往会取得很好的服务效果。这就是“超常”服务的作用，是优质服务的秘诀。

第八章　饭店营销管理

在市场经济条件下，饭店的经营活动离不开市场，饭店的产品和服务只有在市场中才能实现其价值和使用价值。因此，为了促进饭店产品的销售，必须重视饭店的市场营销管理。本章正是从这一要求出发，系统介绍了饭店市场营销观念的演变、营销管理的意义和内容；并从饭店市场营销组合的概念入手，全面介绍营销组合的四大要素：饭店产品、饭店价格、饭店营销渠道和饭店促销的概念、内容和各种可采取的市场营销策略。

第一节　饭店营销管理概述

一、饭店营销管理的作用

(一)现代饭店市场营销观念

市场营销(Marketing)，是一种有别于销售(Selling)的经营观念。传统的经营观念是“以产定销”，即饭店有什么产品，能提供什么服务，就向消费者销售什么产品和服务，宾客只能被动地接受饭店提供的产品和服务，没有自己的选择。虽然，营销进一步的发展对传统经营观念作了改良，变为“以销定产”，但其实质还是以饭店现有的产品为基础，围绕如何把产品和服务推销给消费者，因而还是一种“等客上门”的营销观念和行为。

现代市场营销观念是一种新的经营观念和思想。在这种营销观念的指导下，饭店的经营活动不再是以饭店产品为出发点，而是以消费者为中心，以满足宾客的需求为营销的目标，使饭店整个营销活动始于用户并终于用户。因此，这种营销观念实际是“以需定产、以需定销”的现代市场营销观念。它要求饭店必须加强市场研究，重视对消费者需求的分析，并通过加强营销管理来实现饭店的经营目标。

(二)饭店营销管理的作用

饭店营销管理(Hotel Marketing Management),是指饭店通过一系列营销手段,以合适的价格提供饭店产品和服务,进而满足宾客的需求、实现饭店经营目标的一系列综合性活动。饭店营销管理是饭店管理的重要组成部分,对饭店的经营服务活动起着十分重要的作用,具体表现为以下几个方面。

1.饭店营销管理是联结饭店经营服务与社会需要的重要纽带

在市场经济条件下,任何企业的产品只有满足消费者的需求,才能实现其价值和使用价值。饭店营销管理是沟通饭店与消费者的桥梁,促使饭店的经营活动更好地适应市场消费需求,同时也是饭店按需组织经营活动的重要前提和基础。

2.饭店营销管理是提高饭店市场竞争能力的重要手段

饭店产品营销的过程,是对市场调查并实现与顾客信息沟通的过程,通过加强营销管理,了解宾客对饭店产品和服务的意见和要求,了解市场态势与相关竞争对手的情况,有利于饭店开发新产品,提升服务质量并改善经营管理,通过对各种营销策略、手段和方法的灵活运用,有利于增强饭店的市场应变力和市场竞争力。

3.饭店营销管理是提高饭店经济效益的必要条件

要提高饭店经济效益,就必须把饭店产品和服务销售出去,才能收回资金,补偿成本支出并获取利润,保证再生产的顺利进行。因此,饭店营销是实现饭店经济效益的必要条件。只有加强营销管理,促进饭店产品和服务的销售,加快资金周转,提高资金利用率和回收率,才能提高整个饭店的经济效益。

4.饭店营销管理是促进我国饭店业走向国际市场的必由之路

饭店业是一项国际性产业,其销售和服务对象是来自世界范围内的旅游者。因此,饭店营销管理必然要面向国际市场。通过开拓国际市场、吸引国内外众多的旅游者,来扩大饭店的销售渠道,增加外汇收入;通过面向国际市场的竞争和经营,有利于开阔饭店员工的视野,增长见识,提高饭店员工对钻研业务技术,学习各种知识的积极性和主动性,促进旅游业更好地与国际市场接轨;以全球化的营销思路,有利于提升饭店管理者的经营管理水平,对促进饭店按照国际经营惯例和要求有效地进行经营活动起到积极的作用。

二、饭店营销管理的内容

饭店营销是以消费者为中心,围绕消费者需求开展的一系列活动。饭店营销管理的内容主要包括以下几方面。

(一)市场调查和预测

饭店营销是以满足消费者的需求为核心,因此,首先必须研究消费者的需求、购买动机和行为;对客源市场进行充分的调查研究,了解客源市场的状况、类型、特点和需求;预测客源市场的变化趋势,为饭店确定目标市场、制订相应的营销策略和计划提供依据,从而更好地提供适销对路、物美价廉的饭店产品和服务,满足宾客的需求。

(二)营销目标的锁定和细分市场

在市场调查和预测的基础上,饭店经营管理人员应根据消费者的需求和特点,确定饭店营销目标,进行市场细分,选择目标市场。

确定饭店营销目标,要在分析客源市场的前提下,对饭店的产品和服务进行分析,包括饭店所处位置、交通条件、各种经营项目、服务质量、设施和设备条件以及价格状况等。通过产品和服务分析,使经营管理人员充分认识到本企业的优势和不足,从而合理地确定饭店的营销目标。

市场细分是按照不同的因素对客源市场进行分类,如以地理环境、人口特点、经济收入和消费心理等因素划分。通过市场细分,饭店能更进一步地把握客源市场的特征,把握每个细分市场的宾客数量、饭店对该市场的吸引力,从而为选定目标市场提供重要决策依据。

选择目标市场,又称为饭店市场定位,即饭店把营销的重点定在哪一类或几类细分市场。通常,目标市场的选定应以最能盈利和最容易进入的市场为佳。具体讲,目标市场应该有较大的规模以保证饭店盈利,应具有一定的发展潜力,存在着较大的现实需求。

(三)制订营销计划

饭店目标市场选定以后,根据目标市场的需要和特点,制订饭店的营销计划,有效地配置饭店的要素资源,改进、调整和组合整个饭店设施和服务项目,制订服务质量提高和控制的标准,根据市场需求特点、竞争态势和饭店的经营实际,确定合适的饭店产品和服务价格,制订相应的促销策略和措施等,以指导饭店市场营销活动很好地开展。

(四)组织饭店产品销售

饭店产品作为一种特殊的产品,必须认真组织好销售。饭店产品的销售组织,一是要建立相对独立的销售部门,明确职责和工作目标并使之细化,使每一项销售工作和业务都能落在实处;二是要采取合理的销售方式和销售渠道,如电话销售、旅行社代理、人员推销等,并根据目标市场特点选择最佳的销售方式和渠道组合,保证饭店有稳定的客源市场;三是要搞好销售人员的选聘、培训、组织、激励工作,提高销售人员的积极性,促进饭店销售业务的不断拓展。

(五)饭店产品促销

饭店产品的促销,包括广告宣传、销售服务、公共关系等方面。饭店产品促销的目标是向消费者传递饭店产品和服务信息,刺激消费者需求,并强化其消费动机而促成对饭店产品和服务的购买行为。同时,饭店产品促销也有利于树立饭店形象,提高饭店信誉、密切宾客关系,发掘潜在市场、开拓新的客源,从而全面促进饭店产品和服务的销售。

(六)销售效益分析

销售效益分析,包括对饭店销售成本分析、销售费用分析、销售利润分析和销售工作效率分析等。此外,对于一些销售促进活动还应进行单项的效益分析,例如,饭店广告效益分析、宣传效益分析、公关项目效益分析等。在进行销售效益分析时,应结合采用一些先进的分析方法,如盈亏分析法、弹性预算法、零基预算法、比率分析法等。

三、饭店市场营销组合

市场营销组合是把影响饭店经营的各种因素划分为两大类:一类是不可控因素,主要指各种经营环境影响因素;另一类是可控因素,包括饭店的产品和服务、价格、销售方式和销售渠道、销售促进等方面。市场营销组合,就是对饭店可控因素进行最佳组合和运用,以适应市场环境不断变化的营销战略。市场营销组合的基本要求及目的,就是要用最合适的饭店产品及服务、最合适的价格、最合适的销售方式和渠道、最合适的促销方法及最佳的组合,更好地满足宾客的需求,以取得最佳的经济效益和社会效益。

市场营销的因素较多,根据美国学者麦克塞斯(Maxes)的分类方法,可把市场营销组合的因素分为:产品(Product)、价格(Price)、销售渠道(Place)和销售促进(Promotion)四个方面,简称为市场营销组合的"4P"战略。这四个因素的不同组合及变化,必须适应饭店经营环境的变化要求,从而就可以产生出许多的营销组合策略。

(一)消费者需求与营销组合

消费者需求,是指对饭店产品和服务,既有购买欲望又有支付能力的需求,通常称为现实需求;对于只有购买欲望而无支付能力,或者只有支付能力而无购买欲望的需求,称为潜在需求。根据对客源市场中消费者的购买力和购买欲望的分析,可以针对不同的消费者需求采用不同的营销组合。

1. 对既有购买欲望又有支付能力的消费者,要全方位地运用营销组合战略。在供不应求时,要注重饭店产品和服务项目的提升,提高饭店产品质量,树立饭店形象,争取更多的宾客入住。在供过于求,消费者持币待购时,应在提高产品和服务质量的基础上，重点在产品特色方面加强管理，以形成饭店特色，占领消费者的“心理市场”。

2. 对具有支付能力而无买购欲望的消费者，关键在于如何激发其购买欲望，强化购买动机并促成购买行为。由于这类消费者是有支付能力的，因而要针对不同消费者的购买心理和需求，用不同的饭店产品和服务，采用不同的销售渠道和促销手段，来满足消费者心理和生理的需求。

3. 对具有购买欲望而无支付能力的消费者，要通过各种价格策略，如采用分期付款、折扣让价等来开发这部分消费者。同时，要注意这类消费者对饭店产品和服务的质量、品种都很挑剔，因而在运用价格策略时，要同时使用产品策略和其他策略。

（二）市场供求关系变化与营销组合

市场供求关系，是指饭店产品和服务在市场中的需求与供给关系。通常，饭店产品和服务的需求量与价格呈反方向关系，而饭店产品和服务的供给量与价格呈正方向关系，于是根据上述关系可得到饭店产品和服务的市场供求关系变化如图 8-1。

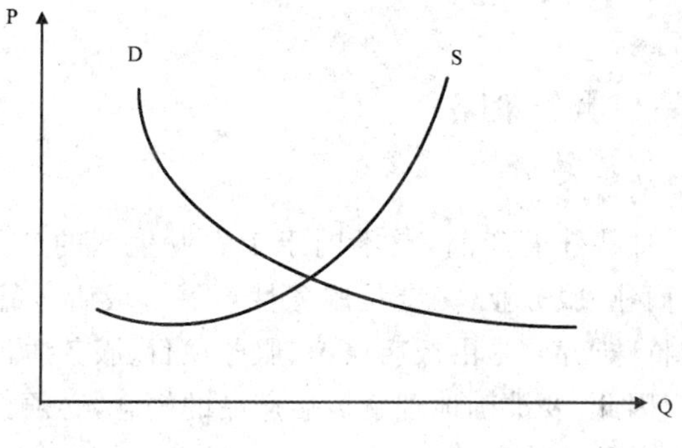

图 8-1　饭店产品和服务的市场供求关系化图

1. 当饭店市场处于供过于求（S＞D）时，应采用降低饭店产品和服务价格的策略，并辅之以相应的产品策略、促销策略进行，以刺激消费需求，扩大饭店产品和服务的销售。

2. 当饭店市场处于供不应求（S＜D）时，应采用提高饭店产品和服务价格的策略，并降低饭店成本、减少促销等来刺激饭店产品和服务供给的增加，同时适当抑制消费需求。

3. 当饭店市场处于供求均衡（S＝D）时，要注意稳定饭店产品和服务价格，开展各种公关活动和促销宣传，以提高饭店的公众形象和声誉，从而稳定饭店的客源市场。

(三)饭店发展与营销组合

在市场经济条件下，饭店的建立和发展，随着经营环境变化和经营时间的延伸，在不同阶段应采取不同的市场营销组合战略。

1. 饭店处于经营初期时，为了尽快进入目标市场，占有一定市场份额，通常可采取低价格策略、优质产品策略和整体促销策略，以尽快占领市场。

2. 饭店处于经营成熟期时，为了稳定市场地位，保持应有的市场占有率，应采取稳定价格策略、差别产品策略、公共关系策略等来保持饭店的竞争地位和竞争力。

3. 饭店处于经营老化期时，应采取饭店产品更新策略、市场开拓策略、灵活价格策略等，来形成新的饭店形象、新的产品和服务，促使饭店再次进入新的经营周期，并有良性循环的发展。

第二节　饭店产品与价格策略

一、饭店产品与服务策略

(一)饭店产品的概念

饭店产品是一种特殊的产品，它不同于工农业生产的产品，纯粹是物质产品；也不同于其他商业、服务业，完全是服务性产品。饭店产品是一种既有物质性、又有服务性的特殊产品，是由饭店设施、服务项目、服务质量等多种内容相结合而形成的产品。因此，要准确地理解饭店产品的概念，必须把握以下几点。

1. 饭店产品是一种整体产品

整体产品概念(Total Product Concept)，是指产品在满足消费者需求中所表现出来的全部内容。作为饭店的整体产品，其包含三方面内容：一是核心产品，指饭店产品的基本功能，即饭店产品满足宾客需求的使用价值(包括服务在内)，是宾客购买饭店产品的根本目的；二是形体产品，指饭店产品功能价值的载体，即饭店的设施、设备、实物形态及环境氛围等。饭店形体产品不仅是饭店产品功能的载体，以确保饭店产品的使用价值能有效发挥，而且不同饭店的形体产品，能满足宾客的不同需求。如果饭店形体产品不健全、不美观，就会使宾客不满意；三是附加产品，指为保证饭店产品功能价值有效地发挥而对宾客附加的利益，例如饭店声誉、安全保障、产品特色，等等。因此，饭店产品是一种由核心产品、形体产品和附加产品有机结合的产品。

2. 饭店产品是一种综合性的产品

一般讲，饭店产品是一种服务性产品，但确切地讲，饭店产品是由有形产品和无形服务相结合而形成的综合性产品。饭店产品的有形性(Tangible)，主要指饭店的有形设施、设备及各种实物产品，如饭店前厅的装潢和陈设、客房装修及装饰、健康娱乐设施和设备、商务服务设施、餐厅装潢和餐饮食品等。饭店产品的有形性，向宾客展现了饭店产品的特色、档次和水平，是吸引宾客入住饭店的基础。但是，能否真正吸引宾客并让其消费需求得到满足还取决于无形服务。饭店产品的无形服务(Intangible Survice)，主要指饭店服务员借助各种有形设施向宾客提供热忱、熟练、周到服务的过程，是向宾客提供饭店核心产品，满足宾客需求的关键。因此，评价饭店产品质量，就是看其有形产品是否方便、舒适、安全、愉悦；无形服务是否热情、好客、周到、快捷等。

3. 饭店产品有其市场寿命周期

产品市场寿命周期(Product Life Cycle in Markets)，是指产品从投入市场销售，经历成长、成熟、衰退直到被市场淘汰的全部过程。产品市场寿命周期的客观存在，是由于科技进步、生产力发展、消费水平的提高、生产过程的消耗等因素所决定的。饭店作为一种特殊产品，客观上也存在着市场寿命周期。例如，客房有形产品如果长期磨损而不改造，势必影响基本功能的发挥，而无法提供高质量的服务。餐厅、康乐项目若不及时适应市场消费需求，进行调整，开发新的项目和服务，就无法在竞争中生存和发展。因此，必须明确饭店产品同样具有市场寿命周期，从而针对饭店产品在投入期、成长期、成熟期及衰退期的不同阶段，采取不同的策略，促进饭店的经营发展。

(二)饭店产品与服务策略

任何饭店要想在市场竞争中立于不败之地，就必须根据目标市场需求及特点，结合本饭店的经营能力，制定可行的饭店产品与服务策略。饭店产品与服务策略，因不同饭店等级、类型而有差别，下面从一般的角度介绍饭店产品特色策略、饭店产品组合策略、饭店产品多角化经营策略。

1. 饭店产品特色策略

饭店产品没有特色就没有市场竞争力和生命力。因此，每个饭店都要根据目标市场的需求，设法在宾客心目中树立起饭店产品的鲜明特色，从而占领宾客的"心理市场"。采用饭店产品特色策略，一般可从以下三方面考虑：一是在有同类市场的情况下，通过开发新的服务项目，提高服务档次和水平，提供多种饭店产品规格，来增加饭店产品的特色，以区别于其他饭店；二是在有同类竞争者的情况下，努力在饭店产品和服务的质量、规模及成本上创特色，达到以质取胜、以量取胜、以廉取胜，提高饭店的市场竞争力和地位；三是在提供同类产品的情况下，通过发展“缺口”产品、“组合”产品、“特色”产品来创特色，从而提高饭店产品的特色和竞争力，吸引更多的宾客。

2.饭店产品组合策略

饭店产品组合策略，是指把多个饭店产品和服务项目有机结合起来，以适宜的价格出售给宾客，又称为包价产品。饭店产品组合策略的目的，是为了增强饭店产品吸引力，方便宾客，并满足不同层次宾客的需求。采用饭店产品组合策略，一是要确定销售目标和对象，明确什么时间，向谁销售饭店组合产品；二是要合理设计饭店组合产品的名称和内容，要能够迎合宾客的心理、刺激消费，同时又在经营上可行，经济上有利。目前，常见的饭店组合产品有：会议组合产品、蜜月度假产品、婚礼组合产品、周末消闲组合产品、商务组合产品、家庭住宿组合产品、康乐住宿组合产品等；三是正确制定组合产品的价格，一般要求组合产品价格略低于单项产品价格之和，使宾客或代理商感到有利可图；四是选择组合产品的传递方式及广告媒体，并根据不同的目标市场和消费对象，采用不同的促销方法和策略。

3.饭店产品多角化经营策略

饭店产品多角化经营策略，是指饭店为了提高市场竞争能力和应变能力，根据市场消费需求，同时经营和提供多种饭店产品和服务的经营策略。多角化经营策略就短期而言，是在饭店现有设施、设备、服务水平和管理能力基础上，以现有饭店产品和服务为核心，从纵向或横向发展，在饭店产品和服务的规模、品种、用途等方面推陈出新，从而满足宾客多样化需求，提高饭店的吸引力。多角化经营策略从长期来看，则是以市场消费需求变化为导向，通过分析市场供求和竞争状况，分析本饭店在未来市场变化中存在的问题和机遇，抓住机遇，解决问题，扩大饭店产品和服务项目，挖掘饭店资源潜力，从而扩大饭店经营范围，提高饭店的竞争能力。

二、饭店产品价格策略

价格，是制定饭店市场营销策略的关键因素。价格制定得是否合理、适当，直接关系到饭店产品和服务的销售，关系到饭店的生存和发展。对饭店产品价格的理解，可从三个方面来把握。

(一)饭店产品价格的类型

1.理论价格

按照经济理论，价格是价值的货币表现，而价值是商品本身所包含的社会必要劳动量，这是定价的基础。从现实中看，价格并不是简单地等于价值，而是在各种因素的影响下，围绕价值上下波动，或高于价值，或低于价值。价格围绕价值的运动就称为价值规律。按照价值规律，饭店经营管理者在制定产品和服务价格时，一方面要尽量接近产品的价值，另一方面又要根据价值规律而采取灵活的价格策略。

2. 市场价格

虽然理论价格是饭店定价的基础，但在实际经营中饭店产品和服务的价格则主要根据市场供求关系的变化来定。根据市场供求规律，由于市场需求与价格是反方向变化，市场供给与价格是正方向变化，因而当市场供给与需求相等时，就形成均衡价格，这就是饭店产品与服务定价的基础。由于市场供求平衡是相对的、暂时性的，而市场供求不平衡是绝对的、经常性的，所以从市场营销的角度考虑，饭店产品和服务的价格就会随着市场供求变化而变化，或高于均衡价格，或低于均衡价格。根据市场供求规律，饭店经营管理人员必须随时掌握市场供求动态及变化趋势，灵活地制定饭店产品和服务的价格。

3. 心理价格

从商业心理学的角度看，饭店产品和服务的价格还受消费者的心理因素影响，从而形成心理价格。所谓心理价格，是指饭店产品和服务的价格必须与宾客心目中的"价值"相一致。这样"价值"就是饭店产品和服务的功能性价值，即宾客付出一定的代价而期望获得的效用或功能。因此，心理价格实质上是以宾客的心理接受程度为出发点制定的价格，它要求正确把握消费者的心理变化和价格预期，以便投其所好而制定合适的心理价格。

(二)饭店产品定价的基本方法

对饭店产品和服务定价，除了必须掌握价格规律外，还应了解影响价格的因素，采用科学的方法。影响定价的因素很多，但主要的有饭店产品和服务的特点、市场供求关系的变化、需求弹性对价格的影响、国家的价格政策、经营的季节性变化等。根据这些影响因素的作用大小，饭店在制定产品和服务价格时，可灵活选用以下三种基本的定价方法。

1. 成本导向定价方法

成本导向定价，是以饭店产品和服务的全部成本为定价的基础，在总成本基础上加上饭店的目标利润和应纳税金来确定销售价格。成本导向定价简单、方便，只需在饭店成本基础上按比例加成即可，因而是一种较实用的定价方法。但这种方法没有考虑市场需求强度、季节变化周期、市场竞争态势及产品的市场寿命周期等因素的影响，因而具有较大的局限性。其计算公式如下：

饭店产品价格＝(饭店总成本＋预期利润＋应纳税金)/饭店产品数量

＝饭店总成本×(1＋利税率)/饭店产品数量

除了上述成本加成定价以外，盈亏平衡定价、投资报酬率定价、千分之一投资额定价都可归属为成本导向定价方法。

2.市场导向定价方法

市场导向定价方法是以市场需求和消费者心理价值为基础，并随其变化而进行的定价方法。当市场需求较强时，可适当提高价格；当市场需求较弱时，可适当降低价格。由于这种定价方法，充分考虑了产品成本、产品寿命周期、市场购买力、市场竞争态势、消费者心理、分销渠道等因素，因而是一种既符合实际，又灵活的定价方法。按市场导向定价的具体方法，常用的有倒扣定价法、优惠定价法、特别定价法等。倒扣定价法的计算公式是：

饭店产品价格＝估计销售价×(1－折扣率)

3.竞争导向定价方法

竞争导向定价方法，是饭店在制定产品和服务价格时，以其他竞争饭店的价格为依据，根据本饭店产品和服务的竞争能力和特点，选择有利于增强市场竞争力的价格的方法。其特点是与饭店产品总成本和市场需求没有直接联系，而是紧密关注竞争对手的状况，相应采取的价格策略。按竞争导向方法定价，具体有随行就市定价、投标定价、倾销定价、变动成本定价、特殊定价等方法。

(三)饭店产品价格策略

饭店为了在市场营销中占据主动地位，常常要在不同时期采取各种不同的价格策略，常用的价格策略主要有以下几类。

1.饭店新产品价格策略

当饭店推出一个新产品或一项新的服务时，应根据市场需求、市场竞争状况和产品与服务的特色，灵活合理地采用高价策略、中价策略或低价策略。高价策略，是指在推出新的饭店产品和服务时，把价格定得很高，从而在短期内获取厚利的策略，其主要适用于市场需求量大、饭店产品和服务独占市场的情况。低价策略，是在推出饭店产品或服务时，把价格定得低于市场平均价，以尽快地占领市场，主要适用于竞争对手多、市场需求量大、产品需求弹性大的情况。中价策略，是介于前两种定价策略之间，是以均衡收益为定价目标的定价策略，又称为“满意价格”，主要适用于大众化消费的饭店产品和服务，如一般性餐饮、经济客房、普通歌舞厅等。

2.饭店产品市场寿命周期价格策略

饭店产品市场寿命周期价格策略，主要根据饭店产品处于不同的寿命周期阶段而采用不同的价格策略。通常，当饭店产品处于投入期，即刚推出时，应采用新产品价格策略；当饭店产品处于成长期时，应采取稳定价格或略降低价格，以刺激需求持续上升，并阻碍其他饭店竞争者进入；当饭店产品处于成熟期时，在以稳定价格保持饭店产品形象和饭店声誉的同时，要采用优惠价吸引“回头客”，或争取更多的新宾客；当饭店产品处于衰退期时，为了减少损失和有利于饭店产品的转换，可适当降价维持。总之，根据饭店产品和服务处于不同市场寿命周期阶段，而采取不同的价格策略，对于提高饭店经营水平是十分重要的。

3.饭店产品优惠价格策略

这种策略主要是指饭店经营管理者为了扩大饭店产品和服务的销路，拓宽客源市场，提高市场占有率，而对宾客采取各种不同形式的优惠价格，包括折扣价格、赊销价格、附赠价格、差价等。折扣价格是为鼓励宾客多消费饭店产品和服务而给予的一种让价，一般根据饭店经营状况和市场竞争态势，给予8～9折优惠。赊销价格，是对有支付能力而暂时不能付现的宾客，给予一定的赊销优惠，每隔一定时间集中结算一次款项，从而方便宾客的消费。附赠价格，是当宾客消费饭店产品和服务时，以不同的形式给予宾客一定的馈赠，以刺激其更多地消费饭店产品和服务。差价则是按不同季节、不同产品和服务、不同地区制定不同的价格，以满足不同宾客的需求。

4.饭店产品心理价格策略

这种价格策略主要是针对宾客心理而确定价格，其主要有尾数定价、整数定价、声望定价、招待定价等。尾数定价，是带零头数结尾的价格，如自助早餐每客18.88元、标准客房价198元，等等，此法容易使宾客产生价格偏低、数字吉利的心理效应。整数定价，是为方便宾客消费者而制定的不带尾数的价格，其特点是方便交易，给人以"一分钱一分货"的心理效应。声望定价，是按照优质优价原则，对饭店产品和服务制定较高的价格，尤其是饭店产品和服务有特色，并在宾客中占领了"心理市场"，更应保持高价，以满足宾客在消费中产生的尊贵、地位等心理需求。招徕定价，是针对消费者各种心理，采用优惠价、酬宾价、贵宾价(VIP)等各种方式，迎合宾客心理，促进和扩大饭店产品和服务的销售。

第三节　饭店营销渠道策略

一、饭店营销渠道及分类

(一)饭店营销渠道概念

饭店营销渠道，是指饭店把产品和服务向宾客提供过程中经过的各种环节和形式。由于饭店产品和服务生产与消费的同一性特点，决定了饭店不是通过一定的营销渠道把饭店产品和服务输送给分散的消费者进行消费，而是通过各种营销渠道把宾客吸引到饭店来进行消费。于是，各种吸引宾客到饭店的销售渠道，就成为饭店市场营销中的重要手段和工具，对饭店营销渠道的正确选择和运用，也就直接关系到饭店产品和服务的价值与使用价值能否顺利地实现。

(二)饭店营销渠道的分类

饭店营销渠道，主要分为直接营销渠道和间接营销渠道。

直接营销渠道，是指在一定的条件下，宾客直接通过预订或直接进入饭店住宿、餐饮或娱乐。直接营销渠道的优点在于：一是可以及时为宾客提供饭店产品和服务；二是可以不经过中间环节（即代理商），而减少费用支出，获得更多的收益；三是直接面对宾客，有利于直接反馈信息，提供预订等各项服务，树立饭店的信誉。直接营销渠道的不足之处在于，由于饭店产品和服务是固定的，只能是宾客到饭店来消费，因而饭店的地理位置、饭店外观装潢、饭店的形象或声誉，都会影响到直销经营效果。

饭店的间接营销渠道，是指饭店通过各种中间环节，如旅行社、航空公司、饭店销售代理机构、饭店集团预订系统、独立预订系统及有关企事业单位，推荐宾客来饭店住宿、就餐或娱乐等。通过饭店的间接营销渠道来招徕宾客，优点是有利于拓宽饭店客源市场，保证有稳定的客源供应，能有效地提高饭店的客房率，增加饭店的经营收入；不利之处是，通过间接销售渠道接待宾客，饭店要给中间环节一定比例的折扣，从而影响饭店的效益；同时，中间环节的服务质量好坏，往往会给饭店的信誉造成一定的影响。此外，还给饭店的计划与协调工作增加了难度。

二、饭店营销渠道形式

根据对饭店产品和服务的营销渠道分类，可以分为直接营销渠道和间接营销渠道，每一种类型下面又有多种营销渠道形式或销售方式，下面要介绍几种营销渠道形式。

(一)电话销售

电话销售，是饭店直接营销渠道形式之一，也是招徕宾客的重要手段。电话销售一般分为寻找对象、准备销售、电话征询、说服宾客、确定销售和结束销售六个阶段。寻找对象，就是要通过各种途径和方式，寻找需要饭店产品和服务的对象，并确定需要用电话销售的对象名单。准备销售，就是根据已确定的销售名单，分析其需求特点和饭店可能提供的条件和优惠待遇，整理成简洁的语言，便于销售。电话征询，就是正式向销售对象打电话进行推销。打电话时，首先征得对方可以洽谈的意见，然后按照提纲进行征询，要注意口齿清楚、发音准确、语言委婉动听。说服宾客，就是在电话征询时，若遇到宾客有反对情况，应耐心地、简明地进行说服。确定销售，是指当宾客同意接受饭店产品和服务后，应注意立即明确宾客来店消费的时间、消费内容、要求等。最后结束销售，以礼貌、愉悦的声音向宾客告别，并说明期待着宾客的按时光临。

（二）旅行社

旅行社，是专门从事招徕、接待和组织旅游者进行旅游活动，并依法成立、实行独立核算、自负盈亏的企业。旅行社是饭店主要的间接营销渠道之一，是沟通旅游者与饭店联系的桥梁，许多海外旅游者和国内旅游者都是通过旅行社的业务活动，而成为饭店的宾客。

旅行社一般分为经营商和代理商两大类。经营性旅行社类似商业中的零售商，其直接面对广大旅游者，通过有计划地设计、开发旅游线路，对外进行宣传、广告，组织旅游者的游览和旅行活动。代理性旅行社类似于商业中的代理商，其不直接组织旅游者的游览和旅行活动，但却与许多饭店和经营性旅行社有密切的业务关系，并受他们的委托代为宾客或旅游者预订客房、餐饮、交通，办理各种旅游活动的手续等。通常，饭店既可通过经营性旅行社组织客源，也可通过代理性旅行社为饭店招徕各种各样的消费者，饭店则对这些旅行社支付一定的费用和佣金。为了提高对旅行社这种间接营销渠道的有效利用，饭店应主动与旅行社建立关系，及时向他们赠送饭店的推销材料，以扩大饭店的客源市场。

（三）航空公司与其他交通运输企业

旅游交通是旅游业的三大支柱之一，也是饭店重要的间接营销渠道之一。特别是航空公司，为饭店输送各种包价旅游者、转机乘客及各种乘坐飞机的旅行者。随着现代旅游企业集团化发展，饭店与航空公司进行联合以稳定客源已成为趋势。因此，饭店要搞好与航空公司的关系，经常向航空公司赠送各种饭店的推销材料，及时进行销售访谈工作，密切与航空公司的协作。

除了航空公司以外，饭店还要抓好铁路、公路、水运及出租汽车公司，利用这些交通运输企业，为饭店提供广泛的客源。饭店在正常、合理的前提下，对这些交通运输企业给予一定的佣金或费用。

（四）饭店外预订系统

饭店以外的预订系统，是饭店开拓客源市场的又一重要渠道，主要分为饭店集团预订系统和独立预订系统。饭店集团预订系统，是指集团化饭店、特许经营饭店或饭店管理公司专为集团内各成员饭店建立的预订服务系统。通过为集团内饭店预订客房、餐饮，组织广告和推销活动，建立全球计算机联网预订系统等，促进集团内各饭店产品和服务的销售，广泛拓宽客源市场，垄断既有的目标市场等。由于饭店集团预订系统与集团内各成员饭店具有利益一致性，因而各饭店集团的成员饭店要主动与饭店集团总部和其他成员饭店联系，充分利用饭店集团预订系统获得更多的客源。同时，也要主动为其他成员饭店介绍客源，互相促进，共同发展。

独立预订系统，是指专门从事饭店、旅行社预订业务的中介组织。独立预订系统不隶属于任何饭店，而是独立的法人机构，可同时接受多家饭店和旅行社的委托业务。独立预订系统，一般设有专门的预订中心，并根据各委托饭店的等级、价格，按消费者的消费水平和需求进行调配，介绍到各饭店。由于独立预订系统是专门化的中介组织，其业务范围广、网络渠道多，因而利用独立预订系统，可以有效地拓宽饭店客源市场，节省销售成本和费用。

(五)饭店销售代理机构

为了更好地拓宽饭店客源市场，尤其是招徕国际旅游者，许多高星级饭店都在国外或大中城市、旅游城市设立销售代理机构，为饭店招徕宾客。由于这些代理机构大多是当地的相关经营企业，熟悉该地区市场状况、消费习惯、生活水准等，因此能经济而又富有效率地为饭店招徕大量的宾客。因此，利用饭店销售代理机构也是饭店间接营销渠道形式之一。

三、饭店营销渠道的选择

(一)影响饭店营销渠道选择的因素

为了选择合适的营销渠道，必须综合考虑各种相关因素。从饭店的实际看，影响饭店营销渠道选择的主要因素有以下几方面。

1.市场因素

在选择营销渠道时，首先要考虑饭店的营销目标，并根据目标市场的类别、市场供求状况、市场竞争态势、客源市场规模、宾客消费习惯等，合理选择不同的销售方式。例如，对于海外客源市场应通过建立销售代理机构，加强同旅行社和航空公司的联合与协作，争取更多的客源。对于国内客源市场，应加强直销，充分利用饭店外预订系统等，拓宽国内客源市场。

2.产品因素

即饭店在选择营销渠道时，要充分考虑饭店产品和服务的特点、特色、档次、规模等因素，选择不同的营销渠道。若饭店属于高星级豪华饭店，则应选择较高水平的营销渠道，以保持饭店的接待水准；若饭店属于经济类饭店，则选择一般营销渠道更符合饭店实际情况。

3.营销渠道因素

饭店在选择营销渠道时，还要充分考虑各营销渠道的档次、销售能力、商业信誉、市场竞争地位、经营范围及特点等，从而根据饭店的需要合理地选择相应的营销渠道。如果对营销渠道的情况不了解，尤其是国外旅行社和销售代理机构等，势必会对饭店的经营造成不好的影响，甚至危及饭店的经营。

4.饭店自身因素

饭店在选择营销渠道时，要考虑自身的经营条件、经营能力、饭店形象、对外信誉和地位以及所采取的营销组合战略等。若饭店经营能力强、实力雄厚、资金多，则可多采取直接营销渠道；反之，若饭店经营实力弱、资金紧缺，则应借助中间商和其他销售代理机构，来扩大饭店产品和服务的销售。

（二）饭店营销渠道策略

饭店营销渠道策略，是指饭店通过选择营销渠道形式，来拓宽饭店产品和服务销售的策略。根据目前我国饭店的实际，有四种基本的营销渠道策略。

1.广泛分销策略

广泛分销策略是指饭店为了广泛拓宽饭店产品和服务的销售，争取更多的营销渠道，为饭店招徕大量的宾客。采用这种策略，虽然客源市场广泛，但饭店要承担较多的销售费用。

2.独家分销策略

独家分销策略是指饭店在特定市场或区域内，只选择单一的营销渠道"独立代理"饭店产品和服务的销售，并规定该经营者不再同时经营其他饭店的类似产品和服务。采用这种策略，有利于树立饭店的形象和声誉，提高饭店产品在该市场或区域内的竞争力，但经营风险较大。

3.选择性分销策略

选择性分销策略是指饭店有选择地采用一部分营销渠道，来拓展饭店产品和服务的销售。这种策略介于上述两种策略之间，有利于吸取两种策略的优点，提高饭店运用营销渠道的效率和水平。

4.长短分销策略

长分销渠道策略，是指饭店通过两个以上中间商环节来推销饭店产品和服务的策略；短分销渠道策略，是指饭店只通过一个中间商环节来推销饭店产品和服务的策略。究竟选用长分销策略，还是短分销策略，主要根据饭店的客源市场而定。一般海外客源市场宜采用长分销策略，国内客源市场采用短分销策略。

第四节　饭店促销策略

一、饭店促销概念

饭店促销，是指饭店通过采用各种方法和手段，促使消费者对饭店产品和服务产生兴趣,增强饭店的吸引力,从而增进饭店产品和服务的销售。

促销,作为饭店市场营销组合的重要组成部分,关键在于通过沟通饭店与宾客之间的信息交流,增进相互了解,更好地促进饭店产品和服务的销售。同时,通过促销还能刺激消费、引导消费,从而稳定和扩大饭店产品和服务的销售。饭店促销主要有两种基本类型,即人员促销和非人员促销。人员促销,又称为人员推销,是直接通过饭店的营销人员和其他员工,直接面向宾客进行的推销活动。非人员促销,则主要是通过广告、宣传、公共关系及营业推广来促进饭店产品和服务的销售。为了提高饭店促销的效率和效果,要根据饭店的营销目标,针对目标市场而采取有效的营销组合策略,从而吸引和招徕更多的宾客。

二、饭店人员推销策略

(一)人员推销的"AIDA"模式

人员推销(Promote Sales of Salesman),是指由饭店的营销人员面向宾客进行宣传,以刺激和强化宾客对饭店产品和服务的消费行为,实现饭店营销目标的方法。人员推销在现代饭店营销管理中,已成为重要的营销手段。人员推销作为一门精湛的艺术,在其发展过程中,逐渐形成自身的规律性和特点。其推销活动的过程,一般要经历引起注意(Attention)、产生兴趣(Interesting)、强化动机(Desire)、激发行为(Action)四个阶段,因而被称为人员推销的"爱达模式"(AIDA)。

"爱达模式"认为,一个成功的推销人员,应能够把宾客的注意力吸引到饭店的产品和服务上,使宾客对饭店产品和服务产生兴趣,并不断强化宾客的购买欲望和动机,最终促成宾客对饭店产品和服务的消费行为。

(二)人员推销策略

人员推销策略,是指饭店在面向宾客进行饭店产品和服务推销时所采用的方法和手段,主要有以下三种基本形式。

1."刺激—反应"策略

心理学认为,人们一切行为都是建立在"刺激—反应"之上的,行为就是对刺激的反应。因此,饭店推销人员应针对宾客的需求状况,进行宣传说服,即刺激;然后再观察宾客的反应和情绪、情感变化;进行再刺激,再观察反应;如此反复多次,最终引起宾客购买饭店产品和服务的行为。

2."配方"策略

"配方"是借用中医的术语,进行饭店产品和服务推销的策略。这种策略是通过市场调查和研究,或者宾客主动提出需求,然后由饭店营销人员或服务人员,针对宾客需求进行解说、示范,以引起宾客注意和询问,从而产生需求和动机，最终促成宾客的消费行为。

3.“需要—满足”策略

在不了解宾客有什么需求的前提下，营销人员不能坐等宾客“上门”，而是要主动、积极地向宾客进行推销。通过先向宾客介绍饭店产品和服务功能，说明宾客入住和光临饭店应有哪些需求，本饭店能在哪些方面提供满足，从而激发宾客的消费欲望和动机，并通过不断强化促成其消费行为。

(三)推销人员的素质要求

人员推销既需要技巧，又需要艺术，这是推销工作能否成功的关键。而推销人员的技巧和艺术则取决于推销人员自身的素质和水平。从我国饭店的实际看，推销人员应具备以下方面的素质和能力。

1. 推销人员要具有为人民服务的高度责任感。要不怕艰难困苦，对工作勤勤恳恳，任劳任怨；要热情和蔼，充满自信，并能克服各种困难完成推销的任务。

2. 推销人员要树立正确的经营思想和市场观念，具备良好的饭店职业道德，具有强烈的竞争意识及进取开拓的精神，努力搞好推销工作。

3. 推销人员要具有广泛的社会知识和专业知识，要善于掌握各种推销技巧，并能选择适当的时机，以适当的方式向宾客推销饭店的产品和服务。

4. 推销人员要善于把饭店的利益和宾客的利益协调起来，既充分满足宾客的需求，保证宾客应得的利益，同时又要注意维护饭店的利益不受损害。

5. 推销人员要具有良好的个性，具有一定的语言艺术才能；具有整洁的仪表、仪容；待人诚恳、热情；言谈举止适度、思维敏捷；行动快捷，具有较强的说服力等。

三、饭店广告促销策略

(一)广告及其类型

广告促销，是饭店运用各种传播媒介把饭店产品和服务的有关信息传递给宾客，以扩大饭店产品和服务销售的促销方法。广告作为饭店市场营销中必不可少的促销手段，其主要作用表现为传播信息、沟通产需；激发需求、增加销售；介绍产品、指导消费；树立形象、促进竞争；丰富生活、推进文明。

广告的种类很多，包括：①根据广告的内容可分为商品广告和企业广告，前者是针对饭店产品和服务项目开展的宣传；后者则是针对整个饭店进行的宣传；②根据广告的目的可分为报道性广告、竞争性广告、备忘性广告。报道性广告，是用于饭店产品投入市场之初，目的在于引起消费者的基本需求。竞争性广告，是以介绍饭店产品或服务的特点，诱导消费者购买该饭店的产品和服务。备忘性广告，是对饭店产品进入市场衰退期后，通过备忘性广告提醒宾客注意饭店的产品和服务;③根据广告发布的媒体可分为报纸广告、杂志广告、广播广告、电视广告、路牌广告等。

广告既是科学,又是一门艺术。作为科学,广告反映了饭店产品和服务的基本特性,便于宾客对饭店产品的识别;作为艺术,在饭店广告设计中,要以声、光、色、形等多方面来正确反映饭店产品和服务的内容,使宾客及公众从饭店广告中享受到良好的艺术熏陶。

(二)广告促销策略选择

广告促销策略选择,是通过选用合适的广告媒体,提高广告宣传效果,使饭店能够以较少的广告费用达到预期目标。因此,在选择广告促销策略时,要综合考虑下述问题,实现最佳的广告组合。

1.要确定饭店广告目标和计划,明确饭店做广告的目的、要求、媒体选择等,以便饭店根据经营情况的变化而灵活采用不同的广告媒体及策略。

2.要正确选择广告的传播地区和媒介,使广告传播区域与饭店选择的市场相一致。根据目标市场特征、媒体、饭店产品和服务特色,正确地确定广告的内容和形式。

3.要确定广告的内容和形式。根据市场调查分析,确定应向消费者宣传什么内容;根据传播媒体特点,选择有效传递饭店产品和服务的广告形式,创造需求。

4.要进行广告预算。通过对广告费用的预估和预定效果的测定,估计广告的经济效果。具体预算方法可采用销售比率法、竞争对等法、目标任务法及弹性预算法来确定。

5.选择广告进入市场的机会。要通过对市场的分析,以合适的时间、合适的传播媒体进入目标市场,提高广告进入市场的效率和效果。

6.要对广告效果进行测验。特别是对大规模的广告计划,一般应先进行广告效果测验,以便选择最佳的广告媒体和传播区域。

四、饭店公共关系策略

(一)公共关系的概念

公共关系(Public Relations,PR),是指饭店与其内外各种公众之间的相互关系。饭店运用各种方式及手段,建立和维护饭店与公众之间的良好关系,促进饭店与公众之间的相互交流、相互理解和相互支持,创造饭店对外良好形象的过程,就称为公共关系活动,简称“公关”。凡从事公共关系活动的男性职员称为公关先生,女性职员称为公关小姐,两者统称为公关人员。

公共关系是一门“内求团结、外求发展”的经营管理科学,也是一门协调人际关系的艺术，还是一种促进饭店销售的方式，因而建立良好的公共关系是饭店一项长远的战略投资，需要长期、持续的努力。

1.公共关系作为一门科学，是运用新闻学、传播学、社会学、心理学、管理学、经济学、统计学等学科的理论和方法，集中研究饭店在处理各种内外社会关系时，应遵循的规律和特点，可采取的科学方法和手段，以建立一种良好的关系和对外的形象，促进饭店经营的发展。

2.公共关系作为一门艺术，是一种现代管理的哲学和理念，是运用现代信息传播的原理和方法，结合社会学和心理学的方法和技巧，科学地分析和处理各种社会关系，巧妙地传递饭店的各种信息，有效地激发公众对饭店及饭店产品和服务的了解、信任和支持，从而达到饭店经营的目的。

3.公共关系作为一种促销方式，是在市场经济条件下，饭店组织经营活动，求得生存和发展，并不断扩大饭店产品和服务销售的重要手段。通过公共关系的活动，例如经营环境监测、市场趋势预测、组织内外协调、科学决策咨询、教育引导等多项职能，促进饭店经营活动的有效开展。

(二)公共关系的任务和内容

公共关系的任务，是处理好饭店经营中上下内外、四面八方的社会关系，为饭店持续发展创造一个良好的社会关系环境。因此，公共关系活动的内容包罗万象，纷繁复杂，概括起来主要有如下几方面。

1.塑造饭店的良好形象

饭店形象，是公众对饭店的印象、评价及感受。只要饭店存在并开展经营活动，就必然在公众心目中留下一定的印象。良好的饭店形象是竞争中的优势力量，是取得公众信任和支持的前提。因此，饭店必须把塑造良好的形象作为饭店公关的首要任务和职能，认真地完成。

2.建立双向信息沟通网络

饭店的经营管理离不开信息，饭店的人际交往和社会交流也离不开信息。因此，建立饭店与公众之间广泛的信息沟通网络，是饭店公关的又一重要任务和职能。饭店与公众之间，通过双向的信息传递及反馈，相互理解，相互适应，相互支持，形成和谐的关系，从而促使双方建立相互信任和支持的关系，促进饭店健康地发展。

3.协调饭店内外关系

饭店的生存和发展，必须有一个良好的社会关系环境。从对外关系看，饭店与各种相关公众与团体之间的良好关系，是饭店经营发展的有利条件；从对内关系看，一个和谐团结、协调合作的内部群体，是提高饭店效率，增强竞争能力的基础和动力。因此，必须协调好饭店内外关系，努力争取公众的支持和合作，为饭店创造良好的经营环境条件。

4.提供经营决策咨询

在饭店经营管理中，经营决策是关键和核心。为了提高决策的科学性和正确性，就要充分考虑公共因素，树立正确的公关思想和观念，利用公关技巧提高经营决策的科学性，并为经营决策提供事前分析和事后的公众评估，最终提高经营决策的科学化、民主化和高效化水平。

5.注重饭店整体效益提高

在现代经济中，饭店的经营活动不仅要讲求经济效益，还要讲求社会效益和环境效益。因此，通过公共关系活动有利于把饭店的经济效益、社会效益和环境效益有机结合起来，注重饭店整体效益的提高，促进饭店健康、持续地发展。

(三)公共关系策略

公共关系策略，是饭店为建立良好公共关系而采取的公关手段和方式。由于公关活动广泛、内容庞杂，各个饭店选择公关策略只能从实际出发，灵活运用。下面着重介绍几种公关策略。

1.公关媒介策略

公关活动的实施，需要借助各种媒介来进行，常用的公关媒介主要有三种：一是以报纸、杂志和广播电视为主的新闻媒介；二是以展览、幻灯、内部刊物、折页等为主的宣传媒介；三是以广告为主的广告媒介；四是以各种节庆活动、体育运动、人员为主的公关媒介等。通过这些媒介开展公关活动，需要根据饭店营销目标，灵活地选用。

2.公关方式策略

公关方式，是完成既定公关目标和任务的具体方法和技巧的组合，是有效进行公关活动的手段。根据公关活动的内容可分为宣传性公关、服务性公关、交际性公关和社会性公关；根据公关活动的形式可分为征询性公关、建设性公关和维系性公关；根据公关活动的技巧，可分为防御性公关、矫正性公关、进攻性公关等。因此，对公关方式策略的选择，必须根据饭店经营目标和营销任务，相应选择不同的公关方式或公关方式组合。

3.公关技巧策略

公关技巧是完成某一特定公关目标的技术。饭店公关人员为了完成公关任务，必须在日常工作中有效运用各种公关技巧，搞好饭店内外、上下左右、四面八方的公共关系。饭店公关技巧很多，概括起来大致有交际技巧、谈判技巧、演讲技巧、协调技巧、激励技巧、处理突发事件的技巧等。作为一个优秀的公关人员，必须善于掌握各种公关技巧，并在实践中灵活运用，才能真正实现公关的目标。

第九章　饭店人力资源管理

美国假日饭店集团创始人凯蒙·威尔逊先生有这样一句名言:“没有满意的员工,就没有满意的顾客;没有令员工满意的工作环境,就没有令顾客满意的享受环境。”饭店是劳动密集型行业,饭店之间的竞争实质上是人才的竞争。饭店人力资源管理工作是饭店能否正常运转、是否具有高质量服务、是否能获得良好经济效益的保证。所以,做好饭店人力资源管理工作是饭店经营管理的重要内容。

第一节　饭店人力资源管理概述

一、人力资源的概念与特征

(一)人力资源的概念

资源泛指社会财富的源泉,是指能给人们带来新的使用价值和价值的客观存在物,包括人力资源、自然资源、资本资源、信息资源。

人力资源,又称劳动力资源、劳动资源、人力资本。广义而言,人力资源是指某种范围内的人口总体所具有的劳动能力总和,是存在于人的自然生命机体中的一种国民经济资源;狭义地讲,人力资源指一个行业的从业人员或一个组织所雇佣的人员。研究人力资源,要把握其数量和质量两个方面。作为劳动力的人的多少,是人力资源数量的体现;而体现劳动者体质和智能两方面统一的劳动者素质,则是人力资源质量的反映。劳动者的体质既是产生和发挥劳动力的生理基础,也是其智能不断提高的生理基础;劳动者的智能不仅包括文化科学知识、专门的劳动技能和生产经验,还包括其思想觉悟和道德水平等。

(二)人力资源的特征

1. 社会性

人力资源必然与人的自然生理特征相联系,具有生物性。但由于人力资源都处于特定的社会和时代之中，它既是人类社会活动的结果，也是构成人类社会活动的前提，故无法摆脱社会性特征。在不同的社会或不同的时代，由于发展程度的差异，人力资源的素质会不一样。人力资源的社会性特征具体表现在两个方面：一是从宏观上看，人力资源的形成要依赖社会，其配置要通过社会，其使用更是处于社会经济的分工体系之中；二是从微观上看，由于人类劳动都是群体性劳动，所以不同的人属于社会之中不同的组织或群体。因此，从本质上讲，人力资源是一种社会资源。

2.时代性

一个国家的人力资源，在其形成过程中受到时代条件的制约。劳动力处于既定的生产力和生产关系之中，社会发展水平从整体上制约着人力资源素质，其只能在时代为他们提供的条件下发挥自身作用。

3.时效性

人力资源也存在"保质期"的问题。人力资源的形成、开发、使用皆有时间方面的限制，对人才储而不用，才能就会荒废、退化。从个体角度看，作为生物有机体的人，有其生命的周期；而作为人力资源的人，有其才能发挥的最佳时期、最佳年龄。能从事劳动的自然时间往往被限定在生命周期的中间一段，并且根据其能够从事劳动的不同时期（青、壮、老），其劳动能力也有所不同。一般而言，25岁至45岁是科技人才的黄金年龄，37岁为峰值。当然，不同行业的人力资源峰值也有所区别，发展中国家与发达国家旅游从业人员年龄情况也有所不同。但不管如何，人才开发与使用必须及时；开发使用时间不一样，所得效益也不相同。

4.持续性或再生性

与一般的物质资源不同，人力资源的使用过程也是开发过程，且这种开发过程具有持续性，即人力资源是一种可再生资源。在开发过程中，人力资源不会像不可再生资源如矿物资源那样因为使用而减少；相反，还可能因为使用而提高水平，增强活力。"活到老，学到老"，一个人从学校毕业工作后，还要不断学习、充电，才能增强自身竞争能力，不被时代淘汰。

5.能动性

自然资源在其开发过程中，完全处于被动地位。人力资源则不同，具有主观能动性，能够有目的、有意识地进行活动，主动调节与外部的关系。其能动性主要表现在三个方面。

（1）自我强化。即通过发展教育、努力学习、锻炼身体等积极行为，获得更高的劳动能力，从而强化人力资源自身。

（2）选择职业。人可以通过主动地选择职业，来实现与物质等其他资源的有机结合。

(3)积极性的发挥。这是人力资源主观能动性最重要的方面。积极性的发挥,对于能否挖掘人力资源的潜力,具有决定性影响。

正因“能动性”,使人力资源在开发与利用过程中,具有了“可激励性”。所以,在进行人力资源管理工作时,不能只靠技术性指标,还要靠人性化政策去调动劳动者的积极性。

6.消耗性

人力资源是由一定数量的具有劳动力技能的劳动者构成的。劳动者既是生产者,也是消费者,为了维持其本身的存在,其必须消耗一定数量的其他资源,包括物质消耗和精神消耗,这是活资源用以维持生命所不可缺少的消耗。人力资源消耗性的满足主要体现在工资、报酬、福利、关心等方面。人力资源在消耗方面得到体现和关怀的程度,会直接影响其积极性的发挥。

二、饭店人力资源管理的概念与内涵

人力资源管理的概念是建立在人事管理的基础上的,但其范畴比传统的人事管理更深更广。凡是与员工的需求和供应有关的问题都是人力资源管理的对象。人力资源管理,除了根据饭店经营管理的整体目标提供和选拔合适人才等人事管理职能外,还包括如何创造一个良好的工作环境,调动员工的工作积极性,指导员工工作,挖掘员工潜在工作能力,使饭店员工具有凝聚力和向心力,等等。可见,人力资源管理不仅是人事管理部门的工作,还涉及饭店的每一位管理人员。

饭店业是涉外性服务行业,对员工知识文化水平要求较高,目前我国涉外饭店聘用的一般服务员均需经过旅游职业培训,中层管理人员则都需经过专业培训。与一般企业相比,员工受教育的程度较高,必然导致对工作的要求也较高,除经济上的要求外,相当一部分员工追求的目标更趋于工作是否有意义、工作的满足感以及个人的工作成就感,甚至对管理者的要求也变得更挑剔。这就要求饭店的管理者必须具有较强的管理能力,掌握调动员工工作积极性的理论和方法,设计创造出一个使员工能心情舒畅地工作并主动发挥主人翁精神的和谐工作环境。

所谓饭店人力资源管理,就是运用科学的管理方法,根据饭店业的特殊要求,对饭店的人力资源进行有效的利用、管理、挖掘和激励,使其得到最优化的组合和积极性的最大发挥,不断提高饭店的经济效益和社会效益。

饭店人力资源管理包括以下几方面的含义。

第一,饭店人力资源管理是科学化管理。饭店人力资源管理必须建立一整套标准化、程序化、制度化和定量化的管理系统。标准化是指录用员工要有素质条件标准,岗位培训要有达标条件,服务工作要有质量标准等。程序化是指管理工作要有序。制度化是指人力资源管理工作要有严密的规章制度,以保障各工作事项的顺利进行。定量化是指员工有合理的定员与定额,考核系统有科学的数量依据等。

第二,饭店人力资源管理是全员性管理。这是指人力资源管理不仅是人事管理部门的工作,也是饭店各部门管理人员的职责,还涉及广大员工的自我认识和自我管理。

第三,饭店人力资源管理是动态管理。动态管理不仅要对饭店员工的录用、培训、奖惩、晋升和退职等全过程进行管理,更要在员工工作过程中,重视员工的心理需求,了解员工的思想动态,并采取相应措施调动员工工作积极性,使全体员工发挥出最大效能。

三、饭店人力资源管理的任务与内容

(一)饭店人力资源管理的任务

1.造就一支优秀的员工队伍

饭店要正常运转并取得良好的经济效益和社会效益,不仅要有与饭店各个工作岗位相适应的员工人数,而且这些员工的素质要符合饭店业务经营的需要。任何一家饭店想要在竞争中取胜,就必须重视造就一支优秀的员工队伍。而造就优秀的员工队伍必须通过一系列专门的人力资源管理工作,并经过一定的时间的实践。首先,要根据饭店经营发展的要求,广开才路,招纳贤才。其次,要加强对员工队伍的培训,不仅要提高其业务素质,也要提高其政治思想素质,强化服务观念,使员工从数量和质量上确保饭店经营发展的需要。再次,要通过科学的管理和有效的激励方式,激发饭店员工的主动性和创造性,使员工热爱饭店,热爱本职工作,各尽所能地发挥出最大的效用,最终形成一支高素质的优秀的员工队伍。

2.使员工队伍得到优化组合

一支优秀的员工队伍,必须经过科学合理的配置,才能形成最佳的人员组合。因此,在饭店经营服务和管理活动中,要做到岗位明确、职责分明、权责对等、各尽所能,使员工都能够人尽其才、才尽其用,形成最大的工作效能,进而形成一个精干、有序、高效的劳动组织。

3.建立一套科学的饭店人力资源利用体系,充分调动员工积极性

要真正达到饭店人力资源管理和利用的目的,必须有一套科学、合理的人才开发和利用体系,形成人才辈出的优化机制。首先,要建立一套招聘员工的科学的程序和方法,为饭店挑选一批事业心强、有培养前途的员工。其次,建立一套

科学的培训制度和方法，有效地提高饭店员工的素质和能力。再次，进行科学的定岗定员、优化结构、发挥最佳的群体效应。最后通过科学的管理和激励方法，创造一个良好的人事环境，使员工安心工作，乐于工作，进取向上，最大限度地发挥员工的积极性和创造性。

(二)饭店人力资源管理的内容

1.制订饭店的人力资源计划

根据饭店的经营管理目标和组织结构需要，对各项工作性质、岗位职责及素质要求进行分析，确定饭店员工的需求量和需求标准，做好饭店人力资源数量和质量的预测。

2.招聘录用所需员工

按照饭店人力资源计划，在饭店内外招聘所需员工。招聘录用员工应按照科学的标准，以达到人与岗位的最佳组合。

3.对员工进行教育培训

为了使每个员工胜任本职工作，快速适应工作环境的变化，必须对员工进行经常不断的培训。由于员工所担任的工作层次不同，所采取的培训方式和内容也不一样。对在操作层工作的一般服务员应进行职业培训，即注重工作技能方面的培训。对担任管理工作的员工应进行发展培训，即注重分析问题和解决问题等管理能力方面的培养。培训方式有店内培训、外出进修、考察等。

4.建立一套完整的考核体系和奖惩制度

考核奖惩是对员工成绩、贡献进行评估的方法，又是饭店人力资源管理效能的反馈。定期对员工的工作成绩作出正确的考核和评估，是员工提升、调职、培训和奖励的依据。

5.建立良好的薪酬福利制度

薪酬对员工基本生活需要的满足至关重要，劳动保险和福利待遇对员工工作积极性的发挥也具有重要的刺激作用。因此，饭店可根据自身的情况选用适当的工资形式，实行合理的奖励和津贴制度。

6.培养高素质的管理人员，对员工进行有效激励

饭店管理人员素质和工作能力的高低对员工工作积极性的调动及饭店经营管理活动的正常运转具有重要影响。饭店管理人员必须掌握有效的领导方式和激励、沟通技巧，培养企业文化，增强员工的凝聚力，调动员工工作积极性，以提高企业的经济效益。

7.处理劳动关系

劳动关系指劳动者与用人单位之间在劳动过程中建立的社会经济关系。饭店劳动关系主要指饭店所有者、经营者和普通员工及其工会组织之间在饭店经

营活动中形成的各种权、责、利关系。它所涉及的内容包括劳动者与饭店在劳动用工、工作时间、休息休假、劳动报酬、劳保福利、劳动培训以及裁员下岗等方面所形成的劳动关系,也涉及代表单个劳动者利益的工会与饭店在就业、报酬、奖金、考评、社会保险、裁员等方面的参与决策所形成的劳动关系。劳动关系的协调和处理,也是饭店人力资源管理的重要内容之一。

8.员工人事档案管理

建立员工人事档案,进行人事档案管理是饭店人力资源管理部门的工作职责之一。主要包括员工入店时的简历以及入店后的工作成绩、工作表现、工资报酬、职务升降、奖惩情况、接受培训和教育等方面的书面记录材料。

四、饭店人力资源管理的基础工作

(一)工作分析

工作分析又称职务分析,是指通过观察和研究,掌握职务的固有性质和组织内职务之间的相互关系,从而确定该职务的工作任务和性质,以及工作人员在履行该职务上应具有的技术、知识、能力和责任的活动。简单而言,工作分析就是确定该项职务的成分和胜任该职务的条件。

1.工作分析的内容

工作主体(Who)、工作内容(What)、工作时间(When)、工作环境(Where)、工作方式(How)、工作原因(Why)、工作关系(for Whom)七个要素构成了工作分析的主要内容。

(1)工作主体。明确工作者需要何种技能,以此作为人员筛选、任用和调配的基础。从事某项工作的人必须具备一定的知识、技能、能力、兴趣、体格、行为特点等心理和生理条件,工作分析中制定的岗位规范描述了与工作相匹配的重要的个体特征。

(2)工作内容。即明确工作者做什么。包括所要完成的工作任务、工作职责、工作流程等。

(3)工作时间。即何时做。要明确完成工作的具体时间。

(4)工作环境。由物理环境、社会环境构成。物理环境,包括正常的温度、适当的光照度、通风设备、安全措施、建筑条件以及工作地理位置等。社会环境依赖于工作职位与部门,主要包括工作团体的情况、社会心理氛围、同事间相互关系及部门之间关系等。

(5)工作方式。即如何做。也就是说,工作分析应根据工作任务的内容与性质要求,明确完成工作所需的资料、机器设备、材料,确定员工完成工作活动的方法与程序。

(6)工作原因。即为何做。主要说明工作性质和重要性,为如何完成工作提供证据。

(7)工作关系。即为谁做。也就是明确该项工作的隶属关系、工作内容之间的联系和工作中与其他人的联系。员工一方面要为本职务所面向的工作对象负责,另一方面要明确上下级关系,对上级负责。

2. 工作分析的形式

工作分析的结果主要体现于两个形式:工作说明和岗位规范。

(1)工作说明。又称工作描述,是对饭店某一特定工作作出的明确规定,包括对工作范围、任务、责任、技能、工作环境及职业条件的详细描述。

(2)岗位规范。又称工作规范,是指被用来说明完成某项工作的员工所需具备的技能、知识、品格等生理及心理要求。比较而言,岗位规范比工作说明更加详细。

(二)劳动定额和编制劳动定员

饭店的劳动定额和编制定员,是根据饭店的经营方向、规模、档次、业务情况、组织结构、员工政治思想和业务素质等,本着节约用人、提高效率的宗旨,在建立岗位责任制的基础上,确定必须配备的各类人员的数量及这些人员在单位时间内所应完成的工作量。劳动定额和编制定员为合理安排各类人员及其合适的工作量提供了依据,对饭店挖掘劳动潜力,提高劳动生产率具有十分重要的作用。

1. 劳动定额

劳动定额是服务生产过程中劳动消耗的一种数量标准。它是指在一定的生产技术和劳动组织条件下,员工为完成一定量的工作所必须消耗的工时,或者在规定的时间内所必须完成的合格工作。合理的劳动定额是饭店编制定员和财务计划的基础,是合理组织服务工作的重要条件,也是调整分配制度,提高服务工作效率的有效手段。

但要注意的是,劳动定额并非在饭店各个部门的管理工作中都十分有效,由于饭店服务的综合性、连续性和无形性,有些部门的工作如前厅部接待员、行李员、迎宾员、总机话务员等仅有单纯的工作数量标准是没有意义的,这些岗位的服务质量标准更为重要。当然,劳动定额对于客房服务员、餐厅服务员、厨师、工程维修人员、洗衣人员等直接劳动对象是物而不是人的员工具有提高工作效率,调动员工积极性的作用。

饭店劳动定额主要有工时定额和产量定额两种基本形式。工时定额是指完成一定量工作所需的工时消耗标准。产量定额是指在单位时间内必须完成的合格工作量。其计算公式如下:

$$工时定额=\frac{完成一定量工作所需劳动时间}{工作数量}$$

$$产量定额=\frac{工作数量}{完成一定量工作所需劳动时间}$$

饭店劳动定额的制定必须以劳动时间即工时消耗的分析为基础。员工的工时消耗主要包括定额时间和非定额时间两个基本部分。定额时间是指员工在正常条件下,为完成某项工作所必须消耗的劳动时间。定额时间由作业时间、布置工作场地时间、休息与自然需要时间、准备与结束时间等四个部分所组成。作业时间是指员工直接耗费于完成一定量工作的时间,它是构成定额时间的最主要组成部分。布置工作场地时间是指员工为保持正常工作状态所消耗的时间,如厨师整理工作台、修理厨房工具等所消耗的时间。休息与自然需要的时间是指缓解工作紧张、补充体力消耗的时间及工作需要自然作用的时间。如厨师工作紧张程度大,需要有适当的休息时间;同时,在烹饪过程中需要一定的等待自然作用,使食物成熟的时间。准备与结束时间即工作前的准备工作和工作完毕后的结束工作所需的时间,如客房部服务员准备清洁工具及用品等所消耗的时间。非定额时间是指因停工所损失的时间或执行非生产性工作所消耗的时间,非定额时间不应包括在工时定额之内。

饭店可运用统计分析法、技术分析法、经验估计法以及比较类推法等方法制定出客房清洁工作定额、餐厅服务工作定额、洗衣工作定额、公共区域卫生工作定额以及厨师工作和工程维修工作等项基本定额。同时,劳动定额还应考虑工作的难易程度和新老员工熟练程度的差异,如日班客房服务员的工作定额一般是清扫 9～12 间客房,晚班客房服务员的工作定额一般是做 50 间客房的夜床,原因在于日班客房清扫的要求高,它要求全面清扫,而晚班客房清扫要求低,它只要求小清扫和做夜床。一般,实习生和新员工在开始时,劳动定额低,清扫若干间客房就算完成了工作量,当其熟练了成为正式员工后,劳动定额提高,要按定额清扫客房。

2.编制劳动定员

编制劳动定员就是确定用人的数量标准。定员工作是饭店人事配合中的重要课题,它直接关系到劳动力利用和工作效率的提高。编制定员要针对各个饭店的具体特点和各部门的具体情况综合考虑工作量、服务质量、工作效率等因素合理定编,真正做到人尽其才,才尽其用。

饭店在确定人员编制时有一个重要的参照指标即客房数量或床位数量与员工数量的比例,这是国际饭店业基本上公认的定员标准。美国饭店的定员比例为 1∶0.6,即拥有 100 间客房的饭店只需员工总数 60 人,这一比例与美国劳动力成本高有直接的关系。我国饭店的定员比例可以在 1∶1.5 至 1∶2.0 左右。在饭店业,定员比例不仅标志着劳动生产率,而且还是服务质量的指标。泰国曼谷东方大饭店,其定员比例是 1∶2.2,它利用较多的服务员提供周到的服务是成功的重要原因之一。

饭店常用的定员方法主要有以下四种。

(1)按劳动效率定员。这是一种根据工作量、劳动效率、出勤率来计算定员的方法。凡是实行劳动定额管理并以手工操作为主的工种,都可以用这种方法计算定员。如一个客房服务员的每天定额是整理 12 间客房,该饭店每层楼的客房数为 24 间,那么,这层楼的服务员定员为 2.5 人左右,其中 0.5 人为调休。由此可见,按劳动效率定员的关键是合理的劳动定额。

(2)按岗位定员。这是按饭店内部组织机构和各种服务设施,确定岗位数量,再考虑各个岗位的工作量、劳动效率、工作班次和出勤率等因素来确定人员的方法。这种方法一般适用于饭店的前厅工作人员、综合服务设施工作人员、门卫人员、行李人员、值班电工、锅炉工等岗位的定员。

(3)按比例定员。这是一种按照与员工总数或某一类人员总数的比例,来计算另一类人员数量的方法。这一方法是依据饭店内部某类人员客观上存在一定比例关系的规律提出来的,如厨房炉台与切配人员的比例、就餐人数与员工食堂人员的比例、员工总数与工会干部的比例等。

(4)按职责定员。这是一种按既定的组织机构和其职责范围,以及机构内部的业务分工和岗位职责来确定定员的方法。它主要适用于确定饭店管理人员的数量。

(三)人事档案管理和人事统计

人事档案管理和人事统计是饭店人力资源部门的一项长期、基础和重要的工作,它是饭店人力资源管理的依据,对保证饭店经营管理活动的正常运转具有重要作用。

1. 人事档案管理

人事档案是在人事管理活动中形成的,记述和反映个人经历和德才表现,以个人为单位组合起来,以备查考的文件材料。饭店人事档案是考察和了解员工的重要手段。

饭店人事档案可根据饭店性质和员工性质的不同分为两类。一类是国营饭店或隶属于某个国营企业、单位的合资饭店、独资饭店中带有指标的固定员工,其档案材料可全面反映一个员工的历史和现实情况,一般包括员工的履历材料、自传材料、鉴定材料、考核材料、政治历史问题的审查材料,参加党团组织的材料、奖励及英雄模范先进事迹材料、处分、取消处分及甄别、复查材料,反映职务、职称、工资等方面的材料及其他材料。另一类是饭店招聘的不带人事指标的员工，包括合同工、临时工以及向其他单位借调的员工等，他们保存在饭店人力资源部门的档案材料就比较简单，一般包括进饭店时填写的《招聘登记表》或《招聘申请表》，毕业证或其他相关证件复印件，进饭店工作以后的考核材料、奖励材料、处分材料及提升晋级材料等。

饭店所有员工的档案都保存在人事部，应按部门、级别、职别分别妥善保管。档案材料的排列顺序可按材料形成时间的先后，从远到近，依次排列。饭店人事档案的管理应保证材料的真实性和动态性。人事档案的真实性，是指从来源、形式和内容等方面都必须是完全真实的，记述的内容必须符合客观实际，不得有虚假、想象、夸张的成分。人事档案的动态性是指对员工近期发生的考核评价、奖励惩罚、提升降级等材料应及时补充，增加新的内容。另一方面，人事档案是随着人员的流动而不断地转递的。新招的员工，有些人的档案要调入饭店；调离的员工，档案也要跟人走。对员工的辞职、停职、开除，其档案也要妥善处理。

2.人事统计

人事统计对研究饭店在职员工人数及其构成，员工的增减变动，饭店各部门各类人员的配备是否合理，饭店员工素质状况如何具有重要意义。

(1)饭店人事统计指标。饭店的人员总数并非是固定不变的，对总人数指标的统计只有用平均总人数指标才是合理的。对平均总人数指标的统计可以用月计、季度计及年度计等。

(2)人事分类统计指标。

按工作的性质分类的人员统计指标包括：

①职能部门人员数指标。包括财务、统计、人事、培训、工程、工会、办公室等不与客人直接接触的非营业部门人员，这些人员是为一线业务部门服务的二线人员，在饭店管理中也必不可少。

②业务部门人员数指标。业务部门人员是指饭店中直接为客人服务的各营业部门人员，包括客房部、餐饮部、商品部、综合服务等部门人员。

③职能部门对业务部门人员配比指标，如公式所示：

$$\text{职能部门人员与业务部门人员配比数}=\frac{\text{职能部门人员数}}{\text{业务部门人员数}}$$

一般来说，配比数小一点为好。

按用人制度的形式不同，可将饭店员工分为正式工、合同工和临时工三类。这种分类统计的目的，是要控制正式工的增长，观察合同工规模的进展情况，并研究临时工的合理使用规模。

按文化程度分类统计，是要研究企业职工的文化素质是否与饭店管理和服务的目标一致，并作为招聘、提拔、配备和培训员工队伍的依据。按文化程度分类，可将员工按学历或同等学历划分，如按硕士以上、本科、大专、中专、高中或职业高中及技校、初中、小学等分类。

按年龄分类，可按企业具体情况确定分组标志。一般分为 20 岁以下，20～35 岁，36～45 岁，46～55 岁，以及 55 岁以上等几组。对员工年龄构成及其特点的研究是饭店人事及服务管理的一个重要方面，对于安置人力及其更新，合理调配劳动力，开展员工培训和轮训，以及医疗保健等都有重要意义。

按饭店四级管理体制分类，饭店在管理层次上一般分为总经理、部门经理、领班及一线服务员四级，在饭店管理中应有一个合理的管理跨度及人员层次间的比例，过多的管理人员或过多的被管理人员都会造成管理及服务上的混乱，所以，应对各管理层次中人员的配备进行研究和控制。

(3)人员配备比统计指标。饭店所需人员与饭店客房间数的比例，西方称之为饭店劳动就业比，其计算公式是：

$$\text{饭店人员与客房配备比}=\frac{\text{饭店工作人员总数}}{\text{客房总数}}$$

人员配备比统计指标还可进一步分解为各业务部门人员与设备的配备比例，如客房部人员与客房配备比例，餐厅人员与餐台或餐位配备比例等。

(4)人员流动率统计指标。人员流动率统计指标可分为外部流动率和内部流动率两个指标，外部流动是指由于调入、招聘等造成的企业人员增加和由于离休、调出、退休、辞职、外出进修等造成的人员减少。内部流动是指企业内部门之间的人员调动、招聘、选拔等造成各部门人员的增加和减少。

$$\text{人员外部流动率}=\frac{\text{某期流入人数}+\text{某期流出人数}}{\text{某期总平均人数}}$$

$$\text{人员内部流动率}=\frac{\sum \text{各部门人员流动人次}}{\text{某期总平均人数}}$$

第二节　饭店员工招聘与培训

饭店的经营管理活动能否正常运营，能否为宾客提供高质量的服务，取决于饭店员工的素质。而员工素质的高低，又与员工的招聘、培训等工作的开展密切相关。

一、饭店员工的招聘和甄选

新饭店的开业或老饭店由于员工流动而不断产生人员的空缺，都需要通过招聘来填补，招聘工作的最终目的是将合适的员工放在适当的工作岗位上。在招聘员工的工作中实行德、智、体全面考核，择优录取，为饭店补充新鲜血液，从而不断提高员工素质和饭店服务质量。

(一)员工招聘计划

员工招聘计划是由饭店的人力资源部门负责制订的，在制订员工招聘计划时，应考虑以下几方面的问题。

1.招聘对象和数量

饭店人事部根据各部门提出的要求，审核确认该部门员工缺额人数和所需配备员工的工作层次，需要招聘员工的具体工种必须明确。例如，餐饮部经理×名，客房主管×名，总台领班×名，酒吧服务员×名，等等。

2.招聘途径

一般有饭店内部招聘和饭店外部招聘两种途径。饭店内部招聘是通过对在饭店工作了一段时期的员工进行考察，采用调职和提升的方式，将已具备了一定技术技能和管理技能的较为优秀的员工安排在合适的职位上，以达到人尽其才的目的。饭店外部招聘是经过对饭店人事资料中心的资料检索，查明和确认在职员工中确实无人能胜任和填补职位空缺时，饭店通过对外招聘选择员工的工作。

3.招聘时间

饭店内部招聘的时间可由各个饭店根据情况灵活掌握，而饭店外部招聘选择适当的时间就很重要。我国各旅游院系、旅游中专及旅游职业培训学校每年7月份都有一批学生毕业，在此期间进行招聘，比较容易招聘到素质较高、训练有素的人才。

4.制定选择的标准

制定选择标准直接关系到招聘来的员工素质。标准太高，可能会使招聘计划无法完成；标准太低，则招聘来的员工素质得不到保证。制定标准时又必须考虑社会环境因素，如当地的人才供求状况，相关院校所能提供的毕业生数量和层次等。

(二)员工招聘程序和考核录用

员工招聘程序分外部招聘程序和内部招聘程序两种，各有不同的特点和要求。

1.外部招聘程序

根据饭店外部招聘计划所确定的对所需员工的数量和质量要求，招聘与选择的规范程序一般包括六个步骤：

(1)发布招聘空缺职位的信息；

(2)同应聘者进行初步面谈，经过筛选后发给职位申请表；

(3)审核职位申请表及有关材料；

(4)正式面谈与测试；

(5)体格检查；

(6)议定工资、待遇、正式聘用。

应聘者经过六个步骤而未被淘汰，就成为饭店正式聘用的员工，按应聘职位的要求，经过培训后投入使用。

在对外招聘员工时，饭店的招聘者应具有双向选择的观念，即有可能是招聘者挑选应聘者，也可能是应聘者因某种原因而拒绝受聘。这种双向选择的权利对招聘与应聘双方来讲应该是平等的。有些招聘者因忽视了应聘者的权利，不愿将饭店的某些弱点与不足告诉应聘者，结果导致"震憾性的现实"现象。"震憾性的现实"现象是指新招聘的员工对新的工作或新的工作环境事先没有足够的了解和思想准备，上岗后出现不适应的现象，新员工中适应能力强的可能能够应付，而大量的新员工则无法适应。他们会觉得实际工作与自己的想象或者招聘者的介绍相差太大，从而产生不安和焦躁。结果导致新聘员工在短期内离职而去，则使饭店的正常经营活动受到影响。

2.外部招聘员工的考核录用

饭店外部招聘员工的考核录用主要包括全面考核和择优录用两项工作。

全面考核，就是根据饭店招工条件，对求职者进行职业适应性的考查。全面考核一般包括以下几个方面。

(1)报名时的初试。即通过简单问话、目测、验证和填表、测量、考核求职者的身体素质、文化程度、工作经历及其他基本情况，挑选出基本符合饭店要求的人员。

(2)笔试。主要测试求职者的文化水平、外语水平、思维能力、文字表达能力等。这一种考核也可以用学校的成绩登记表、毕业统考和劳动部门的招工会考成绩为依据。

(3)面试。即通过与求职者面对面的交谈，观察求职者的脸部表情、动作姿态、谈话态度、思维广度、回答速度以及个性需要、动机等心理素质和各种能力。这对评价应聘者是否适宜其应聘职位，是否具有培养潜力具有重要作用。

(4)复查与体检。复查是对已列入录用名单的应聘者在正式录用以前，对其提供的有关材料进行核实和了解，以保证其真实性和可靠性，如学历证及相关工作经历证明等。其次，应要求应聘者进行体格检查。通过体格检查不仅可以了解应聘者是否具有胜任工作的健康体质，还可防止身患疾病者进入饭店工作。饭店是服务性行业，对职工的健康标准有严格的要求。

3.内部招聘程序和考核录用

饭店内部招聘主要包括饭店内部员工的提升和内部职位的调动两种方式。

(1)饭店内部员工的提升和考核。提升是填补饭店内部空缺职位的最好办法，除了省时省力外，提升的职工对饭店的内部情况已有相当的了解，不至于产生“震憾性的现实”现象，更重要的是对饭店员工的工作积极性能产生激励作用。但如果提升工作没能做好，不仅不能产生对员工的激励作用，反而会起反作用。所以，饭店人力资源管理者应掌握好饭店内部提升的方法，并克服主观片面等“情感化”的影响。

①确定提升候选人。“才职相称”原则是考虑一个职工是否具有提升资格的标准，具体地讲，主要包括以下四个方面。

a.个人品德。考察提升候选人的品德素质对保证德才兼备的标准至关重要。因为管理人员在其管理范围内是一个“领袖人物”，他们的行为品德常受到员工们的注目和仿效。如果没有良好的品德素质，难以成为下属员工的表率，其所管部门将缺乏凝聚力，不能出色地完成部门工作。

b.个人才能。提升候选人的个人才能主要体现在知识素质和能力素质两个方面。知识素质主要包括文化程度、专业知识、管理知识和外语程度等方面。提升候选人是否具有较高的受教育程度，是否掌握与其将任职位相当的专业知识和管理知识及外语水平，这些将影响到提升者能否适应并顺利开展工作。能力素质主要包括提升候选人的管理能力和专业技能等方面。提升候选人的管理能力体现在决策计划能力、组织和协调能力、激励沟通能力、评估培训能力和分析问题、解决问题的能力等方面，因其管理层次和范围不同，以上几方面各有所侧重。提升候选人必经了解和掌握其相关范围的专业技能，这样，在担任管理工作后才不会出现瞎指挥、遇事手足无措的现象。当然，一名优秀的服务员并不一定能成为一名优秀的管理人员。优秀服务员的标准是把自己的服务工作做好，而优秀管理员的标准是如何通过别人把服务工作做好。

c.个人的工作表现。考察提升候选人的工作表现是对提升候选人原担任职位工作的考核和评价，尽管以往良好的工作表现并不能证明其今后的工作一定称职，但如果把以往工作表现欠佳者提升到更高或更重要的职位上，不但难以保证其工作表现会更好，而且会引起广大员工的反感，起到负刺激效应，影响员工的工作积极性。如果某职工的工作能力很强，工作表现也不差，但是他并未为工作做出太大的努力(如果能做出更大的努力,他的工作表现将更好),则不能认为该职工的工作表现是好的。

d.工作年限。工作年限是指提升候选人在饭店职位上的工作时间。考核提升候选人的工作年限即是考虑他的工作资历,因为候选人的任职时间太短,很难积累起任职所需具备的工作经验;而且工作年限太短而频繁地提升容易引起周围其他职工的不满情绪,对新的工作不很熟悉也将带来精神上的压力,影响工作的开展。应注意的一点是,考虑提升候选人的工作资历并不是说提升必须论资排辈,对一些条件突出、业绩显著的候选人则完全可以破格提升。

②对提升候选人进行测试。对提升候选人的测试主要是对其潜在能力和发展能力的测定,即测定其分析问题的能力、计划决策能力、领导的能力以及人际沟通、协调能力等,以考察其管理素质和提升潜力。

③综合测评以确定提升人选。提升候选人在个人才能、品德、工作表现以及其他方面都各有优缺点,饭店不同部门、不同职务对提升候选人某些方面的要求要高些,为了避免片面性和适应各具体部门对提升人选的要求,可采取综合测评的方式对每一位候选人的知识结构、组织能力、工作态度、风度气质等进行综合评价。一般可采用以下两种方法进行定量评定。

a.简单评分法。简单评分法是将各候选人在各项的得分相加,然后从中选出得分最高者确定为提升对象。如表9-1。

表9-1　简单评分法范例

候选人员	分项得分							总分
	工作年限	工作态度	知识结构	组织能力	分析问题能力	操作技能	风度气质	
王××	3	5	4	5	4	3	5	29
刘××	4	3	5	3	4	4	4	27
张××	5	1	4	4	5	5	3	27
李××	2	4	3	2	3	5	4	23

通过总分比较,应挑选王××担任部门经理。

b.加权评分法。由于饭店各管理岗位的具体要求不尽相同,对提升人选各项能力的考核也应各有侧重,如确定前厅部经理知识结构、分析问题能力、组织能力、工作态度就比较重要;选拔销售部经理,风度气质、知识结构就比较重要,采用加权评分法可以较好地解决这个问题。所谓"加权"就是通过对各个评分项目的得分乘上一个权数(比例系数),以突出某些项目的重要性。

其计算公式是:

$$总分 = \frac{\sum 权数 \times 项目得分}{\sum 权数}$$

权数必须是等差级数，如表 9-2 所示。

表 9-2　加权评分法范例

候选人员	分项得分							总分
	知识结构	分析问题能力	组织能力	工作态度	工作年限	操作技能	风度气质	
刘××	5	4	3	4	5	3	4	4.11
张××	4	3	5	4	3	4	5	3.89
李××	2	3	4	5	2	4	3	3.18
王××	3	4	4	3	3	3	4	3.43
权数	7	6	5	4	3	2	1	

刘××的得分=(5×7+4×6+3×5+4×4+5×3+3×2+4×1)/(7+6+5+4+3+2+1)=4.11

张××、李××、王××的得分分别为：3.89、3.18 和 3.43。

通过比较，应挑选刘××担任前厅部经理。

评分项目与权数应该由饭店决策层共同讨论决定。权数应根据各种具体管理工作的要求而定，但力求突出重点。

(2)饭店内部员工的调动。饭店内部员工调动职位的原因主要有以下几种。

①饭店的组织结构进行调整。由于饭店的经营环境或经营状况发生变化而对原先设置的部门进行分离或组合。如有的饭店原先把销售部的业务合并到前厅部，由于饭店业务范围的扩大，销售部被分离出来；有的饭店前厅总台原先设有接待、问询、收银三个岗位，为了精简人员，常把问询归到接待，撤销了问询这个岗位。

②为了增强员工的适应能力或改变长期从事某种工作带来的枯燥感，可采取不同岗位之间交替培训的方式来发挥员工的潜力。但这种调动一般是短期、临时性的。

③有些员工掌握的技能与其工作岗位的要求不相适应，有的在原工作部门产生了较为严重的人际关系问题，应对这些员工进行调动工作，为其创造新的工作环境，以发挥其才能和工作积极性。

二、员工培训

员工培训就是按照饭店人力资源管理的计划，有步骤地向员工灌输正确的政治思想和职业道德，传授生产、工作技能、增强管理能力的活动。无论是合格的服务人员，还是管理人员，都需要进行培训。

(一)员工培训的意义

员工培训无论对饭店还是员工个人都是大有益处的。就饭店而言,员工培训可以提高员工的文化、技术素质,文化、技术素质的提高又可以降低损耗,减少事故的发生。根据美国饭店协会对纽约州饭店业的统计,培训可以减少73%的浪费,特别像客房部、洗衣部和餐饮部等损耗较大的部门。在本行业的一些研究中发现,未受过培训的员工所造成的事故数量是受过培训的员工所造成的事故数量的3倍。另外,培训员工还可以减少旷工和迟到现象,降低员工的流动率,从而提高了工作效率。就员工自身而言,培训使员工掌握了最优工作方法和技能,这意味着增强了员工的就业能力。员工经过培训会减少事故的发生,使自身的安全得到保证,并有利于自己的提拔和晋升。

(二)员工培训的类型与方式

饭店员工培训可从总体层次上划分为职业培训和发展培训两类。职业培训主要是针对操作人员,而发展培训主要针对管理人员。

1.职业培训的形式

职业培训的主要对象是饭店操作层的员工,培训的重点应放在培养和开发操作人员的技术技能方面,使他们熟练掌握能够胜任工作的知识、方法、步骤和过程。职业培训一般具有以下几种形式。

(1)岗前培训。岗前培训是新职工走上服务岗位以前的培训。岗前精心的培训和正确的引导将为员工以后良好的表现打下基础。岗前培训的内容应包括饭店历史和概况的介绍,饭店经营宗旨和经营方针政策的介绍以及饭店组织机构的介绍,使新员工尽快熟悉工作环境。岗前培训还包括职业道德教育、服务精神教育、礼貌礼仪教育,并对新员工进行饭店规章制度、组织纪律、安全知识的教育。在岗前基本培训结束后,将新员工分配到各岗位,由他们的上级进行基本业务和技术的培训。

(2)岗位培训。岗位培训是员工不脱离工作岗位所接受的训练。这是员工培训最主要的形式。这种培训方法需要的费用很少,因为在培训过程中,受训人也在履行自己的工作职责。岗位培训一般由各级管理人员和经验丰富、技术熟练的老员工来担任培训者。目前也可由当地的旅游培训中心培训。岗位培训要根据岗位工作要求逐步进行,培训的内容和时间视工作的性质和复杂程度,以及受训人员的接受能力而不同。饭店中有些工作的培训较简单,只需要很短的时间,如清扫客房、搬运行李等,而办公室的职员、出纳、前台接待及销售、公关等工作,在岗位培训前应先接受一些专业知识培训。

(3)持续培训。新员工经过岗前培训和岗位培训以后,已可正式投入服务工作。在新员工上岗以后,还要不断地进行持续培训。持续培训包括再培训、交替培训和更换培训。

①再培训，又称重复培训。再培训的目的是使上岗后的员工复习已经遗忘或不太熟悉的业务，并通过再学习，把已掌握的技能与技巧再提高一步。如果饭店的服务规格、操作方法等有了新的改变，也需要对员工进行再培训。

②交替培训的目的是为了防止职工因故不在工作岗位时引起的工作混乱。交替培训可以使职工成为多面手，掌握两个以上工作岗位的技能，无论对员工本人还是对饭店部门间人力的调配都大有益处，尤其对于中、小饭店来说，更为重要。

③更换培训是指将已经上岗，但不称职的员工及时换下来，对他们重新进行其他工种的培训。由于人的脾气、性格和能力各有差异，对于同一工种的适应性不一样，所以，更换培训非常必要。

2. 发展培训的层次

职业培训的对象都是在操作层工作的员工，培训时只需分工种进行工作技能、技巧的培训，没有必要分层次，而管理工作具有不同管理层次的区分，不同层次的工作侧重点不一样，培训的内容也各不相同。

(1)基层管理人员的培训。基层管理人员如领班、管理员、主管等，他们的工作重点主要是在第一线从事具体的管理工作，执行中、高层管理人员的指示和决策。因此，对他们进行培训应着重于管理工作的技能、技巧，如培养他们思考问题的思想方法，培训他们掌握组织他人工作的技巧，怎样为班组成员创造一个良好的工作环境，使每个被管理者都能心情舒畅地工作。

(2)中、高层管理人员的培训。中、高层管理人员的培训应注重发现问题、分析问题和解决问题的能力，用人能力，控制和协调能力，经营决策能力，以及组织设计能力的培养。中层管理人员，如各部门经理，对其所在部门的经营管理具有决策的权力，因此，必须精通对本部门的经营管理，除了熟悉本部门工作的每个环节和具体的工作安排以外，还须了解与本部门业务有关的其他部门的工作情况。饭店高层管理者的工作重点在于决策，他们所要掌握的知识更趋向于观念技能，如经营预测、经营决策、市场营销和公共关系等知识。

(三)员工培训的实施步骤

1. 发现培训需求

培训需求既是饭店培训工作的开始，又是衡量培训工作效果的主要依据，即培训是否满足了需求。培训需求的产生主要来自以下几个方面。

(1)将目前员工的工作状况与所应达到的工作标准相对照，如发现存在差距，就需要进行培训。如新员工上岗前的培训、工作岗位变动后的培训、工作标准变化后的培训和新设备使用的培训及外语培训等。

(2)根据宾客投诉、员工抱怨和检查发现的问题进行培训。

(3)饭店员工流动率过高而产生培训的需要。

2.制订培训计划

要想获得良好的培训效果,就必须进行周密的计划。培训计划的制订要综合考虑员工的素质、心理状态、营业情况、服务质量等方面因素,选择合适的培训方式,确定培训项目以及考核培训效果的标准。

3.准备培训材料、场地

针对不同的培训任务和对象准备好不同的培训材料、场地和设备。培训材料应准备完全,印刷要求整齐、清晰。应充分利用现代化的培训工具,采用视听材料,以增加感性认识。在进行服务操作技能培训时,须备有操作工具。除本饭店固定的培训教室、场所外,还可组织受训者到一些服务质量好的饭店去实地考察、学习。

4.具体实施培训

作为以操作层员工为主体的职业培训,国际旅游常用的方法可以简单地概括为四句话:第一句话是告诉你(Tell You),就是告诉你如何去做;第二句话是做给你看(Show You),就是示范做一遍;第三句话是学我做一下(Follow Me);第四句话是检查纠正你(Check You)。

对于以管理人员为主的发展培训,则可以采取讲授、讨论、案例分析研讨、经营管理"游戏"以及选送有培养前途的受训者到饭店管理专科学校或大学短期进修,以提高其管理水平。

5.培训评估

评估是针对培训的最终结果进行的。只有受训者经过培训后的工作行为才能正确反映培训的效果。培训评估一般包括三个步骤:监督指导,分析和修正评价标准,评价培训效果。

(四)员工培训的方法

饭店员工培训通常涉及知识理论性培训和实践指导性培训,常用的方法主要有以下几种。

1.讲授法

讲授法,即由培训者对员工用讲授形式传播知识的一种方法。目的在于使员工提高思维能力,获得社会知识,增强求知欲望,培养学习兴趣。

2.讨论法

讨论法是由培训者提出论题,设定一定限制条件,组织和引导员工开展讨论,最终得出正确结论的培训方法。

3.案例讨论法

案例讨论法就是把实际工作中已经发生过并记录下来的案例提供给员工进

行剖析、研究，在讨论的基础上提出自己的见解，并要求有鲜明的观点和较为充分的论据。

4. 角色扮演法

角色扮演法即让员工模拟实际情景，扮演各种角色进行训练的方法。

5. 操作示范法

操作示范法是为使员工了解和掌握工作程序以及正确的操作方法，在工作现场或模拟的工作环境中利用实际使用的设备及材料进行边演练、操作，边讲解的一种培训方法。四步培训法是较为常用的操作示范法，它是一种将一项培训活动分为"讲解—示范—实习—辅导巩固"四个步骤，从而达到培训目标的方法。

除上述常见的传统培训方法外，饭店也可根据企业情况、培训对象及实际需要，采用拓展训练法、生命彩排法、头脑风暴法等现代培训方法。

1. 拓展训练法

拓展训练法是一种以体验、经验分享为教学形式的培训方法。起源于二战期间英国海员学校对于海员生存能力和生存技巧的训练，后得以扩展，训练内容也由单纯的体能和生存训练扩展到心理训练、人格训练、管理训练等，成为现代人和现代组织一种全新的学习方式和训练方式。往往利用崇山峻岭、浩瀚大海等自然环境，在解决问题、应对挑战的过程中，达到"激发潜能、熔炼团队"的培训目的。

2. 生命彩排法

生命彩排法，即将人一生中的重大事情在几十个小时内排演一遍，让每位学员感受到生命的格外珍贵，帮助学员重新认识自己，确定人生目标，达到心态平衡的培训方法。

3. 头脑风暴法

头脑风暴法，即在集体解决问题的时候，教师或主持人暂缓作出评价，以便于参与者踊跃发言，从而引出多种多样解决方案的方法。

第三节 饭店员工绩效考评与薪酬管理

一、员工绩效考评

员工绩效指员工完成工作的结果。饭店员工绩效考评是按照一定的标准，采用科学的办法，考核评定饭店员工在某一阶段对职务所规定的职责的履行程度，进而确定其工作成绩的一系列管理活动。员工绩效考评要从员工工作成绩的数量和质量两个方面，对员工在工作中的优缺点进行系统的描述与评价，并要进行绩效考评反馈，让员工明确自己的工作表现，再接再励，弥补差距。

（一）员工绩效考评的意义

1.员工绩效考评有利于员工认清自我，从而起到有效激励员工的作用

绩效考评可以为员工提供反馈信息，帮助员工认识自己的优势和不足，发现自己的潜在能力并在实际工作中充分发挥这种能力，改进工作绩效，有利于员工个人的事业发展。

2.员工绩效考评可以为甄别高效和低效员工提供标准，为饭店确立奖惩制度提供依据，从而确定奖金和晋升机会在员工个人之间的分配

通过客观公正、科学合理的绩效考评，不同工作岗位上的员工的工作成绩可以得到合理的比较，为薪酬设计、奖金分配、晋升、调岗和下岗等管理活动提供了有力依据。

3.员工绩效考评为饭店人力资源部门分析培训需求、制订培训计划提供了依据

由于员工绩效考评不仅可以发现员工的长处和优点，也能够指出员工的不足和缺点，所以，员工绩效考评能够帮助人力资源部门发现员工需要培训的方向，尤其是可以指出管理人员在诸如人际冲突管理、监督技能、计划和预算能力等方面的欠缺，为培训方案的设计和实施奠定基础。

4.员工绩效考评有助于员工人事档案的建立，为饭店将来进行人事决策提供帮助

建立员工业绩的档案材料，可以帮助饭店在将来进行各种人事决策，包括提升优秀员工、开除不合格的员工、调整工资、确定培训内容、调岗、确定员工招聘中应该重点考察的知识、能力、技能和其他品质等各方面。

5.员工绩效考评有利于饭店提高科学管理水平

员工考评活动为饭店管理层与基层员工之间提供了一次有效的直接沟通机会。一方面，考评可以促进人力资源部门与各级主管对员工实际情况的深入了解，有利于营造融洽的工作气氛；另一方面，考评可以检查管理人员的工作成效，可以发现管理工作中的薄弱环节，从而加强管理以达到部门的目标与要求；还有，考评可以促使管理层更妥善地安排员工的工作，量才用人，从而改善部门的管理状况，使各项业务得以顺利开展。

总之，员工绩效考评有利于发现饭店存在的问题，绩效考评的信息可以被用来确定员工和团队的工作情况与饭店目标之间的关系，有助于改进饭店管理效率和改进员工的工作。因此，员工绩效考评既是一个过程的结束，又是一个新阶

段的开始。

(二)员工绩效考评的内容

饭店员工绩效考评的对象、目的和范围复杂多样,所以考评内容也颇为复杂,但基本上可以分为德、能、勤、绩四个方面。

1.德

德是员工的政治思想素质、道德素质和心理素质的综合体现。德的标准不是抽象的,而是随着不同时代、不同行业、不同阶级而有所变化。在今天的中国社会,德的一般标准是坚持党的基本路线,坚持集体主义价值观,富有使命感、责任心和进取精神,遵守职业道德,遵纪守法等方面。德的考评对各级管理者尤为重要。

2.能

能指员工从事工作的能力,包括体能、学识、职能和技能等方面。对不同的职位和岗位,员工能的考评要求应有不同。

3.勤

勤指勤奋敬业的精神。主要体现为员工的工作积极性、创造性、主动性、纪律性和出勤率。人事考勤工作应将日常的考勤情况与工作中的表现结合起来,重点考评员工的敬业精神。

4.绩

绩指员工的工作业绩,包括完成工作的数量、质量、经济效益和社会效益。对不同职位,考评的侧重应有所不同,但效益应该处于中心地位。

在具体实施考评时,德、能、勤、绩往往被分解成若干子项目,如对组织忠诚度、知识水平、团队精神、工作结果等,从而使考评更加客观、可行。但选择哪些项目作为具体考评的内容取决于考评的目的。如:为了奖金的合理发放,应该选择员工工作结果项目来进行评价;为了安排员工参加培训,应该选择工作知识等员工的个人特征作为评价内容;为了开除不合格员工,就应该选择违反纪律、违反工作规程的行为或产生的不良后果作为考评内容。

(三)员工绩效考评的方法

1.工作标准法

工作标准法,又称劳动定额法,它是将员工的工作与饭店制定的工作标准(劳动定额)相对照,以确定员工绩效的方法。

2.排序法

排序法是一种把限定范围内的员工按照某一标准由高到低进行排列的一种绩效考评方法。

3. 强制分布法

强制分布法是将限定范围内的员工按照某一比例划分到有限数量的几种类型中的一种绩效考评方法。例如，将5%的员工划入“优秀”类型，将5%的员工列入“差”类型，然后再把一定比例的员工列为“良好”、“一般”、“较差”。

4. 关键事件法

所谓关键事件是指员工工作中发生的好的或不好的行为。采用关键事件法考评时，必须对从上次考评到本次考评期间发生的每件事情及时做好记录，包括正反两方面事件。

5. 打分检查法

打分检查法是指根据员工工作检查表，由主管对员工的每项工作进行打分的绩效考评方法。

6. 目标管理法

目标管理法是管理者和员工共同制定考评期内要实现的工作目标，到考评期末，再由双方共同对照原定目标来测算实际绩效，找出成绩和不足，然后制定下一个考评期的绩效目标的绩效考评方法。

二、薪酬管理

薪酬泛指员工通过工作而从工作单位获得的各种财务报酬，包括薪金、福利和各种奖励。

(一)薪酬制度的目标

1. 激励员工

薪酬不仅是员工的生活保障，而且体现了员工的自身价值，所以，激励员工应该成为薪酬目标的重要方面。

2. 吸引人才，提高竞争优势

薪酬制度为饭店获取竞争优势提供支持，增强饭店招募影响力，吸引优秀的人才；同时，也为稳定员工队伍、减少员工流失、保证服务质量、提高效益起到了积极有效的作用。

3. 维护企业与员工的合法权益

饭店依法制定薪酬制度，不但有利于维护员工与企业的关系，也有利于饭店的公众形象，可避免不必要的劳动诉讼或罚款，维护员工利益的同时，也维护了自身权益。

(二)薪酬制度的设计

1. 薪金的水平与结构设计

薪金制度包含了薪金、支付方式及薪金的升降政策。薪金可细分为基本薪金、加班薪金、节假日薪金等几种形式。基本薪金是饭店员工能够定期获得的固定数额的报酬。在这里,将讨论基本薪金的水平及结构设计。

(1)薪金水平。薪金水平是指饭店员工的平均薪金。饭店在确定薪金水平时,一般可有三个选择。

一是超出竞争对手薪金水平。采取高于竞争对手薪金水平的目的是吸引和保留优秀的员工;同时,希望以此为激励手段,提高员工对薪金的满意度,更好地激发员工工作积极性,为饭店创造更多的价值。但此种选择必然带来劳动力成本支出的增加;

二是相当于竞争对手薪金水平;

三是低于竞争对手薪金水平。饭店采用低于竞争对手薪金水平的方式,虽然降低了劳动力成本,但同时也降低了饭店在人力资源市场上的竞争能力。

不管采用何种薪金水平方式,都会影响到饭店的招工能力、稳定和保留员工的能力、劳动力成本、员工满意度以及饭店服务质量等方面,从而影响到整个饭店的经营管理和进一步发展。

(2)薪金结构。常见的薪金结构类型有结构式薪金、岗位等级薪金和计件式薪金等。

结构式薪金,又称结构式工资,主要由基础工资、职务工资、工龄工资、效益工资、补贴(津贴)等部分组成。其中,基础工资又称固定工资,效益工资又称浮动工资,有时以奖金形式表现。

岗位等级薪金,又称岗位等级工资制,是按照各个不同的岗位和每一个岗位中不同等级而确定薪金标准的薪金制度。饭店确定岗位等级的指标至少包括所任岗位的规模、职责范围、工作复杂程度、人力资源市场价格四方面的内容。由于此种薪金制度是建立在岗位测评的基础之上,充分突出了薪金中岗位与技能这两个结构单元的特点,更有利于贯彻按劳分配,调动管理者和员工学习业务、提高业务能力的积极性。

计件式薪金,又称计件工资,是根据员工所完成工作的数量、质量和所规定的计价单价核算,而支付劳动报酬的一种报酬形式。此种薪金形式体现了按劳分配的原则。但是,计件式薪金制度也会带来一系列问题:①计件论酬,若产量太高,工作标准有被提高的可能,造成短期内收入较多,但一旦工作定额被提高,员工必须付出更大努力才能获得与从前相等的报酬;②个人英雄主义泛滥,团体意识被忽略,团体中的社会结构被扰乱,竞争将导致员工间的不信任和孤立;③员工为长久利益,会尽力压低工作标准。

2.奖励制度设计

奖励包括物质奖励和精神奖励。物质奖励需要饭店支付一定数量的货币,表现形式有奖品、奖金和奖励旅游等。精神奖励的表现形式可以是表扬、鼓励、奖状，也可能是更有利的职业成长机会如培训、晋升等。奖励的根本目的是激励员工，激发其工作积极性。

奖金是对饭店员工付出的超额劳动或优秀表现所进行支付的一种劳动报酬，是薪金的一种必要补充形式，具有薪金所不能起到的激励作用。

饭店员工奖励的种类主要有综合奖和单项奖。

综合奖是以综合考虑多项指标为依据，确定奖金等级。这种方法多是预先制定考核指标，按员工完成考核指标的得分作为记奖的基础。奖金与饭店经济效益密切相关，随饭店经济效益的大小而上下浮动。

单项奖是以员工完成某一项主要指标的情况作为获奖条件，是对员工的劳动贡献和劳动态度方面进行专项考核、单向发奖的奖励形式。其主要特点是目标明确单一，考核项目简单，简便易行，机动灵活，有利于促进某一特定工作的开展和改进饭店管理的薄弱环节。单项奖往往是一次性奖励，如节约奖、质量标兵奖、服务明星将、技术能手奖、销售奖、金点子奖、满勤奖、特殊贡献奖等。单项奖的设置不宜过多，应以解决重要项目、达到提高服务质量和经营效果为目的。

3. 福利制度设计

员工福利泛指所有间接报酬，多以实物或服务的形式体现。其内容由两个方面确定：一方面是政府通过立法，要求企业必须提供的；另一方面是企业自身在没有政府立法要求的前提下主动提供的。我国饭店的福利主要有四类。

(1)集体福利。包括员工餐厅、高级职员公寓、员工倒班宿舍、医务室、浴室、理发室、休息室、存车场、工作服、员工洗衣、阅览室、活动室、员工培训等。

(2)福利费用和补助。包括工伤抚恤金、独生子女费、通勤补助、员工专车、度假旅游补贴、生日贺金等。

(3)休假。包括婚丧假、事假、年假、产假、哺乳假等。

(4)保险。包括养老保险、失业保险、医疗保险等。

员工福利的多少，通常由资历和职位决定，与员工绩效关系较小。

第四节　饭店员工激励

饭店的目标是通过饭店全体员工的努力工作来实现的，饭店员工的精神状态如何，工作态度是否积极，对饭店目标能否实现具有决定作用。因此，怎样调动员工的积极性，激发员工的工作热情，促进员工的工作行为，也是饭店人力资源管理的重要内容。

一、激励的概念

激励，顾名思义，激就是激发，励就是奖励或鼓励。激励是指激发人的动机，使人有一股内在的动力，朝着一定的目标行动的心理活动过程，或者说是调动人积极性的过程。激励的内容通常包括人行为的动因、行为的方向或目标以及如何保持这种行为三个基本要素。根据三个基本要素，著名心理学家邓奈特和柯彻(Dunnetter&Kirchner)在1965年提出了激励过程模式，如图9-1所示。

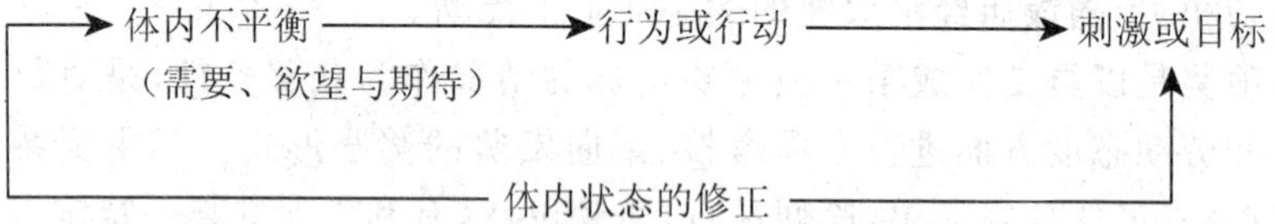

图 9-1 激励过程模式

这一模式显示，第一，在考虑激励时首先要意识到每个人的体内都含有一种动因或内驱力，如需要、欲望与期待，使人按照某一特定方向或方式行动，或者使之与外在环境动力相结合产生某种行为。第二，每个人的行为都具有导向性，总是走向某一目标或结果。第三，每个人所具有的导向系统即内驱力与环境力量的结合，使人们能综合判断自己的行为并通过反馈，调整行为目标。

二、激励的功用

(一)激励有利于发挥员工的积极性，挖掘其内在潜能

激励对饭店员工来说是非常重要的，员工只有在激励的作用下，才能发挥他们的主观能动性和创造性，创造高质量、高效率的工作成绩。美国哈佛大学的心理学家威廉·詹姆士(Willian James，1842—1910)在其《行为管理》一书中阐述，按时计酬的职工仅发挥了其能力的20%～30%，而受到充分激励的职工其能力可发挥到80%～90%。这就是说，同样一个人在通过充分激励后所发挥的作用相当于激励前的3倍至4倍。饭店在了解员工心理需求如实践、友谊、关心、尊重等的基础上，使用合理的手段，转化员工的行为，使表现好的员工维持其良好的行为，使表现较好、一般甚至较差的员工转化为良好的员工。

(二)激励能够提高工效

饭店员工最清楚饭店运转中存在的问题，通过激励手段有利于员工以主人翁的姿态去工作，发现问题并积极想办法解决问题。饭店应鼓励员工提出合理化建议、建设性意见和措施，不断提高饭店经营管理水平和服务质量。

三、激励的基本形式

激励的基本形式是饭店管理者在激励员工工作积极性过程中所采用的具体形式，常见的有以下几种。

（一）需要激励

需要激励是饭店管理中应用最普遍的一种激励方式。其理论基础是美国心理学家马斯洛的需要层次理论。饭店管理人员要按照每一个员工对不同层次需求的状况，选用适当的动力因素来进行激励。如对追求物质、生理需求的员工，可强调富有竞争力的工资、工作期间的休息、工作餐和制服等；对追求安全和保险需求的员工，可强调工作安全、健康保险、工作保障和退休金计划等；对追求归属需求的员工，可多组织团体活动，经常与他们进行沟通；对追求自尊的员工，可对其工作成绩及时给予表扬和关注，并给予一定的物质或精神奖励；对追求自我实现的员工，可授予其责任和权力，安排挑战性的工作，让其获得成就与荣誉感。在当前物质条件还没有达到十分充足的情况下，物质激励还是很有效的，但要注意把物质奖励和职工的工作成绩、工作表现以及努力程度很好地结合起来，搞平均主义、吃大锅饭就会使物质奖励失去应有的激励作用。

当然，人的需求往往是多方面的，常常是既有物质方面的，又有精神方面的，饭店管理人员要注意综合运用这些激励因素。

（二）目标激励

1954 年，德鲁克在他所著的《管理实践》一书中首先提出了目标管理的概念，并提出了目标管理与自我控制的理论。目标管理方法促使每一位员工关心自己的企业。使之成为提高士气的原动力。目标体系包括企业目标、部门目标和个人目标。如果饭店目标与员工的个人目标方向一致，员工必然为达到饭店目标而努力工作。因为饭店目标的完成，意味着个人也达到了目标。在确定目标时，应注意目标难度与期望值，目标过高或过低都会降低员工的积极性。目标的制定要多层次、多方位，但最重要的是制定员工工作目标、晋升目标、业务进修目标等。其中，员工的工作目标管理是一项重要的常规管理工作，它直接关系到饭店的服务质量和饭店总体目标的实现。在制定员工的工作目标时，要遵循两个基本原则：第一，让部分员工参与制定工作目标，因为最了解本职工作的是该岗位上的员工，他们的参与可使该项工作的程序、标准和工作量切合实际，并得到员工的支持；第二，要对工作目标的执行情况进行监督，不断评估员工的工作表现。对于那些表现良好的员工要给予及时的表扬和鼓励，对于违反工作目标的行为，要加以纠正，必要时要进行惩罚。

(三)情感激励

人对事物的认识和行动都是在情感的影响下完成的,情感激励是针对人的行为的最直接的激励方式。情感激励的正效应可以焕发出惊人的力量,使员工自觉地努力工作,而负效应则会大大地影响员工的工作情绪。情感激励的关键是管理者必须用自己的真诚去打动员工。真正地尊重、信任和关怀员工,管理者对下属员工的爱护、关怀和体贴越深、越周到,越有利于在员工心中形成一个和谐的心理气氛,使他们热爱自己所工作的环境。饭店为了满足宾客自尊的需要,要求员工笑脸迎宾,热情待客,但如果饭店管理人员在员工面前摆架子、耍态度、逞威风,对下属员工态度冷漠,难以见到微笑,这不仅使整个饭店的微笑服务难以达到良好效果,而且往往容易伤害员工的感情。其次,饭店管理者应充分了解员工的经济、住房、健康和家庭情况等,尽力帮助他们解决衣、食、住、行等生活中所遇到的实际问题,这样,管理者也可以从感情上赢得全体员工的信赖。再次,管理者要善于用自己积极的感情去影响员工,特别是在员工因工作或生活中的问题情绪低落时。一个好的管理者应具有用饱满的激情感染和激发员工工作热情的能力。

(四)信任激励

管理者充分信任员工并对员工抱有较高的期望,员工就会充满信心,员工在受到信任后,自然会产生荣誉感,增强责任感和事业心。这样的员工愿意承担工作,更愿意承担工作责任,同时也愿意在自己工作和职责的范围内处理问题。对他们应明确责、权、利,即使各项工作的标准定得稍高一些,他们也会通过努力工作去设法达到。他们希望在完成任务时遵循规定的程序和标准,不希望管理者过多地干涉他们的工作。如果管理者紧抓权力不放,将使下级感到领导对自己不信任,从而影响其工作积极性。

另外,当下级向上级提出合理化建议时,要给予鼓励和支持,一旦员工的合理化建议被管理者采纳、实施,将会对员工产生很强的激励作用。即使有些建议不是很合理或者比较片面,也应向员工讲明不能实施的原因,切忌对员工的建议不予理睬,甚至对员工的建议讽刺、挖苦、讥笑,这会挫伤员工的积极性。明智的管理者会为广大员工参与饭店的经营决策和管理提供一切方便,激发他们的主人翁责任感和工作热情,因为员工觉得管理者信任他们,承认了他们的“价值”。

(五)榜样激励

榜样是实在的个人或集体,显得鲜明生动,比说教式的教育更具有说服力和号召力。榜样容易引起人们感情上的共鸣,给人以鼓舞、教育和鞭策,激起他人模仿和追赶的愿望。这种愿望就是榜样所激发出来的力量。在运用榜样激励时,要注意所树立的榜样必须有广泛的群众基础,真正来自群众。

另一方面，饭店管理者的行为本身就具有榜样作用，领导者自身无时不产生着一种影响力，领导者的工作态度、工作方法、性格好恶甚至言谈举止都会给下属以潜移默化的影响，如果你对工作只有75%的努力，你的下属仅付出低于75%的努力；如果你付出100%的努力，下属可能会付出110%的努力。管理者应注意树立自身的良好形象，成为有效激励员工的榜样。

（六）惩罚激励

惩罚激励是对员工的某种行为予以否定和惩罚，使之减弱、消退，以达到靠强化的方向来激励员工的目的。饭店管理者利用恰如其分的批评、惩罚手段，使员工产生一种内疚心理，以消除消极因素，并把消极因素转化为积极因素。

饭店管理者在运用惩罚激励方式时，必须明确批评和惩罚仅仅是一种手段，而不是目的。采取"杀一儆百"，动辄开除的做法并不可取。一些高档饭店曾规定迟到两次者开除，给员工的心理造成了极大的压力，使危机感超过了安全感。危机感过大，会造成员工的逆反心理，不利于饭店的管理工作。因此，批评和惩罚要合理和适当，以达到激励的目的。

惩罚激励要注意"以事实为根据，以制度为准绳"，要对错误的性质进行分析，不能以个人的好恶来评价一个员工的行为，要做到制度面前人人平等。有些惩罚激励运用得较好的饭店专门制定了违纪事件的处理程序。处理意见中的扣分标准是：警告扣10分，记过扣30分，记大过扣90分。若三次警告（即共扣30分）即为记过，依此类推。一年内扣满180分者开除。人事部经理随时做累计统计，当扣分近180分时，人事部经理应善意提醒当事人注意。处理情况最后与被处理者本人见面，以免造成冤假错案。否则，不但起不到激励的作用，反而造成"冤情"，影响员工积极性的发挥。

以上谈到的只是激励的几种基本形式，在实际工作中，激励并没有固定的模式，需要管理者根据具体情况灵活掌握和运用。

第十章　饭店财务管理

饭店经济活动中的从筹资到采购，再到加工和销售，直到资金回笼，这一系列过程始终离不开财务管理。饭店财务管理贯穿于饭店经营业务活动的全过程及各个方面，其不仅要全面反映饭店的经营状况，又要利用本身特有职能与手段促进、控制和监督饭店的经济活动，保证饭店预期经营目标的实现。

第一节　饭店财务管理概述

一、饭店财务管理概念

饭店财务管理是指根据客观经济规律和国家政策法规，利用货币价值形式，组织饭店财务活动和处理饭店财务关系所进行的综合性管理活动。

饭店财务的本质是饭店经营过程中的资金运动及其所体现的经济关系。这些关系涉及饭店经营管理的方方面面：一是饭店与国家之间的经济关系，这种关系主要表现在饭店取得资金和上缴利润及税金；二是饭店与其他企业之间的经济关系，这种关系主要表现在饭店与其他企业相互提供产品和劳务而发生的资金结算，以及饭店与其他企业因为联营而产生的利润分配；三是饭店内部的经济核算和分配关系，主要体现于饭店内部各部门之间的经济关系及饭店与职工之间的经济关系；四是饭店与宾客之间的货币结算关系。在处理上述各种经济关系的过程中，饭店财务皆要进行计价、记账、付款、结算，以保证饭店的各种经济活动按照经济规律正常进行。同时，通过一系列会计核算、会计分析、会计监督及财务预算等财务管理特有方法，确保饭店经济效益。

二、饭店财务管理任务

饭店财务管理是饭店管理的一个重要方面，是从价值上对饭店经营活动进行的一种综合性管理，是为饭店经营活动而服务。因此，饭店财务管理的主要任务是围绕饭店经营目标,研究和掌握资金运动的规律,从而提高资金利用效果,降低成本与费用,提高饭店经济效益。具体包括以下几个方面。

(一)做好资金筹措,编制财务预算,保证饭店经营活动的需要

财务部门应围绕饭店经营目标,结合饭店实际情况,正确地预测完成经营任务所必需的资金数量,以便从不同渠道筹集资金,满足经营活动的需要。同时,要研究内部筹措和外部引进两种不同资金来源渠道,比较两种渠道的优劣,努力降低资金成本。为了提高资金使用的效益,必须根据不同的经营情况,做好财务预算和财务收支计划,以满足日常经营活动的资金需要。

(二)加强资金管理,合理分配资金,提高资金使用效果

饭店有了资金,不能无节制地任意使用,必须加强资金的日常管理。为了合理分配和使用资金,饭店财务首先必须明确各部门科学合理的成本消耗,核定其资金需求量,根据需要分配资金。其次,要建立一套严格的管理制度,杜绝一切人为浪费,力争以尽可能少的资金占用来实现尽可能多的利润。各部门所必需的资金,饭店财务要设法保证供给。对非必需的资金要求,要严格控制不予分配。对分配到各部门的资金要加以监督,对使用效果进行考核。指导部门合理使用资金,注意挖掘潜力,讲究花钱的艺术,把有限的资金用在刀刃上,充分利用现有设施设备,加速资金周转,降低成本费用开支,提高资金使用效益。同时,对经营中存在的资金问题,应及时反映和控制,保证饭店正常经营,并取得预期经济效益。

(三)保证财务成果,合理分配企业利润,维护财经纪律

要按照国家有关制度的规定,正确地核算成本开支范围,及时缴纳各项税金,按规定的顺序合理分配饭店利润,处理好各种经济关系。

饭店应在保证饭店收入及利润的情况下,按规定完成上缴利润和税金等各项义务。应加强对结算资金的管理,及时结算并收回各项收入,缩短应收账款的周期,维护财务成果的完整性,并按计划支出费用或节约耗费,以取得计划利润和完成利税解缴任务。在取得财务成果的基础上,饭店要遵照国家政策进行饭店收入的分配。在分配中,要严格遵守国家政策和财经纪律,坚持兼顾国家、集体、个人三者利益的原则,充分考虑饭店未来发展所需要的资金以及合理提高职工生活所需的收入。

(四)正确执行财务监督,加强财务核算,发挥财务综合管理作用

财务监督是财务管理工作的一个重要方面,这种财务监督是通过控制财务收支和分析检查财务指标来进行的。饭店的各项经营活动都要反映在财务收支上,通过合理地控制财务收支,可以及时发现不合理的财务行为并加以纠正,以保证财务收支的正确性;通过检查分析财务指标可以发现各部门的经营状况及资金使用状况。但这些财务指标的建立是通过加强财务核算获得的，因此必须建立健全财务核算制度，使财务管理的监督保证作用得以发挥。

（五）健全财务会计系统，完善财务会计制度

良好的财务管理建立在完整的财务制度、科学的会计核算、健全合理的财务会计系统之上。财务管理的日常工作主要是进行会计工作。财务管理必须组织好与财务会计有关的所有专业业务工作，使财务会计本身能够正常运转。

三、饭店财务管理内容

（一）资金管理

具体包括以下内容。

1. 筹资和投资管理

主要是指按计划从各种渠道筹集资金并进行投资活动的管理。

2. 各项资产管理

主要包括流动资产、固定资产、无形资产、递延资产及其他资产的管理。

3. 外汇资金管理

主要是对各种外汇资金及其他风险的管理，以实现外汇收支平衡。

（二）成本与费用管理

成本与费用管理主要是对饭店成本与费用的开支标准、开支项目、开支范围的管理。由于成本与费用是经营活动中发生的各种资金耗费，因此对成本与费用的管理也就是对资金耗费的管理。

（三）营业收入、税金、利润的管理

营业收入、税金、利润的管理主要是对饭店收入的实现及其分配进行的管理。饭店获得营业收入，收回货币资金，补偿经营中的各项耗费，并进行利润的分配。由此可见，收入、税金、利润的管理也就是对资金收回、补偿、分配和积累的管理。

（四）财务分析

财务分析主要是通过财务报表对饭店经营活动及其所取得的财务成果进行考核、分析和评价。

四、饭店财务管理方法

财务管理方法是用来组织、指挥、协调、监督和控制财务活动，正确处理财务关系，以完成财务管理任务的手段与方式。财务预测、财务决策、财务计划、财务控制、财务分析、财务审计等是主要的财务管理方法。

(一)进行财务预测

财务预测是根据财务活动的历史资料,结合现实的要求和条件,对饭店未来的财务活动和财务成果进行科学预计与测算的活动。一方面,科学、客观的财务预测是饭店计划管理的依据。饭店在制订财务计划前,要对各项指标进行预测,以保证计划的科学性、可行性;另一方面,科学、客观的财务预测是饭店财务决策的基础。财务预测所提供的资料为制定准确的财务决策创造了条件,而财务决策又是整个企业经营决策的核心因素,所以,做好财务预测也是保证企业经营决策科学化的基础。

财务预测的基本步骤为:

1. 确定预测的目的和对象;

2. 收集和整理资料;

3. 确定计算方法;

4. 确定最佳方案。

预测方法是实现预测目标的手段,没有预测方法或方法不当就不可能实现预测的目标。因为预测过程一定程度上直接依赖于历史数据,所以,财务预测方法可分为定量预测法和定性预测法。常见的定量预测法有算术平均法、加权平均法、平滑指数法、量本利分析法、投入产出法、回归分析法等。常见的定性预测法有个人判断法、专家会议法、德尔菲法等。这些方法相互补充、相辅相成,分析人员要根据饭店实际情况和预测对象的特点,把它们正确地结合起来进行运用。

(二)制定财务决策

决策是指人们为实现一定的目标,借助于科学的理论和方法,进行必要的计算、分析和判断,进而从可供选择的诸多方案中,选取相对满意方案的过程。决策关乎企业未来发展和兴衰成败,是企业管理的核心内容与关键所在。饭店财务决策的内容主要包括筹资决策、投资决策、成本费用控制决策和利益分配决策等方面。

(三)编制财务预算

在财务预测的基础上编制财务预算,是财务管理的重要手段之一。编制客观合理的财务预算对饭店财务管理和业务经营具有重要作用。

1. 财务预算是饭店经营管理的财务目标;

2. 财务预算是饭店控制财务活动,分析、检查财务成果的依据;

3. 财务预算有助于对资金的合理使用与管理,以保证饭店经营活动资金的合理需求,提高资金使用效率。

编制财务预算的一般步骤是:

1. 进行财务预测;

2.编制部门预算草案；

3.在部门预算草案的基础上编制饭店财务预算草案；

4.将经过总经理财务预算会议讨论、修订后的预算方案落实下达到各部门。

(四)组织财务控制

财务控制是根据财务预算指标和各项定额要求，对资金的收入、支出、占用、耗费等情况进行计算和审核，找出差异，采取措施，以保证预算指标实现的一系列财务活动。

(五)开展财务分析

财务分析是根据会计核算资料，对饭店财务活动的过程及结果进行分析比较，对预算完成情况与财务状况作出评价，提出改进措施的管理活动。财务分析对于提高饭店的经营效率及经营成果，促进经营决策的科学性具有重要意义。

(六)实行财务审计

财务审计是运用会计核算资料，检查饭店经济活动和财务收支是否合理、合法、有效及会计资料是否正确的专门方法，是实现财务监督的重要手段之一。

第二节 饭店资金管理

一、资金概述

(一)资金的概念

资金是财产物资价值的货币表现。也就是说，在货币表现的背后，代表着众多的财产物资。拥有资金即拥有对物的支配权。资金在其运动过程中表现出两个显著特征：一是资金收支的不平衡性；二是资金使用权的可转让性。资金运动的这两个特征为企业筹集资金提供了条件。

饭店资金处在不停的运动过程中，资金只有在运动中才能增值。资金运动是和饭店的经营活动、物质运动同步进行的。资金运动的过程一般为：筹集资金，以货币形式取得饭店投资；购置固定资产和各种物资，使货币资金转化为固定资金和流动资金；饭店经营过程中固定资产磨损、物质资料消耗、支付职工报酬，使资金转化为固定资产折旧、工资、营业资金的形态；同时，宾客在饭店消费支付费用，饭店得到营业收入，资金又转化为货币资金和结算资金。这样，资金运动完成了一次循环。当资金周转到营业资金阶段时，因为活劳动的加入，使价值得到了增长，成为利润的来源。资金周转一次，价值就增值一次，所以，在单位时间里，资金周转次数越多，价值的增值次数就越多，利润相应越多。因此，为取得可观的经济效益，饭店总希望资金周转越快越好。

(二)资金的时间价值

资金不仅随着资金运动发生价值量的变化，而且随着时间的推移，即使不考虑通货膨胀等因素，也会发生价值量的变化。这种由于时间因素而形成的资金价值差额，称为资金的时间价值。如同量的资金，若存入银行，数年后可得本金加利息，若以其投资，数年后可得本金加利润，两者价值可能不同。在财务管理中，时间价值是一个非常重要的概念，是衡量资金运用是否有利的一个标准。如果一项经营活动的年资金利润率低于银行贷款年利率，那么这项经营活动是不可行的。

资金的时间价值以利息或贴息来表示，常用终值、现值来衡量。把将来某一时点的金额换算成与现在时点相等值的金额，这一换算过程称为折现。终值是指一定量的资金在若干年后的价值，即若干年后的本利之和。现值是指若干年后的一定量资金的现在价值，即扣除利息因素的本金。资金时间价值可以按单利计算，也可以按复利计算，但一般用复利计算。

1.单利计算法

这是只按本金计算利息，每期利息并不加入本金中增算利息的一种计算方法。单利计算法的公式如下：

$$\text{单利}=\text{本金}\times\text{利率}\times\text{计息期数}$$

即
$$I=PV\cdot i\cdot n$$

上式中，I——利息；PV——现值，即本金；i——利率；n——计息期数。

$$\begin{aligned}\text{终值}&=\text{现值}+\text{利息}\\&=\text{现值}\times(1+\text{利率}\times\text{计息期数})\end{aligned}$$

即
$$S=PV\cdot(1+i\cdot n)$$

上式中，S——终值。

【例 10-1】拟建设一座饭店，预计总投资为 9000 万元，若银行年利率为 10%，若按单利计算，三年后该饭店实际总投资为多少？

解：根据题意可知：$PV=9000$，$i=10\%$，$n=3$，则有：

$$\begin{aligned}S&=PV\cdot(1+i\cdot n)\\&=9000\times(1+3\times10\%)\\&=11700(\text{万元})\end{aligned}$$

三年后该饭店实际总投资为 11700 万元。

2.复利计算法

这是一种将每期利息并入下期本金中增算利息，逐期滚算，利上加利的计算方法。可分为复利终值的计算和复利现值的计算。

(1)复利终值的计算

由于复利是以上一年度的本利和作为下一年度的本金，所以复利终值计算公式如下：

$$S_n = PV(1+i)^n$$

其中，$(1+i)^n$——1 元的复利终值系数，实际计算时可查 1 元复利终值系数表。

【例 10-2】仍用前例，若按复利计算，三年后该饭店实际总投资为多少？

解：

$$\begin{aligned} S_n &= PV(1+i)^n \\ &= 9000(1+10\%)^3 \\ &= 11979(\text{万元}) \end{aligned}$$

若按复利计算，三年后该饭店实际总投资为 11979 万元。

(2)复利现值的计算

复利现值与复利终值的计算正好相反。复利现值是预期若干年后每年按一定利率计算所得的终值，其现在的本金应是多少。用来计算现值的利率也称“折现率”。复利现值计算公式可由终值公式推导出来：

$$PV = S_n \frac{1}{(1+i)^n}$$

公式中，$\frac{1}{(1+i)^n}$——复利现值系数，计算时可查复利现值系数表。

3. 年金计算法

年金是指在一个特定的时期内，每隔一段相同的时间，收入或支出相等金额的款项。如折旧、租金、利息、保险金、养老金等。年金又分为普通年金和预付年金，前者是指收入或支出在每期期末的年金；后者是指收入或支出在每期期初的年金。此处所指年金系普通年金。年金计算法也是建立在复利计算基础之上的。

(1)复利年金终值

复利年金终值是指在相同的间隔期内，每期发生一定量的年金，按复利计算，若干期后的本利总额。其公式为：

$$S_A = R \cdot \frac{(1+i)^n - 1}{i}$$

上式中，S_A——年金终值；R——每期的年金；i——利率；n——年金期数；$\frac{(1+i)^n - 1}{i}$——年金终值系数，计算时可查年金终值系数表。

【例 10-3】按前例，假设建设饭店的资金是分年度筹集等额投入，每年末投入3000万元，计算实际的总投资额。

解：$S_A = R \cdot \frac{(1+i)^n - 1}{i}$

$= 3000 \times \frac{(1+10\%)^3 - 1}{10\%}$

$= 9930$（万元）

若按年金计算，实际总投资额为9930万元。

(2)复利年金现值

复利年金现值是每期等额款项的收付的复利现值之和。年金现值与年金终值的计算正好相反。其公式为：

$$PV_A = R\frac{1-(1+i)^{-n}}{i}$$

公式中，PV_A——年金现值；$\frac{1-(1+i)^{-n}}{i}$——年金现值系数，可查年金现值系数表获取。

【例10-4】假定每年年末定期存入银行1000元，年利率为8%，计算每年1000元的3年期年金现值。

解：根据题意已知：$R=1000$，$i=8\%$，$n=3$，则有：

$$PV_A = R\frac{1-(1+i)^{-n}}{i}$$

$$= 1000 \times \frac{1-(1+8\%)^{-3}}{8\%}$$

$$= 2577\text{（元）}$$

即每年1000元的3年期年金现值为2577元。

二、饭店筹资管理

资金的筹集，简称筹资，是指企业向外部有关单位、个人或从企业内部筹措和集中生产经营所需资金的财务活动。饭店资金是饭店经营业务正常运作的必要先决条件，没有资金的取得及其运动，饭店的经营管理活动也就无从开展。作为资金运动的起点，取得资金的过程是饭店财务管理的重要内容。

（一）饭店筹资的风险

饭店筹资风险主要指饭店由于使用借入资金而带来的风险。筹资的渠道无外乎两条：自有资金和借入资金，前者属于所有者权益，后者是负债。

在现代市场经济中，完全依靠自身原始积累发展企业已成为十分愚笨之举。饭店是一种高投入、高产出的企业，尤其是前期建设需要投入大量资金。如果仅靠自我积累，而不利用各种渠道筹资，进行负债经营，要迅速建造饭店并实现快速发展，那是很困难的。因此，任何一家饭店都必须面向市场，强化筹资意识，充分利用各种资金筹措渠道，借鸡下蛋，从而壮大饭店经营实力，提高饭店的市场竞争能力。

然而，虽然通过借入资金、实行负债经营有助于饭店的壮大与发展，但也要看到负债经营的实质是以饭店未来收益作为现在筹资的代价，饭店由于使用借入资金改变了资金构成，增加了按期还本付息的负担，给饭店带来了一定风险。因此，如果饭店经营不善，或者筹资成本过高，资金使用不当，就达不到筹资预期效益，从而不仅不能偿债，反而给饭店造成严重影响，甚至会有破产倒闭的危险。

鉴于饭店利用借入资金进行负债经营有利有弊，所以要求饭店在筹资过程中必须坚持原则，采取合理的筹资方式，并注意比较各种筹资方式的资金成本和经营风险，提高饭店外借资金的经营利润率，提高饭店资金效益。

（二）饭店筹资的基本原则

筹资是现代企业的一项经常性行为，但由于筹资的风险性，因而必须确立并遵循一定原则。

1.计划性原则

旅游活动的季节性使饭店经营必然带有季节性，从而造成饭店资金的需求量因季节而异。所以，要根据饭店经营活动的特点和要求，预测饭店在不同时期对资金的需要量和投放量，确定一个合理的资金筹措数量，有计划地安排资金的投放数量、投放时间及还本付息的时间及数量等，为加快资金周转、提高资金利用效果奠定基础。

2.效益性原则

使用筹集来的资金要支付代价，这就构成了资金成本。筹集资金的来源不同，资金成本也就不同。因此，要充分考虑从不同渠道筹集资金的成本，比较资金成本与资金效益，按照效益最大化原则选择最理想的筹资渠道、筹资方式，尽量以最低的资金成本筹集到饭店经营所需资金，并加强资金管理，提高资金效益。

3.减少风险原则

饭店要坚持减少风险原则，严格按照筹资计划进行资金的借贷，并按照资金使用计划严格管理，掌握好负债资金比例。负债资金使用效果是利用负债资金来提高饭店的收益率，特别是提高股东权益利润率。如果饭店的全部资金利润率大于负债资金成本率，那么利用一部分负债资金就有可能提高股东权益利润率；反之，则有可能造成股东权益利润率下降，严重时可能亏损。所以，要注意对负债资金使用效果进行分析，做好筹资风险的防范和管理，并根据饭店经营状况和经营环境的变化，及时调整资金结构，增强饭店抗风险能力，减少筹资风险，提高筹资效益。

（三）饭店筹资的方式

1. 自有资金

饭店自有资金主要指由饭店投资人投入饭店的资本金和饭店经营积累所形成的所有者权益，一般包括资本金、资本公积和留存收益三部分。

(1)资本金。资本金指饭店在工商行政管理部门登记的注册资本。资本金按照投资主体分为国家资本金、法人资本金、个人资本金、外商资本金等。企业资本金的取得，可以采取国家投资、各方集资或者发行股票等方式筹集。发行股票是企业筹资的常用方式。股票面向广大投资者发行，可以最大限度地利用社会闲散资金，可以利用广大投资者间的购买竞争来有效降低筹资成本；同时，通过发行股票可以提高饭店知名度，利用广大股东对饭店的关注来获取各方面的有效信息，并利用股票行市的涨跌监督、改善饭店经营管理，提高经济效益。

资本金是所有者权益最基本的构成部分，是饭店从事经营活动最基本的资金来源和保证。筹集资本金应注意以下事项。

①资本金数额要与饭店经营规模相适应。资本金是饭店建立的标志，是饭店开展生产经营活动的基础。饭店资本金的筹集要遵守国家有关规定，并不得低于最低限额。投资者以实物、无形资产等方式投资的，必须出具拥有所有权和处置权的有效证明。

②对出资方式及限额的规定。如投资者以无形资产作为投资的，其所占比例不得超过饭店注册资本的20%；因特殊情况需超过这一限额比例的，须经工商行政管理机关审查批准，但最高不超过30%。

③投资者应按合同规定的期限缴清各自的出资额。一般而言，资本金的筹集可以一次完成，也可分期进行，但都规定有明确的时间期限。如果投资者在出资过程中出现违约现象，使饭店资本金筹集无法按预期计划完成，饭店可依法追究其违约责任。

④必须经过验资程序。对饭店所筹资本金必须经过中国注册会计师验资并出具验资报告，饭店据以发给出资证明书，按出资比例或合同约定承担盈亏责任。

(2)资本公积。资本公积指在筹集资本过程中所取得的由投入资本引起的各种增值项目，包括资本溢价、法定财产重估增值、接受捐赠资产等。

(3)留存收益。留存收益指饭店经营所得利润的内部积累，是为了转增资本、扩大经营，或为弥补亏损，而将饭店在本期或前期净收益中的一部分留存下来所形成的。一般包括盈余公积、公益金和未分配利润。

2.负债

负债是饭店筹资的另一条渠道,可分为流动负债和长期负债。

(1)流动负债。流动负债是指将在一年内或超过一年的一个营业周期内偿还的债务。包括短期借款、应付票据、应付账款、应付工资、应交税金、应付股利、预提费用等。

利用流动负债方式筹资可以解决饭店经营过程中所需的短期资金。主要有以下几种类型。

①商业信用。商业信用是一种从供应商处以应付货款和应付票据的方式筹集资金的方法。

应付货款是赊入商品的未付款项,即赊购。饭店采用赊购方式,收到供应商的商品后不马上付款,而是在规定的付款期限内付款。

应付票据是饭店开出的期票和需要承兑的汇票。期票是饭店开给供应商的书面承诺,允诺在必要时或在一定时日以一定金额支付给指定人或持票人。期票一般是附有利息的。商业承兑汇票是单位之间根据合同进行延期付款交易时,开具的反映债权债务关系的票据。汇票必须经过承兑才能要求到期付款,根据承兑人的不同,汇票分为商业承兑汇票和银行承兑汇票。商业承兑汇票是由收款人(供应商)作为发票人签发的由付款人(饭店)承认兑付的汇票。

商业信用作为短期筹资方式,方便灵活,筹资及时,不需要反复谈判和协商。但是,并非任何饭店都能获得赊购待遇,商业信用要求饭店具有良好的声誉和信用,才可能筹集到饭店所需资金。

②银行信用。银行信用是由银行机构提供的信用。作为短期资金来源渠道之一的银行信用,主要包括短期银行借款、商业票据贴现和抵押担保借款等。

短期银行借款,指饭店为了解决暂时的现金需要,而向银行借用的款项。包括结算借款、超储积压借款、临时借款等。

票据贴现,是一种用他人支付的票据作为担保,从金融机关筹集资金的方式,也可以看作一种票据交易的方式。如饭店在其所持汇票未到期而急需资金时,可以持汇票到开户银行申请贴现(出售汇票)以换取现金。但贴现时,要向银行支付一定利息(贴现息)。票据贴现实质是饭店向银行的一种短期借款。其贴现息与流动负债的应计利息一样,计入饭店的财务费用。

抵押担保借款,是指饭店在资金短缺时,以证券或房屋、设备等固定资产作为抵押,换取银行借款。如果饭店到期不能还本付息,则银行有权处理抵押品以抵还贷款本息。

银行信用作为饭店筹资的主要方式之一,要求饭店必须严格按照计划和规定向银行机构借款。要求借款项目有可行性,能够保证按期还本付息。要求借款有物资保证或经济担保，减少银行出借款项的风险。

(2)长期负债。长期负债是指偿还期限在一年或者超过一年的一个营业周期以上的债务，包括长期借款、长期债券、融资租赁等。

①长期借款。长期借款主要指因饭店建设、更新改造、购建固定资产等造成资金短缺而向银行取得的借款。对于饭店而言，这种长期借款主要是通过固定资产贷款来取得的。

②长期债券。债券是表明债权债务关系的一种凭证，按照偿还期的不同，分为短期债券、中期债券和长期债券。长期债券一般在五年以上。这种筹资方式可以最大限度地利用社会闲散资金，在短期内筹集到数额较大、可长期使用的资金，并且能给股东带来财务杠杆利益。但这种长期债券到期必须偿还，如果饭店现金流转发生阻碍，势必会造成饭店财务困难，严重者可能使饭店破产。所以，利用此种筹资方式必须考虑饭店经营状况及偿债能力，避免陷入债务危机。

③融资租赁。租赁，指饭店在某一特定时期内，通过契约关系，向出租人获得财产使用权和处置权的一种筹资方式。租赁是一种新兴的信贷方式。对出租人而言，它是一种获取利润的方式；对承租人来说，它不失为一种有效的资金筹集方式。租赁分为融资租赁和营业租赁。

融资租赁是饭店比较常用的方式。融资租赁是饭店向出租单位租用所需的固定资产，按照租赁合同规定按期支付租金，合同到期，付给出租单位转让费，固定资产产权归租入固定资产的饭店所有。营业租赁则不同，其资产的所有权始终属于出租单位，不会发生转移。

采用融资租赁方式筹集长期资金可以解决饭店资金短缺，而经营发展又急需资金的困境。当然，这种方式要受到出租单位业务发展状况的限制，且租金比较昂贵。所以，是采用融资租赁，还是借款购买，要经多方比较再作决策。

三、饭店流动资产管理

资产是指企业拥有或控制的能以货币计量并能为企业提供经济效益的经济资源，包括各种财产、债权和其他权利。资产按其流动性可分为流动资产和非流动资产(或称长期资产)。流动资产是指在一年或者超过一年的一个营业周期内变现或耗用的资产，包括现金、银行存款、有价证券、应收及预付款项、存货等。饭店流动资产可归纳为三大类：货币资产、存货资产、债权资产。

(一)饭店货币资产管理

饭店货币资产有三种：人民币、外汇券、外币。三种货币资产以现金形式存在于饭店内。现金形式包括：纸币、硬币、外币；银行活期存款；见票即付的各种信用证券，如支票、本票、汇票等。

现金具有普遍可接受性和高度流动性的特点，是标准的支付手段，为唯一能够转化成其他任何类型资产的资产。拥有了现金，就拥有了立刻用于购买或偿还债务的能力，但也极易发生现金盗窃、挪用、短缺或其他不法行为，所以，要求对现金必须进行严格管理。

1. 建立、健全现金管理制度，对货币资金严格管理，避免失窃、失落、挪用及其他不法行为，保证饭店现金安全。

2. 加强现金预算管理。根据以往会计资料以及所预测计划期的营业收入与支出，确定营业额中现售与赊销的比例，成本中现付与赊付的比例，从而编制现金预算，加强现金预算管理。通过现金预算表，饭店管理者可以了解何时会有多少现金结余，从而更好地利用资金。此外，通过编制现金预算，可以预见未来现金需求情况，促使管理者及早采取筹资措施，保证经营活动的顺利进行。

3. 建立健全饭店内部现金牵制制度。将经营现金的事务和记账职能分开，便于及时发现错误，起到相互牵制的作用。

4. 严格遵守现金使用范围和要求，不得坐支现金或套取现金。

5. 定期与银行核对账单，发现差错及时纠正，保证现金余额的可靠正确。

6. 定期核对业务周转金定额，既保证饭店在经营中有足够的资金，又不使资金闲置，提高资金利用率。

7. 实行饭店库存现金限额管理，超过库存限额部分必须按规定时间送存银行。

(二)饭店存货资产管理

存货指企业在生产经营过程中为销售或者耗用储存的各项资产。饭店存货包括各种原材料、物料用品、低值易耗品等。存货是饭店经营活动顺利进行的物质保障。存货过多或过少都不利于经营活动的开展，存货过多会造成资金积压，减缓资金周转速度，存货过少会坐失销售良机。因此，加强存货管理，以尽可能小的成本支出保持最佳存货水平，是流动资产管理的重要内容之一。

为加强存货日常管理，应注意采取以下措施。

1. 建立健全存货采购制度和质量验收制度，完善存货采购价格的监督制度，选择合理的订货方法，尽量以最低的成本达到最佳水平的采购。

2. 建立健全存货的收发核算制度，对存货进行正确的核算和计价，选择适当的存货发出方式，保证收入与成本相匹配。

3. 完善存货的定期盘存制度和清理制度，保证存货账卡、账实相符，减少损耗，提高存货管理效益。

4. 完善低值易耗品摊销办法，选择合理的领用和摊销方式，简化核算手续，加强对低值易耗品的管理，使低值易耗品更加符合客观实际。

5.制定严格的生产现场存货管理制度，落实专人管理，做好生产现场存货的使用、保管、检查、监督和管理工作。

(三)饭店债权资产管理

饭店债权资产是指饭店由于赊销而形成的对其他企业或个人的货币索取权，主要包括应收账款、应收票据。在日常经营中，绝大多数饭店采用赊销的形式，如对旅行社的赊销，对政府部门的赊销，以及对其他协议合作单位的赊销等。因而，债权资产在饭店流动资产中占有一定比重。债权资产比重越大，占压的资金也越多。控制债权资产规模，加速应收款项的回收速度，提高资金使用效率，成为饭店流动资产管理，也是饭店财务管理的重要部分。

1.应收账款的管理

饭店应收账款是由于饭店赊销产品和服务而应向客户收取款项的一种短期债权，是饭店给予客户的一种消费信用。由于赊销方式的运用，可以在一定程度上扩大销售量，但同时也带来了呆账损失的风险。

为防止逃账、呆账的发生，避免饭店应收账款的流失，一是饭店在对顾客实施信用政策前，往往要对顾客的资信状况及偿债能力进行调查；二是要严格加强对赊销额的控制和管理，尽量减少赊销额数量；三是严格控制收款期，应收账款收款期限越短，风险也越小；四是通过科学有效的管理方法，加强应收款的催收工作，减少应收款的风险损失；五是灵活运用现金支付折扣，鼓励客户尽早付款，从而缩短平均收款期；六是加强经济责任制落实，加强咨询工作。

2.应收票据的管理

票据是出票人自己承诺或委托付款人在见票时或指定日期无条件支付一定金额，可以流通或转让的有价证券，包括期票和汇票两种。

为了减小、避免应收票据的损失风险，一方面，饭店要建立健全科学的票据管理制度，加强票据日常管理工作，签发、使用票据要严格遵守相关原则；另一方面，要按期及时收回款项，避免资金占用过多；此外，如果票据尚未到期而饭店又急需资金时，可持票据到开户银行申请贴现，从而获得相等于到期价值扣减银行贴现折价后的金额，加速饭店资金周转。

四、饭店长期资产管理

长期资产是指不准备在一年内变现或使用时间超过一年的资产，包括长期投资、固定资产、无形资产、长期待摊费用和其他长期资产等。按其是否具有实物形态，又可分为有形资产和无形资产。有形资产是指具有实物形态的固定资产。饭店的固定资产是指使用年限在一年以上的房屋、建筑物、机器、机械、运输工具和其他与生产经营有关的设备、器具、工具等。无形资产是指缺乏实物形态的资产,为饭店在较长时期内可以享受的法定权利或利益,包括专利权、商标权、著作权、土地使用权、非专利技术、特许经营权和商誉等。

(一)饭店长期资产的特点

饭店业属于高固定成本型企业,其固定资产所占比例很大,所以,饭店固定资产的周转和流动资产不同,具有如下特点。

1.投资额大,使用期限长

饭店固定资产投资额度大,使用年限一般都在一年以上。

2.在较长的使用期限中不改变原来的实物形态

饭店固定资产的一次性投入和逐年折旧,决定了固定资产价值补偿随着固定资产的使用而逐年得到补偿,但与此同时,固定资产的实物形态仍保持完整形态并发挥相应功能。只有当固定资产不能或不宜使用时,才对其实物形态进行全部更新。

3.周转速度慢,循环周期长

按磨损程度逐年计提折旧的方式使得固定资产要完成一次价值周转需要经过许多经营过程才能完成,从而表现为饭店固定资金周转速度较慢,循环周期较长。

由于上述特点,要求饭店对长期资产的投资须慎重,要充分做好可行性研究和方案的优化选择。

(二)饭店固定资产管理

1.建立健全饭店固定资产管理责任制

固定资产管理责任制,就是根据管用结合的原则,把管理权限和责任下放到各使用部门,并落实到班组和个人,纳入岗位责任制中,使各部门使用的固定资产都有专人负责管理。实施固定资产管理责任制,应明确各部门职责,包括工程部门、使用保管部门和财务部门,做到责任到人,管理定位。其中,财务部门对固定资产管理负有总责。

2.建立固定资产的账目体系,实行财产编号

财务部门应建立三级账,即总账、分类账和每类的单项账。各使用部门建立部门保管账,反映部门固定资产的增减变动;建立固定资产保管卡,由专人发放。

3.建立固定资产定期清查制度

通过定期盘点清查,保证账账相符、账卡相符、账物相符。对清查出来的盘盈、盘亏及毁损,要查明原因,按财务规定及时处理;对因责任事故造成的财产损失要追究责任人经济责任。

4.做好固定资产的维修保养,提高固定资产的完好率与利用率,延长固定资产的使用寿命

有针对性地采用日常维修、定期维修和重点维修等方式，做好固定资产的维修；对发生故障的固定资产要及时进行维修。

改变“重修理轻维护”的错误观念，重视固定资产的日常保养，以提高固定资产的完好率与利用率，延长固定资产的使用寿命，从而降低成本，提高资金使用效率。

5.实行制度化管理，出台一系列固定资产管理制度

为加强固定资产管理，提高资金效益，饭店应实行固定资产制度化管理，出台一系列固定资产管理制度。如固定资产投资管理制度、集中采购制度、日常管理与维修保养制度、处置管理制度、核算制度与内部考核制度等，加强饭店固定资产事前、事中、事后各环节的控制与监督。

（三）饭店无形资产管理

饭店无形资产是饭店拥有或控制的没有实物形态的长期资产。饭店财务部门对无形资产的日常传统管理主要表现在对无形资产的计价和摊销的管理上。饭店无形资产的计价与摊销应以财务制度的具体要求和相关标准来进行。

第三节　饭店成本费用管理

成本费用管理是饭店财务管理的重要内容之一，饭店经营活动的一切支出最终都要从成本费用上得到反映。成本费用是制定价格的基础，为饭店经营决策的重要依据，成本费用管理的高低将直接影响饭店的经济利润。因此，加强成本费用管理对饭店具有重要意义。

一、饭店成本费用的含义和构成

在我国，费用、成本两个概念是不加区分的，但在西方一些主要国家，则认为费用、成本是两个不同概念。成本是购进商品和雇佣劳动力时发生的支出，体现为取得经营活动所必须付出的资产的价值，如饭店经营过程中购买的各种原材料、商品等支出。而费用则是某个时期获取收入时发生的耗费，将上述商品或劳动耗用以后，成本就转化为费用。费用仅与某个时期或当期的收益有关。成本与费用一方面存在着上述区别，另一方面又有密切联系，二者都是为取得收入而发生的可以用货币衡量的资产耗费。

饭店成本费用是指饭店在一定营业时期内所发生的各种费用支出总和，是饭店在经营业务过程中所耗费的全部物化劳动和活劳动的货币形式。按照其经济内容划分，包括营业成本、营业费用、管理费用和财务费用等类型。

(一)营业成本

营业成本指饭店在经营过程中发生的各项直接支出。

1.餐饮成本

制作食品菜肴和饮料所耗用的原材料、配料、调料等成本。

2.商品成本

饭店销售商品的进价成本。

3.洗涤成本

饭店洗衣房洗涤衣物时耗用的用品、用料的成本。

4.其他营业项目所支付的直接成本。

(二)营业费用

营业费用指各营业部门在经营销售过程中发生的各项费用,包括运输费、卸装费、包装费、保管费、保险费、燃料费、水电费、展览费、广告宣传费、邮电费、差旅费、洗涤费、清洁卫生费、低值易耗品摊销、物料消耗、经营人员的工资、职工福利费、工作餐费、服装费等。

(三)管理费用

管理费用指饭店为组织和管理经营活动而发生的费用及由饭店统一负担的费用,如行政管理人员的工资费用、办公费用等。

(四)财务费用

财务费用指饭店为筹集经营所需资金而发生的费用,包括利息净支出、外币汇兑净损失、金融机构手续费、加息及筹资发生的其他费用。

二、饭店成本费用管理的原则

(一)严格遵守国家财务制度,执行国家规定的成本费用开支范围与开支标准

饭店应实行费用归口、分级管理和预算控制,应当建立必要的费用开支范围、标准和报销审批制度。要根据费用发生的不同用途和资金来源,在国家规定的成本开支范围内列支相关的成本,不得随意扩大开支范围。在费用开支上,也要遵守国家的有关费用开支标准的规定,不得随意提高。

(二)按权责发生制原则严格饭店成本费用的核算

权责发生制是以应收应付为标准来计算确定本期收益和费用的一种方法。按照权责发生制的要求,凡应属于本期的费用,不论是否实际付出,均应作为本期的费用处理;凡不属于本期的费用,即使本期已经实际付出,均不应作为本期的费用处理。因为权责发生制强调在各会计期内收支相配合的原则,所以对正确确定各期的收支、损益状况,提供准确的分析数据有很重要作用。

(三)建立成本控制系统,强化成本预算约束,推行质量成本控制办法,实行成本定额管理、全员管理和全过程控制

饭店成本与饭店利润有着紧密联系,好的成本管理意味着好的经济利润,而饭店成本是在整个经营管理过程中逐步形成的,涉及每个部门、班组和个人,因此必须建立成本控制系统,强化成本预算约束,推行质量成本控制办法,实行成本定额、全员管理和全过程管理。

(四)正确处理降低成本与保证质量的关系

降低成本并非降低质量,而是要在不影响产品质量的前提下,通过一系列管理手段和技术手段,减少浪费,避免不必要支出,从而降低单位成本。如果不顾饭店产品与服务的质量,而单纯以降低成本支出为目的,即使成本降下来了,也失去了降低成本的实际意义。以低劣产品和减少服务换来的成本下降对饭店而言是得不偿失的。

三、饭店成本费用的控制

成本费用控制是指按照成本费用管理制度和预算的要求,对成本费用形成过程中的每一项具体环节进行审核和监督,以达到降低成本,减少浪费,提高经营效益的目的。

(一)客房经营费用的日常控制

客房经营作为饭店经营的主要项目,客房收入占饭店收入的50%左右。加强客房经营费用的日常控制与管理,对于降低整个饭店的费用支出具有重要意义。

客房支出费用可以分为变动费用和固定费用两部分。变动费用指随着经营业务量的变化而相应变化的费用,如客房物品的消耗等。固定费用指不会随着经营业务量的增减而变动的费用,如固定资产折旧费、固定资产保险费、员工服装费及其他待摊费用等。因此,控制客房费用的支出,降低消耗,应主要从对这两方面的控制入手。

1.提高客房出租率,从而降低每间客房所分摊的固定费用

2.对变动费用进行定额管理,严格按定额控制消耗量

(1)根据饭店的档次和规格,确定消耗品的配备规格和配备数量。

(2)对一次性消耗品的配备,要按照客房的出租情况落实到每个岗位和责任人,领班和服务员要按规定领用和分发各种消耗品,并做好登记。

(3)对于非一次性用品的消耗,按饭店的档次和正常磨损的要求确定耗用量,尽量减少使用不当造成的损耗。加强布件房的领发料控制和管理,减少失窃事件。

(4)定期盘点和考核,对费用控制好的班组和个人要给以奖励;反之,要进行处罚。

但在费用的控制中,要确保客房服务的质量,不能因降低成本而降低客房产品应有的质量,影响客人权益,如将前一位客人使用过的一次性拖鞋装入袋中配备给新的客人。

(二)餐饮成本的日常控制

餐饮经营是饭店客房经营外的另一个主要项目,而且,餐饮经营成本的控制相对于客房经营而言更有潜力。客房出租数量受到客房数的限制,而餐饮经营却不同,具有更大的弹性与灵活性。因此,制定有效的餐饮成本管理制度,抓好餐饮成本控制,对于降低成本,减少浪费,提高饭店经济效益具有重要意义。

餐饮成本包括直接成本和费用两部分。

1.餐饮直接成本的控制

餐饮直接成本主要是制作食品菜肴和饮料的原材料、配料、调料的消耗。

餐饮直接成本的高低与毛利率的高低有关。毛利率是毛利与营业收入之比,其公式如下:

$$毛利率=\frac{毛利}{营业收入}\times 100\%$$

毛利是餐饮的收入与直接成本之差。毛利是利润的基础,毛利率表明毛利在营业收入中所占比重的大小。毛利率越高,成本越低;反之,毛利率越低,成本越高。

加强餐饮直接成本控制,就是要提高毛利率。可从以下两方面着手。

(1)加强原材料采购环节的监督和控制。餐饮成本控制的好坏很大程度上取决于对采购环节的控制,只有按要求采购到物美价廉的合格材料,才能提高成货率,即提高原材料的利用率,从而降低单位成本,提高毛利率,增大毛利额。所以,对原材料采购要严格检查,层层把关,在保证质量的前提下,降低采购成本,增加盈利。

(2)严格实行定额管理。为了控制餐饮成本的支出,同时又不侵犯顾客的利益,餐厅的食品菜肴用料都有严格的配方,对不同规格的菜肴,制定出用料定额,并根据不同的加成率,计算出成本及售价,作为控制成本的依据。

2.餐饮费用的控制

餐饮部的营业费用包括人工费、经营用品费、水电燃料费及其他费用。

(1)加强餐具的控制和管理,降低餐具损耗率,定期清查盘存,实行奖惩制度,员工损坏餐具要予以处罚,对控制损耗有突出贡献的班组,则给予奖励,从而培养员工爱护餐具、降低损耗的意识。

(2)确定合理的储备定额,减少仓储费用,减少资金占用。

(3)加强库存商品保管工作,降低食品商品的自然损耗率,防止商品霉烂、变质、变形造成的报废或贬值。

四、保本点分析法的运用

保本点分析法,也称量本利分析或盈亏分界点分析(损益平衡分析)。保本点(盈亏分界点)是指饭店营业收入和营业支出正好相抵,不亏不赢时的点。销售量、成本和利润之间存在非常微妙的关系,通过确定保本点能研究三者之间的关系,预测饭店未来的经营情况,如饭店在接待多少人数和获得多少收入,达到什么水平才不亏不赢?饭店销售量一定时,利润情况怎样?饭店实现预期利润目标要达到怎么样的收入状况?如果成本发生了变化,为使利润不减少,销售额应做何调整?

在进行保本点分析时,先确定几个有关概念。

边际成本。指每增加单位产量而引起的总成本的变化量,通常指产品生产中的直接成本,或经营成本(费用)中的可变成本(费用)。

边际利润。又称边际贡献,指每增加一个单位的销售量而获得的销售收入扣除单位变动成本后的余额。边际利润首先要用来补偿固定成本,其余额才能成为饭店的利润。当边际利润正好等于固定成本时,饭店经营活动就处于保本状态。

1.保本点销售量的公式

$$保本点销售量=\frac{固定成本}{边际利润}$$

或:

$$保本点销售量=\frac{固定成本}{单位价格-单位变动成本}$$

或:

$$保本点销售量=\frac{固定成本}{边际利润率}$$

$$其中,边际利润率=\frac{销售额-变动成本}{销售额}\times100\%$$

$$=1-变动成本率$$

2.目标利润销售量公式

$$目标利润销售量=\frac{固定成本+目标利润}{边际利润(率)}$$

或:

$$目标利润销售量=\frac{固定成本+目标利润}{单位价格-单位变动成本}$$

3.销售量的变动计算

当固定成本、价格、单位变动成本等影响因素变动时,销售量也发生变动。

(1)保本点销售量为:

$$\frac{固定成本\pm固定成本的变化量}{(单位价格\pm单位价格的变化量)-(单位变动成本\pm单位变动成本的变化量)}$$

或:

$$\frac{固定成本\pm固定成本的变化量}{1-变动成本率}$$

(2)目标利润销售量为:

$$\frac{(固定成本\pm固定成本的变化量)+(目标利润\pm目标利润的变化量)}{(单位价格\pm单位价格的变化量)-(单位变动成本\pm单位变动成本的变化量)}$$

或:

$$\frac{(固定成本\pm固定成本的变化量)+(目标利润\pm目标利润的变化量)}{1-变动成本率}$$

【例 10-5】某饭店报告期营业收入 500 万元,固定成本 250 万元,变动成本 150 万元,目标利润 125 万元。

(1)求保本点销售额及目标利润营业额。

解:根据题意可知,营业收入=500,固定成本=250,变动成本=150,目标利润=125,则:

$$\begin{aligned}边际利润率&=\frac{销售额-变动成本}{销售额}\times100\%\\&=\frac{500-150}{500}\times100\%\\&=70\%\end{aligned}$$

$$\begin{aligned}保本点销售额&=\frac{固定成本}{边际利润率}\\&=250\times\frac{100}{70}\\&=357.14(万元)\end{aligned}$$

$$\begin{aligned}目标利润营业额&=\frac{固定成本+目标利润}{边际利润(率)}\\&=\frac{250+125}{70\%}\end{aligned}$$

$=535.71$(万元)

(2)如果该饭店增加了 2 万元的广告费,在变动成本率仍为 30%的情况下,如果要保持原有目标利润 125 万,则应达到多少的销售额?

解:根据题意可知,原有固定成本=250,新增固定成本=2,目标利润=125,变动成本率=30%,则:

目标利润销售额为:

$$\frac{(\text{固定成本} \pm \text{固定成本的变化量})+(\text{目标利润} \pm \text{目标利润的变化量})}{1-\text{变动成本率}}$$

$$=\frac{250+2+125}{1-30\%}$$

$=538.57$(万元)

第四节　饭店营业收入和利润管理

一、饭店营业收入管理

(一)饭店营业收入概念

饭店营业收入指饭店在销售商品、提供劳务及让渡资产使用权等日常活动中所形成的经济利益的总流入,包括主营业务收入和其他业务收入。饭店营业收入包括出租客房、提供餐饮、出售商品及其他服务项目所取得的收入。具体而言,主要包括以下内容:房费收入、餐费收入、自销商品收入、代销商品手续费收入、酒吧收入、洗衣收入、美容收入、汽车收入、会场租金收入、康乐中心收入等。

(二)饭店营业收入管理

饭店营业收入是饭店经济效益的基本指标之一,是饭店财务管理的一个重要方面。营业收入的大小决定了饭店利润的大小,也反映出饭店的经营规模和水平。加强对饭店营业收入的管理,使营业收入及时得到收回,对于保证资金的正常循环与周转,使经营活动得以连续不断地进行,实现预期的经济利益目标具有重要意义。饭店营业收入管理主要有以下几个方面。

1. 制订营业收入计划

营业收入计划是饭店财务计划的一部分。营业收入计划包括年度收入计划和月计划。营业收入计划是综合饭店各部门的经营情况,根据市场情况而制订的。饭店营业收入计划的指标要按部门制订定,然后下达到各部门,部门再据此制订部门收入计划。

2.正确核算营业收入

营业收入核算的正确与否直接关系到盈利的准确性。按照规定，饭店应采用权责发生制来核算营业收入。饭店应当在劳务已提供、商品已发出，同时收讫价款或取得价款权利证据时，确认营业收入的实现。营业收入按实际价款进行核算，当期发生的销售折扣、销售退回及折让，应当冲减当期营业收入。

3.明确制定价格，认真执行合同规定

按照饭店档次、规格，参考行业及地方标准，明确制定各种产品和服务的价格，明码标价。并按事先签订的协议，确定协议单位的收费标准，认真执行合同规定。

4.建立收款制度，及时办理结算，尽快收回营业收入

建立收款制度，确定结算方式、收款人员和收款体系。饭店营业收入的取得主要有预收、现收和事后结算三种情况。预收，即在提供产品和服务之前，预先全部或部分收取费用。现收，即在客人享受产品和服务时收取费用。事后结算属于应收账款，即在向客人提供产品和服务后，一次性或定期地进行结算，这种形式常常在协议单位之间进行。收费方式不同，具体管理方式也不同，特别是要加强对事后结算收费方式的管理，及时办理结算，尽快收回营业收入。对结算期过长的款项，要设专人催收，以尽快回收资金，减少资金占用；同时，减少坏账损失。

二、饭店利润管理

(一)饭店利润概念

饭店利润是指饭店在一定会计期间的经营成果，包括营业利润、利润总额和净利润。

1.营业利润

营业利润是指饭店在一定时期内从事各种经营业务所实现的利润，为营业收入减去营业成本、营业费用、营业税金、管理费用、财务费用后的净额。其公式为：

营业利润＝营业收入－营业成本－营业费用－
营业税金及附加－管理费用－财务费用

2.利润总额

利润总额是指饭店在一定时期内所实现的全部利润，也称税前会计利润，由营业利润、投资净收益、营业外收支净额组成。其公式为：

利润总额＝营业利润＋投资净收益＋营业外收入－营业外支出

投资净收益指饭店对外投资所取得的收益(包括对外投资的利润、股利、债券利息等)减去投资损失后的净额。

3.净利润

净利润是指饭店本期利润总额扣除应负担的所得税后的利润净额,也称税后会计利润。其公式为:

净利润＝利润总额－所得税

(二)饭店利润管理

利润是饭店经济活动效率与效益的综合表现,是衡量饭店经营成果和经济效益的综合尺度,并关系到饭店未来的经营与发展。加强饭店利润管理,要注意以下几个要点。

1.加强管理,降低成本,增加收入和利润

饭店的营业利润是营业收入减去成本费用、营业税、管理费和财务费用的余额,提高利润必须从增加营业收入和降低成本费用入手。所以,应在充分满足宾客需求、保障宾客权益的情况下,加强管理,降低成本,从而增加收入和利润。

2.严格核算,保证利润的实现

实现利润要准确及时转入利润账户,及时做出账务处理。利润要按月、季、年及时反映。

3.保持利润相对均衡性,做好利润分配

保持利润相对均衡性,注意以丰补歉,以盈补亏;利润分配要按照国家有关法规、政策和制度的规定和投资者的协议,进行合理分配。

(三)饭店利润分配

利润分配是指将可供分配的利润按照规定的分配顺序,在企业与投资者之间进行的划分。利润分配不仅关系饭店投资者投资目的的实现程度,也关系到饭店未来发展及员工个人的切身利益。因此,利润分配的合理性,对投资者、企业和员工个人都具有重要意义。

按照我国有关制度规定,企业若存在以前年度发生亏损的情况,可连续5年用税前利润弥补以前年度的亏损,5年之后,应按国家税收规定计算缴纳所得税,也就是说若延续5年未弥补的亏损,就须用所得税后利润弥补。

根据产权关系,按照国家有关法规、政策和制度的规定,饭店税后利润可按下列顺序分配:

1.支付被没收财物损失和各项税收的滞纳金、罚款;

2.弥补以前年度亏损(指按规定用税后利润弥补的部分);

3.提取法定盈余公积金;

4.提取公益金;

5.向投资者分配利润。

对于股份制饭店，在提取公益金后，再按下列顺序分配：

1.支付优先股股利；

2.按约定章程或股东会议决议提取任意盈余公积金；

3.支付普通股股利。

可供投资者分配的利润，经过上述分配后仍有剩余的利润即为饭店的未分配利润，未分配利润可留待以后并与以后年度的税后利润合在一起进行分配。

第五节 饭店财务分析

一、饭店财务分析概念

饭店财务分析是以饭店财务核算资料为主要依据，运用特定的分析方法，对饭店一定时期的经营活动及财务成果进行研究，从而判断饭店财务状况与偿债能力、经营成果与获利能力，预测饭店未来的发展趋势，为作出正确经营决策提供依据的财务活动。财务分析是饭店财务管理的重要内容之一，其对于提高饭店经营效率及经营成果，促进决策的科学性具有重要意义。

二、饭店财务分析方法

饭店财务分析的方法很多，常用的有以下几种。

(一)比较分析法

比较分析法就是将各种经济指标放于同一基础上进行比较的分析方法。

运用比较分析法，关键是要选择好比较的标准，然后通过比较，找出所比较指标之间的差距。一般常见的比较标准有以下三种。

1.实际指标与预算指标相比，由此可以看出计划的完成情况、进度，发现实际结果是否符合期望或理想的标准。

2.实际指标与上年同期指标或历史最好水平指标相比，可以了解饭店经营活动的规律和管理中的薄弱环节或改进情况，发现饭店经营的纵向变化发展。

3.实际指标与同行业平均水平、先进水平指标相比，可以了解本企业在同行业中所处的水平，以及与先进水平的差距，促使饭店改善经营管理。

应该注意的是，使用比较分析法进行对比的时候，务必保证指标要具有可比性，即要求所比较的指标经济内容一致、时间长短一致；否则，就不具备可比性。

比较分析法简便易行，能够较为直观地反映指标间的差距，但是不能说明差距出现的原因，所以，还要综合使用因素分析法等其他方法。

(二)因素分析法

因素分析法，是分析影响经济指标的各因素的变动对该经济指标的影响方向和影响程度的方法。因为在饭店的经营活动中，不少指标是由多种因素共同作用构成的，而且这些因素的变动对指标所起的作用是各不相同的。

进行因素分析，可遵照以下步骤：

第一，确定构成某一经济指标的影响因素是什么；

第二，确定各个因素与经济指标的关系；

第三，分别测定各个因素对经济指标的影响方向和影响程度；

第四，综合各种因素对经济指标所带来的总的影响。

在具体的运用中，因素分析法可以有两种计算方法，一种是连环替代法，另一种是差额分析法。

1. 连环替代法

这种方法是将各影响因素逐次替代进去，从而分析各种因素变化对经济指标的影响程度。

【例 10-6】某饭店有客房 200 间，四月客房实际费用中，毛巾的实际支出比预算增加了 246 元，请分析毛巾费用增加的原因。

分析：客房毛巾的费用是由客房的出租数量、每天毛巾的使用量、每条毛巾的使用时间、毛巾的价格决定的。客房的出租数量又是由饭店拥有可供出租客房的数量、报告期的天数、出租率三个因素决定的。即各个影响因素与经济指标有着下列关系：

$$\text{客房毛巾用量}=\frac{(\text{客房间数}\times\text{报告期天数}\times\text{出租率}\times\text{每间客房毛巾用量})}{\text{每条毛巾使用天数}}$$

$$\text{客房毛巾费用支出}=\text{毛巾用量}\times\text{毛巾的单位价格}$$

该饭店客房 200 间，四月份报告期天数为 30 天，预计出租率为 75%，每间客房毛巾用量 4 条，每条毛巾预计可使用 10 天，每条毛巾价格为 1.25 元，则四月份毛巾费用预算支出为：

$$200\times30\times75\%\times4\times\frac{1}{10}\times1.25=2250(\text{元})$$

实际执行结果为：

$$200\times30\times80\%\times4\times\frac{1}{10}\times1.30=2496(\text{元})$$

实际支出比预算多出 246 元，原因是由于出租率提高、毛巾单价提高。

用连环替代法进行分析：首先，用实际出租率替代计划出租率，则

$$200\times30\times80\%\times4\times\frac{1}{10}\times1.25=2400(\text{元})$$

$$2400-2250=150(\text{元})$$

可见由于出租率提高，使客房毛巾费用增加了150元。

然后，用毛巾的实际单价替代计划单价，则

$$200\times30\times80\%\times4\times\frac{1}{10}\times1.30=2496(\text{元})$$

$$2496-2400=96(\text{元})$$

可见由于毛巾单价提高，使客房毛巾费用增加了96元。

两个因素共同作用，使客房毛巾费用增加了246元。

2.差额分析法

采用差额分析法计算，可以不用对全部因素或指标金额进行替代，而是以变化了的因素中的比较数与被比较数的差额来计算出该因素变化的影响。

【例10-7】仍用前例，如用差额分析法计算，则

客房出租率变化的影响：

$$200\times30\times(80\%-75\%)\times4\times\frac{1}{10}\times1.25=150(\text{元})$$

毛巾价格变化的影响：

$$200\times30\times80\%\times4\times\frac{1}{10}\times(1.30-1.25)=96(\text{元})$$

$$150+96=246(\text{元})$$

(三)比率分析法

比率分析法是指通过计算会计报表中相关项目之间的比率，据以分析和评价饭店财务状况、经营成果和现金流量的一种分析方法。比率是指相互联系的两个指标之间的对比关系，以分子和分母的形式计算。采用这种方法，将分析对比的数值变成相对数，可将某些不同条件下不可比指标变为可比指标。根据分析的不同内容和要求，可采用不同的比率进行比较。如反映偿债能力的比率、获利能力的比率、营运能力的比率等，都是受到普遍关注的财务比率。

(四)趋势分析法

趋势分析法是根据企业连续数期的会计报表，比较各期有关项目的金额，以揭示本期经营成果与财务状况变化之趋势的一种分析方法。

趋势分析通常采用的方法有横向比较法和纵向比较法。

横向比较法又称水平分析法、增长比例分析法，是在会计报表中用金额、百分比的形式，对各个项目的本期或多期的金额与其基期的金额进行比较分析，以观察企业经营成果与财务状况的变化趋势。横向比较法的指标主要有增长量和

增长率：

$$增长量=报告期数量-基期数量$$

$$增长率=\frac{增长值}{基期数值}\times 100\%$$

纵向比较法又称垂直分析法、结构比例分析，是对会计报表中某一期的各个项目，分别与其中一个作为基本金额的特定项目进行百分比分析，借以观察企业经营成果与财务状况的变化趋势。同一报表中不同项目的结构比例（百分比）的计算公式为：

$$结构百分比=(某项目\div 总体)\times 100\%$$

（五）杜邦分析法

杜邦分析法又称财务综合分析法，它是将企业主要的财务指标按内在联系有机结合起来，以股东权益报酬率为分析起点，对各项指标做层层分解，形成一个完整的指标分析体系，综合评价企业财务状况与经营成果。由于这一分析模型最先由美国杜邦公司设计使用，故称之为杜邦分析法。

三、饭店财务分析工具

进行饭店财务分析需要依据财务核算资料，特别是离不开财务报表。饭店基本财务报表包括资产负债表、利润表、现金流量表等。

（一）资产负债表

资产负债表是反映饭店某一特定日期财务状况的财务报表，它是根据“资产＝负债＋所有者权益”的会计等式，按照一定的分类标准和一定的顺序，把企业一定日期的资产、负债和所有者权益各项目予以适当排列，并对日常工作中形成的大量数据进行高度浓缩整理后编制而成的。它表明饭店在某一特定日期所拥有或控制的经济资源、所承担的现有义务和所有者对净资产的要求权。

（二）利润表

利润表是反映饭店一定期间生产经营成果的财务报表。利润表把一定期间的收入与其同一会计期间相关的费用进行配比，以计算出企业一定时期的净利润（或净亏损）。通过利润表可以了解企业一定期间的收入、费用和利润（或亏损）的组成情况，并据以分析企业利润（或亏损）形成情况及原因，衡量企业的盈利能力，评价企业的经济效益。

（三）现金流量表

现金流量表是反映饭店一定会计期间经营活动、投资活动及筹集活动中有关现金和现金等价物流入和流出信息的报表。现金流量表中的现金概念，是广义的现金概念，不仅包括企业的库存现金，而且包括可随时支用的银行存款、其他货币资金，以及易于转化成现金的现金等价物。现金流量对于投资者和债权人都非常重要，因为股东部分投资收益如股利的支付取决于现金流量，债权人债务本金和利息的支付需要现金，企业员工的工资、福利、企业向税务机关缴纳的税金等不同程度地取决于企业现金流量。

四、饭店财务分析指标

饭店财务分析指标很多，以下就常用指标加以介绍。

(一)偿债能力分析指标

1.流动比率

流动比率又称营运资金比率，是饭店流动资产与流动负债之比。用以衡量饭店偿付即将到期短期债务的能力。其计算公式为：

$$流动比率=\frac{流动资产}{流动负债}\times 100\%$$

一般情况下，流动比率越高，反映饭店短期偿债能力越强，债权人的权益越有保证。流动比率过高，说明饭店流动资产占用较多，影响资金使用效果和获利能力，而且还有可能是应收账款和存货过多所致；流动比率过低，说明饭店偿债能力较弱，是财务状况不良的危险信号。因此，分析流动比率还需注意流动资产的结构、流动资产与流动负债的时间配合以及流动资产与非流动资产的划分标准，这些因素都会影响流动比率的高低；同时，要考虑行业特性，因为行业性质不同，流动比率的差别很大。饭店业的流动比率一般在150%～200%为偿债能力正常。

2.速动比率

速动比率是将流动资产中的存货和待摊费用等变现性相对差的项目剔除后剩下的资产(如现金、短期投资以及应收款项等速动资产)与流动负债之比。速动比率是衡量企业短期偿债能力的另一项指标。其计算公式为：

$$速动比率=\frac{速动资产}{流动负债}\times 100\%$$

速动资产是指饭店能在较短时间内变现的流动资产。速动比率与流动比率相比，能够更加准确可靠地评价饭店资产流动性及其偿还短期债务的能力。所以，速动比率可用作流动比率的辅助指标。速动比率过低，说明饭店短期偿债能力存在问题；速动比率过高，则说明饭店持有过多的速动资产，可能会失去一些有利的投资和获利机会。一般而言，速动比率在100%或稍超一点为宜，但具体分析时，要考虑其他因素。

3.资产负债率

资产负债率又称负债比率，是饭店负债总额占资产总额的比率。它说明在饭店总资产中债权人提供资金所占的比重以及饭店资产对债权人权益的保障程度。其公式为：

$$资产负债率=\frac{负债总额}{资产总额}\times 100\%$$

该比率说明饭店的负债状况和债权的保障程度。对债权人来讲，负债比率越低越好，因为负债比率低，说明负债占饭店全部资产的比重就小，这样，债权人的保障程度就高，风险也就小；反之，负债比率高，说明负债在饭店全部资产中的比重就大，饭店债务负担就重，这样，债权人的保障程度就低，债权人的权益就存在风险。对饭店而言，一般情况下，资产负债率较高，说明饭店承担了较大风险，也反映出经营者具有较强的开拓进取精神；反之，资产负债率低，说明饭店较为保守，不敢负债经营获取更大利润。若资产负债率大于100%，则说明该饭店资不抵债，面临破产。

(二)营运能力分析指标

营运能力是指通过与资产周转速度的有关指标来反映饭店经营、管理和使用资产效率的能力。营运能力分析常用的指标主要有应收账款周转率、存货周转率、固定资产周转率、总资产周转率等。

1.应收账款周转率

应收账款周转率可以反映饭店应收账款的流动程度。其计算公式如下：

$$应收账款周转率=\frac{赊销收入净额}{应收账款平均余额}\times 100\%$$

其中，

$$赊销收入净额=销售收入-现销收入-(销售退回+销售折扣+销售折让)$$

$$应收账款平均余额=\frac{期初应收账款余额+期末应收账款余额}{2}$$

应收账款周转率表示饭店应收账款变现的速度。周转率高，应收账款回收速度越快，这不仅有助于减少或避免坏账的发生，而且有利于提高资产的流动性和短期偿债能力。

通过应收账款周转率，还可以进一步计算平均收款期指标：

$$应收账款平均收款期=\frac{365}{应收账款周转率}$$

应收账款周转率越高，平均收款期越短，则说明饭店应收账款回收的工作越有效。但是，如果平均收款期低于同行业太多，可能是该饭店的信用政策偏紧，从而影响销售或更有利于竞争对手。

2.存货周转率

存货周转率表示一定时期内存货的更新次数，用于衡量饭店存货营运效率。其计算公式为：

$$存货周转率=\frac{营业成本}{存货平均余额}\times 100\%$$

其中，$存货平均余额=\frac{期初存货余额+期末存货余额}{2}$

一般情况下，存货周转率越高，表明饭店存货管理效率越佳，销售能力越强，存货从资金投入到销售回收的时间越短，获取的利润也就越多；反之，存货周转率过低，则表明饭店的存货管理效率欠佳，存货积压过多，致使资金冻结在存货上，仓储费用及利息负担沉重。

存货的更新快慢也可以用存货周转天数表示，其计算公式为：

$$存货周转天数=\frac{365}{存货周转率}$$

存货周转天数也就是存货可出售天数。

3.固定资产周转率

固定资产周转率是饭店销售收入净额与固定资产平均净值之比，是用于衡量固定资产使用效率的指标。其计算公式为：

$$固定资产周转率=\frac{销售收入净额}{固定资产平均净值}\times 100\%$$

其中，

$$固定资产平均净值=\frac{期初固定资产净值+期末固定资产净值}{2}$$

固定资产周转率高，不仅说明饭店固定资产利用较充分，而且也表明饭店固定资产投资得当、结构合理。

4.总资产周转率

总资产周转率是指销售收入净额与资产平均总额之比。可用来衡量饭店在报告期内对其全部资产使用的效率。其计算公式为：

$$总资产周转率=\frac{销售收入净额}{资产平均余额}\times 100\%$$

其中，$资产平均余额=\frac{期初资产余额+期末资产余额}{2}$

如果总资产周转率高，说明全部资产经营效率好；反之，如果总资产周转率低，说明全部资产经营效率差，取得的销售收入也少。因此，这一指标的高低最终会影响饭店的获利能力。

(三)获利能力分析指标

获利能力,即盈利能力,简单而言就是饭店获取利润的能力。

1.销售毛利率

销售收入净额扣除销售成本为销售毛利。销售毛利率指销售毛利与销售收入净额对比的结果。其计算公式为:

$$销售毛利率=\frac{销售毛利}{销售收入净额}\times 100\%$$

销售毛利率反映每元销售收入所提供的销售毛利为多少,可用来评价饭店销售收入净额的获利能力。

2.销售净利润率

销售净利润率又称边际利润,是饭店本期净利润与销售收入净额的比率。其计算公式为:

$$销售净利润率=\frac{净利润}{销售收入净额}\times 100\%$$

销售净利润率反映每元销售收入净额所能产生的净利润,可以用来评价饭店正常经营的利润质量。

3.股东权益报酬率

股东权益报酬率又称资本金利润率、净值报酬率或净资产报酬率,是从股东的角度来分析饭店获利能力的指标,反映了饭店对股东投资的运用效果。其计算公式为:

$$股东权益报酬率=\frac{净利润}{股东权益平均总额}\times 100\%$$

除以上指标外,分析饭店获利能力还有其他许多指标,如资产总额利润率、成本利润率、普通股每股收益、市盈率、股利发放率等。

第十一章　饭店经营控制管理

控制是现代管理的重要职能之一，是保证一切经营活动顺利进行，实现经营目标而不可缺少的管理活动。在控制论中，它是指人们根据给定的条件和预定的目标，改变和创造条件，使事物沿着可能性空间内确定的方向（或状态）发展。饭店的经营活动是在一种动态变化的环境中进行的，饭店的经营目标能否实现、决策方案能否实施、计划能否贯彻、组织活动能否有效开展，都与控制密切相关。本章从整个管理系统出发，全面阐述了经营控制对饭店经营的重要性，分析了控制职能在整个管理系统中的地位；并对饭店营销控制、服务质量控制、成本控制、财务控制、内部管理控制、饭店经营控制以及饭店内部控制（风险管理）的过程、方式和方法等作出全面的阐述和分析。

第一节　饭店经营控制系统

一、饭店经营控制概念

饭店的经营活动是在一种动态变化的环境中进行的，因而经营管理的一个基本矛盾就是经营目标同环境变化的矛盾。饭店的经营和管理活动常常会出现偏离预定目标的“失控”情况，而导致这种“失控”的因素是很多的。例如，饭店的经营环境发生变化，使原定的经营目标与新的环境条件不适应；饭店的经营目标和管理本身有缺陷，难于实施贯彻，需要修正、补充和完善；饭店的经营活动出现失误，而导致经营结果与预定目标发生偏差，等等。所有这些“失控”情况出现后，都要求饭店经营管理人员必须迅速作出判断、及时采取有效措施，解决“失控”问题，才能保证饭店经营和管理向预定目标发展。因此，所谓饭店经营控制管理，就是按照饭店的经营目标和要求，不断接受和交换饭店内外各种信息，督促和检查饭店经营活动的进行，以便发现问题、找出原因、采取措施，促使饭店经营活动按计划进行，顺利实现饭店经营目标的全部活动过程。同时，对饭店经营控制管理概念的理解，还必须掌握以下几点。

(一)经营控制管理是使饭店经营活动有计划地进行的保障

在现代经济中，市场竞争的剧烈性促使饭店的经营活动必须有计划、有组织地进行，然而变化的环境往往又使经营活动的实际情况偏离计划的目标和要求。控制职能作为饭店管理过程中的最后一项功能，是以监视饭店的经营活动是否确定达到规划好的目标来完成这一循环。如果目标达成，饭店管理过程就可以畅通无阻地继续下去；否则就要采取纠正措施，将其纳入正轨。因此，为了保证饭店经营活动能按预定计划进行，就要加强对饭店经营活动的控制和管理，根据经营计划要求，对实际工作中出现的“失控”情况，进行分析和研究，采取有效措施进行调整，使整个饭店的经营与管理活动，能够按照预定计划进行，实现既定的目标。

(二)饭店经营控制管理是一种有意识的、能动的管理活动

饭店的经营控制管理，与机械控制、生物本能控制不一样，是一种自觉的、主动积极的控制行为。具体讲，就是饭店在经营管理过程中，根据经营环境的变化，主动检查饭店为达到预期目标而进行的各项活动的进展状况。通过评价经营绩效，并把它与现定目标和标准进行比较，发现差距、分析原因、纠正偏差，使饭店的经营管理更好地与经营目标、环境变化协调一致，更有效地运用饭店资源实现预定的目标。

(三)饭店经营控制管理是提高饭店经营决策水平的基础

经营决策是饭店经营管理的中心环节，而经营控制管理则是经营决策的基础。当饭店经营管理人员在决定哪些事该做、哪些事不该做时，经营控制管理在其中起着重要的作用。例如，若饭店要对某一项目投资，必然要对该项目进行预算分析、投资评估，并根据过去有关信息进行评价。因此，经营控制管理帮助经营管理人员明确决策中哪些内容是符合实际的、正确的，哪些不符合实际，从而有利于减少经营决策的风险，提高饭店经营的科学性和水平，使经营决策方案有较强的可行性。

二、饭店经营控制的地位

饭店经营控制是饭店管理的重要职能之一。从饭店管理职能体系看，经营控制是整个管理过程的最终环节，是把饭店的经营目标、计划任务、组织安排转化为现实的重要手段。也就是说，饭店的任何经营目标、任务最终都必须通过控制职能才能有效地实现。饭店经营控制的作用如图 11-1 所示。

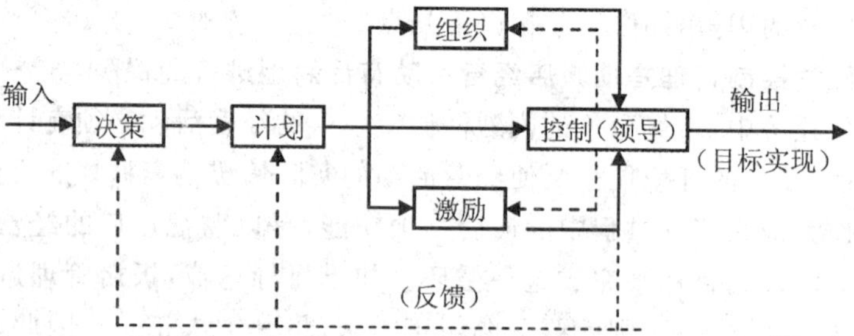

图 11-1 饭店经营控制的作用

图 11-1 表明,饭店经营控制职能和其他管理职能的关系是密不可分的,经营控制职能在整个管理过程中占有十分重要的地位。

(一)经营控制与决策、计划的关系

在饭店经营管理活动中,决策与计划是控制的前提,是控制职能发挥作用的条件。没有经营决策和计划,饭店的经营控制就没有目标,缺乏评价经营活动的标准。经营决策失误或饭店经营计划不周密,经营控制就不能有效地发挥作用。但是,没有控制的经营决策和计划也是难于实现的。如果饭店的经营控制不善,饭店控制系统提供信息不准确,不但无法作出正确的决策和科学的计划,而且直接影响饭店经营决策和计划的水平和效率。因此,经营控制与决策、计划有密切的关系,而决策与计划职能的有效发挥离不开饭店的经营控制管理。

(二)经营控制与组织、激励的关系

饭店经营控制与组织、激励职能的关系是相互作用、互为保证的关系。组织职能为经营控制职能的有效发挥提供了组织机构保证,激励职能为经营控制提供了有力的工具。可以说,在饭店经营管理中,没有组织和激励,就无法发挥经营控制的作用。但是,组织和激励也离不开经营控制。饭店组织职能通过经营控制,检查组织机构是否合理,评价组织管理活动是否有效运行,以达到经营目标。饭店激励职能,则应用控制职能来把握激励的程度和效果,提高激励的效率和水平。因此,没有经营控制的饭店组织和激励职能,也是不能充分发挥作用的。

(三)经营控制与饭店领导的关系

饭店经营活动和管理工作要有效地进行,必须有高水平的饭店领导工作,而高水平的饭店领导工作,是离不开饭店经营控制职能的。在饭店的经营活动中,经营控制是有效领导的工具和手段,领导则是控制职能的依附物。一方面,饭店领导者运用经营控制职能,根据饭店经营目标和计划要求,领导和协调各方面关系,保证饭店经营活动的顺利进行;另一方面,经营控制职能又促使饭店领导工作有的放矢,从而提高领导工作的科学性和艺术性。

综上所述可以看出，虽然经营控制在饭店管理职能体系中处于最终环节，但各种管理职能的有效发挥都离不开经营控制职能。因此，饭店经营控制贯穿于饭店管理的全过程，在饭店管理职能体系中占有十分重要的地位。

三、饭店经营控制系统

从现代控制论观点看，饭店的经营活动是一个受控系统，是被控制的对象。所谓受控系统，是在控制过程中，被决策命令（控制）所影响的对象、过程、作业或序列事件的总称。通常，要建立一个控制系统，必须有控制的目的、被控对象、控制系统本身的构成及控制主体等。因而，要建立饭店经营控制系统，必须具有以下组成要素。

（一）饭店经营控制的目的

任何一个控制系统都必须有明确的控制目的，没有目的的控制是一种盲动。饭店经营控制系统是饭店经营管理系统的重要组成部分，是为饭店经营总目标而服务的。因此，饭店经营控制是以完成饭店经营任务、实现饭店预定目标为控制目的而建立的经营控制系统。

（二）饭店经营控制的对象

饭店经营控制的对象是整个饭店的经营活动，即把饭店各项经营活动作为总体系统部分来进行控制，而不是孤立地对各项经营活动进行控制，从而有利于促进饭店整体经营活动的协调一致，优化各项具体经营活动，实现饭店总体经营目标。

（三）饭店经营控制的主体

饭店的经营活动是以人为中心的活动，其经营管理也是以人为主体的，因而饭店经营控制的主体也是人，即饭店的领导者和管理人员。饭店领导者和管理人员根据经营环境条件的变化，主动调节各项工作，促使饭店经营活动适应环境变化要求，有效地运转。因此，饭店领导者和管理人员的素质和能力，是饭店经营控制系统有效运行的关键，是直接关系到饭店经营成败的大问题。

（四）饭店经营控制的信息

信息是饭店经营控制系统必不可少的要素。饭店的一切经营活动，都是按照所接收的信息来进行的，离开了信息，或者信息反馈体系不畅通，饭店经营控制系统就不能正常发挥作用。随着现代科学技术进步，人类社会已步入信息化时代，使饭店的一切经营活动都依赖于内外信息的传递和输入。因此，必须建立饭店管理信息系统（MIS），作为饭店经营控制系统的基础，通过对各种对内对外信息的处理，促使饭店经营控制职能有效地发挥作用。

(五)饭店经营控制的结构

饭店经营控制系统是饭店经营管理系统中的子系统,这个子系统能否有效地运行,取决于饭店是否建立起一个完善的组织系统,也取决于饭店是否建立一个合适的经营控制结构。从饭店的组织系统看,要形成一个既有纵向的管理层次结构,又有横向的专业管理结构,并且纵横交错、相互联系、相互制约的组织系统,才能保证控制系统正常发挥作用。从饭店经营控制系统结构看,应形成战略控制系统、业务控制系统和作业控制系统,并使三者有机结合,共同作用于饭店的经营活动。

(六)饭店经营控制的前提条件

饭店经营控制工作的开展必须建立在一定的基础和前提之上,忽视了这些基础和前提,控制工作将无法进行。在现代饭店管理活动中,饭店经营控制工作的目标主要有两个:限制偏差的累积;适应环境的变化。一般来说,饭店工作中出现偏差是不可避免的,但小的偏差失误在较长时间里会累积放大并最终对经营计划的正常实施造成威胁,因此饭店经营控制应当能够及时地获取偏差信息;而目标的制定到目标的实现前,总是需要相当长的时间。在此期间,饭店的内外部条件和环境可能会发生一些变化。

因此,有效的饭店经营控制的实施,必须具备三个前提条件:①要有一个科学的、切实可行的、明确的计划;②要有健全的、专司控制职能的组织机构;③要有畅通的反馈渠道,从而能在组织中将反映实际情况和工作状态的信息迅速地上传下达。

四、饭店经营控制的原则

饭店经营控制是一项很重要的管理职能,控制工作的基本运行过程和原理具有普遍性。为了使饭店经营控制工作更有效,在执行控制过程中一般要遵循以下几条控制原则。

(一)系统控制原则

整个饭店系统是一个由各种相互作用、相互制约的要素为实现饭店的经营目的而组成的有机体。系统控制原则要求在控制中要树立目的性、全局性、层次性的观点,饭店经营控制的目的是使实施过程与饭店经营计划相一致,没有计划也就失去了控制的目标,饭店经营控制活动必须要反映计划的要求。

(二)重点控制原则

重点控制原则也称为控制关键点原则。饭店管理人员每天面临的工作很多,受精力、知识、资源等各方面的限制,工作过程中不能面面俱到、事无巨细,眉毛胡子一把抓。饭店经营控制应该突出重点,分清主次,抓主要矛盾;不能只从某个局部利益出发，要针对重要的、关键的因素实施重点控制。

(三)弹性原则

饭店经营控制弹性原则是指在饭店经营控制中应建立信息反馈控制系统，通过系统使被控制对象能够实现自我控制，灵活适应环境。具体表现在以下两方面。

1. 适时控制

在饭店经营控制活动中选择适宜的时机，以保证控制的效果。

2. 适度控制

控制的范围、程度和频度都要恰到好处。

第二节　饭店经营控制的内容和形式

一、饭店经营控制的内容

饭店经营控制的对象是整个饭店的经营活动，为了达到对各项经营活动的控制，必须抓住经营控制的主要内容，牵一发而动全身，带动整个饭店经营活动的有效进行。饭店经营控制的主要内容及重点是饭店营销控制、饭店服务质量控制、饭店成本控制、饭店财务控制、饭店内部管理控制等。

(一)饭店营销控制

饭店营销控制，是指通过对饭店客源市场及营销策略实施的调查、分析、检查饭店营销计划完成情况，以发现营销管理中存在的差距和问题，采取措施加以改进和完善，促进饭店营销管理水平的提高和饭店经营的发展。饭店营销控制的内容，主要包括以下三个方面。

1. 饭店销售规模控制

饭店的销售规模受饭店接待能力和条件所决定，既不能太大也不能太小。销售规模太大，超出饭店的接待能力和条件，不仅资金占用太多，而且势必会造成不良影响，甚至影响饭店的信誉；销售规模太小，又影响饭店的经济效益。因此，必须对饭店销售规模进行有效的控制。

2. 市场信息反馈控制

饭店市场营销活动及市场营销策略的使用，要求饭店密切关注市场信息的变化。并根据市场反馈的各种信息，对饭店经营活动进行调整，对市场营销策略进行改进，从而促进饭店经营活动更有效地开展。

3. 市场营销计划的控制

饭店的市场营销活动能否按计划地进行，离不开控制职能的作用。通过控制职能，对饭店营销计划执行情况进行检查、测定、分析和评价，针对计划执行中存在的问题，采取措施不断完善和改进，有利于提高饭店营销管理水平和效果。

（二）饭店服务质量控制

饭店服务质量，是指饭店服务工作满足规定要求的特征和特性的总和。现代饭店的经营活动，是借助饭店的有形设施向宾客提供无形的综合性服务，因而服务质量不仅是饭店的生命线，也是饭店经营竞争取胜的重要方面。如果只重视饭店的有形设施建设，而忽略对饭店无形服务质量的控制，那么即使用一流的设施和设备，也无法向宾客提供一流的饭店产品和服务。饭店质量控制是对确定和达到质量要求所必需的全部职能活动的控制，其根本目的在于保证企业生产的产品或所提供的服务达到一定的质量水平，以满足顾客需要，维持或提高饭店的市场占有率，从而保证饭店的生存和发展。

饭店的服务质量，主要集中表现在两个方面：一是表现为服务人员的个人形象、礼节礼貌、服务态度、服务技能、服务水平和服务技巧，这是饭店服务的外在表现，宾客评价服务质量时往往十分注意服务人员的整个服务水平的高低；二是饭店各项工作、各个部门的服务程序、服务规格、服务标准及整个饭店的服务网络体系，这是饭店服务质量的内在形式，是服务人员提供优质服务的保证。

因此，饭店的服务质量控制，一是要建立整个饭店上下一致、左右协调的服务网络体系，有效地向宾客提供综合性的服务；二是要制定完善的服务质量和规程，制定科学的服务程序和方法，切实指导服务人员提供优质的服务；三是要充分重视对服务人员的培训，提高服务人员的素质、能力及服务技巧，从根本上提高服务质量；四是要采用科学的管理方法，定期对服务质量进行检查、分析，发现问题、找出原因，采取有效措施加以改进和完善，从而促进饭店服务质量水平的不断提高，使饭店在剧烈的市场竞争中立于不败之地。

（三）饭店成本控制

饭店成本，是指饭店为取得经济收益而发生的一切支出。饭店要想在经营活动中取得较好的经济效益，就必须努力控制成本，实现低投入而高产出。因而，饭店成本控制就是在饭店成本发生过程中，根据既定的成本目标，运用科学的成本管理方法，对饭店经营活动中各种成本和费用的支出进行检查、分析和调整，从而促使饭店以较低的成本支出获得较好的经济效益。

饭店是一个高投入、高产出的企业，其较高的固定成本是一次性总投入而逐年收回，因而成本控制的重点主要是对饭店日常经营中各种变动成本的控制。从饭店的经营实际看，成本控制的范围和内容主要包括对饭店餐饮成本控制、劳务成本控制、销售费用控制三个方面。餐饮成本控制，是指饭店在提供各种餐饮产品过程中，如何以较低的成本支出，提供宾客满意的餐饮产品，并实现较高的利润。劳务成本主要指饭店全部员工的工资及各种津贴费用，目前国际上饭店员工平均成本支出占饭店经营总成本的30%左右。因此，有效地提高饭店员工的工作效率，控制员工劳务成本支出，是饭店经营控制中的关键性因素。销售费用，是饭店向宾客提供饭店产品和服务中必然发生的附加支出，如宣传广告费用、人员推销费用、公共关系费用等，通过对这些费用的控制，提高饭店产品的营销效果，也是经营控制的重要内容。

饭店成本控制是一种内部控制制度，根据饭店的情况不同而有差别。但总的看，饭店成本控制一般分为事前控制和日常控制两种类型。事前控制一般是通过制定标准成本，即核定饭店在一定营业水平上的合理成本支出，并按此标准来检查饭店实际成本的支出，从而控制饭店成本的发生。日常控制，是通过对饭店成本差异的计算和分析，找出饭店成本差异的原因，并有针对性地采取措施，降低成本支出，提高饭店的经济效益。

(四)饭店内部管理控制

饭店内部管理控制，主要是对饭店的财产、安全等采取的控制措施和方法。饭店的许多物品是通用性物品，如客房的电视机、电话、床上用品及各种物品，因而易于出现内窃和外盗。为了防止各种内窃和外盗事件的出现，一是要制定完善的内部管理制度，严格各种物品领发及管理制度，杜绝内部失窃；二是要运用行为科学理论，加强对饭店员工的教育和管理，建立严明的赏罚制度，采取有效的激励措施，使员工养成通过努力工作获取更多报酬和奖励的合理行为。对于员工中出现的不良偷窃行为，要及时严肃处理，杜绝后患；三是要建立合理的防范机制，避免和减少宾客及外来的偷盗损失。有的宾客拿走饭店的小件物品可能是为了纪念，因而可专设饭店物品纪念专柜，杜绝这方面行为。对有意偷盗饭店物品的，则应严格处理。

饭店安全是当今饭店经营中的一个重要问题，尤其是在旅游服务业事故不断发生的情况下，对饭店安全的管理显得更加重要。从饭店经营的角度看，饭店安全管理不仅包括饭店财产、员工等方面的管理，而且也包括对宾客的财物、人身安全的保障。无论是饭店员工、还是宾客出现各种事故，都会给饭店造成直接或间接的损失，甚至危及饭店的经营，因而必须重视饭店的安全管理。一是要提高饭店全体员工的安全观念和意识，严格按照饭店各项工作的操作规程和程序办事，尽量搞好安全工作。二是要制定饭店安全检查制度，定期和不定期进行安全检查，消除各种事故发生的隐患，杜绝或减少各种事故的发生。三是要加强对各种事故的防范，一旦事故发生也能立即得到有效的控制和处理。四是要加强对各种事故发生的分析、总结和报告制度，根据事故发生的原因，采取有效措施解决，并以此为教训，在以后的工作中切实注意和改进。

（五）饭店财务控制

饭店财务控制，是对饭店财务活动的控制，即对资金的取得、投放、使用和分配的控制，是对饭店整个经营活动的价值形态进行控制，其主要是利用饭店会计工作的基础，通过对饭店经营活动的预算和比率分析，来检查饭店经营活动的状况及发展趋势，以促进饭店经营活动的正常进行。饭店财务控制着重于资金的妥善支配，以确保饭店的“血脉”通畅。

预算是运用财务会计的方式，对饭店未来一定时期内的经营活动进行量化的计划，也就是对未来经营活动的财务会计核算。由于预算不仅为饭店各项经营活动提出目标，以统一协调各方面的行动，而且为饭店经营活动进行提供了检查的标准，便于发现经营中存在的问题，因而预算成为财务控制的主要手段之一。其内容主要包括营业预算、直接材料采购预算、直接人工预算、管理费用预算、销售费用预算、财务费用预算、现金预算、资产预算等等。

比率分析，是利用饭店各种财务会计报表，如资产负债表、利润表、现金流量表、财务状况变动表等，通过对有关数据进行各种比率计算和分析，并将计算结果与标准、预算及以往的记录进行对比分析，从而发现饭店经营中存在的各种问题，提出有针对性的解决办法，从而促进饭店的经营活动与发展。饭店经营活动中的财务比率分析，经常采用的有食品成本率、存货周转率、流动比率、速动比率、现金流量比率、资产构成比率、负债比率、股东权益比率、盈利率等。

二、饭店经营控制的形式

饭店经营控制，按其在饭店经营活动的不同阶段及重点，可以分为预先控制、现场控制和反馈控制。

（一）饭店经营的预先控制

预先控制，又称为前馈控制，是指在饭店进行经营活动之前而进行的控制，其中心问题是防止在饭店经营活动中使用各种不符合标准的要素资源。例如，各种原材料必须经过检验合乎质量标准后才能投入饭店营运，并且在适当的时间、地点提供；人力资源必须符合饭店规定的要求，各个岗位、职位的员工必须在智力、能力和体力上适应作业的规定要求，能够有效地完成工作；资金必须能及时提供，并保证在恰当的时间和数量上予以供给，从而使饭店经营活动能够顺利、有效地进行。因此，预先控制实际上是在饭店经营活动开始之前的控制，其反馈回路是在进入系统运行之前，即对输入状态的控制（见图 11-2）。

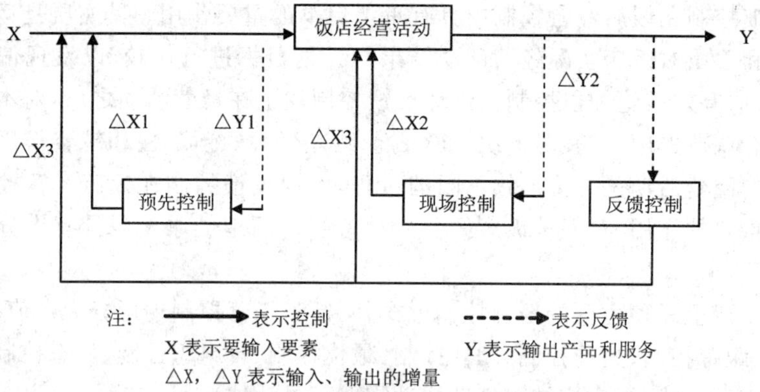

图 11-2　饭店经营控制形式

从图 11-2 可以看出，控制过程包括了为增加将来输出的实际结果能有效达到计划目标所做的努力。因此，预先控制的内容实际上包括了饭店经营政策的制定和规定标准；包括了对人力资源、物质资源、资金和信息的输入控制等。尽管预先控制对饭店经营活动的正常运行具有趋前的、预防的作用，但预先控制并非是在任何情况下都能办到的，必须根据饭店的经营实际而合理地设计和运用。

（二）饭店经营的现场控制

现场控制，又称为即时控制，是指在饭店经营活动过程中所进行的控制。现场控制的实质，是监督和指导饭店的经营活动有效地进行，以保证饭店经营目标和计划的实现。例如，对经营服务活动进行监督和调度，对服务质量进行检查和控制，对库存物资进行盘点和控制等，都属于现场控制。

现场控制的方法，一般是通过饭店管理人员及相关人员对饭店经营服务进行现场监督和指导，使员工按照预定的标准和程序，采用合适的方法提供各种饭店产品和服务，保证饭店经营活动达到预期目标。因此，现场控制也具有很大的预防性，可以及时发现饭店经营过程中出现的问题，使整个饭店经营活动处于预定的控制状态下，正常而有序地进行。

饭店经营现场控制的内容主要有：库存物资控制、服务过程控制、服务质量控制、资金运用控制，等等。

（三）饭店经营的反馈控制

反馈控制，也称为事后控制，是指在饭店经营活动运行之后所进行的控制。反馈控制着眼于饭店经营的最终成果，通过分析经营成果的情况并与预期目标进行比较；通过分析经营活动的运行状况及规律，发现经营活动中存在的问题和原因，并进一步预测未来发展变化的趋势和特点，从而反馈到饭店经营决策部门和指挥部门，以采取措施加以解决，保证下一轮经营活动有效率地进行。

反馈控制在饭店经营控制中具有承上启下的重要作用。其实质是运用科学的方法和手段对饭店实际经营活动结果与计划目标进行比较，以发现偏离和差异，并采取有效措施加以控制。虽然反馈控制发生在经营活动之后，对本次经营活动没有调节作用，但其对下次经营活动具有很大的预防性和借鉴作用。特别是饭店的经营活动是一个连续不断的过程，因而反馈控制在饭店经营控制中具有十分重要的作用，对促进饭店经营活动持续不断地健康发展具有十分重要的意义。

除了以上三种主要的经营控制形式外，饭店经营控制还可分为定值控制、程序控制、跟踪控制、超前控制、闭环控制、最优控制、自组织控制、静态控制和动态控制等多种形式，饭店应结合经营活动需要而灵活地选用。

第三节　饭店经营控制的过程和方法

一、饭店经营控制过程

饭店经营控制职能的实施，必须按一定的程序进行。饭店经营控制程序一般分为以下几个步骤，可用图 11-3 表示。

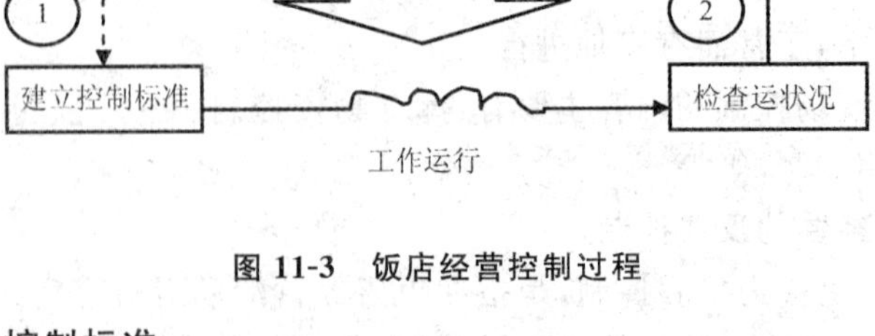

图 11-3　饭店经营控制过程

(一)建立控制标准

饭店经营控制标准是根据经营目标而设立的，并具有目标的许多特征，是用来比较饭店过去、现在和将来经营活动状况的准则。饭店经营控制标准可以是常数，也可以是变量，这是根据饭店经营活动实际而确定。此外，经营控制标准无论是数量方面的，还是质量方面的，都必须从整个饭店经营活动考虑，形成相互联系、统一的标准体系，能全面指导饭店的一切经营活动。常用的控制标准通常包括：①实物量标准。用产出量、原材料处理量或投入量等实物产品计量单位来反映饭店经营状况的非货币标准，如劳动消耗定额、材料消耗定额等；②货币标准。用以反映饭店经营状况的价值标准，如成本标准、库存周转率、资本金利润率等；③时间标准。为完成一定工作所需要花费的时间限度，如单间客房打扫时间、摆台时间等；④质量标准。产品或服务应达到的品质要求，如服务水平等。

(二)检查运行状况

要对饭店经营活动进行有效控制，就必须有反映饭店经营活动的各种信息。这些信息可能是经营活动过程中所产生的结果，也可能是通过检查而获得的。检查，不仅是对饭店经营活动成果进行检查，而且必须是对饭店经营活动过程中各种要素输入、生产转换及经营成果输出的全过程的检查，以全面把握饭店经营活动的状况和趋势。

(三)进行比较、发现问题

根据控制标准和对经营活动的检查结果，进行比较分析，发现实际经营结果对控制标准的偏差，明确问题所在，并分析产生问题、引起偏差的原因。通常，对于饭店直接经营服务单位，如前台、餐厅、客房等方面的问题容易发现，但对辅助的系统及其他部门，如工程部、管家部、人事部、后勤部门的问题就不容易查找，且出现问题也容易忽视。

(四)采取措施、有效控制

当发现饭店经营活动出现偏差，并找出问题和原因后，就要及时采取正确的对策措施，使饭店的经营活动能够按计划进行，达到预定的经营目标。经营控制措施，根据饭店经营业务的不同，根据各种问题的差别而有所不同，但一般可归纳为四大类有效的措施。

1.调整原有计划

当发现饭店经营活动中引起偏差和问题的主要原因是原有计划安排不当，或者由于计划实施中各种内外因素发生变化，不能不调整计划时，就要采取适当调整计划、修订目标的措施。但是，调整计划是为了更好地实现饭店经营总目标，因而对具体目标的修订不能偏离经营总目标的要求。否则，用计划来迁就控制，就使饭店经营控制失去了意义。

2.改进经营项目

当发现引起偏差和问题的主要原因是饭店经营项目不当时，就要及时采取措施，或更换经营项目，或改进服务内容，从而使经营项目更符合宾客需求，有效实现饭店的经营目标。

3.改进组织管理

饭店经营控制职能与组织职能是相互影响、相互促进的。饭店许多经营活动中的偏差,往往都与组织管理密切相关。因此,改进饭店经营组织管理,调整组织结构,调配合适的人员,密切分工协作,正确处理责、权、利关系,都是有效的经营控制措施。

4.改进激励工作

饭店经营控制职能要有效发挥作用,也离不开激励工作。因为饭店的经营服务工作主要靠饭店员工来完成,如果经营控制没有激励,就失去内在动力;但激励若无控制,就没有客观依据和衡量标准。因此,要不断改进饭店的激励工作,如改进工资制度、晋升制度、奖惩制度,加强对饭店经营活动的有效控制。

二、饭店经营控制的基本要求

饭店经营控制,是对饭店整个经营活动的控制,也就是对饭店人、财、物的控制。因此,必须在经营控制中正确处理对人、对财、对物以及对人、财、物结合的控制,并充分重视人的因素。具体讲,就是在饭店经营控制中要遵循以下的基本要求。

(一)饭店经营控制要与饭店经营相适应

经营控制是对饭店经营活动进行监督、检查和评价,它必须是客观的、实事求是的。而要做到实事求是,就必须从饭店的经营实际出发,建立与饭店经营相适应的控制标准,无论是在检查、衡量还是评价各项业务工作时,都尽量把定性分析和定量控制结合起来,真实地反映饭店活动的实际状况。

(二)饭店经营控制既要全面平衡,又要重点突出

饭店经营控制不是对饭店经营问题"头痛医头、脚痛医脚",而是放眼未来、综观全局,克服只着眼于眼前问题和局部问题的短期观念和行为。因此,饭店经营控制既要预测未来变化,预计可能发生的偏差,以便预先做好准备工作,从饭店经营全局出发搞好综合平衡,使各方面目标协调一致;又要根据经营管理中问题的轻重,区别对待、抓住重点,一般问题实行程序控制,重点问题进行例外管理,才能有效地提高经营控制的效率。

(三)饭店经营控制要与饭店组织相适应

饭店经营控制与饭店的经营组织管理相适应,并协调一致。一方面,饭店经营控制要与饭店各部门、单位和员工的职责权利相适应,能够充分调动和发挥各个部门、单位和员工的积极性和主动性,使饭店经营管理充满活力;另一方面,饭店经营控制又必须做到职责清楚、权责对等,并严格遵守"统一性"原则,做到"令行禁止",充分保证经营控制的权威性和有效性。

(四)饭店经营控制要迅速及时,经济合理

良好的饭店经营控制,要能够及时发现偏差,并迅速处理,才能不失时机地促进经营活动的正常进行;若拖延时间,或处理问题迟缓,势必引起经营问题失控,而产生重大问题。因此,为了保证经营控制的时效性,必须建立、健全饭店管理信息系统,充分利用电子计算机及各种现代通信技术和手段,提高饭店经营控制的现代化水平。但是,在运用各种现代化控制技术和手段时,要从饭店经营实际出发,讲求经济上的合理性,并严格进行可行性论证。

(五)饭店经营控制要富有弹性,留有余地

饭店经营控制往往是面对难以预料的经营变化和环境变化,通过接收和处理各种可控或不可控因素变化带来的信息,保证饭店经营活动的正常进行。因此,为了适应环境的动态变化,饭店经营控制要富有弹性、留有余地,即拥有可以应付各种环境和经营变化的对策和物质基础,能够及时制定随机应变的经营控制方法。例如,运用弹性预算、跟踪控制、滚动式计划、网络计划技术等,对饭店经营活动进行调节和控制,提高饭店的经营适应性水平。

(六)饭店经营控制要为饭店员工理解和支持

饭店经营控制是通过饭店员工的活动来实现的,因而各种经营控制的方式、方法、手段和技术,必须为饭店员工所理解、接受和支持,才能发挥出应有的效应。因此,饭店必须对饭店进行有关经营控制知识和技术的培训,使员工明确经营控制管理的重要性,自觉地提高自己的文化知识和业务技能,掌握先进的、娴熟的服务技能和方法,提高经营管理的能力和水平,从而保证经营控制的顺利进行。

三、饭店经营控制的方法和技术

饭店经营控制方法和技术,主要指对饭店经营活动进行监督、检查和调控的各种方法和手段。其具体包括模式控制方法、统计控制方法、会计控制方法、进度控制方法和饭店管理信息系统等。

(一)模式控制方法

模式控制,是利用数学方法,根据饭店经营系统要素输入和成果输出之间的函数关系,建立数学模型进行控制。例如,用经济批量模型对饭店存货进行最佳控制和采购;用经济预测模型对饭店客源进行预测分析;用盈亏平衡分析模型对饭店盈利水平及价格作出决策;用线性规划模型对饭店各种资源进行有效配置,等等。随着现代管理科学的发展,模式控制在饭店经营管理及经营控制中将被进一步广泛应用。

采用模式控制方法对饭店经营活动进行控制,需要具备一定的条件。一是饭店经营活动中各相关变量之间有确定的函数关系；二是建立的数学模型既符合数学计算的规律，又能反映饭店经营活动的实际情况；三是具有实用性，能指导实际经营活动；四是要抓住主要参数而建立模型，提高模式控制的科学性。

(二)统计控制方法

统计控制，是利用统计学的原理和方法对饭店生产经营活动进行控制的方法，其具体又分为统计模型控制和统计报表控制。

统计模型控制，是利用数理统计中的各种分析方法，如相关分析、回归分析、趋势分析等，建立相应的统计模型，从而揭示饭店经营活动的规律性。并根据饭店经营活动的投入产出关系，对饭店经营活动状况及趋势作出分析和判断。例如，运用概率论中正态分布原理，可以对饭店服务质量进行分析和研究，从而建立服务质量控制图，对饭店服务质量进行有效的控制。又如，利用统计学中的趋势分析方法，可以预测饭店经营发展趋势、客源变动趋势，从而有利于饭店对未来经营活动如何开展，才能适应变化的环境而及早作出考虑。

统计报表控制，主要是利用饭店各种统计报表的资料，结合饭店的经营目标和计划，通过比较和分析，找出饭店经营活动过程中存在的偏差和问题，以及产生问题的原因，然后采取有效措施，对饭店经营活动进行调整和控制。统计报表控制是饭店常用的经营控制方法，其具体形式有指数分析法、分组分析法、动态分析法、统计问卷分析法，等等。

(三)会计控制方法

会计控制方法，是利用会计学的原理和方法，运用各种会计资料对饭店经营活动进行控制的方法。会计控制的实质，是运用货币形式对饭店经营活动进行核算、监督和调节。例如，用材料账户反映饭店各种材料采购、入库、领发及使用的状况；用销售费用账户反映饭店在促销和分销活动中的支出状况等。总之，会计控制是饭店经营控制系统中一个相对独立的子控制系统，是饭店经营控制不可缺少的重要工具。

会计控制通常包括会计核算与会计分析两部分，并同饭店内部经济核算制相结合而进行。

会计核算，主要是以货币为尺度，对饭店的经营活动和财务收支进行连续地、全面地、综合地反映和监督。其通过设置会计科目，运用复式记账，填制和审核凭证，进行成本核算。编制会计报表来反映和监督饭店的一切经营活动状况，是会计控制的主要内容和方法。

会计分析，是以会计核算资料为主，结合统计核算和业务核算资料，对饭店的财务成本状况进行分析。其核心是会计报表分析，即根据饭店会计报表资料，对饭店的资产、负债、成本、盈亏、股东权益等情况进行分析，目的是全面检查饭店经营活动过程中的耗费和效果，以比较饭店的投入与产出情况，不断提高饭店的经济效益。

（四）进度控制方法

进度控制方法，是把时间的进程和计划期限要求结合起来，对饭店经营活动过程进行控制的方法。尤其是对饭店建设、项目改造等方面，进度控制方法的优点极为明显。进度控制的方法很多，常用的主要有甘特图、网络图等方法。

甘特图，是把时间进度、计划数、实际完成数三个方面结合起来，用线条图在一个图上反映出来。通常用空心线条表示计划数，实心线条表示实际完成数，通过比较计划与实际的线条图，即可发现计划与实际的偏差，然后针对偏差进行相应控制的方法。如表 11-1 所示。

表 11-1　某饭店改造工程进度一览表

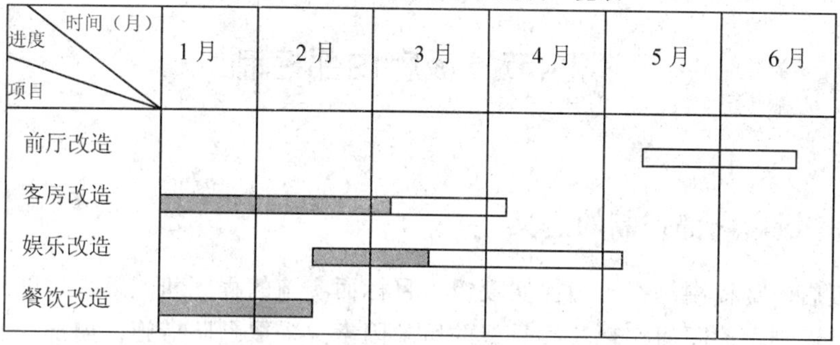

网络图控制，是运用网络计划技术来表示计划任务和进度安排的关系，并在此基础上做图分析，计算网络时间，确定关键工序和关键路线，利用时差，对工期、资源及成本进行优化控制的方法。应用网络图，可以有效地提高饭店经营效率，保证经营活动协调地进行。

（五）饭店管理信息系统

饭店经营控制离不开信息，没有信息就无法对经营活动进行控制；饭店各项经营管理也离不开信息，没用信息就不能进行有效的管理。因此，信息是饭店一切经营管理的基础和条件。为了提高饭店信息的运用，必须建立饭店管理信息系统提高饭店经营控制的效率和水平。

饭店管理信息系统，是对饭店经营过程中各种资料、数据、报表进行收集、整理、分析、传递和储存，并为各级管理人员和部门提供进行决策、计划、组织、控制所必需的信息，以有效管理饭店经营活动的系统。其是以电子计算技术为基础，以系统论、信息论、控制论为理论指导，以运筹学、计量经济学等为方法而建立起来的管理系统，目的是研究和控制饭店经营管理中信息活动的全过程，以有效指导饭店经营活动，实现饭店的经营目标和任务。

建立饭店管理信息系统，应遵循简单性、灵活性、统一性、可靠性、经济性等原则，按照以下三个步骤进行：第一步，拟定规划，明确饭店建立管理信息系统的目的、要求，所需的设备、人力资金和要达到的效果；第二步，系统设计，就是对饭店管理信息系统的组成单元进行设计，包括信息源、信息处理机、信息管理者、信息接收器等设计，从而形成饭店的信息系统网络；第三步，系统实施，就是按照拟定的规划和设计付诸实施，建立起饭店管理信息系统，并不断改进和完善。

总之，管理信息系统是提高饭店经营效率和水平的重要手段或技术，饭店必须从实际出发，积极而又稳妥地对其进行采用，从而建立起饭店的管理信息系统。

第四节　饭店内部控制

一、饭店内部控制的定义

饭店内部控制是指为确保实现饭店目标而实施的程序和政策。内部控制还应确保识别可能阻碍实现这些目标的风险因素并采取预防措施。内部控制和风险管理是出色的公司治理极为重要的组成部分。出色的公司治理意味着董事会必须对饭店的所有风险加以识别和管理，就风险管理而言，内部控制系统涉及饭店财务、运营、遵守法律法规及其他方面。

内部控制系统包括两个因素，分别是控制环境和控制政策与程序。控制环境是指饭店内对于内部控制的态度及内部控制意识，代表整个饭店对于内部控制的价值观。控制政策及程序是指嵌入饭店运营中的具体的内部控制。控制政策及程序的设计目的在于，尽可能确保业务行为是有序且有效的。控制政策及程序必须能够根据饭店面临的内外部风险而改变，并且应以饭店面临的主要风险为重点，并对这些风险作出反应。

内部控制的思想和框架总体上就是对饭店内资源进行管理的体系，然而基于不同的角度和层次，对内部控制的定义有着不同的认识和分析。

（一）COSO 委员会对内部控制的定义

成立于 1985 年的 COSO(Committee of Sponsoring Organization)委员会为全美反舞弊报告委员会提供支持。该组织包括美国会计协会和美国注册会计师协会。现在，COSO 委员会负责制定有关大型和小型企业实施内部控制系统的指南。

1992年9月COSO委员会提出了《内部控制——整合框架》，1994年又进行了增补，简称《内部控制框架》，即COSO内部控制框架。COSO委员会对内部控制的定义是"公司的董事会、管理层及其他人士为实现以下目标提供合理保证而实施的程序：运营的效益和效率，财务报告的可靠性和遵守适用的法律法规。"

COSO委员会指出，从风险管理的角度来看，内部控制是必要的。但是，在实施饭店内部控制时，有几点需要注意。首先，即使实施了优良的饭店内部控制系统，也不一定能使一个蹩脚的饭店管理者变得出色。其次，由于所有的饭店内部控制系统仍然面临发生错误或出现差错的危险，因而饭店内部控制系统只能就饭店目标的实现提供合理保证。即使一个饭店实施了内部控制，也可能由于故意串通破坏、管理层逾越监控而失效。再次，大型或小型饭店在建立内部控制系统时，均可能存在资金受限的问题。

(二)中国《企业内部控制基本规范》对内部控制的定义

根据财政部、证监会、审计署、银监会和保监会于2008年6月联合发布的《企业内部控制基本规范》，企业内部控制是由企业董事会、证监会、经理层和全体员工实施的、旨在实现控制目标的过程。内部控制的目标是合理保证企业经营管理合法合规、资产安全、财务报告及相关信息真实完整，提高经营效率和结果，促进企业实现发展战略。

(三)中国饭店内部控制的发展状况

2006年7月，受国务院委托、财政部牵头，由财政部、国资委、证监会、审计署、银监会、保监会联合发起成立了企业内部控制标准委员会。许多监管部门、大型企业、行业组织、中介机构、科研院所的领导和专家学者积极参与，为构建我国企业内部控制标准体系提供了组织和机制保障。

企业内部控制标准委员会的职责和目标是总结我国经验，借鉴国际惯例，有效利用国际国内资源，充分发挥各方面的积极作用，通过2～5年的努力，基本建立一套以防范风险和控制舞弊为中心，以控制标准和评价标准为主体的内部控制制度体系。并以监管部门为主导，各单位具体实施为基础，会计师事务所等中介机构咨询服务为支撑，政府监管和社会评价相结合的内部控制实施体系，推动公司、企业和其他非营利组织完善治理结构和内部约束机制，不断提高经营管理水平和可持续发展能力。

2008年6月28日，财政部会同证监会、审计署、银监会、保监会制定并印发《企业内部控制基本规范》(下称"内控规范")。自2009年7月1日起在上市公司范围内施行，同时鼓励非上市的大中型企业执行，其中便包括已上市的大中型饭店。

1.饭店内控规范简述

饭店内控规范要求饭店建立内部控制体系时应符合以下目标：①合理保证饭店经营管理合法合规、资产安全、财务报告及相关信息真实完整；②提高经营效率和效果；③促进饭店实现发展战略。

饭店内控规范借鉴了以美国COSO报告为代表的国际内部控制框架，并结合中国国情，要求饭店所建立与实施的内部控制，应当包括下列五个要素：①内部环境；②风险评估；③控制活动；④信息与沟通；⑤内部监督。

饭店内控规范强调饭店内部控制是由饭店董事会、监事会、经理层和全体员工实施的、旨在实现控制目标的过程。同时要求饭店实行内部控制自我评价制度，并将各责任单位和全体员工实施内部控制的情况纳入绩效考评体系。

执行内控规范的上市饭店，在对饭店内部控制的有效性进行自我评价后，应同时披露年度自我评价报告。国务院有关监管部门有权对饭店建立并实施内部控制的情况进行监督检查；并明确饭店可以依法委托会计师事务所对本饭店内部控制的有效性进行审计，出具审计报告。

2.内控规范对饭店的影响

内控规范的发布是中国在公司治理方面的一个重要里程碑，体现了中国经济与全球经济的进一步接轨和整合。随着中国资本市场的发展与壮大，与之配套的公司治理和监督机制的需求日益增加；而随着中国饭店的做大做强，饭店对于内部外部的风险需要更系统有力的控制。一方面，内控规范为中国饭店建立内部控制体系提供了一个标准的框架，在理念、实施和制度层面为饭店提供了基础；而在另一方面，内部控制作为一个相对较新的课题，为首次系统地建立与实施内部控制的饭店提出了新的挑战。

在颁布了内控规范之后，财政部陆续起草了一系列的内部控制配套指引，这些配套指引对于如何指导饭店和会计师事务所落实和实施内控基本规范将作出进一步的明确说明。

从国际上一些公司治理法案，包括美国的《2002年萨班斯—奥克斯利法案》和日本的《金融交易法案》的实施情况来看，饭店通常在内部控制实施的第一年需要投入很多时间和精力，进行反复的学习和计划的修订工作。在实施的过程中，饭店需要作出许多对合规性工作的效果和效率方面产生根本影响的重要决定。这些决定包括项目计划管理、实施范围、关注的风险领域以及测试策略等。在这些领域作出正确、适当的决定对于提高基本规范的实施效率来说十分关键。

二、饭店内部控制的实践

(一)控制环境

饭店控制环境是其他内部控制因素的根基。饭店控制环境因素包括人员的道德观和胜任能力、董事会提供的指示和管理的效率。控制环境应包括坚守诚信及高尚的道德观。

饭店控制环境还包括其他方面。例如,饭店管理层应说明每项工作所需的才能水平,并具体地指出满足工作必需的知识及技能。此外,董事会必须具备管理能力、专业技术及其他专长,还必须拥有履行策略和监督职能的才干及思维。董事会成员必须客观、积极地问询管理层的活动。董事会中的审计委员会成员亦应富有经验、符合资格、独立且积极。具体而言,控制环境包括:诚信和道德观、用人唯才的承诺、董事会和审计委员会、管理哲学和经营风格、组织结构、权力和责任的分配、人力资源政策和实务。

此外,饭店管理层应当确立报告关系及授权协定。其中主要的挑战在于下放权责,但要限于实现目标所需的程度。另一项重要挑战是,要确保所有人员明白饭店的目标。控制环境在很大程度上取决于个人对其将负有多大责任的了解。饭店需要优化组织结构,以便为实现目标而制定的策略能得以最有效的执行。

(二)风险评估

饭店实现其目标的能力可能受到来自多个内外部因素的不利影响。作为整体内部控制结构的一部分,饭店应实施一个程序,来评估可能影响其各种内部控制目标实现的潜在风险。风险评估可能是正规的量化风险评估程序,也可能是不太正规的方法,但是应包含对风险评估程序最起码的理解。例如,饭店设定的目标是不改变营销计划,那么如果出现新的竞争对手则可能对该饭店设置的目标造成压力,这需要对无法实现该目标的风险作出评估。风险评估是一个具有前瞻性的过程。也就是说,许多饭店已经发现,对他们的各类风险水平进行评估的最佳时机是制订年度计划或定期计划的过程,应在所有层面以及饭店的所有活动中实施这样的风险评估程序。COSO 内部控制架构将风险评估描述成一个可以分为三步的程序:第一步是估计风险的重要性;第二步是评估风险发生的可能性或频率;第三步是考虑如何对风险进行管理,以及应采取何种行动。

饭店风险管理包括识别和分析影响饭店目标实现的风险(包括与不断变化的监管、运营环境和商业策略有关的风险),以此来确定如何降低和管理此类风险的依据。

(三)控制活动

评估风险只是整个内部控制程序的一部分,饭店管理层必须确定处理风险所需的行动,并付诸执行。这些行动亦应将注意力集中于控制活动的作用,目的是确保所需的行动得以有效且适时的执行。换言之,饭店控制活动包括多种政策和程序,有助于确保管理层的有关指示得以执行,处理风险以实现饭店目标所需的行动得以实施。与大型饭店相比,小型饭店的内部控制程序可能不太正规且较具灵活性,但一贯地执行内部控制的有关政策及程序是十分重要的。

饭店控制活动可为员工提供指南(命令式的控制),设计这些活动旨在防止发生不希望出现的事情(预防性控制),或者在不希望出现的事情发生时能够加以识别(侦察式控制)。当不希望出现的事情发生时,应识别程序的缺陷,并主动采取措施加以解决,此类活动称为"纠正性控制活动"。

饭店控制活动可分为运营、财务报告及合规三个类别,但它们之间有时可能出现重叠。常见的内部控制活动有:①组织控制;②职责划分;③调节和复核;④实物控制;⑤授权和批准;⑥计算和会计;⑦人员控制;⑧监督及管理控制。

(四)信息与沟通

为了控制风险,有必要设立一个完善的沟通程序,以获取必要的信息,并向需要该信息的所有人员提供。控制风险是饭店各类程序涉及的所有人员的责任,因此,已识别风险的信息以及控制这些风险的方法,必须向每个相关人员传达。沟通系统的重要意义在于,沟通能够在饭店以全方位的方式展开,以减少出现误解的可能。饭店的较低层级应识别问题,如果这些信息未提供给那些负责采取纠正措施的人员,那么,饭店管理者将无法及时收到所需信息。

信息与沟通是指在人员能够履行责任的方式及时间范围内,识别、取得和报告经营、财务及法律遵守的相关资讯的有效的程序和系统。这包括最高层将与控制有关的事宜的重要性及个人担当的角色向下级传达、向上级汇报重要信息的渠道以及与外部利益相关者保持有效沟通。

1.信息

有关信息必须以适当的方式,在适当的时限内加以识别、收集和传达,以使人们能作出决策及采取适当的行动。信息系统提供运营、财务及合规的相关信息(包括内部产生及外部提供的信息),这些信息有助于运作和控制业务,也是作出精明的决策以及对外报告所必须的。

当面对重大的行业变动时,特别是富于创新精神及快速流转的行业,上述系统必须能够配合支持新的饭店目标的需要。信息系统可以是正式的或非正式的。后者包括与客户、供应商、监管机构及雇员进行商讨,这可为识别风险及商机提供有用的信息。

系统产生的信息的质量会影响管理层作出适当决策的能力。报告中载有足够的数据以支持有效的控制是至关重要的,而系统的设计应针对这一方面。就信息质量而言,必须能够答复诸如内容、时限、更新程度、准确性、可靠性和可用性等方面的问题。

2.沟通

有效的沟通必须在饭店内以全方位方式进行。饭店高级管理层应向雇员传达清晰的信息,使其明白必须认真履行控制责任。他们必须明白自身在内部控制系统中担当的角色,以及个人活动如何跟其他人的活动有所关联。他们还必须有把重要资讯向上级汇报的方法,这需要公司建立公开的沟通渠道,上级人员应乐于倾听。一个让雇员惧怕因上报有关信息而遭到报复的环境,将与目标相背离。

雇员必须被告知,每当有超出预期的事情发生,不仅要注意事件本身,还要注意确定事件发生的时间。他们必须知道他们自身的活动是如何与其他人的工作关联的,以及什么行为是被期望的或可接受的,什么行为是不会被接受的。

管理层与董事会及董事会下辖的委员会之间的沟通尤为重要。管理层必须就饭店的业绩、发展、重大风险、主要举措及其他有关事项不断地向董事会提供最新消息。董事会则应向管理层明确表示其需要何种资料,并应为管理层提供指示和反馈。此外,饭店还需与外界各方(比如股东、客户、供应商和监管机构)保持有效沟通。客户和供应商可在产品或服务的设计与质量方面提供非常有用的意见;与诸如外聘审计师和监管机构的外界各方进行沟通,能对饭店内部控制系统的运作情况提供非常宝贵的意见;与股东及财务分析师进行坦诚的沟通,能提供他们所需要的信息。

总的来说,有效的信息与沟通系统应具备以下特点:能够生成饭店经营所需的关于财务、运营及法规遵守的报告,帮助作出精明的商业决策,以及对外发布可靠的报告。信息与沟通系统能使得雇员获得信息,且交流他们为实施、管理及控制运转情况所需的信息;能识别和传达相关信息,并且是以一种人员能够有效履行他们的职责的方式进行;使沟通在饭店以全方位方式进行。此外,信息与沟通系统确立了与外部各方的有效沟通方式。作为信息与沟通系统的一部分,告知所有饭店员工应认真履行控制责任是很重要的。每个员工应理解其在内部控制系统中的角色,以及他们的个人活动如何与其他人的活动相关联。员工还需了解,在履行职责的过程中发现问题,他们有责任报告。

有关员工应当遵循的政策及程序的信息,应在饭店内从上至下得以传达。关于日常活动的信息,应从饭店内准备这些信息的雇员流向需要这些信息的员工。关于日常活动中发现的问题的信息,需要向饭店上层流动,直至能够采取纠正措施的人员。

(五)监察

饭店内部控制系统必须接受监察。监察是不断对饭店内部控制系统的表现进行评估的过程,可以通过持续的监察活动或单独的评估来实现。饭店内部控制如有缺陷,应向上级(例如高级管理层和审计委员会或董事会等)报告。

监察可确保饭店内部控制保持有效地运作。监察包括由适当的人员评估控制的设计及运作情况,以及采取适当的跟进行动。监察适用于饭店内的活动,以及为饭店提供相关服务的外部承包商。

管理层为对内部控制系统的有效性取得合理保证,而需要对内部控制系统进行的独立评估的频率,属于判断性质的问题。相关因素包括所发生的性质改变及程度以及伴随风险、执行控制人员的才能及经验、持续监察的结果。由于持续监察程序已成为饭店经常性运营活动的组成部分,且为实时执行,应根据改变作出调整。因此,原则上,它们应比独立评价所执行的程序更有效。

1.评估

监察饭店内部控制的方法包括以下几种。

(1)绩效计量。既然设立饭店内部控制的目的是为实现目标提供合理的保证,那么,可以利用绩效计量来确定实现其目标的程度,这是检验管理部门内部控制有效性的一种有用的方法。如果绩效计量结果不尽如人意,那么管理者以及员工应确定可以做出哪些改变以改善业绩计量结果。

(2)对饭店运营进行测试。确定程序是否按最初设计得以应用,应该是一个持续的过程。管理部门内某些较大的单位可能发现,建立内部审计职能部门来帮助内部控制的运转及已设立目标的实现,是具有成本效益的。

(3)控制环境、风险评估、控制活动、信息及沟通,以及控制而制定的政策及程序,常常由硬性控制构成,而硬性控制是容易识别、评估及记录的。这些政策和程序的影响亦应得以识别、评估和记录。

政策和程序对相关人员的影响,可能导致产生另一种软控制,这与硬性控制同样重要。软性控制是指涉及态度、感知及能力的控制。根据其性质,这些控制不太明显,而且难以计量和评估。信任、强硬领导、开放及道德水准高等品质,对于管理部门的有效运转是至关重要的。并且,在设立或巩固饭店的内部控制系统时,不应被高估或低估。

为了评估这些控制类型,管理者应确定评价的标准并达成一致。通过自我评估,管理者应询问他们是如何确信目标得以实现、政策和程序以及法规得以遵守等。通过调查,管理者应询问雇员,以确认雇员的反馈。应对软控制的结果进行评价,为控制的有效性提供进一步的证据。如果识别出控制的不足之处,管理者应把重点放在改良基本程序上，应与所有相关人员就任何修改进行讨论。

2. 记录

饭店内部控制系统的文件记录，可能因饭店的规模及复杂性等而有所不同。大型饭店多半备有书面政策手册、正规的组织结构图、书面职务说明、操作指示、信息系统流程图等。规模较小的饭店可能备有较少的文件记录，但这并不一定表示它们的内部控制无效。适量的文件记录能使评价变得更为有效，还有助于雇员了解系统如何运作以及他们所担当的角色，并使得在必要时修改系统变得更简单。

3. 报告

所有可能影响饭店实现目标的内部控制缺陷，均应向能采取必要行动的人员汇报。员工从事常规运营活动时产生的信息，通常通过正常的渠道向他们的上级报告，再由后者向上汇报。此外，还应有另一渠道供汇报非常敏感的信息，比如违法或不当举动。通常，有关缺陷的调查结果不仅应向负责有关职能或者活动的个人汇报，还应向比其至少高一级的管理层汇报。此程序可使更高级别的人员监督及支援采取补救行动，同时有助于向在公司内可能受此活动影响的其他人员传达。

向适当人士提供有关内部控制的信息，对保持系统的有效性尤为重要。饭店可订立规则，确定某一级别的人员作决策时所需的资料。获知有关内部控制缺陷的信息的各方，可就需要报告的信息提供明确指示。董事会或审计委员会可要求管理层或者内部或外聘审计师只汇报达到一定严重程度或重要性的内部控制缺陷的调查结果。

总括以上对 COSO 内部控制内容的分析，要使内部控制系统有效，该系统必须能降低饭店管理层已识别的业务风险。饭店内部控制系统对于管理重大风险以实现业务目标发挥关键作用。完善的饭店内部控制系统能极大地促进对股东投资的保护、饭店资产的保护以及确保对法律法规的遵守。饭店内部控制系统的目标之一就是防止或降低舞弊的可能性，如发生舞弊，对舞弊进行侦察。如果饭店控制环境不佳，内部控制薄弱，舞弊事件将会增多。

应对饭店内部控制系统进行持续复核和管理。但饭店内部控制的成本不得超过因风险降低而可能带来的收益。因此，具体的内部控制是否合适，会因饭店的不同而有所差异。饭店内部控制系统是饭店不可或缺的一部分，并且是饭店内部控制中的重要要素。

第十二章　饭店信息与安全管理

第一节　饭店信息管理概述

在信息时代背景下，信息对饭店企业的经营与管理具有重要的意义。一方面，信息赋予了饭店管理新的内涵；另一方面，饭店信息管理也成为饭店管理不可或缺的重要内容。

一、饭店信息的概念

"信息"一词有着悠久的历史，早在两千多年前的西汉，即有"信"字的出现。"信"常可作消息来理解。作为日常用语，"信息"经常是指"音讯、消息"的意思。当今社会，信息也是使用频率最高的词之一，但至今信息还没有一个公认的定义。不同的学科对信息有不同的界定，从管理学的角度来定义信息，认为信息是数据经过加工、处理后得到的结果。从这个定义中可以得出，信息需要经过加工处理，信息对接收者是有用的，信息是有价值的数据。

从饭店经营管理的角度来看，饭店信息是能反映饭店的经营活动变化，经过收集、加工、传递和分析处理的，并可以被饭店利用的消息、情报、资料和知识的统称。

饭店信息的内容非常丰富，按照饭店信息的来源进行划分，饭店信息划分为饭店内部信息和饭店外部信息。这些信息既包括饭店经营管理活动过程中所产生的各种输入、输出信息，也包括饭店经营和决策所需的客源市场、原材料市场、各种资源市场、各竞争对手状况以及与此相关的社会经济活动的有关信息。具体说，饭店内部信息包括客户信息、销售信息、财务信息、人力资源信息、饭店工程设备信息、饭店物资用品信息。饭店外部信息包括政府、行业协会以及其他社会部门提供的政策信息、经济信息、社会信息，还有来自饭店中间商、供应商、广告机构、外部调研机构的需求信息和反馈信息。此外，还有来自竞争对手的相关信息等等。

二、饭店信息管理的内涵

信息管理是指在整个管理过程中，人们收集、加工和输入、输出信息的总称。信息管理的过程包括信息收集、信息传输、信息加工和信息储存。

饭店信息管理就是对饭店信息进行收集、传输、加工和储存的一种管理过程的总称。信息是饭店生存发展的重要资源，饭店管理离不开信息的管理。通过对饭店信息的有效管理，饭店管理者可以实时了解饭店的经营管理状况，了解客户的需求，了解自身存在的问题，了解竞争对手的状况，了解市场动向，从而优化企业的营运机制、提高饭店管理水平和服务水平、创造企业竞争优势。

(一)饭店信息的收集

饭店信息管理的第一步是信息的收集，信息收集就是对原始信息的获取。从饭店各个部门处理日常事务过程中收集基础数据是饭店信息管理的基本方法。除此之外，还可以采用问卷调查、现场访问、电话拜访、小组座谈以及员工反馈、借助网络进行在线调查、聘用信息员等方法对信息进行多渠道的收集。此外，功能越来越强大的搜索引擎也成为饭店收集信息的一个新工具。

饭店信息收集的内容涉及饭店内部的信息和外部的信息，包括饭店客户的信息、饭店销售的信息、饭店财务的信息、饭店人力资源的信息、饭店工程设备的信息、饭店物资用品的信息，以及与饭店相关的行业信息、政策信息、经济信息、社会信息等等。

(二)饭店信息的加工、存储

1.饭店信息加工

饭店信息的加工是对原始信息筛选、判别、分类、排序、分析和研究的过程。经过加工、处理，输入的信息才能变成所需的信息，才能被适时有效地利用。

饭店信息的加工一般需要经过以下三个步骤。

(1)饭店信息的筛选和判别。在信息收集阶段，力求保证信息的准确性，但是在大量的原始信息中，不可避免地存在一些假信息和伪信息，只有通过认真地筛选和判别，才能去伪存真，保留有用信息。

(2)饭店信息的分类和排序。从各种渠道收集来的信息是一些初始的、零乱的和孤立的信息，只有把这些信息进行分类和排序，才能存储、检索、传递和使用。比如客户每天都会在饭店留下不同的信息，这些信息内容庞杂、零乱，需要按照不同的条目进行分类、排序，建立客史档案，以便查询、使用。

(3)饭店信息的分析和研究。饭店信息加工的目的就是要让信息为我所用，通过对分类排序后的信息进行分析、比较、研究，可以挖掘出这些信息的使用价值乃至形成新信息。通过饭店销售信息的分析、研究可以了解客源分布状况、客流变化趋势、客源需求状况，是饭店管理者制订销售计划，进行有目的地促销的重要依据。

2.饭店信息的存储

信息的存储就是信息的保存，存储的信息方便使用者随时查询。现代饭店中计算机普遍使用，数据库强大的存储功能，使饭店信息的存储更为便捷。信息是饭店的重要资源，一旦信息泄露，会给饭店造成不可弥补的损失，所以在饭店信息的存储中保密性要求非常高。

（三）饭店信息的传输

信息传输是信息在时间和空间上的转移。饭店信息的传输要把握及时性原则，信息只有及时地送到需要者的手中才能发挥作用，有助于管理者正确地对信息作出处理。比如，饭店客人流动的频率较快，客账信息需要及时传输；否则，客人一旦离店，漏记的信息就会对饭店造成损失。

三、饭店信息管理的手段

要对海量的饭店信息进行管理，必须借助现代信息技术手段，具体说，就是要将计算机技术、网络技术、通信技术、多媒体技术、传感技术等各种信息技术整合到饭店信息管理中来，全面提升饭店信息管理能力。

（一）计算机技术在饭店中的应用

计算机在饭店中的运用，最先涉及的是前台业务，比如饭店预订和排房业务，后来向饭店后台、办公和互联网方向延伸，并且向自动化、网络化、集成化迈进，之后进一步向决策型发展，饭店全面实现计算机管理。

1.计算机技术在饭店前台的应用

在饭店行业中，计算机在饭店前台的应用是较早的，早在20世纪70年代初，美国的EECO公司就把计算机用于饭店的预订和排房中。前台是饭店的窗口，每天要处理大量有关客房预订、接待、问询留言、客房控制、账单管理、收银等业务，手工操作速度慢、效率低，信息处理手段滞后；而采用计算机管理，提高了工作效率，符合现代饭店经营管理的需求。

同时，前台是信息集散的枢纽和中心，服务种类繁多，客人需求变化随机性强，常常因信息生成及传递的错误或失误等影响服务质量和管理水平。计算机技术则由于其信息容量大、处理速度快以及实时性控制等优点，为提高前台的服务质量提供了可靠的技术保障。目前，凭借计算机大容量的信息存储功能，快速、高效的信息处理能力，前台的每一个工作流程都可以通过计算机来实现，其主要用于客房的预订、接待、客户资源管理、销售管理、客房控制、客人账单管理、餐饮娱乐管理、综合收银等方面。

2. 计算机技术在饭店后台的应用

计算机技术可以应用饭店后台的所有部门，包括进行办公室管理、财务核算、人力资源管理、工程设备系统的能耗使用分析、绿色饭店的管理、仓库管理、工程设备的维护和报修、网站运行维护等。后台计算机技术的应用，一方面提高管理效率，另一方面通过计算机管理，可降低企业运营成本。例如，办公自动化系统(OAS)的使用，可实现办公无纸化、快捷化，提高办公效率。除此之外，客房系统的电子门锁系统、客房 mini 吧系统、客房节能控制系统，以及安保系统的智能监控系统、电子防盗系统、多媒体查询系统也离不开利用计算机进行控制。

(二)网络技术在饭店中的应用

网络技术是通信技术与计算机技术相结合的产物。计算机网络是将分布在不同地理位置上的具有独立功能的计算机、终端及其附属设备，利用通信介质和通信设备连接起来，实现数据传输和资源共享的系统。

1. 内联网(Intranet)用于饭店前后台的运营管理

内联网为企业提供了一种能充分利用通信线路，经济而有效地建立企业内联网的方案，实现企业内部信息发布、信息管理、网络新闻服务、电子邮件、信息共享等功能。应用内联网，企业可以有效地进行财务管理、供应链管理、进行销存管理、客户关系管理等等。

饭店前后台各部门之间通过企业内联网，实现前台和后台各部门之间互联互通、信息共享、协同工作。比如，饭店前台提供预订、接待、客房控制、客账管理、收银等功能，这些功能的实现都是各个终端通过网络向系统发送指令及相关信息，系统对数据库进行操作完成的。就拿最常见的客人结账来说，一般客人在离店结账时，只需往电脑输入客人的房号、姓名等，账单就会自动打印出来。而客人在饭店的消费往往包括房费、餐饮、娱乐等诸多内容，一站式结账是如何实现的呢？在客人入住饭店后，前台的客账管理系统就会为每间客房建立至少 1 个以上账户、包括客账分类、转账、区别不同付款方式、费用超限提示、权限及费用范围提示、预付金账务处理、客人信誉级别提示、团队公付账与团员自付账分类、各营业点消费交易额、夜间审计对账、自动生成对客房服务中心语言提示、数据备份。客人离店结账时，饭店前台通过企业内联网向各业务系统发送查询消费状态指令，将从系统中收到的消费信息进行合账，即可实现客人方便快捷地支付。

2. 内联网实现了饭店办公自动化

办公自动化(Office Automation, OA)是将现代化办公和计算机网络功能结合起来的一种新型的办公方式，其目的是通过实现办公处理业务的自动化，最大限度地提高办公效率，改进办公质量，改善办公环境和条件，辅助决策，减少或避免各种差错和弊端，缩短办公处理周期，并用科学的管理方法，借助各种先进技术，提高管理和决策的科学化水平。

在一些大型饭店中，内联网的建立使得企业办公自动化成为可能。首先，饭店办公自动化可以实现工作流程的自动化。这牵涉到流转过程的实时监控、跟踪，解决多岗位、多部门之间的协同工作问题，实现高效率的协作。例如，各类文件、公文的处理、收发文等，都是一些流程化的工作，通过实现工作流程的自动化，就可以规范各项工作，提高协同工作的效率。其次，是实现文档管理的自动化。办公自动化使各种文档实现电子化，通过电子文件柜的形式实现文档的保管，按权限进行使用和共享。比如，实现办公自动化以后，总经理需要实时了解饭店的经营状况，就可以按照其权限方便、快捷查阅饭店的销售报表、财务报表。饭店的新进员工，只要管理员给他注册一个身份文件，给他一个口令，他自己上网就可以查阅规章制度、各种技术文件等等，只要他的身份符合权限可以阅览的范围，他自然而然都能看到，这样还减少了很多培训环节。

办公自动化还可以实现建立组织内部的邮件系统，使组织内部的沟通和信息交流快捷通畅。在饭店企业的内联网上建立一个有效的信息发布和交流的场所，例如电子公告、电子论坛、电子刊物，使内部的规章制度、新闻简报、技术交流、公告事项等能够在企业内部员工之间得到广泛的传播，使员工能够了解企业的发展动态。内联网的建立使饭店各部门，实现了在同一个平台上办公，加速了各部门间信息的交流、资源的共享。

3. 互联网(Internet)在饭店经营管理中的应用

饭店通过互联网提供信息服务、产品展示、网络订房、网络营销、市场调查等方面的服务，来展示企业产品，宣传企业文化、树立企业品牌，改善销售模式，拓宽销售渠道，增加服务功能、提升饭店服务质量。

(1)创建饭店网站，展示企业产品、树立企业品牌形象

信息化时代的今天，网站是饭店对外宣传、树立企业品牌形象的重要工具。企业可以注册有代表性的域名作为永久性的地址，为全球的用户提供不间断、实时的信息。越来越多的饭店认识到，利用网站对外宣传，费用低廉，内容丰富，交互性强，是传统的广告媒介宣传不能比拟的。一个网站就是一份随时更新的产品宣传资料，灵活地向用户展示饭店的产品和服务信息。用户通过访问饭店网站，了解该饭店，网站成为饭店展示自身形象的另一个窗口。

在网络时代，网上品牌形象也是影响企业品牌形象塑造的一个重要方面。主页就是饭店网上品牌的外在形象，制作精良的主页，内容丰富、设计新颖、实用性强、操作方便、更新速度快，并且往往采用图、文、声、像等多媒体技术的手段来展示，备受客户的青睐，给饭店赢来较好的口碑。

(2)利用互联网强大的搜索功能,收集信息

信息化时代的今天,信息是企业重要的资源。饭店企业要在竞争中取得自己的一席之地,就需要知己知彼,要了解客人的评价、了解本企业的口碑、了解市场需求、了解竞争对手的信息、了解市场发展的动态等等。互联网作为全球最大的信息库,能够给企业提供丰富的信息资源,同时其强大的搜索功能,便于使用者方便地查找。借助互联网收集信息,已成为饭店管理者收集信息的新渠道。

(3)利用互联网,进行客户关系管理,提高客户的忠诚度

一般来说,开发一个新客户的成本是维护一个老客户的9倍,所以企业都非常注重维护老客户,开发潜在客户。在互联网时代,网络沟通是最好的客户维系方式之一,电子邮件是饭店进行客户关怀、主动营销、提高客户忠诚度的一种较为简便、实用的方法。电子邮件被公认为20世纪发明的最重要的沟通工具之一,由于电子邮件与其他通信方式相比,速度快、准确性好、费用低廉,被广大企业用于产品推广和客户关系维护。客户关怀的目的就是提高客户的忠诚度,在重要的节假日、客户的生日、公司客户的公司成立日等一些特殊日子,用邮件送上一份祝福;在新的服务产品推广之前、新的促销活动举行之前,及时用邮件向客户发布信息,往往是维护客户关系的便捷途径。

(4)利用互联网,改善饭店销售模式,拓宽销售渠道

对于饭店业来说,互联网技术的应用改变了单一的销售模式,利用互联网平台开展网络营销,深刻影响了饭店业的销售模式,拓宽销售渠道。在互联网发展以前,饭店的预订主要采用传统的电话、电报、传真的方式,只有少数的国际连锁饭店和大型的饭店集团通过中央预订系统CRS和全球分销网络GDS开展饭店的预订。互联网的出现,使得利用网络进行预订不再是难题。利用互联网平台,开展饭店电子商务,开创了新的营销方式。

(5)提供互联网服务,满足客户需求

现代社会,互联网的使用非常普及,饭店的客人特别是商务旅客,由于工作的需要,对互联网的依赖性很强,饭店能否提供上网服务、网络的传输速度等都会影响客人对饭店的选择。2003年国家旅游局颁布的《饭店星级的划分及评定》中也明确规定三星级以上饭店要能提供国际互联网接入服务。提供互联网服务,既能满足客户的需求,同时也提升了饭店的服务品质。

(三)其他信息技术在饭店中的应用

在现代饭店中,多媒体技术、传感技术及其他一些新兴的电子技术也开始在饭店中应用。

多媒体技术是利用计算机把文字、图形、影像、动画、声音及视频等媒体信息都数位化,并将其整合在一定的交互式界面上,使计算机具有交互展示不同媒体

形态的能力。多媒体技术在饭店的会议厅中应用较多，比如同声传译系统、视频会议系统、会议现场演示、投票表决及旁听系统等等。其次，星级饭店中普遍使用多媒体触摸屏向顾客提供自助咨询服务，饭店网站的设计中运用多媒体技术，将饭店产品用声音、影像、视频等直观的形式展现给客户，给客户身临其境的感觉，让客人对饭店产品产生预先的体验。除此之外，饭店的安全监控装置也广泛使用多媒体技术，在饭店的电梯、楼道及其他重要区域实现多方位、多功能、综合性的监控，保障饭店的安全。

随着技术成熟度的不断提高，触摸屏、IC 卡系统、饭店电子门锁系统、视频点播系统、无线点菜系统、无线局域网（WLAN）等一些新兴电子技术也开始在饭店中应用，加快了饭店信息化的步伐。

第二节　饭店管理信息系统

计算机技术在饭店信息处理领域的深入运用，催生了一代又一代功能日益完善的饭店管理信息系统，由此大幅度地提高了饭店管理的效率和精准度。

一、饭店管理信息系统概述

（一）饭店管理信息系统的含义

饭店管理信息系统（Hotel Management Information Systems，HMIS），是一个利用计算机技术和通信技术对饭店信息进行综合控制的、以人为主体的人机控制系统。其基本功能表现为对饭店业务数据的采集、传输、存储、加工、输出和维护，此外还具有辅助决策、信息分析与预测功能。

与传统的饭店信息处理方式相比较，饭店管理信息系统具有信息更新速度更快、信息存储容量更大、对信息进行综合协调处理的能力更强、信息传输网络化等优势。

（二）饭店管理信息系统的特征

1. 饭店管理信息系统是一个“人机结合”的系统

饭店管理信息系统是通过人机合作，对饭店信息进行收集、传递、存储、加工、维护和使用以实现辅助决策的目的。每一个环节都离不开“人”和“机”这两个要素。在饭店管理信息系统中，各级管理人员既是系统的使用者，又是系统的组成部分。所以，在饭店管理信息系统开发过程中，要正确界定人和计算机在系统中的地位和作用，充分发挥人和计算机各自的长处，使系统整体性能达到最优。

2.饭店管理信息系统是对饭店进行全面管理的综合系统

饭店在建设管理信息系统之初,可根据需要逐步应用个别领域的子系统,然后进行综合,最终达到应用管理信息系统进行综合管理的目标。比如,大多数饭店在建设管理信息系统之初,通常是对饭店前台子系统进行计算机管理,逐步扩展到其他子系统,在条件成熟之后,再实现各子系统的整合。

3.饭店管理信息系统是面向管理决策提供服务的信息系统

饭店管理信息系统必须能够根据饭店管理的需要,利用数据和模型,分析判断,提供多个决策的方案,辅助管理者作出决策。

(三)饭店管理信息系统的作用

饭店管理信息系统是现代饭店管理的一种辅助系统,在全球信息化的背景下,将管理信息系统引入饭店经营管理活动中,是饭店提质增效,取得竞争优势的必备条件。

1.提高饭店管理效益

饭店管理信息系统具有高效、方便、准确的特点,与传统的人工管理相比,应用管理信息系统,简化了工作人员的操作程序,节省了工作的时间,降低了劳动的强度,提高了工作效率,可以节省大量的人力、物力,节约成本,减少管理中的漏洞,提高饭店管理效益。

2.提高饭店经济效益,控制成本

饭店管理信息系统的各个子系统都从不同角度,促使经济效益提高,增效节资。饭店管理信息系统可以实现饭店预订系统与前台系统的无缝对接,实时掌握客房销售状况,减少客房空置。销售子系统能够通过销售数据的统计,对客源的状况、客源市场的分布情况等进行分析,有针对性地开展市场促销、开发新产品,扩大市场份额。物资管理系统实时掌握物资使用情况及库存,制订适当的物资采购计划,尽可能减少库存,减少仓储成本的同时也降低了资金成本。

3.提高服务质量

饭店以服务为本,以服务立业。饭店管理信息系统的应用,在提高饭店管理效益的同时也促进了服务质量的改善,有利于饭店实现“以客人为中心”的服务理念。比如在饭店的餐饮管理子系统中,服务员使用手持点菜器,客人点菜完毕,吧台和厨房单子全部通过系统传送,很短时间内便可完成,大大缩短了上菜时间,同时也提高了翻台率;服务员不必往返传送单子,减少了服务员的工作量,相应地减少了服务员数量,同时服务员始终不离客人视线,服务更周到更及时,还避免了因服务员来回跑动产生的忙乱现象,大大提升服务品质和服务形象,为餐厅营造高档就餐环境创造良好条件。

4.提高管理人员素质

饭店管理信息系统是一个人机一体的系统,离不开"人"的参与。在使用饭店管理信息系统的过程中,管理人员需要不断学习系统的使用,还要学习借助系统提供的信息,进行分析,作出管理决策等等。这些工作都在无形中提高了管理人员学习的能力、技术掌握的能力等等。

饭店管理信息系统支撑下,饭店的管理机构可以精简,一方面减少中间管理层次,实现扁平式饭店组织机构。另一方面,工作性质相近部门可以合并,机构的精简不仅有利于节约人力资源成本,而且简化了饭店经营管理的操作程序,提高了效率。在优化内部管理的同时,还建立了完善的人事管理制度,进一步形成严格的饭店管理体系,使企业各岗位的考核管理工作更趋科学化、正规化、系统化。

5.提高饭店决策水平的有力保障

饭店管理信息系统作为饭店管理的辅助决策系统,能提高饭店的决策水平。饭店管理信息系统中决策规划模块有助于克服决策的随意性,提高决策的科学性。在饭店管理信息系统中建立数学模型和专家系统,为规划决策提供预选方案,辅助决策规划。比如,依照历史业务数据,为饭店决策层提供图形化、报表化的市场分析数据以及未来一段时期的预测,饭店管理者可以对未来的业务发展、客户需求发展、市场发展作出预测和决策。

二、饭店管理信息系统的结构

管理信息系统的结构有概念结构、物理结构等多种结构,饭店管理信息系统作为一个饭店业的管理信息系统,也必然有一定的系统结构,这种结构反映了系统整体与各个部分之间的信息关系,也反映了整个 HMIS 的数据处理方式与数据传输方式。在这里,我们主要讨论饭店管理信息系统的物理结构。

(一)硬件结构

硬件结构指 HMIS 的物理结构,即 HMIS 硬件系统的拓扑结构,一般有三种类型:单机批处理式结构、集中式处理结构和分布式处理结构。这三种结构是随计算机技术发展而产生的,并还在不断发展变化着。饭店管理信息系统的硬件体系结构也经历了单机式处理结构、联机集中式处理结构和分布式处理结构几个发展阶段。

1.单机式处理结构

早期的 HMIS 都是单机批处理结构,这种结构由一台主机、显示器、键盘、打印机等组成。这种单台计算机的结构装上 HMIS 软件就构成了一个完整的 HMIS 系统,当需要处理数据时,可随时将一批待处理数据一次性输入计算机进行批处理。

2. 联机集中式处理结构

随着计算机技术的发展，出现了多台终端的联机系统，通过终端与计算机联系，进行各类数据处理的作业，这就是集中式数据处理结构。这种结构通常由一台或两台高性能的计算机构成，通过内部局域网连接多个终端，不同部门可以通过终端与主机联系，完成各种管理操作。由于各终端只能进行数据的输入输出，不能直接进行数据处理，所以称为集中式处理结构。

与单机式处理结构相比，这种系统的管理范围有了一定的扩展，操作的交互性较强，在一定程度上可以进行企业不同分支机构之间、企业之间的信息共享。

3. 分布式处理结构

技术的进步带来了新的系统结构，即分布式处理结构。这种系统以一台或几台高档计算机作为服务器，根据功能的不同，一般分为数据库服务器、应用服务器、Web 服务器等。规模不大时，也可以合设；规模较大时，可以根据情况，分别设置多台。用户使用工作站通过网络连接服务器，而每个工作站都是一台独立的本身具有数据处理能力的微型计算机，需要时可以联机入网在服务器内处理数据，所以称为分布式处理结构。见图 12-1。

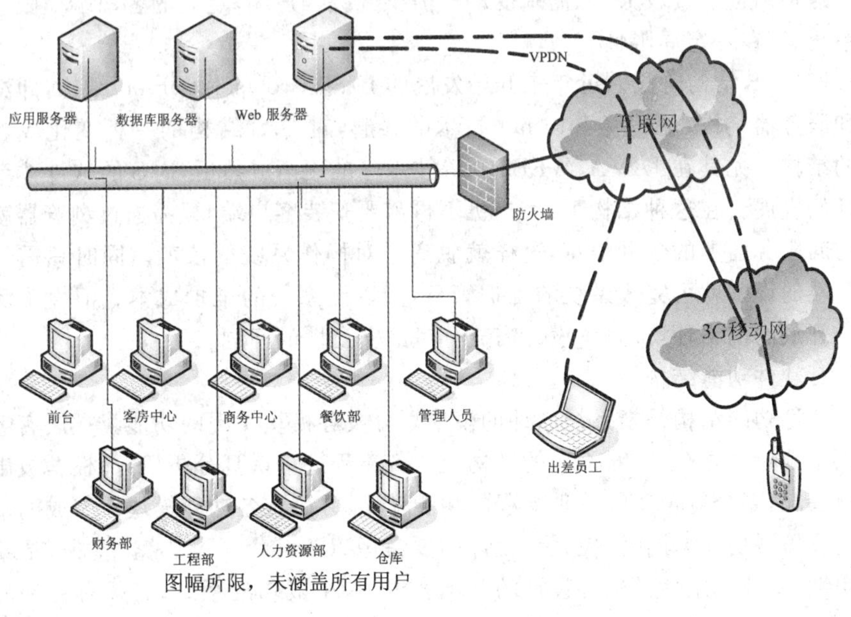

图 12-1　分布式处理结构

(二)软件结构

1. 软件体系结构

饭店管理软件的发展，基本上是随着计算机技术和网络技术的发展而不断进步的，硬件的处理能力及体系结构决定了软件的体系结构，饭店管理软件体系结构在中国的发展分为三个阶段，即 DOS 结构阶段、C/S 结构阶段、B/S 结构阶段。

(1)DOS 结构阶段。20 世纪 80 年代中后期到 90 年代初，计算机开始在中国的企业中普及，由于硬件价格较昂贵，与现阶段使用的设备相比，性能极低，系统普遍使用 DOS 操作系统。这个阶段的饭店管理信息软件通常也是基于 DOS 系统开发的系统，功能比较单一，且缺乏相关标准。

(2)C/S 结构阶段。随着软件技术的发展，普通计算机的操作系统由 DOS 升级为界面友好的图形化操作系统，如 OS/2 操作系统(苹果公司)以及在中国应用更广泛的 WINDOWS 操作系统(微软公司)，伴随硬件性能的提高，出现了 C/S 的软件结构。C/S (Client/Server)即客户机和服务器结构，服务器端作为系统的中心，负责管理饭店的资源，协调处理客户机的请求；客户机通过安装客户端程序，在本机执行部分系统功能，通过网络向服务端提交请求和接受指令。

这种结构投资较大，在需求变动时需要升级客户端，定制的客户端受限于操作系统，存在一定局限性。

(3)B/S 结构阶段。近年来开始发展的 B/S (Browser/Server)结构，即浏览器和服务器结构，是随着 Internet 技术的兴起，对 C/S 结构的一种变化或者改进的结构。尤其在 JAVA、WEB2.0 等技术标准逐渐成熟后，B/S 的软件体系结构开始发展。在这种结构下，客户机不再需要安装客户端，只需通过浏览器就可以访问服务器上的各种信息，这样就脱离了对操作系统的依赖。同时只需管理服务端的设备就可完成系统的维护管理，减少了系统的维护成本。但由于面对一个开放的网络环境，系统设计需充分考虑安全性的问题。

2. 软件功能结构

软件功能结构是指系统软件的模块划分及各模块实现的功能。在饭店管理信息系统设计之初，需对饭店的结构及业务流程进行认真分析研究，根据饭店的实际情况，划分符合实际管理流程的功能模块，并确定各功能模块需完成的基本功能及扩展功能。同时，在系统设计中要考虑以下几个重要因素：首先，是系统可用性，系统可用性是软件设计的基本要求，一个成功的系统，必须有良好的用户界面及可操作性，符合用户管理的实际情况及操作习惯；其次，是系统可靠性，软件设计需经过严格的测试，具有良好的一致性，系统须具备较强的容错能力和完整的安全保密机制；再次，是系统稳定性，饭店管理的实际情况要求饭店管理信息系统必须24小时处于工作状态，应保证硬件的高品质和软件的完善性。最后是系统的可扩展性，软件功能模块的划分要保证各个子系统有相对的独立性，但相互之间又有紧密的联系。各功能模块可以根据饭店管理的发展需要和资金投入情况，逐个完善，到达一定条件后再完成整合工作。完整的饭店信息系统软件，能实现饭店经营管理业务的各种功能，各模块之间相对独立又相互联系，构成一个有机结合的整体。

在现代饭店中，饭店的日常管理往往依靠一套以饭店管理信息系统为中心的综合集成系统来完成，这个系统不仅连接着前台对客服务系统和后台的内部管理系统，还通过系统接口连接着多个子系统。如图12-2所示。

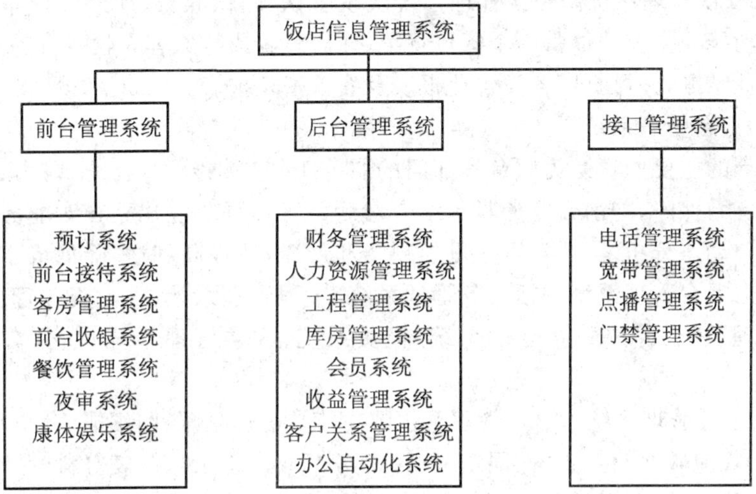

图12-2　饭店信息管理系统

(1)前台管理系统

前台管理系统包括预订、接待、客房管理、夜审、前台收银、餐饮管理、康体娱乐等子系统，实现前台接待的各项功能，以保证给客人提供高效、方便、快捷的服务。

① 预订系统。预订系统实现为客人提供饭店各项产品及服务综合预订功能。主要完成对散客、团体的客房预订、会议预订、餐饮、康乐等的预订。根据饭店实现预订的方式，可包括电话传真预订、饭店网络预订、在线实时预订等。

② 前台接待系统。前台接待系统实现为客人提供快捷周到的入住服务的功能。主要完成散客、团体接待登记任务，记录客人基本信息、入住信息，以及对散客、团体的客房分配、加床、退房、拼房、续住等日常管理工作。

③ 前台收银系统。前台收银系统实现为客人提供及时、高效的收银服务。

主要完成记录客人在饭店的消费情况，负责总台的收银，处理散客、团体的单项消费结账及一次性离店结账，同时具有预订金管理、查询客人账务功能，结账打印正式收据和明细账单。

④ 夜审系统。夜审系统实现科学夜间审计的各项功能。主要是对饭店每日营业做稽核，对饭店当天的各项收入进行检查，核对每一笔账务处理是否正确，提供当天的各项收入报表、汇总数据、营业日报表、完结饭店一天账目等功能。

⑤ 客房管理系统。客房管理系统实现客房控制及其服务管理的功能。主要完成实时客房房态报告、客房设备以及客房用品管理。

⑥ 餐饮管理系统。餐饮管理系统实现餐饮预订、收银、库管和成本控制等相应的功能。主要完成每一个餐位点菜、住店宾客或特殊客人收费自动过账，实现一次性结账，并可打印各类营业报表及餐饮稽核报表。

(2)后台管理系统

后台的主要职责是为前台各部门的服务工作提供人力、物力、财力、设备和设施的有力保障，与前台业务紧密结合。后台管理系统应建立在对业务流程实施控制与动态分析之上，让管理更加顺畅和严谨，使提高利润、降低成本成为可能。饭店后台管理系统包括财务管理系统、工程管理系统、人力资源管理系统、库房管理系统、客户关系管理系统、会员系统、收益管理系统、办公自动化系统等。

① 财务管理系统。财务管理系统的功能是管理总账、明细账、分类账等，实现对成本、应收、应付、工资、固定资产、库房、采购、总账与报表等科学管理与统计，包括账务处理、原始凭证处理、科目设置处理、账户管理、凭证汇总处理、账目查询和打印处理、银行对账处理、月终年终报表处理、各类报表打印处理等，为科学决策服务。

② 工程管理系统。工程管理系统实现报修、派工、维修、保养、工程建设、验收以及设备的日常管理等功能。

③ 人力资源管理系统。人力资源管理系统实现员工的档案管理、考勤、人事管理、绩效考核、员工一卡通和培训等功能。

④ 库房管理系统。库房管理系统实现对物资的入库、验收、领用、调拨、库存的管理功能。

⑤ 客户关系管理系统。客户关系管理系统实现对客户进行系统、科学的管理与服务的功能，包括建立档案数据库、进行客户关怀、市场分析、经营分析和相应的处理程序等。

⑥ 办公自动化系统。办公自动化系统实现自动化办公的功能，包括为饭店

各个部门办公所需要的公文流转、文档管理、信息发布等。

⑦ 会员系统。会员系统实现会员管理的各项功能，包括会员档案、会员消费、会员管理、会员卡、事件处理和会员积分等。

⑧ 收益管理系统。收益管理系统是饭店进行科学化企业收益管理所需要的功能模块，能够以饭店收益最大化为目标，根据市场价格及市场发展趋势，实现供给需求分析、确定最佳方案等功能。

(3)接口管理系统

接口管理系统的功能是实现饭店信息管理系统与其他系统的对接，以控制和监测用户的使用情况。接口管理系统包括宽带管理系统、点播管理系统、电话管理系统等。

① 宽带管理系统。通过饭店管理系统与宽带系统相连接，可以对宽带权限进行控制，对费用进行处理，提供相应宽带服务功能。

② 点播管理系统。通过饭店管理系统与点播系统相连接，对点播权限进行控制，对点播费用进行处理，为客人提供多项点播服务功能。

③ 电话管理系统。通过饭店管理系统和程控交换机相连接，对电话权限进行控制、对话费进行处理，为客人提供留言、叫早、报吧、报房态等服务功能。

三、饭店管理信息系统的发展方向

从近几年的发展来看，特别是计算机技术和计算机网络技术的不断发展，彻底改变了人们的生活方式，也带来了企业经营管理模式的不断创新。技术发展推动了管理创新，管理创新又对技术发展提出了新的要求。在目前全球经济一体化程度不断深化的时代，竞争环境复杂多变，只有良好利用技术发展带来的便利，结合先进的管理思想，建立完善的饭店管理信息系统，饭店的运营才能良性地发展。饭店信息管理系统将朝以下几个方向发展。

(一)管理思想现代化

近年来，科学技术的发展给人们带来了巨大的影响，尤其是计算机技术和互联网技术的发展。适用于新技术的管理手段也不断涌现，如，客户关系管理、供应商关系管理、电子商务、客房智能管理、辅助决策管理、网络分销系统等。饭店管理信息系统必须不断增加这些新思想、新方法以适应企业的管理变革和发展要求。

(二)系统应用网络化

近年来，网络技术呈现井喷式的发展，网络向宽带化和移动化的方向发展，无线通信、WiMAX、Wi-Fi 等技术的成熟，开启了移动互联网的时代。互联网对于饭店的运营而言，已经成为像电力、供水一样的基本条件。离开互联网，饭店的正常运作已无从谈起。只有采用基于互联网的饭店管理信息系统，才能适应技术的发展，使各种新管理思想得以贯彻，真正产生经济效益。

(三)开发平台标准化

随着计算机技术的发展，软件开发由结构化设计向面向对象设计转变，系统设计也由封闭转为开放，软件体系结构由 C/S 模式向 B/S 模式转变。饭店信息管理系统的开发平台也向标准化的方向发展，即支持标准的网络通信协议，采用跨平台的软件技术，使应用系统独立于硬件平台、操作系统和数据库及网络，实现系统的开放性、集成性、可扩展性、互操作性。

(四)业务流程自动化

传统的饭店管理信息系统通常是面对功能的事务处理系统，为管理人员提供了诸如前台管理、营销管理、人力资源管理、财务管理及物资管理等丰富的业务处理功能。但各功能模块之间并不是孤立的，它往往与其他系统、其他事务、其他人有关。传统的饭店管理系统对此缺乏有效的管理，许多流程都是脱离系统完成的。现代饭店信息管理系统的设计，应对各种工作流进行分析，并通过系统来完成，这就是工作流管理。只有实现了工作流管理，实现业务流程的管理、控制和过程的自动化，使企业领导与业务系统真正集成，才能真正体现信息化的意义。

(五)应用系统集成化

企业信息化包括了很多内容，从前台接待、市场营销到内部管理，无处不包括信息化的痕迹，所有这些系统都是为企业经营战略服务的，它们之间存在着大量的共享信息和信息交换，在单个系统模块成功运行的基础上，它们之间要实现系统集成，才能使其应用效果最大化。

四、国内外饭店管理信息系统的应用

(一)国外饭店管理信息系统

在国外，管理信息系统在饭店业中的使用时间是比较早的，早在 20 世纪 70 年代初，美国的 EECO 公司就开始将计算机应用于饭店预订和排房的业务，这是饭店管理信息系统的雏形。70 年代中后期，国外一些饭店管理信息系统的软件逐步研制出来，并且使用范围逐步扩大。80 年代初逐渐形成完善的饭店管理信息系统，此时国际上已出现如 HIS、CLS、Lodgistix 等知名饭店企业的饭店管理系统。90 年代以后，饭店管理信息系统的相关技术不断成熟，使用范围进一步扩大。

1. ECI(EECO)饭店系统

美国易可(ECI)电脑公司是美国加州电子工程公司(Electronic Engineering

CO.,EECO)属下的子公司,公司最早于1969年开始发展饭店管理电脑系统,该软件因此称为ECI或EECO系统。1970年,在美国夏威夷WAIKIKI的喜来登饭店(Sheraton Hotel)装设了世界上第一台ECI饭店电脑系统。中国的有60余家饭店,如杭州香格里拉、桂林文华、广州中国大饭店、北京天伦、青岛海天都使用这个管理系统。ECI系统采用的是集中式标准多用户系统,目前已被淘汰,还在应用的是其第三代产品GEAC/UX系统。

2. HIS饭店系统

饭店业资讯系统有限公司(Hotel Information Systems,HIS)成立于1977年,总部位于美国三藩市,全盛时期在全世界80多个国度拥有4000多家用户,如中国的北京王府、北京中国大饭店、北京长城、上海锦江、上海华亭、上海希尔顿、广州花圃等。

HIS系统原采用标准多用户系统,名称为Paragon System,主机采用IBM公司的AS400小型机,数据库采用DB2,一般用于高星级饭店。之后推出Innovation System,采用Novell局域网络,数据库采用Btrive/Oracle,一般用于中高星级饭店。之后推出的产品是HIS龙栈系统(Lodging Touch System),采用基于Windows NT的C/S体系结构,海内用户已不多。

3. Fidelio饭店系统

Fidelio Software GmbH于1987年10月在德国慕尼黑成立,六年后跃居世界饭店管理供应商之首,之后该公司合并入美国Micros System Inc.公司。目前已经在全球16000余家饭店、豪华游艇和休闲别墅施用,是目前海内高星级酒店,特别是外资或外方管理的酒店多采用该系统。

4. OPERA系统

该系统是美国Micros公司在Micros-Fidelio系统的基础上开发的新版本,它包含了OPERA前台系统、OPERA销售宴会系统、OPERA物业业主管理系统、OPERA工程管理系统以及OPERA中央预订系统、OPERA中央客户信息管理系统和OPERA收益管理系统等。其中OPERA前台系统是其核心,它可以根据不同酒店的不同运营方式所带来的需求多样性合理地设置系统,以符合酒店的实际运作。此外,它可以通过一个共享的数据库为多个酒店进行数据存取甚至相互访问。

(二)国内饭店管理信息系统

在国内,20世纪70年代末,杭州饭店运用CROMEMCO微型机进行总台接待管理,开创了我国饭店计算机管理的先河。到了80年代,部分合资饭店及加盟国际管理集团的饭店开始引进国外的整套软、硬件系统,发展比较成熟的有EECO系统、HIS系统及近几年表现出较强竞争力的Fidelio系统。其后,随着信息技术的逐渐发展，一些国产的饭店管理信息系统已研发出来，并投入了使用。有全国性影响的软件研发商主要是杭州西软、北京华仪、北京中软好泰、北京中通、北京贵德、广州万讯、深圳天言五星、北京泰能等。

1. 杭州西软饭店管理系统

杭州西湖西软科技有限公司成立于1993年6月，FOXHIS信息系统是该公司最成功的饭店管理系统软件，目前最新版是X5版，公司已成为最大的国产酒店信息系统公司。

2. 北京中软好泰CSHIS管理系统

北京中软好泰饭店计算机系统工程公司是金士平等自然人与中软总公司合作所建的专业从事饭店计较机管理系统研发、推广及服务的专业化公司，1990年开始推广中软饭店管理系统CSHIS V1.0以来，已拥有基于WINDOWS与DOS平台的两大系列产品，在全国各地拥有400余家用户。

3. 北京华仪饭店管理系统

1979年，清华大学金国芬教授为北京前门饭店研发了一套具有查询功效的饭店管理软件，开创了国内饭店管理的先河。1987年华仪公司成立，之后开发了华仪酒店管理系统。目前最新版本是HY.COM。

4. 千里马饭店管理系统

千里马饭店管理系统最初由广东劳业电脑系统研发公司于1993年推出DOS版，1998年推出WINDOWS版(采用C/S结构，用VB研发，采用Windows NT/2000平台，使用SQL Server数据库)，到目前有300家左右饭店用户，主要分布在广东、湖北、湖南、四川等省市。劳业公司于1998年被世界第三金融中心万达电脑系统有限公司收购，改名为广州万迅电脑软件有限公司。

5. 北京泰能公司饭店信息系统

北京泰能计算机系统工程公司成立于1993年，在1994年推出了海内最早的WINDOWS版饭店管理软件(采用Paradox数据库)。2007年，泰能Delta饭店管理系统V2008上市。

第三节　饭店安全管理概述

一、饭店安全管理概述

随着社会经济的发展，人们收入水平不断提高，闲暇时间也不断增加，异地旅游和户外消费已成为人们休闲生活的重要组成部分。饭店是旅游休闲活动的重要基础，是游客的家外之家。而人们在选择饭店时，安全往往是必须考虑的最基本条件之一，安全问题同时也是饭店实现可持续发展的根本保证。因此，安全管理是饭店的基本管理职能和首要任务。

（一）饭店安全管理概念

饭店安全是指在饭店所控制的范围内保障宾客、饭店及员工三方所涉及的人身、财产、物质、信息、名誉等方面的安全，以及所产生的没有危险、不受任何威胁的、生理的、心理的安全环境。饭店安全管理是指饭店为了保障宾客、饭店及员工三方的安全而进行的计划、组织、协调、控制与管理等一系列活动过程。饭店安全是把饭店各方面的安全因素作为一个整体加以反映，而不是单指饭店某一方面的安全。

饭店安全管理包括这样几层含义：一是对宾客人身、财产、声誉、消费过程等方面的积极防范与安全保护；二是对员工的劳动过程、职业健康、工作环境、劳动与待遇权利以及员工自身等方面的安全保护；三是对饭店财产、经营秘诀、信息、声誉等方面的安全保护；四是对饭店所在社区以及环境等方面的安全防护。

（二）饭店安全管理特点

1. 政策性

饭店安全管理的政策性是由这项工作的性质和内容决定的。饭店安全工作既要维护客人的合法权益，又要对一些触犯法规的人员进行适当的处理。饭店安全管理职能部门要根据不同的对象、不同性质的问题，采用不同的法规和政策。饭店安全管理既涉及我国的许多法律法规，还涉及一些国际法规，因此在对饭店的安全防范措施中，既要不违背我国的法律规定，又要注意内外有别，按国际惯例办事，以较高的政策水平做好饭店安全管理工作。

2. 复杂性

饭店是一个综合性接待的场域，每天有大量人员进出，客流量大，人员复杂，这往往是犯罪分子作案和隐藏的较好场所。于是，饭店安全管理工作显得较为复杂，除防火、防食物中毒等内部不安全因素外，还需防盗、防暴力、防黄、防赌、防毒等。

3. 全员性

饭店安全工作涉及每个部门、各个工作岗位和每位员工。饭店安全管理工作虽由安保部主要负责，但由于饭店的特点，必须要有各部门的通力合作，必须依靠全体职工的共同努力。安保部要将安全工作与各部门及岗位的职责、任务结合起来，要在全饭店形成一个安全工作的网络体系。只有饭店各级领导和全体员工都增强了安全管理意识，本着“内紧外松”的管理原则，高度重视，饭店安全才有保障。

4.长期性

市场经济带来的负面影响也在会饭店中表现出来，饭店安全管理的复杂性使得饭店的安全管理工作变得较为严峻。侵害饭店的各种不安全因素较多，而且随着经济发展，还将长期存在。因此，饭店安全工作是一项长期持久的艰巨任务。

5.突发性

发生在饭店内的各种事故，往往带有突发性。饭店的各类安全问题往往是在很短时间内发生的，如火灾、抢劫、凶杀、爆炸等。因此，饭店必须制定处理各种突发事件的预案，只有这样，在发生突发事件时才能临危不乱。

6.预防性

饭店安全管理工作应体现以预防为主的方针。饭店应完善安全保卫部门的职责，装备各种安全设施，健全各种有关饭店安全的制度，以预防和制止可能出现的各种不安全因素。

(三)饭店安全管理重要性

饭店安全工作的好坏，不仅直接关系到饭店的正常经营，影响到宾客的满意度、饭店的经济效益、饭店的声誉和形象，而且还关系到国家和地区的声誉。

1.安全管理是提高宾客满意度的重要保证

马斯洛需要层次理论认为安全是人类最基本的需求。因此饭店宾客就有免遭人身伤害和财产损失，要求自身权利和正当需求受到保护和尊重的安全需求。而且身处异地他乡，宾客对自己的生命安全、财产安全和心理安全的关注与敏感度比平时更高。从经营的角度而言，为宾客提供安全的环境以满足宾客基本需求，是饭店开展正常经营管理工作和提高服务质量的基础。

2.安全管理直接影响饭店的社会效益与经济效益

饭店经营者有义务制定出保证宾客安全的服务标准，具备能够保证其安全的服务设施。否则，饭店经营者将面临因安全问题而引起投诉、索赔甚至承担法律责任，从而影响饭店的社会效益和经济效益。因此，饭店必须确保饭店内所有人员及所有财产的安全。

3.饭店安全管理直接关系到员工的满意和提供的服务质量

安全管理包括对饭店员工的人身、财产、名誉以及心理的安全保障。良好的工作环境，得力的安全保证措施是赢得员工满意的基础，而满意的员工则是创造宾客满意服务的前提条件。

4.饭店安全管理关系到饭店及接待地(国)的声誉和形象

优质的饭店安全管理是树立和提高饭店及其接待地(国)声誉、形象的有效手段之一，也是间接促进接待地(国)经济发展的重要途径。由于饭店接待的宾客来自全国乃至世界各地，因此饭店不仅仅是一个服务企业，更是接待地(国)的形象窗口。

(四)饭店安全管理内容及误区

1.饭店安全管理内容

(1)有关宾客的安全管理。保障宾客的人身安全，使之不致受到侵害；保障宾客的财产安全，提供必要的贵重物品寄存服务以及房内保险箱；保障宾客的声誉安全，不得散布有关宾客的传言；保障宾客的消费过程安全，提供安全服务，防止饭店产品对宾客的侵害，如：有条件地保证预订、餐饮消费食物中毒的预防、合理安排服务的顺序、等候的时间等方面。

(2)有关员工的安全管理。保障员工在工作中获得合理报酬的权利；保障依照法律获得休假、加班，以及特殊休息等方面的权利；保障工作环境、职业健康等方面的安全以及人身、财产、声誉等方面的安全。

(3)有关饭店企业的安全管理。企业财产的安全管理，如防止偷盗、防止破坏等；企业消防安全，最重要的是防止火灾；企业经营技术或秘诀的安全，如宾客信息资料、财务数据与资料、人力资源信息与资料、某特种产品生产技术、网络信息与资料等的安全；企业市场形象与商誉的安全预防；企业处理突发事件等。

2.饭店安全管理误区

(1)思想认识误区。饭店管理者对饭店安全管理说得多，真正关注得少；制度可能健全，但检查落实缺乏；在各项管理中重视业务管理和其他管理，安全管理经常让路；对安全问题常麻痹大意，且存有侥幸心理。总的说来，存在轻视安全管理的误区。

(2)投入成本误区。由于基本的安全设施设备投入通过政府有关部门的检查与验收，饭店才能获得开业许可，因此还有所考虑，但在后期维护与更新改造中却往往被忽视。忽视的原因是认为这种投入没有直接收益，是成本的无效投入。因此减少相应投入，甚至不再投入，安全问题被等同于安全成本问题。

(3)管理目标误区。在安全管理目标上主要以“不出事”为原则，而不是积极进行安全预防。

(4)事故处理误区。一旦发生安全方面的事故，在处理时往往表现为不是积极主动地承担责任，更多的是强调客观原因、推诿、拖延；没有认真分析事故发生隐患及管理方面存在的问题，而是着重对相关人员进行处罚，以罚代管。

二、饭店安全管理体系

要保障饭店的正常秩序和安全运转，不仅需要一个职能部门管理饭店安全工作，还要建立起饭店的安全管理体系。饭店安全管理体系包括了与饭店管理有关的各个方面，涉及建立健全安全管理组织、制定安全管理制度等方面。

（一）饭店安全管理组织

现代饭店由于规模越来越大，业务范围越来越广，社会治安情况越来越复杂，对安全保卫工作的要求也越来越高，由此产生了专职的安全保卫人员和安保部这个直接隶属于总经理的职能部门。需要指出的是，虽然安保部承担了饭店安全管理的许多责任，但饭店安全管理实际涉及饭店各个部门，贯穿于饭店整个业务活动之中，因此安全管理又是所有员工的共同责任。

1. 成立饭店安全管理委员会

饭店安全管理委员由各部门选派一名管理人员组成，其职责是制订、完善和执行饭店的安全计划。安全管理委员对饭店安全负有全面责任，通过检查饭店安全状况，督察安全保卫部的工作情况，及时提出指导意见，对员工进行安全教育和法制教育，经常开展安全调研活动，从安全政策和制度上保障饭店顺利开展经营活动。

2. 饭店安全保卫部的组织结构

饭店总经理是饭店安全管理工作的总负责人，其组织结构设置没有规定，常根据饭店规模、星级等因素来确定具体的岗位，一般常见的饭店安全保卫部常设经理、副经理、文秘一名、下设四名主管、领班及若干名保安员，如图 12-3 所示。

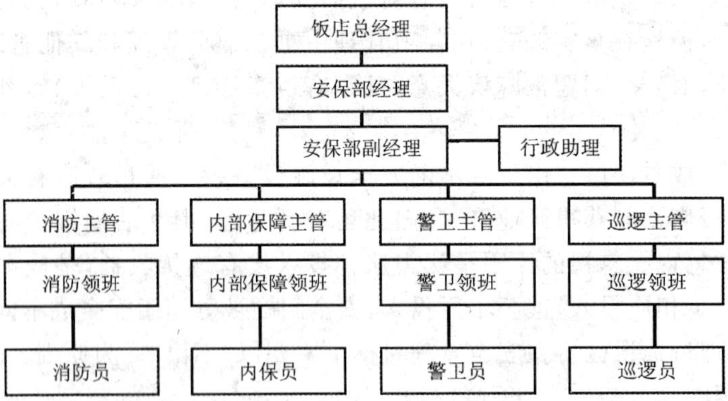

图 12-3 饭店安全保卫部的组织结构图

（二）饭店治安管理机制

为了确保饭店人员人身和财产安全，强化饭店的安全管理工作，提升饭店形象，促进饭店治安管理工作的具体落实，饭店须按照以下流程来开展工作，如图 12-4 所示。

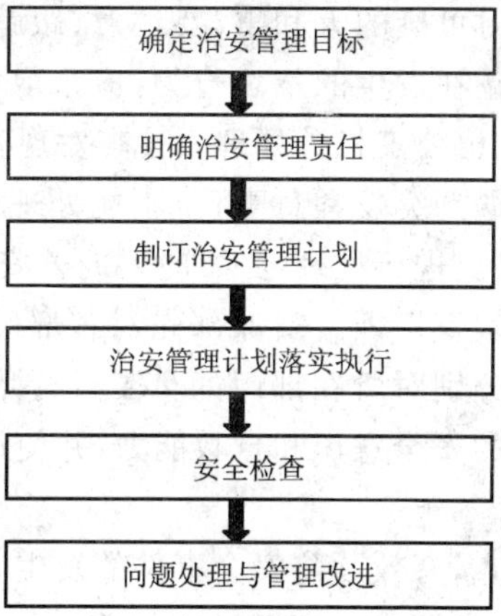

图 12-4　饭店治安管理流程图

1. 确定治安管理目标

依照饭店安全管理要求，确定治安管理目标，目标要具体、实际，以确保饭店整体安全管理工作的顺利开展。

2. 明确治安管理责任

首先要明确饭店领导的安全责任，总经理作为饭店安全管理的第一责任人，对饭店的安全全权负责；然后再明确各部门责任，各部门负责人也是部门安全的第一责任人；要明确规定各部门经理、主管、领班、基层员工的责任，规范部门的人和事，保证部门安全。安保部是饭店的安全管理职能部门，负责安全执勤、安全检查、安全事件处理等工作事务。

3. 制订治安管理计划

安保部组织制订完整且能够有效应对安全问题的安全管理计划，计划应包括规章制度与精心设计的工作程序、过程和活动，旨在安全防范，减少饭店不安全问题的发生，或降低安全事故发生率。

前厅、值班室、消防监控中心、停车场及饭店各楼层都要设立执勤岗位或安排保安值班，安排人员对安全工作进行定期和不定期检查，保证治安和消防安全。当有特殊任务或人、车辆较多时，根据实际状况，由安保部经理指派增加保安人员执勤；遇到重大节日、重要会议接待、重要贵宾的保安工作时，经理采取临时加强执勤。

4. 落实执行治安管理计划

(1)安保部负责安全保卫工作，保卫人员实施开展具体安全保卫工作。保卫人员执勤时要着装整齐、态度和蔼、语言文明、姿势端正、精神饱满，不能擅自离岗。保安要了解本岗位的岗位特征、所辖区域情况等应该注意的问题。值班过程中认真做好巡查工作，对可疑的人和事，要注意、跟踪、监视，视情况采取适当行动，消除安全隐患。对正在发生的不法行为，应采取相应的措施予以制止，将不法行为人扭送安保部或由公安机关处理。检查发现安全隐患要及时通知责任部门或责任人予以纠正，遇到突发紧急事件，不能处理的立即报告值班室，再由值班室通知领导和相关人员进行处理，必要时要向公安、消防机关报告。

(2)安保部负责安全教育培训。安保部先对各部门的安全管理委员进行安全教育培训，再由各委员分别对所在部门的员工进行培训。教授安全知识和防范技能，提高各部门员工的安全意识和自救能力，并使员工熟练掌握有关的安全知识，时刻保持安全警惕。

(3)加强部门内部检查，有效预防安全事件的发生。安保部经理对保安人员的执勤岗位职责执行情况定期或不定期进行检查，对保安执行工作不到位的行为当场指出，当场纠正，对执勤过程中违反员工手册、饭店规章制度的，视违反性质、程度、认识态度对相关责任人进行处分。对保安执勤情况，每周讲评一次，每月进行一次考核，具体参照人事培训有关员工考核的标准。

5.安全检查

安保部派专人负责管辖区域内的日常巡检，以便及时发现安全问题，并及时解决；安保部定期对饭店进行全面安全检查，各部门予以配合，在检查中发现的安全隐患，责令责任部门或责任人进行限期整改。

6.问题处理与管理改进

在检查中发现的安全问题和隐患，安保部应配合责任部门采取相应的处理措施，进行安全改进；安保部在期限后验收整改情况，整改过程中相应的改进措施可以作为改进安全管理计划的修订内容。安保部还需加强同所在地区的公安、消防部门的沟通联系，及时报告有关安全工作，反映实际情况，若发生安保部无法解决或无权处理的事件，在及时报告总经理的同时，应主动、迅速地报告公安、消防部门以得到支持。

(三)饭店消防管理基本流程

现代饭店功能越来越完善，集客房、餐饮、康乐、购物、娱乐、会议中心于一体，同时宾客需求对建筑及附属设施的要求高，这使火灾的潜在危险性增大。饭店火灾具有发生率高、火势蔓延快、扑救难度大、疏散困难、损失惨重等特点。因此做好饭店的消防管理工作是饭店安全的重要保证。

为了增强饭店员工的消防安全意识，加强饭店的消防设施和防火管理，保证饭店的消防安全，促进饭店消防管理工作的具体落实，应按照消防管理的流程来开展相关工作，如图 12-5 所示。

图 12-5　饭店消防管理流程图

1.制定消防管理制度及消防工作计划

根据饭店的实际情况,安保部定期制定消防管理制度、消防计划方案,方案应具有可执行性。安全管理委员会对消防计划进行审测讨论。消防计划方案由安全管理委员会集体讨论通过后,经总经理签字后下发执行。

2.消防管理制度组织实施

安保部下发饭店消防管理制度,各部门落实执行。全体员工都必须严格遵守消防管理制度的要求,加强安全防火意识,各部门对本部门管辖范围内的消防安全,做到每天检查。

(1)消防设施管理。配齐灭火器、消防栓等消防器材,专人保管,定期检查,教育全体员工爱护消防设施,禁止毁坏、偷盗消防设施,不能将消防设施挪作他用;除发生事故,任何人不得私自动用消防设施;楼梯主干道必须保持畅通无阻,任何部门或个人不得占用或封堵,严禁在设定禁令的通道上停放车辆;任何人不得损坏消防设施和器材,妥善维护楼梯、走道和出口的安全疏散标志和事故照明设施;消防设施和设备要定期维修保养,清洁各类灭火器材的卫生,检查出口指示牌、应急灯等是否正常,消防门和消防通道是否通畅,消防栓和烟感器是否正常工作,对有故障的设施和设备要及时维修或更换,确保消防器材的完好。

(2)日常消防管理。饭店内设立禁烟区,在禁烟区内严禁吸烟、点火,吸烟可到吸烟室或其他指定地点,烟头及火柴余灰要随手熄灭。发现宾客在禁烟区吸烟,员工有责任礼貌制止,并引导其去最近的吸烟室。加强易燃物品管理,安全使用各种厨房设备,设备要经常保持清洁,切勿留有油渍。遵守安全用电管理规定,严禁超负荷使用电器。需要增设电器线路时,必须符合安全规定,严禁乱拉乱接临时电线路,以免发生事故。发生火灾,应立即通知安保部人员,按动最近的火警警报并拨打火警电话。

3.消防安全培训

安保部每季度对员工进行一次消防安全培训,新员工必须经过消防安全培训方能上岗。除消防安全制度的培训外,还应该让员工熟悉防火知识,学会使用灭火器械。

4.消防安全检查

安保部安排好消防执勤,消防监控中心24小时值班。组织人员对公共区域日常巡查,发现问题及时解决。安保部定期对各部门的消防安全设施进行检查,发现问题要求有关人员或部门及时整改。对消防安全的重点部门和区域定期巡查,对操作人员的违规作业及时纠正。安保部有责任配合消防机关检查饭店的消防安全,并根据要求及时整改。

5.消防工作改进和总结

根据消防安全检查结果,安保部有权对存在问题的相关部门或责任人进行处罚,并责令其对火灾隐患进行限期整改,然后对整改的情况进行检查验收。安保部可以根据检查结果及相关处理措施,改进消防实施,增补和修订消防计划,使得消防计划更趋于完善。每季度由安保部经理组织召开消防安全会议,对该季度的安全情况进行总结、评比,表现好的部门给予奖励。由安保部负责组织对消防安全检查和总结会议做好记录归档工作。在本次总结的基础上,由安保部组织,其他部门协同,编制下一阶段的消防安全计划。

(四)饭店突发事件处理

饭店是社会的缩影,人财物多、杂、流量大、环节多、管理难度大,饭店也是一个开放的系统,需要从社会其他行业获取设备设施、能源、资源以维系正常业务运转,这种依赖性实质上也体现出其脆弱性,因此饭店会因内、外部原因而面临突发性事件的影响。这些突发事件处理起来比较棘手,一旦不及时、不妥当处理,就会给宾客、员工的生理、财物、心理等造成一定的损害,而且还将影响饭店的可持续发展。因此,为了防范和制止突发事件的发生,饭店必须建立健全安全管理体系,规范突发事件的处理程序,正确应对突发事件,并及时有效地处理事件,把影响和损失减少到最低程度。

1.饭店突发事件处理流程

为了能有效组织处理突发事件,改善饭店突发事件处理机制,保护员工、客人和饭店的生命、财产和安全,落实饭店突发事件处理工作,应按照突发事件处理流程来开展相关工作,如图12-6所示。

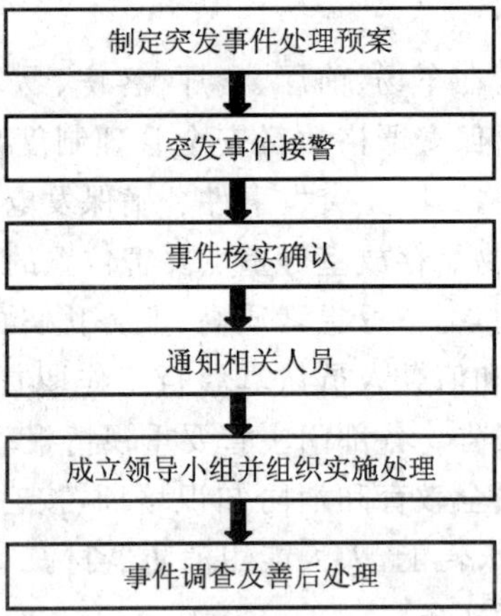

图 12-6　饭店突发事件处理流程图

(1)制定突发事件处理预案。根据饭店的安全制度规定及实际情况,制定饭店的突发事件处理预案。

(2)突发事件接警。饭店员工在工作过程中遇到突发事件时,要保持镇定,及时向安保值班室报警。报警时要说明事件发生的情况、地点、伤亡情况及本人的姓名、部门、职务等。

(3)事件核实确认。值班保安接到报警后,联系离出事地点最近的执勤保安去现场查看,如确有事件发生要保护现场,防止其他意外发生。

(4)通知相关人员。事件确认后,值班保安及时通知总经理或值班经理、安保部经理、前厅部经理、事件发生部门的经理、医务室、司机班等有关人员抵达现场救援。通知时要简明扼要地描述事件发生的情况、时间、地点。

(5)成立领导小组。饭店根据预案程序成立处理突发事件领导小组。小组由总经理担任组长并负责全权领导,安保部经理担任副组长,协助总经理工作,并负责现场指挥,小组成员由饭店安全管理委员担任。根据事件发展情况决定是否请求主管部门和公安机关帮助。在领导小组的安排下,根据突发事件处理程序对事件进行处理,在处理过程中首先要保证人员的生命安全。饭店全体员工统一服从处理突发事件领导小组的调动,采取必备的措施,运用适当的方式执行任务。如果事件有公安机关介入,所有人员必须积极配合公安人员的工作,服从公安人员的指挥。

(6)事件调查及善后处理。安保部应配合公安、消防、防疫等有关单位进行事件调查,根据调查结果,安保部出具调查报告,交总经理审批。总经理对调查报告进行审批,交代事件善后处理办法。经有关方面同意,对事件现场进行清理。对伤亡人员妥善安置,根据有关法律进行相应的赔付。

2.突发事件预防

安保部安排保安负责在车场、前厅、餐厅、客房、易发区域执勤巡逻,定时检查负责区域的安全状况。保安严格执行安全管理制度,时刻注意周边突发事件发生。关注异常行动和现象,防止突发事件。确保发电机组、锅炉、油库、煤气仓库、财务室、行李房、贵重物品存放室等重点要害位置的安全,以防重大灾害及事故发生。建立岗位责任制,配备思想素质高、业务优良的专业管理人员,明确职责,落实任务。各级值班和值勤人员认真履行工作职责,及时发现隐患,及时整改,发现重大问题,立即报告。各部门主管要重视情报动态,做好安全防范工作;安保部经常对员工进行安全教育和消防知识培训,按时定点做好灭火器材的检查保养,达到人人了解防火性能,人人能用消防器材。

3.部分突发事件处理实务

(1)发生爆炸、火灾等恶性事件的应急处理。发现爆炸或火灾,要立即组织现场人员进行扑救,最大限度地减少损失,不能让事件扩大。所在部门经理要沉着、果断,要及时报告饭店总经理和安保部,按预定方案各负其责,迅速组织救灾力量和器材,赶赴现场救灾抢险。员工要在总经理和防火领导小组统一指导下开展工作,保证现场秩序紧张不乱,对火警要根据燃烧物类不同使用不同的灭火器材快速扑救,转移易燃、易爆及重要物资,保证救灾通道畅通无阻。

节假日期间要求组织相应力量值班,一旦发生事件,迅速向安保部、电话总机及各部门经理报警,同时拨打相关报警电话,火警119、治安警110等。

(2)发生自然灾害等事件的应急处理。在台风、水灾等灾害事故来临之前,各部门经理、防火消防安全领导小组成员根据各部门的人员和设备物资状况,落实应急措施。各部门要组织人员昼夜值班,做好本部门重点和薄弱部位的安全保卫工作。现场指挥人员在抢险中要及时研究措施,确保救灾步骤,措施得当,处事果断,统一指挥,步调一致。

(3)发生斗殴事件的应急处理。保安加强对前厅、酒吧、餐厅和娱乐场所的巡查,注意发现闹事苗头并采取防范措施。服务员在工作中有安全意识,发现了闹事苗头能够及时报告并通知保安人员。值班员接到报警后,迅速到达出事现场控制事态,将斗殴双方分开带到安保部办公室处理,做好记录并提出对事件的处理意见。注意检查斗殴双方及当事人身上是否带有凶器,发现后及时没收。斗殴双方如果有受伤情况,立即与医务室联系,请医生进行治疗。如果事态严重或有伤害事件发生,及时报告公安机关,将案情和处理意见及时向上级报告,待批准后进行处理。

(4)发生抢劫、杀人等暴力事件的应急处理。饭店员工发现在饭店发生抢劫、谋杀、暗杀、枪杀等暴力事件,立即向安保部报案,说明发现暴力的事件、地点、情况和报案人姓名、职务、部门及报案地点。安保部接到报警后，填写突发事件记录表，迅速派人赶到现场，确认并做好现场保护工作；同时打电话向公安机关报警并通知总机请有关领导立即赶赴现场。保安人员携带必要的警械及其他工具，保护犯罪现场划定警戒区，维护现场秩序。向报案人、当事人、知情人了解案情并做好记录，对现场拍摄照片或进行录像。配合公安机关勘察现场，如果犯罪嫌疑人正在行动或逃跑应当立即擒获并派专人看守。如果有人质被绑架或扣押，把具体情况报告公安机关，并采取必要措施控制事态发展。了解整个案情及其发展并按照程序做好善后处理工作。

(5)爆炸物及可疑爆炸物的应急处理。饭店员工发现爆炸物或可疑爆炸物，立即打电话报告总机和安保部，说清时间、地点、情况、报案人姓名、部门、岗位，安保部填写突发事件记录表。立即组织人员到现场并疏散附近人员，设置临时警戒线，任何人不得擅自入内。立即向领导汇报现场情况，积极配合做好各项工作，组织有关人员做好灭火及抢救伤员准备。打电话向公安机关报案，协助公安人员排除爆炸物并进行测查。如果发生爆炸，指挥抢救转运伤员，疏散客人。对附近区域进行全面搜寻以消除隐患，同时询问发现人员及现场知情者并做好记录。将案情和处理意见及时向上级报告，待批准后进行处理。

(6)发生财物丢失的应急处理。饭店员工接到住店客人报案后，立即向前厅经理、安保部门报告，同时向本部门经理报告。安保部接到报案后，立即派人会同该部门经理到达案发现场，带笔录纸、照相机、手电、手套等所需用具，对案件进行初步认定并保护好现场。

认真听取失主丢失财物过程的各个细节说明，详细询问丢失物品特征；宾客明确要求向公安机关报案或丢失财物价值较大的，待请示总经理后报告公安机关，同时保护好现场，在公安人员未来到之前，不允许任何人破坏现场。宾客不要求报公安机关或公安人员不到现场时，注意听取失主对现场状况描述，了解失主物品情况，注意发现犯罪嫌疑人遗留的线索。按程序记录失主姓名、年龄、性别、国籍、职务、旅行目的、抵离店日期和具体时间及离店去向等。按程序记录丢失物品名称、种类、型号、数量、特征、新旧程度、特殊标记、有无保险等。按程序对现场进行仔细检查、调查和处理，摸排出重点嫌疑人，对案发时当班服务员逐一谈话，详细准确地了解事件的每个细节。

第十三章　饭店工程设备管理

工程设备设施为饭店经营的基础，是饭店提供优质服务的先决物质条件。饭店以工程设备设施为凭借，融合工作人员的服务劳动，为饭店宾客提供旅居的使用价值。饭店工程设备不但种类多样，数量庞大，而且技术先进，形式各异，专业技术性强；同时，饭店工程设备的购置成本和维护费用往往占据饭店成本费用的大头，直接影响饭店的收益创收。所以，饭店工程设备管理是一个综合复杂的过程，直接影响饭店各部门的正常运转。

饭店工程设备管理是通过一系列技术的、经济的、组织的措施，对饭店工程设备的投资决策、采购验收、安装调试、运行使用、维护保养、检查修理、更新改造及报废淘汰的全过程所进行的综合性管理。饭店工程设备管理主要由饭店工程部负责，饭店其他部门和全体员工共同参与，其目的就是通过正确地使用设备，精心地维护设备，使其处于良好的运作状态，从而实现最经济的设备寿命周期费用和最高的设备综合效能。饭店工程设备管理集现代工程技术、旅游服务知识、质量管理、财务管理、人力资源管理、信息管理及公共关系等多方面的知识内容，是一门多学科交叉的综合性学问。饭店工程设备管理绝不是简单地降点能耗、贴补墙纸、换换灯泡、修修马桶那么简单，也需要现代化的管理，需要现代化复合型的工程设备管理人员。不仅要求饭店工程设备管理者具有专业化的工程设备管理知识和技能，还要求具备先进的管理理念。工程设备管理的落后严重影响饭店效益的创造，甚至成为饭店发展的桎梏。1987 年，世界旅游组织的何塞·阿·费雷罗顾问在我国调查了一百家不同类型的饭店之后，得出这样一个结论："缺乏维修和保养是中国饭店普遍存在的一个非常严重的问题。这造成中国饭店有效寿命极短。"据了解，我国饭店翻新周期一般为 4 年左右，而外资酒店的翻新周期一般为 8 至 10 年。

第一节　饭店工程设备管理概述

一、饭店工程设备的分类

饭店工程设备不仅种类和数量庞杂，涉及饭店各部门所配置、使用的各种物质设备，具有长期、多次使用的特性，在会计核算中属于固定资产，而且这些物质设备分散在各个部门，由工程部和使用部门共同管理。为了做好对饭店工程设备的管理，为饭店工程设备资产管理、维修保养、更新改造提供客观依据，首先需要对饭店的工程设备进行科学分类。应该强调的是，饭店工程设备分类的方法很多，各种设备设施如何归类也不是统一的。设备种类的多寡、数量的多少由饭店的星级档次、类型定位而决定。饭店星级标准决定了饭店必备的设备设施下限，但各饭店设备的设置并不是仅限于星级标准的设备规定，而是与不同饭店类型下的不同市场定位、经营特色、产品提供等有直接关系。同时，饭店对设备的归类也是根据各饭店对设备归类法的认识而定的，归类的结果一是要包括饭店所有的设备，二是要便于科学管理。以下介绍的是常见的一般分类方法。

(一)建筑物

主要是房屋建筑。包括主楼、裙房及其他附属建筑物。

(二)供水、供气设备

包括锅炉、冷冻机、新风设备、热交换器、冷热水箱、冰库等设备及与之配套的管道系统。

(三)供电设备

主要是供电和用电设备。包括变配电设备、供电系统及用电设备。

(四)电梯设备

常见的客用电梯主要分为两种类型：垂直升降型电梯和自动扶梯。根据电梯的整体结构组成，可将电梯设备划分为机房、井道、门厅和轿厢四个部分。

(五)通信设备

包括电传、传真、电话等通信设备。

(六)计算机设备

即饭店的计算机系统。

(七)接待服务用设备

各前台部门使用的服务设备，如服务车、行李车等。

(八)清洗与卫生洁具设备

即清洁设备、洗涤设备和卫生洁具设备。包括:吸尘器、吸水机、扫地机、地毯清洗机、磨光打蜡机、抛光机、洗地机、擦地机、吹干机、沙发清洗机、高空擦窗机等清洁设备;干洗机、水洗机、脱干机、压干机、水洗脱干机、烘干机、熨平机、熨烫整形机、自动折叠机、熨烫平台等洗涤设备;洗脸盆、座便器、小便器、浴缸等卫生洁具设备。

(九)家具设备

用于接待客人、行政办公及其他用途的各种家具类设备及家用电器。

(十)厨房设备

厨房用各种烹调、制作设备。饭店厨房与餐饮设施设备所包含的种类最为繁杂,从大的方面可以分为:厨具、燃气具、烘烤设备、橱柜、冷藏设备、洗碗机、消毒设备、层架、加热器具、制冰机、中厨及西餐设备、食品机械和其他器具等。

(十一)娱乐健身设备

指供宾客娱乐或健身的设备设施,如网球场、保龄球、蒸汽浴、游泳池、健身房、台球房等。康乐设施与设备可以为客人提供休闲、娱乐、健身、美容和按摩等各项服务,完善配套的康乐设备设施不仅能够更好地方便住店客人,而且对于吸引外部宾客、扩大客源市场和提高饭店对外声誉都有重要的影响。此外,康乐经营部也是饭店创利的主要部门,因此,康乐设备设施在饭店服务经营中具有重要地位。

(十二)消防安全设备

包括火灾探测器、消火栓、自动喷淋灭火系统、化学灭火设备、防火隔离设施、报警系统等设备设施。消防安全系统设备是所有饭店必须具备的核心设备。没有安全,就没有饭店经营。饭店消防安全工作的好坏,不仅直接影响饭店自身的正常运营,影响客人和饭店员工的生命安全,影响饭店的财产安全,还影响客人的消费满意度,影响饭店声誉,从而影响饭店经济效益。

(十三)系统设备

指通过管线或其他方式联系并自成系统的设备设施,如上下水道系统、排污系统、供电系统、空调系统、音响系统、闭路电视系统、电话系统、计算机管理系统、报警系统等。

二、饭店工程设备管理的目标

饭店工程设备管理的总体目标是通过对设备进行综合管理,保持饭店等级规格,保证饭店各种工程设备处于完好、有效、安全状态,满足客人的消费需求和各部门生产经营活动的需要,并不断改善和提高饭店技术装备素质,充分发挥设备效能,合理节能降耗,实现良好的投资效益、环境效应和社会效应。饭店工程设备管理的目标具体体现在五个方面。

(一)合理设置设备

合理设置设备,以保证设备配置与饭店等级规格及客户市场的消费需求相适应。饭店设备设置具有两个方面的内涵:一是饭店对所缺乏设备的设置建设;二是饭店对已有的但不再适应饭店经营要求的设备设施的更新改造。饭店设置设备必须根据饭店的星级和经营决策计划,由工程部和设备使用部门共同商讨研究,并由上级主管领导批准同意。

(二)保持设备正常完好

通过正确使用、精心维护保养、适时检查修理等手段和方式使设备保持正常、完好、有效、安全状态,保证饭店经营的需要。饭店通过制定具体、详细的设备管理制度和标准,要求操作人员与维修人员严格按照规程操作,以保持设备的正常完好。

(三)加强设备更新改造,改善和提高技术装备素质

技术装备素质是指在技术进步的条件下,技术装备适合饭店经营和服务发展的内在品质。改善和提高技术装备素质的主要途径,一是采用技术先进的新设备替换技术陈旧的设备;二是应用新技术改造现有设备。后者通常具有投资少、时间短、见效快的优点。

(四)充分发挥设备效能

设备效能是指设备的生产效率和功能。设备效能的含义不仅包含单位时间内生产能力的大小,也包括适应各种生产的能力。发挥设备效能就是要合理选用技术装备,在保证饭店服务质量的前提下,减少能源消耗、提高生产效率;通过技术改造,提高设备的可靠性和维修性,减少故障停机和修理停歇时间,提高生产效率。

(五)实现良好综合效应

饭店工程设备的良好综合效应体现在以下两方面。

一是实现良好的设备投资效益。设备投资效益是指设备在寿命周期的产出与投入之比。实现良好的设备投资效益,是提高以经济效益为中心的思想在设备管理上的体现,也是设备管理的出发点和落脚点,提高设备投资效益的根本途径在于推行设备的系统管理。

二是通过节能降耗、保护环境,实现良好的环境效应和社会效应。节能降耗、保护环境是饭店设备选择的重要标准。采用先进的节能、环保方面的技术、设备和管理方法,实现设备使用过程中能够充分利用能源,降低耗能,同时减少噪音、废气、污水、烟尘等的排放。加强工程设备管理,在工程部协作下,水、电、气、煤、油等主要能耗部门建立并实施责任制，鼓励饭店按标准《节能监测技术通则》(GB15316－2009)要求进行节能测试和能源审计；严格遵守国家或地方污染物排放标准，减少污染物排放浓度和排放总量，按照当地环境目标减排直至达到零排放。

三、饭店工程设备管理的特点

(一)涉及范围广泛，管理对象庞杂

饭店工程设备管理涉及企业内部和外部。从饭店内部而言，工程设备设施分散于各使用部门，种类繁多，数量庞大，在现代饭店中，几乎每个部门、每个岗位、每个环节都会涉及不同数量的设备设施。饭店工程设备管理主要由饭店工程部负责，通过其他部门和全体员工的共同参与而实现。因为设备设施管理的工作内容和职责涉及不同部门和人员，购置、全面维护保养、维修、改造由工程部承担，设备使用和日常维护以业务部门为主，价值管理则归财务部门，故而工程设备管理的内部协调性很强，必须加强工程部与各部门的协调和沟通联络。从饭店外部来说，锅炉、配电、燃气、排污等重要设备设施一般都要接受环保、消防、安全等政府主管部门的管理和监督，必须严格执行相关的法律和规定，因而工程部必须加强与这些部门的联系，工程设备管理工作又具有了外部协调性。

(二)技术标准高，管理要求严

一方面，饭店业的世界性与现代性要求饭店设备性能较为先进，自动化水平与技术标准都很高；另一方面，饭店为宾客提供的优质服务对饭店设备效能和安全系数的要求极为严格，对设备管理水平要求很高。饭店设施设备不仅要求能够正常运转，还要求完好无损，任何一点差池都会影响宾客的满意程度及饭店形象。

(三)工作综合性强，对工程技术人员素质要求高

饭店工程设备管理集现代工程技术、旅游服务知识、质量管理、财务管理、人力资源管理、信息管理及公共关系等多方面的知识和技能为一体，具有较强的综合性特征，所以对工程技术人员的素质要求较高。在日常的工作中，首先，要求工程技术人员技术能力强，能做好相关设备的设计、安装、使用和维修保养工作，最好是一专多能；其次，要求工程技术人员具有较强的服务意识和良好的服务技能，能够较好地为前台部门和饭店宾客服务；再次，要求工程技术人员具有现代管理理念和沟通、协调、组织能力。

四、饭店工程设备管理的重要性

饭店被形象地称为旅游者的“家外之家”，但现代饭店为适应宾客日益增长

的需求，其功能已不再仅仅限于提供食宿，从衣食住行、安全舒适，到视听娱乐、购物美容、体育健身、商务谈判、社交会友，设备设施名目繁多，服务类型日益完善。一个现代化饭店的设备设施费用占总造价的比例逾三分之一。同时，饭店对设备的依赖性也逾加增强，一旦设备出了故障，服务必然受到影响，且很多时候基本上无法依靠软件来代替。所以，抓好工程和维修管理工作，是饭店经营能否取得成功的关键之一。可见，如何保养和管理好饭店设备已是一个十分重要的课题。

（一）工程设备管理是饭店正常运转的基石

饭店是为客人提供食宿等综合服务的企业，它的运营离不开各种设施设备的支持。饭店通过各种设备和系统向宾客及饭店各部分供应能源、设备使用、冷暖及其他各种旅居条件。只要工程设备发生故障，整个饭店都会因此而发生全部或局部瘫痪。举个简单例子，供电系统出现故障，会导致整个饭店工作混乱、空调失效、电梯不通等，这些事故都会给饭店服务造成严重不便，影响饭店的经营。所以，饭店设备设施和各项系统应始终保持在正常、完好的工作状态之中。

（二）工程设备管理是饭店服务质量的保障

设备设施、服务水平、实物产品和安全构成了饭店服务质量的四大要素，设备设施是后三大要素得以实现的基石和前提。由于饭店是以出售服务为主要产品的企业，饭店经营的宗旨就是要尽可能地获取客人的最大满意度并取得较好的经济效益。离开了作为服务基础的设备和设施，服务就成了无源之水、无本之木，即使是服务态度再好，也难以满足客人的需要。

（三）工程设备管理是保持饭店等级水平的保证

中华人民共和国国家质量监督检验检疫总局批准颁布的《饭店星级的划分与评定》（GB/T14308－2003）对饭店的星级划分规定了明确的标准。其中，对设施设备及服务项目、维护保养设备等都作了明确详细的量化规定。饭店为了达到和保持星级标准，必须按照规定对饭店的设备设施进行设置和日常管理。所以，饭店设备管理会影响到饭店的规格标准，是保持饭店等级水平的重要保证。

（四）工程设备管理是饭店减少成本、提高经济效益的关键

首先，工程设备建设、购置投资支出是饭店造价中的大头，一个现代化饭店的设备设施费用占总造价的比例逾三分之一。其次，工程设备运行使用中的维修保养等费用构成了饭店支出的一个较大部分，直接影响到饭店的利润。再次，对设备设施的有效管理，一是能够节能、环保，降低损耗，从而减少经营费用支出；二是良好的维护保养，可以延长设备设施的使用年限，实现可观的投资效益。降低成本、减少费用就是增加利润，饭店应该在设备管理过程中制定严格的设置、运行、检查、保养和维修管理等各项制度，以尽可能减少损耗，延长设备使用年限，提高饭店的经济效益。

（五）工程设备管理是饭店工作效率提高的基础

工程设备管理提供的设备、水电、系统设施等直接为宾客的旅居生活服务，同时，工程设备管理工作也为饭店其他部门服务，工程部业务运转的状态将对其他部门的业务的开展和效率的提高产生影响。此外，现代饭店采用了各种提高运作和管理效率的设备，如计算机管理系统设备、网络控制系统设备、电视会议系统设备等，通过使用这些设备，可以大大提高饭店经营的工作效率。而对这些设备设施的管理也是工程设备管理的一个范畴，工程设备管理的效率将影响到使用设备部门的工作效率，从而影响到整个饭店的工作质量和服务质量。

（六）工程设备管理影响到饭店产品售价

饭店的工程设备是饭店硬件水平的体现，决定了饭店的档次，直接影响到饭店的服务质量和价格水平。饭店的设备设施应该与饭店的经营档次和规模相配套、相适应，并处于良好运行状态，以便随时能向客人出售最佳的服务，使客人享受到舒适、方便和宜人的服务并感到物有所值。完美的服务加上完好的配套设备，就能使饭店以合理的价格出售服务产品。

（七）工程设备管理关系到饭店安全

饭店的经营过程必须保证宾客的生命安全和财产安全。饭店必须尽一切可能为宾客创造安全的旅居环境，使客人获得安全感。饭店的安全设备设施系统，如消防设施、电视监控系统、安全报警系统等，必须配备完善并处于完好运行状态，绝不能在出现应急状况时失灵，致使饭店及宾客的人、财、物遭受损失。

（八）工程设备管理关乎饭店声誉

饭店产品是由硬件设备设施和软件服务所构成的一种整体产品组合。以硬件设备为基础、以饭店服务为特色向宾客提供有形和无形的综合性服务是饭店经营的本质所在。良好的饭店服务形象必须建立在良好的设备基础之上，一个饭店，如果某项设备运转不正常，哪怕只是偶尔的一次，其影响的将是整个饭店的声誉。

第二节　饭店工程部的任务和组织机构

饭店的所有部门通常被习惯性地分为前台、后台两个部分。前台部门是直接面对宾客，为宾客提供面对面服务的部门；后台部门主要是向前台部门提供对客服务所需的各种条件。没有前台部门，后台部门的工作就失去了意义；而没有后台部门的协助，前台部门也无法让客人满意。只有共同努力，互相配合，才能真正发挥饭店的功能，实现饭店的目标。饭店工程设备主要由工程部负责管理，其他部门和全体员工共同参与管理。作为饭店的技术、能源、动力核心部门，工程部要保证前台及整个饭店所需设备设施和各种能源的供应，每个服务部门的运转都无法离开工程部的协作和支持。

一、饭店工程部的主要任务

（一）负责饭店全部设备设施的管理工作

饭店设备设施包括所有在用的和暂时未用的各种设备设施。饭店工程设备管理要求工程部对饭店设备设施的配置作出初步决策，提出配置方案。并对设备设施的选择、购置、运输、安装、调试、使用、维修、更新等负有主要责任。同时，还要做好设备的资产管理，如分类编号、登记保管、建立技术档案等。

（二）确保设备设施的正常运转和使用

工程部要对饭店所有设备设施的功效、性能、使用方法等了如指掌，帮助使用者或操作者正确使用和操作，做好设备设施的维护、保养、维修等工作，保养良好，维修及时，从而保证其安全运转，并能够提高使用效率，延长使用寿命。

（三）负责饭店的能源供应，注意节能环保

饭店经营所需的电、水、气、冷暖空调等各种能源均需要由工程部及时、保质、保量地供应。此外，工程部在保证供应各种能源以满足宾客需要的同时，还要根据饭店计划要求定量消耗各种能源、原材料和资金，在合理而可能的情况下，实施能源管理计划，尽量节约能源消耗，降低费用，实现环境保护。

（四）控制设备成本，节约维修费用

工程部在选择、购置设备时应特别慎重，除考虑其质量、性能等因素外，还要货比多家，控制设备成本。同时，应对维修保养加强管理，既要保证饭店需要，又要尽力减少费用开支，从而提高饭店经济效益。

（五）拟订饭店设备设施的更新改造计划

工程部应根据饭店经营需要，提出设备设施的更新改造计划，供饭店高层决策或批准实施。大范围或大规模的更新改造由饭店公开招标施工。

（六）负责饭店一定规模的土建及设施改造和保养

一般而言，大规模的土建项目由饭店统一领导，成立专门的基建办公室负责，平时一些小规模的土建则由工程部负责组织设计、施工，饭店的一些装修项目也可由工程部来完成。饭店改造时，不管是全面改造，还是局部改造；不管是客房、餐厅、大堂等前台部分改造，还是局部的设备设施改造，都应由工程部负主

要责任。此外,在日常工作中,工程部还要负责各客用部分建筑设施的日常维修工程,如外墙粉刷贴面,墙纸贴补,地面维修,各种装饰物的损坏修补等项目。同时,家具设备的修理、油漆翻新等工作也由工程部承担。

(七)负责饭店节日装饰、活动现场布置

包括节日期间的装饰,如彩灯霓虹灯造型装饰,圣诞节的圣诞树、圣诞老人装饰等,以及逢喜庆、重要任务或大型活动时的现场布置、装饰任务。有关的土木搭建、电路电器、机械装置等工作,也需要工程部承担。

(八)负责与工程有关的对外联系

对外联络也是工程部的一项重要工作。工程部的很多业务和外界各部门有着密切的联系,如:与环保、卫生防疫、公安消防、市政工程、水电管理、城市绿化等各部门加强联络与协调,以取得这些部门的支持与帮助;同时,工程部要熟悉这些部门的有关规定,并加以严格执行,因为一旦违反了相关法规及制度,饭店将会受到相应处罚。委托建筑设计部门帮助建筑设计、改造及装修设计。委托安装部门帮助进行设备安装设计。请求有关部门给予饭店工程项目的审批等。

二、饭店工程部的组织机构

工程部的组织机构通常根据饭店规模的大小,设备设施状况,经营决策的不同要求而设置。饭店可以根据自身实际情况来进行组织机构设置,但不论怎样,工程部机构设置都要考虑技术和专业化程度、合理的劳动组织和效率以及编制定员控制。以下介绍的是几种常见模式。①

(一)专业集中模式

专业集中模式由总工程师统领专业工程师,再由各专业工程师分别承担专业维修组的技术管理工作,如图 13-1 所示。这种组织形式的优点是专业技术力量集中、分工明确、维修质量高,强调了垂直管理和效率,有利于对复杂程度高的设备进行维修,也有利于专业队伍管理和技术水平的提高。其缺点在于一种设备通常需要两个及以上的专业技术人员合作,使得编制定员增多。另外,由于不同工种属于不同专业班组管理,所以增加了横向协调管理难度。

(二)区域分散模式

区域分散模式是一种按设备系统组成和部门分布来划分的组织结构,如图 13-2 所示。这种组织形式的优点是在划分出明确的区域性、系统性责任界限后,容易使设备的管理与维修责任明晰;在具体工作中,有利于不同专业工种之间的相互配合和学习;由于针对各个区域部门配备了专门的维修组,所以便于及

① 陆净岚,王文豪.饭店工程部高效管理[M].北京:旅游教育出版社,2007:25—27.

时满足经营服务的需要。其缺点是维修力量分散，不利于技术人员专业化水平的提高。

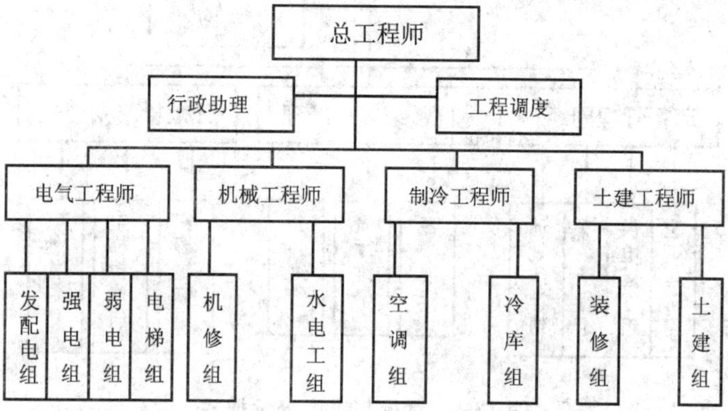

图 13-1　专业集中模式

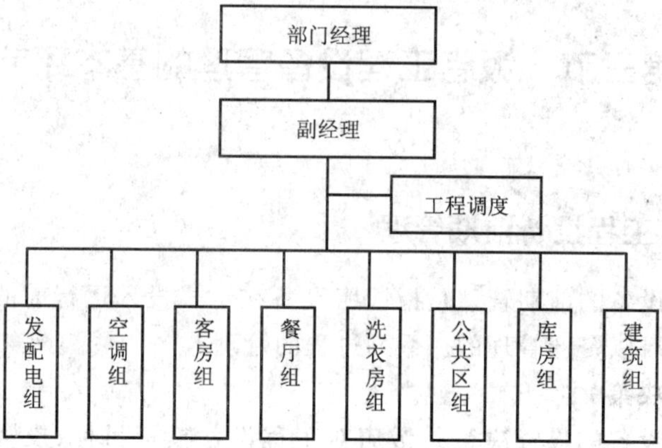

图 13-2　区域分散模式

（三）运行与维修分设模式

运行与维修分设模式是一种把设备运行管理和维护检修分开的模式，如图 13-3 所示。这种组织机构的特点是通过把设备运行与检修分开，突出了两个方面的工作重点，有利于提高设备日常运转效率、节约能源、降低损耗。但困难之处在于这种模式要求日常维修人员能在自己负责的日常维修责任区域内采用不同专业工种的技术处理各种问题，对维修人员的技术结构和能力水平要求较高。

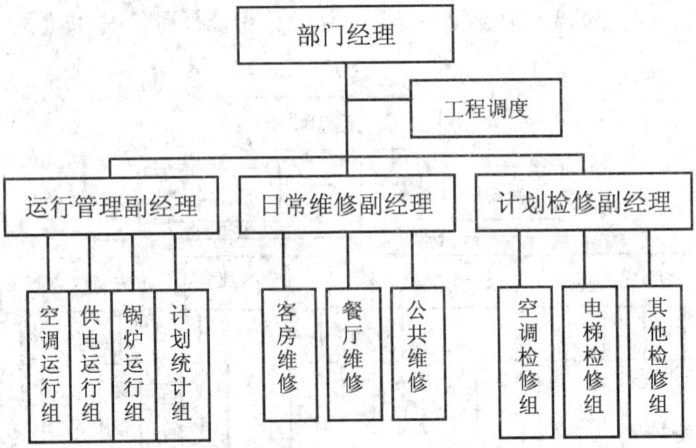

图 13-3 运行与维修分设模式

第三节 饭店工程设备管理的基本环节

一、饭店工程设备前期管理

饭店工程设备的前期管理是指饭店设备在正式投入运行前的投资决策、采购验收、安装调试、资产管理的一系列过程的管理。

(一)投资决策

饭店工程设备的投资决策是饭店对工程设备投资目标、投资规模、投资结构、投资成本与收益等投资活动中的重大问题进行的分析、判断和选择。工程设备投资决策决定饭店的运行成本、生产效率和产品质量,是饭店工程设备管理中的一个重要环节,决定着如何以尽可能小的投资成本实现最大的投资目标。饭店工程设备投资决策主要包括以下内容。

1. 编制投资规划方案

根据饭店星级要求和经营决策,结合饭店工程设备的实际情况,充分听取工程部技术人员、使用部门人员的合理意见和建议,编制饭店工程设备投资规划方案,规定设备规格、数量、采购和验收等具体制度及计划,确保饭店采购的设备符合预期要求。

2.选择设备

饭店作出工程设备投资决策无外乎是基于两种情况:一是饭店缺乏某些经营所需的设备设施,需要购置配备;二是饭店的某些设备设施已不能适应饭店经营和市场需求发展的要求,面临改造更新问题。所以,饭店需要从经营战略和目标,考虑生产和市场需求、新产品开发、节能、安全、环保等方面的需要,以技术上先进、经济上合理、经营上适用、运行上安全可靠便于维修几项基本原则为指导,由知识全面和熟悉设备的相关人员,特别是工程部技术人员、使用部门工作人员和饭店管理专家参与选择设备,避免因投资不当而给后续工作带来不便或造成经济损失。具体而言,饭店在选择设备时应考虑到以下因素。

(1)适用性

评估、选择设备首先要考虑其是否适用,饭店是否真正需要,具体可从以下几个方面着眼:设备设计先进、使用方便、便于清洁保养,符合国际标准(经ISO9000)认证;设备安全,具有安全自动控制装置;设备互换性能好、检修方便、零部件通用性强;设备外观和使用皆给人以舒适感;设备和饭店的其他已有设备水平一致,和饭店的档次相匹配等。

(2)饭店现有设备情况

对饭店现有设备情况进行分析,包括:使用状况良好的、状况不好但仍可继续使用的、应改造的、应更新的。要具体分析各种设备的技术指标情况、设备性能、经济效益,以及对宾客的适用性等,以提出客观适用的购置计划。

(3)同类设备的市场情况

饭店在选择和购置设备设施前要明确同类设备设施的市场情况:一是要了解同类设备的使用趋势,注意国际和国内先进技术对该类设备使用的影响;二是要关注宾客对该类设备之需求倾向。

(4)节能和环保

节能和环保是饭店选择设备必须考虑的两个要素。节能,即设备能够充分利用能源,耗能少,是衡量设备的一个重要指标,直接影响到饭店成本费用的控制及经济利益的提高。环保的要求是减少噪音、废气、污水、烟尘等的排放。根据中华人民共和国国家标准《绿色饭店国家标准》(GB/T 21084—2007)的要求,饭店要遵守国家或地方污染物排放标准,减少污染物排放浓度和排放总量,按照当地环境目标减排直至达到零排放。

(5)配套性

饭店设备种类繁多,要注意设备的相互配套。主要包括以下内容。

一是单项配套。即某一用途的设备自身要形成配套,如客房家具配套、卫生间洁具配套、洗衣房设备设施配套等。

二是相关设备之间的相互配套。主要指能源动力、供应设备、使用设备的相互配套,如锅炉冷冻供应量和输送管道、空调用量相一致。

三是外观匹配。主要是指工程设备在色彩、体积、造型等方面和饭店的基础风格相匹配,协调一致。

(6)经济性

在对上述因素进行充分分析、衡量、评价后,需要对设备的经济因素进行评估。评估设备的经济性可从以下三方面入手:一是分析投入与产出,也就是分析投资和效益之间的关系,评价经济效益上的合理性;二是评价费用支出的合理性,特别是要考虑到以后的使用费用和维修费用的合理性;三是评析使用时间和利用效率的合理性。

(二)采购验收

1.确立采购制度,制订采购计划

饭店设备采购决定着饭店的等级、类型、运营成本及设备寿命。饭店须确立采购制度,并依据工程设备投资决策方案,制订具体采购计划,采购部和工程部要严格执行采购标准,严格把关设备质量和性能,以保障采购目标的实现,为后续的设备管理打下良好的基础。

2.相关部门相互协作实施采购计划

工程设备的采购是一项较为专业的工作,饭店的设备采购一般有两种方式:一种是统一由采购部采购;另一种是由工程部自行采购。两种方式各有利弊:由采购部统一采购有利于饭店的采购管理,但是,由于采购部人员往往缺乏专业技术知识,所以无法控制采购的设备质量,特别是设备的适用性会因此而降低;由工程部自行采购能够保证采购设备及零配件的质量,但饭店难于对采购过程进行有效控制。所以,现代饭店一般采用联合采购的方式,由采购部和工程部协作完成设备采购工作,以减少采购中的盲目性和片面性。

3.加强采购合同管理

采购合同管理具有较为广泛的概念,除订货合同及协议书(包括附件和补充材料)之外,还包括订货过程中的往返电函、会议纪要和订货凭证、单据等,都属于合同管理的范畴,应妥善保管,以便在订货过程中查询和在执行合同时验收。饭店要按档案管理的要求和方法,对合同进行编号、归档,并设立专门的台账。

供需双方应就下述事项达成一致意见并在饭店工程设备采购合同中加以确定:设备的具体规格、技术性能和专门要求;设备附件的要求;设备用途和加工范围的要求;操作性能、结构合理性的要求;安全防护装置的要求;交货期、付款方式的要求;技术培训与服务,包括配件、图纸资料、维修作业指导书;违约责任等。

4. 抓好设备采购验收

对外购设备运抵饭店后的验收工作，是饭店设备前期管理工作中的一个重要环节，也是对饭店工程设备投资决策最终实现的检验。当设备运抵饭店后，必须及时开箱验收。一般的做法是，由工程部经理组织，财务部、采购部、设备备品、仓库、档案室及使用部门等有关人员参与共同验收，检验装箱单、合格证书和技术文件是否符合订货合同要求，查看设备是否完好，按照装箱单仔细核对品名、型号、数量、备品备件等项目，在认定合格的情况下，才可办理登记入库手续，若有问题，应及时和有关单位进行交涉。如果属于进口设备，则必须由海关开箱，按合同、报关单、品名、规格、数量等项目进行检查，还要由商检局依法检查设备质量，出具检验报告。

有些饭店，对验收工作的管理没有引起足够重视，有些设备甚至不验收，给饭店工程设备管理带来很大困难。同时，还要认识到，验收工作除了对设备的价格、质量的检查外，对有关资料、备件的验收也不容小视。

(三)安装调试

设备的安装调试是影响饭店运行效果的重要环节，其工作程序如图 13-4 所示。①

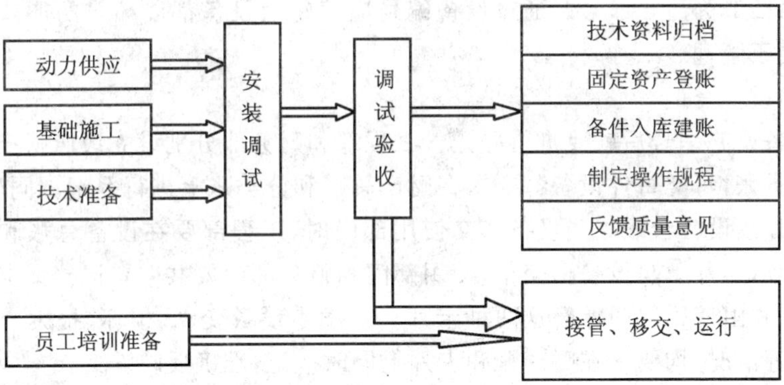

图 13-4　设备安装调试工作程序

设备安装调试工作可由工程部相关技术人员承担，也可委托专业施工单位完成。如果委托专业施工单位进行设备安装，工程部要指派专人负责监督质量和进度，并做好安装调试记录。对于工程部技术人员而言，专业施工单位对设备的安装调试过程本身就是一个非常好的学习、培训机会，应该加以充分利用，共同参与。专业施工单位对设备的安装调试工作完成后，饭店工程部要负责进行

① 仇学琴. 现代饭店经营管理[M]. 北京：北京师范大学出版社，2012：285.

验收，安装单位须提供完整的原始数据。而对特殊设备的安装调试验收，如电梯、锅炉等，还应聘请有关专业技术主管部门参与，最后由参加验收的各方负责人共同签字认可。

（四）设备资产管理

工程设备一经购置，就属于饭店的财产。饭店设备资产管理是对饭店设备财产的形态和状况进行管理，目的是掌握饭店的设备家底，了解饭店设备财产的分配、归属、运行状况，为固定资产的折旧和修理计划的制订提供依据。设备资产管理的主要工作如下。

1. 设备档案管理

(1)设备分类编号

工程部负责对饭店所有的设备进行汇集，然后进行归类、编号。对饭店设备进行科学的分类编号有利于加强设备管理工作，设备编号由两部分组成：一是基本编号和附加编号。基本编号用于区分不同种类的设备，例如用 A、B、C、D 或甲、乙、丙、丁等代号代表不同类型的设备；附加编号用于区分大类下的细类设备类型，如用 a、b、c、d 或 1、2、3、4 等标志，附加编号可以根据不同需求进行增减。二是固定资产基本编号，一般采用 2 节 7 位数字编号方法。第一节为类别来源编号，第二节为建账序号。通过设备编号应使每个设备都以编号的形式在账上有名，便于管理。

(2)设备登记

设备设施编号后就要进行登记。工程部和财务部分别设立饭店财产总账和财产分类账，每类每件设备都要求在财产总账和分类账上进行登记。同时，建立档案卡片或设备台账。当设备移交使用部门时，工程部要在设备总账和分类账上及时登记，并填写设备移交单；使用部门和财务部门要共同登记档案卡片或设备台账，并由使用部门保管这两种卡片。凡发生设备变动、损坏、报废、出售、提取折旧等情况，均要求在财产账和卡片上同时登记，准确反映。

(3)设备技术资料档案管理

设备技术资料档案管理是一种重要的设备资产管理手段。通过建立设备技术档案，可以汇集和收集设备运行的重要状态参数，为设备的技术改造提供重要依据；可以探寻设备管理和检修的基本规律，增强对设备的认识和了解，提高设备的维修管理水平。

现代饭店的工程设备技术资料通常包括：饭店施工竣工后的整套验收档案资料；各类安装设备的技术规范、技术标准、操作使用说明书；各种大型设备、关键设备、技术复杂设备的名称、型号、性能、规格、出厂名牌、出厂时间、原始技术数据和运行测试技术数据、新设备的维护、保养记录等；设备维修的历史资料，设备维修保养情况说明，设备在使用过程中的事故状况报告及事故维修记录、发生故障的现象、在修理过程中动用和修理过的故障部位和故障点、修理内容、更换过的零部件名称，设备检查记录表，设备拆装和修理的现场照片，设备改进和改装的原始记录、维修时间以及修理者等；设备的新技术信息及有关资料、设备使用的各项操作规章制度；员工的技术考核标准、技术等级状况、人才结构状况。

所有设备技术资料要登记在册，进行档案管理。每套技术资料要有与设备相应的编号，以便查找。技术资料由工程部集中保管，借阅者要办理借阅手续，经常要用的技术资料可再复制一套交使用部门保管、使用，一些设备的使用说明书等文件资料可直接交给使用部门。

2. 设备分级归口管理

饭店工程设备设施实行分级归口管理，即设备设施归由哪个部门使用，就由该部门进行日常管理。归口后，对设备设施管理的职责要作明确的规定，责任到部门。如空调风机的外观维护归由使用部门负责，而整个系统的维护管理由工程部负责。

3. 设备的迁移和处理

设备迁移指对设备作位置移动或在部门之间进行转移。设备处理指对饭店闲置不用或淘汰的尚有使用价值的设备进行有偿出售或在饭店之间互相调剂使用。设备的迁移和处理由设备使用部门提出意见，报主管部门或总经理批准后由工程部具体实施；也可由工程部提出方案，经与设备使用部门协商后报饭店审批，再由工程部负责实施。

4. 设备报废

设备报废指对超过核定的使用年限，或损坏无法修复，或因无形磨损提前更新的设备办理报废手续。工程部制定设备报废的手续程序，设备使用部门提出设备报废申请意见，由工程部会同有关技术人员进行技术鉴定，经鉴定后或实施报废，或上报饭店。根据设备原值划定一个标准，在此标准下或折旧已提完的，由工程部审批报废；折旧未提完的，或价值在标准以上的，则由饭店审批报废。

二、饭店工程设备运行管理

（一）制定饭店设备运行管理制度

饭店设备运行管理制度是工程部有效运行的基本保障。饭店设备的运行管理制度包括两大部分：工程部设备机房管理制度和设备的运行操作规范。

1. 工程部设备机房管理制度

工程部设备机房管理制度是对机房管理的共性问题作出的统一规定，主要包括值班制度、安全管理制度、巡检制度、清洁卫生制度等内容。

(1)值班制度。值班制度把当班人员的工作职责、工作任务、工作资格、交接班要求等内容结合起来，通过科学合理的值班制度，对饭店设备的运行进行操作、监控和巡查。

值班人员的职责明确了员工在当班时的任务和责任，综合而言主要包括下述内容。

①接班。听取交班人员的介绍，查看交接班本上记录的交班内容，巡查设备运行情况，在交接班本上的接班人处签名。

②值班。对设备进行运行操作，对设备进行维护保养，做好设备清洁卫生工作，巡回检查设备系统，做好设备运行记录，完成上级交办的其他任务。

③交班。在下班前做好交班记录，向接班人员介绍本班运行情况。

为确保设备的安全运行，重要设备的值班操作人员必须持有相应资格证书方可上岗。

(2)安全管理制度。设备的安全运行是确保饭店经营的基本条件。设备运行安全管理包括治安、消防安全和设备操作安全。设备安全操作规程包含在各机房设备运行管理制度中，而安全管理制度强调的重点是机房的治安和消防应遵循的规定。机房安全管理制度有以下主要内容。

①安全生产原则。机房安全必须坚持以预防为主的原则，抓好员工安全教育和相关技能培训。

②安全责任制。明确各级管理人员及值班人员的安全责任。

③建立安全生产规范。各机房须根据设备系统的特点制定安全管理规定，认真实行安全设备设施的定期检查；严格执行饭店保安部安全管理规定，坚持来访人员登记制度，严格控制无关人员进入机房。

(3)巡检制度。机房操作人员在值班期间必须按要求对设备运行情况进行检查，以便能及时发现问题，排除隐患，确保系统正常运行。巡检制度有以下主要内容。

①巡检时间。规定巡检间隔时间。

②巡检内容。各机房要将巡检的设备、部位、内容制成巡检表，值班人员要按巡检表的内容进行巡检。值班人员在巡检过程中发现问题，须立即解决，对一时无法解决的问题，要及时报告上级，尽快研究解决措施，并安排人员进行处理。

③巡检记录。每次巡检结束，须按巡检表上的要求进行详细记录。

(4)清洁卫生制度。保持机房的清洁整齐是消除磨损源、减弱外界磨损因素对设备的影响、延长设备使用寿命的有效措施。各机房必须保持卫生清洁，按时进行清洁卫生工作，做到地面无积水、无脏物，门窗、家具、用具无积尘，设备表面的金属显示本色，油漆有光泽，所有物品、原材料放置整齐。

2.设备的运行操作规范

设备的运行操作规范是对饭店设备的操作、运行、维护、安全等方面进行管理的一系列制度要求。饭店设备繁多,不同设备的情况不同,管理制度各有特点,但基本要求是相似的。饭店设备运行操作规范一般包含下述内容。

(1)设备操作规程。设备操作规程是设备运行最基本的规程,主要内容包括:设备启动前的准备工作;设备启动时的操作步骤;设备运行中的巡检和操作;设备停机操作步骤;设备停机后的检查。

(2)设备安全运行操作规程。保证设备安全运行,杜绝重大事故,保护员工生命安全和企业财产,是设备管理的主要任务。为确保设备安全运行,各机房须从自身系统设备特点出发,制定设备安全运行操作规程。设备安全运行操作规程有以下主要内容。

①安全生产责任。立足于机房、班组,落实到员工,对每一级管理人员、操作人员规定安全生产责任。

②安全教育。新员工上岗前,必须接受安全教育和培训,考试合格后方可上岗;对于特殊的岗位,必须持有资格证书。

③安全检查。制定安全检查规范,规定日常安检、定期安检的检查方法、检查内容。安检以操作人员自查为主,管理人员以抽查为主;检查出的问题要及时整改。

④安全操作规程。包括安全用火,防止漏油、漏气引起爆炸,防止触电、意外伤害,防止错误操作发生事故等有关规定。

(3)设备维护规程。做好设备维护工作有助于延缓设备的老化、劣化、减少设备的检修停机时间、提高设备的运行效率、延长设备的使用寿命及降低运行费用。设备维护规程主要内容如下。

①每日维护保养。规定每天对设备进行维护保养的工作内容,包括表面擦拭、除垢、除锈等工作,并按规定进行润滑。

②一级维护保养。除了进行日常维护保养外,还要对设备进行内部清洗,沟通油路,调整配合,紧固有关紧固件以及对有关部位进行检查。

③二级维护保养。除了一级保养外,必要时,还要对设备进行局部解体检查,清洗换油、修理或更换磨损件,排除异常情况和故障,恢复局部工作精度,检查并修理电气系统等。

(二)制定饭店设备运行管理考核办法,定期考核检查

设备操作、维护保养规程只是合理使用设备的基础,要保证设备运行管理制度和规程的实施,还要建立设备设施和作业检查制度。一方面,要对各类设备运行、保养情况进行考核检查,主要指标有:设备能力利用、设备生产产量、设备状况、设备保养、运转正常程度、设备完好率、各设备专业指标等。另一方面,对设备作业情况进行考核检查，考核检查有否违反操作规程。不仅工程部要实行考核检查，饭店其他部门只要使用设备，都要实施检查考核。饭店考核人员根据设备的运行状态和操作人员的工作成绩等各方面制定具体的考核依据和奖罚办法，定期对设备负责人的工作情况进行考核，严格奖惩，督促员工积极地执行有关制度，确保设备的良好运作。

（三）抓好岗位培训，配备合格的操作者

合格的设备操作人员首先要知晓自己所操作设备的性能、特点、结构和使用方法，掌握操作规程和保养规程，技术水准合格。对于国家规定的持证操作岗位，如锅炉工、制冷工、电工等，必须要持有合格证书方能上岗。其次，合格的设备操作人员要有较强的工作责任心和良好的服务意识。再次，合格的设备操作人员不仅要能干好本职工作，还要对其他岗位有一定了解。

培训是培养合格的设备操作者的有效方式。饭店不仅要抓好新员工上岗前的培训，还要在日常工作中不断进行培训；不仅是工程部技术人员要接受培训，工程部对前台接待人员也要进行培训，使前台服务人员掌握所在部门设备的使用和维护方法。

（四）做好饭店设备运行的动态管理

饭店设备运行的动态管理是指已投入使用的设备由于闲置、封存、移装、调拨、租赁、报废处理等情况引起设备资产变动时而进行的管理。

1. 闲置设备的封存与处理

闲置设备是指已经安装、验收、投入运行，而当前不需启用的设备。闲置设备分季节性闲置设备和弃用性闲置设备。弃用性闲置设备不仅不能为饭店创造价值，而且占据饭店空间，还要支付维修费用，成为饭店的负担，对于这类设备必须及时进行处理。

2. 设备移装、调拨和租赁

设备移装是指设备在饭店内部的调动或者安装位置的移动，凡已安装并列入固定资产的设备，使用部门不得擅自移动和调动。凡需要移装的设备必须按规定填写“设备移装调动申请单”。设备调拨是指饭店之间或与外企业之间设备的调拨。设备调拨分无偿调拨和有偿调拨。设备的租赁是充分发挥设备效益的一种方法，它可以是饭店向其他企业租赁，也可以是其他企业向饭店租赁。

（五）充分合理地使用设备

充分合理地使用设备设施是设备运行管理的一个基本原则，充分合理地使用设备设施具有下述含义：

第一，充分使用设备设施，尽可能达到设计能力；

第二，充分利用设备设施，但不能超负荷、超工时、超维修保养期使用；

第三，充分使用设备设施，但要注意维护保养；

第四，正确合理地使用设备设施；

第五，设备不要搁置和闲置。

三、饭店工程设备维护保养管理

由于自然力和各种使用因素的影响，以及内部物理、化学或其他因素的作用，设备经过一段时间的使用后，会发生磨损、松动、变形、外观陈旧和技术指标及性能下降等情况，从而使其价值降低。为保持设备良好的技术状况，延长设备使用寿命，除了正确合理地使用外，还要做好设备维护保养工作。设备维护保养主要包括清洁、润滑、调整、防止锈(腐)蚀等。从经济观点看，设备维护保养是延长设备的更新周期，增加饭店设备的价值；从设备功能来看，设备维护保养是保持设备的正常运作，避免出现重大故障；从美学角度看，设备维护保养使设备达到整齐、清洁、美观的效果。

设备维护保养是设备管理的重要环节，也是饭店全面质量管理的重要内容。一直以来，设备设施的维护保养在我国相当薄弱，多数饭店对维护保养工作很不重视，造成了资源的极大浪费、经营成本的高居不下和翻新周期的提前。

(一)制定设备维护保养制度

饭店设备设施维护保养要贯彻工程部专业管理与使用部门日常管理相结合的原则，由操作人员、检查维修人员和服务人员共同承担起维护保养工作，同时得到住店宾客的合作。工程部负责制定饭店设备设施维护保养制度，由饭店向各部门发布，作为对每个部门的规范要求，使饭店各方人员在维护保养工作中有章可循，各负其责，定期进行保养，形成设备设施的使用维护保养体系。

(二)贯彻设备的日常维护保养

日常维护保养又称例行保养，是设备最基本的保养，一般由设备的使用和操作人员完成。它又分为每班保养和周末保养。每班保养就是对设备进行清洁、润滑和点检。周末保养则是对设备进行1～2小时的彻底清洁、擦拭和上油。

(三)实行设备的定期维护保养

设备的定期维护保养是指由工程部编制设备维护计划，由专业设备维护人员对设备实施的维护、修理工作。它的间隔时间由设备的结构情况和运行状况而定。设备的定期保养根据保养工作的深度、广度和工作量可分为一级保养和二级保养。

1. 一级保养

一级保养就是对设备的全面清洁，沟通油路，紧固螺栓、螺帽及对有关部位进行必要检查。一级保养以操作工人为主，维修工人协助，班组长督促检查。一般在每月或一般设备运行500小时，动力、电气设备运行600小时后进行。保养结束后填写保养记录卡，并将记录卡装入设备档案。

2.二级保养

二级保养也称为年保，除完成一级保养的内容外，还要进行部分和全部解体检查，清洗换油，修复或更换易损件，修整线路，排除故障，调整精度等。二级保养以维修工人为主，操作工人参加完成，班组长和工程部经理验收并备案。二级保养列入设备的检修计划，保养时间一般是一年一次，或累计运转2400～2800小时后进行，保养所用时间约为7天，保养后填写保养记录卡。

四、饭店工程设备维修管理

饭店工程设备维修是针对由于正常或非正常原因造成的设备损坏、工作性能显著降低、不能保证正常运转而实行的修复工作。

(一)维修的类型

1.计划内维修

计划内维修，即预防性维修，是对设备进行有计划的维护、检查、修理，以保证设备经常处于完好状态的一种方法。预修制是计划内维修最突出的特点，防止引起突发事故是计划内维修的目的。工程部要制定不同时期的设备维修保养计划和严格的保养标准，使保养维修工作标准化和表格化。

计划内维修的意义主要体现在以下三方面：

第一，具有合算的经济效益，通过计划内维修能延长设备、建筑物、家具等的预期使用周期，推迟需要大量资金的大规模修理、改造、翻修时间的到来；

第二，未雨绸缪，防患于未然，减少计划外维修的工作量，使设备经常处于完好的工作状态，避免发生重大故障引起停业或紧急抢修情况；

第三，从美学角度看，计划内维修使饭店设备设施得以保持漂亮的外观，提高了饭店形象。

计划内维修的方法主要有标准修理法、定期修理法。

(1)标准修理法。标准修理法对设备的修理日期、内容、工作量都预先制订具体计划，在计划规定时期内，不管设备情况如何，应进行强制性的检查修理，使设备处于良好状态。此法便于修理前做好充分准备，但需要准确了解设备的状况。

(2)定期修理法。定期修理法是对设备进行检查，根据检查情况估计当设备将达到正常使用期限时，确定设备的修理日期和工作量，按计划进行设备修理。

2.计划外维修

计划外维修是指饭店设备设施出现损坏、停止、功能下降或功能不全的时候，由工程部实施的紧急修理。在饭店，计划外维修的量是很大的，因为很多的小部件的修理，如五金件，不可能用计划内修理制度来解决，而且，外界总有一些不可预料的损坏因素会造成设备设施的意外故障。

计划外维修通常分为报修制和急修制两种形式。

(1)报修制。设备的日常报修是工程部实施计划外维修的依据。工程部设有维修班组或维修人员以随时准备修理设备设施，并设有值班人员了解设备运转情况，调度修理业务。

设备报修的一般运行程序是：使用部门填写报修单，报修单一式三联，第一联由报修部门留存备查，第二、三联交工程部，工程部总调度接到报修单后，将第二联留存备查，将第三联交维修班组。一式三联的目的是避免部门间扯皮，有据可查。维修班组接到报修单后，应根据报修内容和重要性，填写开工日期和估计工时，分派维修工检修。维修工检修完工后，需经报修部门在报修单上签字认可。班组收到维修工交回的报修单后，核实耗用材料和实用工时，将报修单汇总后交工程部。工程部接到各班组交回的报修单后，与第二联核销，存入员工完工档案，作为每月检查和总结、评奖的依据。在核销报修单时，如发现缺漏，应追查原因，因某些原因一时完不成的项目，应通知使用部门预计完成时间。

工程部要定期统计报修单，弄清设备的基本情况，分析设备损坏、故障原因和规律，便于采取有效措施，保证设备的正常运转。特别是对维修项目搁置率要进行统计分析，及时发现日常维修存在的问题，以便整改和提高工作效率。

(2)急修制。饭店设施设备有时会突然发生故障，如电梯中途停止、突然局部停电、局部漏水、煤气泄露等。碰到这些紧急情况，工程部要立即派工前往急修，修理后再补填报修单。

(二)设备故障管理工作

1.做好设备的状态监测工作

对在用的重要设备要坚持进行正常点检、巡视日检、定期检查。对关键设备的重点部分，应逐步采用监测仪器进行有计划的监测活动，以发现故障的征兆，同时还要建立检查标准、确定设备正常与故障的界限。

2.做好设备故障记录

故障记录是进行故障管理的基础资料，也是故障分析、处理及制订维修计划的原始依据，是制订预防维修计划的依据。

3.制订维修计划

工程部通过对设备点检所取得的设备状态信息和设备故障记录进行分析，针对各类型设备特点和已发现的缺陷，制订设备维修计划。

(三)设备维修实施方式

饭店设备因在经营中的地位和作用不同,所采取的维修实施方式也不同。

1. 自行维修

自行维修包括报修制、巡查检修、万能工制。报修制是指操作人员在操作过程中或客房服务员在做清洁工作时发现问题,用报修单或电话通知工程部。巡查检修是由工程部派员巡查检修,每一位巡检人员每次检查都填写巡查表,做好记录。在对客房设备的维修形式的分析中发现,无论报修还是检修,都存在着维修人员多、维修效果差、工作效率低的问题。所以,不少饭店针对上述问题,采用万能工制。这是一种以维修工对客房定期检查维护修理为主,应急维修为辅的维修方式。由于该维修工要掌握客房内所有设备设施的基本维修技能,所以称为万能工。

2. 委托维修

委托维修是指委托生产厂家或专业维修公司进行修理。因为受委托单位人员的专业水平较高、技术性较强,而且委托维修的费用往往比增加一位工程技术人员的费用要低。因此,对重要设备采取委托维修的方式将成为饭店重要设备维修的主要方式。

五、饭店工程设备改造和更新管理

设备改造一般指设备技术改造,即运用新的技术成就、新的工艺流程或先进经验,改变原有的设备结构,装上或更换新部件、新附件,以补偿设备的有形磨损和无形磨损,或者改变原来的工艺流程,以改进原设计的不足或缺陷,提高原有设备的性能和效率。设备更新是用比较经济或先进的设备来替换技术上不能继续使用或经济上不合算使用的设备。从实物形态而言,设备更新是用新的机器设备代替旧的机器设备;从价值形态而言,设备更新是使机器设备在运转中消耗掉的价值重新得到补偿。但不管是改造,还是更新,都是为了提高饭店的现代化水平,适应现代旅游业的发展需要。

(一)设备改造和更新的必要性

1. 设备设施改造和更新是饭店经营的必然

饭店经营的宗旨就是通过获得宾客的最高满意度赢取经济利益。随着现代科技的飞速发展,以及社会物质文明和精神文明的极大提高,宾客对饭店服务的要求也越来越高。优质的现代饭店服务要靠功能完善、设施豪华的硬件来保证。但是,饭店的服务设备设施不可能一步到位,亦不可能永远处于性能先进和功能完好的水平,原有设备与实际经营经常发生矛盾,难于有效满足客户需求。所以,设备设施改造与更新是饭店发展的必然,必须把设备设施的改造与更新作为饭店经营和发展的一项重要内容。

2.改造和更新是设备设施内在的要求

从设备设施自身的特性来看,对其进行更新和改造也是规律使然。首先,任何设备设施皆有其生命周期,虽然可以通过正确合理的使用、良好的维护保养等方式,延长其使用寿命,但最终还是无法避免报废的结局。其次,设备在使用或闲置过程中,由于磨损、震动、腐蚀、老化等物理或化学原因,其零件、部件或有关装置会发生损耗,这些损耗会直接影响设备的工作精度、生产效率以及安全性等。这些损耗是机器设备的实体损耗,称为设备的有形磨损或物质磨损。同时,设备在使用或闲置过程中还会发生无形损耗,即精神损耗,包括经济损耗和技术损耗。经济损耗是由于工艺的不断改进,劳动生产率的不断提高,生产相同设备所需的社会必要劳动减少,使得原来购买的设备价值相应贬值。技术损耗是由于科学技术的进步,不断创新出性能更完善、效率更高的设备,使原来设备相对陈旧落后,其经济效益相对降低而发生了贬值。

(二)设备改造和更新的类型

按饭店工程设备改造和更新的内容,可以分为以下几种。

1.引进新技术的改造

引进新技术的改造是目前饭店业较为热衷的一种改造类型。所引进的新技术多以节能降耗、保护环境有关。饭店业是一个耗能较高的行业,饭店设备有较大的节能空间,节能也可以降低饭店的经营成本、提高饭店的经营业绩。所以,节能降耗改造成为很多饭店积极推行的改造类型。饭店在节能技术的引进和改造中,要了解该节能环保技术的有效性、节能效率,以及对设备系统是否有影响、是否影响饭店产品品质等。

2.老化设备的更新

对老化设备的更新是老饭店经常遇到的改造项目。设备老化后,虽然通过维护、保养和修理能够继续使用,但是不可能达到设备最初的可靠性、安全性、运转持久性和其他技术性能指标,并且设备效率会大大下降。所以,为保证饭店产品质量、减少饭店经营的风险,对老化设备应适时更新。

3.适应饭店经营需要的改造

设备设施是饭店对客服务的基础和保证,客人的需求是不断发展变化的,且具有显著的享受性特征,所以,饭店设备设施的更新周期比一般企业短。此外,陈旧过时的设备设施已不能满足客人的需要,为实现饭店的经营目标,必须对这些设备设施进行改造。还有,有一些改造是由于饭店增加新的经营项目而产生的,如增加新的娱乐设施。

按饭店工程设备改造和更新的程度,可以分为以下几种。

1.全面改造与更新

全面改造与更新是对饭店的主要大型设备进行改造或更新,以提高设备的现代化水平,适应饭店经营需要,更好地满足宾客需求。

2.部分改造与更新

部分改造与更新是为解决饭店某些特殊设备的性能下降、效率低下、能耗太高或环保性能差等问题,而采取的相应技术改造措施。

3.单机设备的改造与更新

单机设备的改造与更新是针对单机设备所进行的技术改造,此类改造在工程实施上相对独立,比较容易安排。

(三)设备改造和更新的原则

1.设备技术改造的原则

(1)客观性。饭店要从自身客观实际出发,按照经营的需要,针对设备设施的技术状况和其在饭店服务过程中的重要程度,确定需要改造的设备设施及方案。

(2)可行性。设备改造所采用的技术不仅要先进,更要适用、可行。也就是说,技术改造所采用的技术,一方面要适应饭店的实际需要,另一方面经技术论证或实践证明后是可行的。

(3)经济性。设备改造的经济性原则要求综合考虑所需要的投入,包括人力、物力、财力,以及改造后的效益,争取能以最低的成本获得最大的收益。

2.设备更新的原则

凡符合下列情况之一的设备,应该对其进行更新:

一是经过多次大修,技术性能达不到要求,无法保证饭店服务质量的;

二是通过修理、改造,能够达到技术性能但不经济的;

三是技术性能落后,经济效果很差的;

四是耗能高或污染严重无法达到国家有关标准,经过改造又不经济的;

五是陈旧老化,已经不能满足饭店经营需要的。

(四)设备改造和更新时机的选择

设备改造和更新时机的选择应考虑设备的寿命周期,具体应视条件而有所不同。设备的寿命周期,包括自然寿命、技术寿命、经济寿命。自然寿命是从设备投入使用到因物质磨损使设备老化损坏,直至报废的年限。它主要是因物质有形磨损造成的。改造和更新的时间长短根据设备的使用频繁程度而定,正确使用、保养和维护设备就可以延长设备的寿命周期。技术寿命是指由于科学技术的发展而出现技术上更先进、经济上更合理的替代设备。这种从设备投入使用到因技术进步而使其丧失使用价值所经历的时间就称为设备技术寿命。经济寿命是指设备的使用费处于合理界限之内的设备寿命。设备购买后,使用的年数越多，每年分摊的投资越少，设备的保养和操作费用却越高。如果一台机器继续使用不能保证产品的质量和经济上的合理，而大修理或改装费用又太大，那么，其经济寿命就到了终点，必须进行设备更新。决定设备是否更新，主要取决于其经济寿命，而不是自然寿命。

（五）设备改造和更新的程序

设备的改造和更新过程会对饭店造成部分或全部营业活动的中断，所以，在实施前必须制订切实可行的改造计划，对具体施工方案进行可行性研究，对施工进程采取严密的组织措施，保证施工任务顺利完成，尽量将改造更新过程对饭店日常经营活动造成的影响降到最小。

饭店工程设备改造更新的程序基本如下。

1.提出申请

设备使用部门或管理部门提出改造更新申请，说明缘由。

2.调研与审查

工程部负责项目改造更新的调研与审查，组织设备工程师、技师和部门主管人员对改造更新项目进行调研和论证，提出审查意见。在论证过程中，必须对改造更新涉及的成本、效应及对日常经营的影响进行综合分析。

3.制定实施方案

由项目负责人负责实施改造过程，制定项目实施方案，安排好项目的准备、施工和竣工投产各阶段的进度，特别注意各阶段的工作衔接与配合，各施工操作之间的进度协调，以及资金和物质供应等问题。

4.施工管理

饭店工程设备改造更新要设立专职人员，具体负责现场管理。专职人员的职责就是落实计划的实施，处理施工现场出现的各种问题，监督施工进度与质量，协调与施工有关的各方之间的关系，及时调整分项工程进度，及时向主管领导反映最新情况，保证项目按质按量按期顺利完成。

5.竣工验收

当改造更新工程结束时，工程部要及时组织有关人员成立验收小组，做好验收工作。在验收过程中，要有明确的验收质量标准和质量要求，并严格按标准进行验收；对验收项目逐项监测，认真如实记录；对还需进一步解决的问题提出处理意见；最后经施工单位、设备接管部门和验收小组三方共同签字认可。

6.总结工作

当设备改造更新工程验收完工后，项目负责人要及时进行技术和管理方面的总结工作，把改造更新过程的所有技术细节整理入档。

参考文献

[1] Matt A. Casado. *Hospitality Management*. *Person Education*, Inc. ,2006.

[2] Ahmed Ismail. *Front Office Operations and Management*. Thomson Delmar,2002.

[3] Kye-Sung Cbon, Ray Sparrowe. *Welcome to Hospitality*: *An Introduction*. Delmar Publishers, 1995.

[4] Lewis C. Forrest. *Training For the Hospitalty Industry*. American Hotel & Motel Association,1991.

[5] Charles R. Goeldner, J. R. Brent Ritchie, Robert W. Mcintosh. 贾秀海译. *Tourism* (Eighth Edition). 大连理工大学出版社, 2003.

[6] Chris Cooper, John Fletcher. 张俐俐等译. *Tourism Principles and Practice*(Second Edition). 北京:高等教育出版社,2004.

[7] A. V. Seaton, M. M. Bennett. 张俐俐等译. *The Marketing of Tourism Products*. 北京:高等教育出版社,2004.

[8] 罗明义,仇学琴. 旅游饭店经营管理(修订版). 昆明:云南大学出版社,2000.

[9]〔美〕唐纳利,吉布森,艾凡斯维奇. 谌兰剑、罗明义等译. 当代美国管理学. 昆明:云南大学出版社,1993.

[10]〔美〕赫伯特·A. 西蒙. 李柱流等译. 管理决策新科学. 北京: 商务印书馆,1985.

[11]〔美〕克劳德·小乔治. 孙耀君译. 管理思想史. 北京:商务印书馆,1985.

[12]刘冀生. 企业经营战略. 北京:清华大学出版社,1995.

[13]吴培良,郑明身,王凤彬. 组织理论与设计. 北京:中国人民大学出版社, 1998.

[14]苏新宁. 组织的知识管理. 北京:国防工业出版社,2004.

[15]林壁属. 旅游饭店实务管理. 北京:清华大学出版社, 2005.

[16]王华. 前厅客房服务与管理. 北京:中国农业出版社、北京大学出版社,2009.

[17]冯颖如. 全球化视角·饭店经营与管理. 北京:企业管理出版社,2008.

[18]徐虹,刘宇青. 旅游饭店财务管理. 天津:南开大学出版社,2009.

[19]徐红.旅游饭店财务管理.天津:南开大学出版社,1994.
[20]郑红,徐虹,张超.饭店财务管理.北京:中国人民大学出版社,2001.
[21]徐虹.饭店财务管理.天津:南开大学出版社,2001.
[22]李洁琼.旅游饭店财务管理.北京:对外经济贸易大学出版社,2009.
[23]李海波.财务管理.上海:立信会计出版社,2002.
[24]史富莲,于洪江,贾创雄.会计概论.北京:高等教育出版社,2004.
[25]钟丽娟.新编饭店经营管理与实务.北京:清华大学出版社,2009.
[26]国家旅游局人事劳动教育司.现代旅游饭店管理.北京:中国旅游出版社,1993.
[27]吕宛青.饭店管理概论.北京:中央广播电视大学出版社,2007.
[28]周贺来,等.饭店计算机信息管理.北京:中国水利水电出版社,2009.
[29]陆均良,杨铭魁.信息技术与饭店管理——以技术提升饭店的竞争力.北京:旅游教育出版社,2007.
[30]蒋丁新.饭店管理.北京:高等教育出版社, 2005.
[31]夏琛珍.旅游信息系统.北京:中国林业出版社、北京大学出版社,2009.
[32]杨路明,巫宁.现代旅游电子商务.北京:电子工业出版社,2007.
[33]中国商务部.饭店信息化设施条件与规范,2009.
[34]尹华光.现代饭店管理.北京:中国林业出版社、北京大学出版社,2009.
[35]陆均良.饭店计算机信息管理.北京:旅游教育出版社,2009.
[36]马勇.饭店管理概论.北京:清华大学出版社,2006.
[37]王宏.酒店管理工作细化执行与模板.北京:人民邮电出版社,2009.
[38]刘筏筏.现代饭店安全管理要点及案例评析.北京:化学工业出版社,2008.
[39]郑向敏.饭店安全控制与管理.重庆:重庆大学出版社,2008.
[40]张志军.饭店安全管理实务.北京:旅游教育出版社, 2008.
[41]刘晓杰,韩瑞.饭店设备运行与管理.北京:化学工业出版社,2009.
[42]袁富山.饭店设备管理.天津:南开大学出版社,2001.
[43]陆均良.中国信息化发展报告.中国旅游信息化发展论坛,2009.
[44]卢文芳.饭店管理信息系统的构架与应用.经营与管理,2008,(5).
[45]菲利普·科特勒.市场营销管理(亚洲版).北京:中国人民大学出版社,1997.
[46]吴健安,郭国庆,钟育赣.市场营销学.北京:高等教育出版社,2000.
[47]吕一林.现代市场营销学.北京:清华大学出版社,2004.
[48]王成慧,陶虎.旅游营销学.北京:高等教育出版社,2006.
[49]詹姆斯·伯克等著.叶敏等译.旅游产品的营销和推销.北京:电子工业出版

社,2004.
[50]李昕.旅游管理学.北京:中国旅游出版社,2006.
[51]赵西萍.旅游市场营销学.北京:高等教育出版社, 2002.
[52]刘德光,陈凯,许杭军等.旅游业营销.北京:清华大学出版社,2005.
[53]雷蒙德·A. 诺伊,约翰·R. 霍伦贝克,巴里·格哈特,帕特里克·M. 赖特著,雷丽华译.人力资源管理基础,北京:中国人民大学出版社,2005.
[54]魏卫,袁继荣.旅游人力资源开发与管理.北京:高等教育出版社,2004.
[55]余昌国.旅游人力资源开发.北京:中国旅游出版社,2003.
[56]张一驰.人力资源管理教程.北京:北京大学出版社,2003.
[57]赵西萍.旅游企业人力资源管理.天津:南开大学出版社,2001.
[58]尹华光.现代饭店管理.北京:中国林业出版社、北京大学出版社,2008.
[59]蒋丁新.旅游饭店管理概论.北京:高等教育出版社,1998.